本论文集出版发行资金支持：
华北科技学院中央高校基本科研业务费项目："安全生产法学创新团队"项目
（项目编号：3142014015；3142015027）

第二届
国际安全生产法论坛
论文集

李遐桢　詹瑜璞◎主编

知识产权出版社

全国百佳图书出版单位

图书在版编目(CIP)数据

第二届国际安全生产法论坛论文集/李遐桢,詹瑜璞主编.—北京:知识产权出版社,2016.11

ISBN 978-7-5130-4490-5

Ⅰ.①第… Ⅱ.①李… ②詹… Ⅲ.①安全生产—法规—世界—国际学术会议—文集 Ⅳ.①D912.504-53

中国版本图书馆 CIP 数据核字(2016)第 231381 号

内容提要

本论文集收录了 37 位专家、学者的 38 篇文章,探讨了"安全生产法的基本理论",研究了安全生产监管执法和责任问题,借鉴了外国安全生产法律制度的经验,为完善我国安全生产法律制度提出了具体建议或措施。论文研究的内容或为安全生产法中的重大问题,或为安全生产执法中的实践问题,或为安全生产法的司法适用问题,这些研究对完善我国安全生产法基本理论、立法、执法、司法具有一定的参考价值。本论文集不仅适合安全生产法治研究者阅读,也可供安全生产执法者、司法人员等作为参考。

责任编辑:兰 涛　　　　　　责任校对:谷 洋
封面设计:李志伟　　　　　　责任出版:刘译文

第二届国际安全生产法论坛论文集

李遐桢　詹瑜璞　主编

出版发行:知识产权出版社有限责任公司	网　　址:http://www.ipph.cn
社　　址:北京市海淀区西外太平庄 55 号	邮　　编:100081
责编电话:010-82000860 转 8325	责编邮箱:lantao@ cnipr.com
发行电话:010-82000860 转 8101/8102	发行传真:010-82000893/82005070/82000270
印　　刷:北京嘉恒彩色印刷有限责任公司	经　　销:各大网上书店、新华书店及相关专业书店
开　　本:787mm×1092mm　1/16	印　　张:21.25
版　　次:2016 年 11 月第 1 版	印　　次:2016 年 11 月第 1 次印刷
字　　数:419 千字	定　　价:58.00 元

ISBN 978-7-5130-4490-5

前　言

依法治国是现时代的一项重大治国工程，其中必然包含了"依法治安"，"依法治安"必须以安全生产法为支撑。党的十八届四中全会决定全面建设法治国家，安全生产立法逐步完善，安全生产法学理论研究逐步深入。但是，长期以来，安全生产法学研究力量还比较薄软，安全生产法游离于主流法学研究之外，安全生产法理论基础和其中的具体制度从法学视角研究较少，以《安全生产法》为核心的安全生产法律制度带有大量的技术色彩，安全工程方面的技术专家在安全生产立法、执法和研究工作占有主导地位，生产安全执法人员多侧重于对生产经营单位的生产设施、设备的技术检查，而不是对生产经营单位具体职责的落实监管、违法处罚和事故后的处罚，有些安全生产法律、法规、部门规章需要修订，很多理论与实践问题需要进一步澄清等等，以上种种现象，不利于"依法治安"工作的开展。华北科技学院作为国家安全生产监督管理总局唯一直属高校，积极响应总局党组加强"依法治安"的号召，积极发挥为安全生产提供教育科研服务的功能。为此，华北科技学院与中国矿业大学等多所高校动议每年举办一届国际安全生产法论坛，第一届于 2014 年 11 月在江苏徐州召开，第二届于 2015 年 10 月在北京召开。

"第二届国际安全生产法论坛"的主题是"安全生产法治建设"。围绕这一主题，论坛主办方从（1）新《安全生产法》执行中的问题研究；（2）《矿山安全生产法》修订问题研究；（3）工伤保险及职业病预防治疗问题研究；（4）安全生产司法问题研究；（5）外国安全生产法治建设经验借鉴和国际合作问题研究等五个方面征集论文 45 篇，经评选，汇编 38 篇成册出版发行。

会议能顺利举行且论文集能付梓出版，很多单位和个人付出了努力，在此表示诚挚感谢。特别要感谢国家安全生产监督管理总局政策法规司领导的关心和支持，感谢华北科技学院领导的高度重视和有关部门的全力帮助，感谢中欧高危行业职业安全健康项目（EUCOSH）组长 Antero Vahapassi 和专家 Markku Aaltonen 的到会并做主题演讲，感谢中国矿业大学、北京交通大学、中国政法大学、山东科技大学、华北电力大学等兄弟院校为本次会议的顺利召开提供的大力支持。

　　第二届国际安全生产法论坛举行已近 1 年，该论文集方才编辑出版，我们表示歉意。虽然审稿历时很长，但错误在所难免，请各位读者不吝指正。

编者

2016 年 9 月 28 日

目 录

第一部分
安全生产法的基本理论研究

大力实施新《安全生产法》推进安全生产依法治理

支同祥❶

2014 年 8 月 31 日公布的《安全生产法（修正案）》（以下简称新安法），着眼于安全生产现实问题和未来发展，补充完善了相关法律制度规定，进一步明确安全生产工作的重要地位、强化落实生产经营单位主体责任、明确安全监管职责和加强基层执法力量、强化安全生产责任追究和行政处罚。这是 2002 年《安全生产法》颁布实施 12 年以来大范围的修改，内涵丰富、内容广泛，充分体现了习近平总书记等中央领导同志关于安全生产工作一系列重要指示精神，体现了国务院关于安全生产的一系列决策部署，反映了安全生产工作的实际要求。新安法既为安全生产工作提供了更强有力的法律支撑，也对安全生产工作提出了新的更高要求。只有全面把握《安全生产法》修改的重要内容，深刻理解法律规定的基本内涵和核心内容，才能在安全生产工作中落实好新安法，才能切实保障人民群众生命和财产安全，推动安全生产形势持续稳定好转。

一、《安全生产法》的修改背景、思路和原则

《安全生产法》自 2002 年 11 月 1 日实施以来，对建立安全生产法律体系，完善安全生产监督管理体制，促进生产经营单位提高安全生产保障能力，防止和减少生产安全事故，保障人民群众生命和财产安全发挥了巨大作用。但《安全生产法》实施以来，我国经济社会各方面发生深刻变化，由于我国正处于工业化快速发展进程中，安全生产基础仍然比较薄弱，安全生产责任不落实、安全防范和监督管理不到位、违法生产经营建设行为屡禁不止等问题突出，生产安全事故还处于易发多发的高峰期，特别是重特大事故尚未得到有效遏制。党中央、国务院高度重视，对安全生产工作作出一系列重大决策部署，出台了一系列政策措施，国家发布了一系列法规规章，各地区在安全生产实践中创造了许多好经验、好做法；安全生产中出现了一些新情况、新问题，亟待做好衔接，所以修改《安全生产法》，强化依法治理，非常紧迫、非常必要。

---

❶ 支同祥，国家安全生产监督管理总局政策法规司司长。

1. 修法的必要性

（1）我国经济社会状况发生了深刻变化。现行《安全生产法》的研究、制定开始于20世纪90年代，那时候企业比较困难，对安全生产条件规定得比较宽松。十多年来，情况发生深刻变化。在国家发展经济各项政策措施的推动下，国民经济平稳快速发展。各类企业以从未有的速度发展壮大，实力大大增加，条件不断改善。但是由于企业安全基础薄弱，安全责任不落实，安全管理不到位，生产安全事故易发多发，造成人民群众生命财产的重大损失，严重影响了经济发展的质量。因此，必须强化红线意识，发展决不能以牺牲人的生命为代价，坚持安全第一，加强安全监管，落实企业主体责任，提高安全生产水平，增强安全保障能力。要尽快修改《安全生产法》，明确法律规定，强化依法治理，保障人民群众生命和财产安全。

（2）安全生产情况发生了重大变化要求修订《安全生产法》。十几年来，我国安全生产面临的情况发生重大变化。由于我国正处于工业化和城镇化快速发展阶段，能源、原材料需求大量增加，各类生产经营单位发展迅速，生产经营建设规模迅猛扩张，生产和安全、安全和发展的矛盾凸显。为解决这些矛盾和问题，各地区在安全生产实践中积极探索，创造了许多好经验、好做法。同时随着安全生产工作的深化，安全生产中出现了许多新情况、新问题。因此，必须尽快修改《安全生产法》，通过立法，建立相关法律制度，提升安全生产保障，防范生产安全事故。

（3）防范遏制重特大生产安全事故的需要。在党中央、国务院的高度重视下，经过各地区、各部门、广大企业的共同努力，2006年实现了全国安全生产形势的稳定好转，2010年实现了全国安全生产形势的明显好转，近年来安全生产形势持续稳定好转。但安全生产形势依然严峻，重大事故时有发生，一些行业（领域）事故频发，非法违规生产经营建设行为屡禁不止。2011年7月份，接连发生特别重大事故，特别是"7·23"甬温线特大铁路交通事故，造成了严重的人员伤亡和财产损失，社会影响巨大，充分暴露了企业安全生产主体责任不落实，安全管理、防范措施不到位等突出问题。因此，必须修改安全生产法，通过立强化企业安全生产主体责任，加大打非治违力度，坚决遏制重特大事故的发生。

（4）进一步贯彻落实国务院23号、40号文件等一系列重要文件精神。《国务院关于进一步加强企业安全生产工作的通知》（国发〔2010〕23号）、《国务院关于坚持科学发展安全发展促进安全生产形势持续稳定好转的意见》（国发〔2011〕40号）对安全生产工作提出了明确的要求。要把通知的要求上升为法律规定，全面加强安全生产工作，落实企业的安全生产主体责任，推进安全发展。要按照三个必须的要求，管业务必须管安全，管行业必须管安全，管生产经营必须管安全，进一步理顺综合监管与专业监管的关系、综合监管与行业管理的关系。

（5）解决安全生产中反映的突出问题。十几年来，随着安全生产工作的开展，出现了一些新情况新问题，一些问题还相当突出，直接影响了安全生产工作的深化，需要通过修改安全生产法来解决。例如，进一步强化企业安全生产主体责任，明确乡镇政府、街道办事处、开发区的安全职责；再如，如何发挥注册安全工程师的作用，推进安全生产责任保险，加强安全生产应急管理，等等。

2. 修法的总体思路

认真贯彻习近平总书记关于发展决不能以牺牲人的生命为代价，这是一条不可逾越的红线和三个必需的重要指示。全面落实国务院关于加强安全生产的一系列决策部署和国务院 2011 年第 165 次常务会议精神。贯彻落实《国务院关于进一步加强企业安全生产工作的通知》（国发〔2010〕23 号）、《国务院关于坚持科学发展安全发展促进安全生产形势持续稳定好转的意见》（国发〔2011〕40 号）精神，紧密结合安全生产中的实际问题和发展要求，完善、创新相关法律制度，进一步明确安全生产重要摆位，进一步强化生产经营单位主体责任，进一步明确安全监管职责和加强基层执法力量，进一步强化安全生产责任追究，依法治理，依法规范，推进安全生产形势的根本好转。

3. 修法遵循的原则

一是坚持"加强顶层设计"的原则。明确《安全生产法》的主体地位，创新和完善安全生产基本法律制度。二是坚持"修订和适度超前"的原则。大框架保持不变，补充完善相关法律规定，将国务院《通知》《意见》等政策措施法律化制度化；立足现阶段，解决安全生产实际问题，着眼长远发展，增强立法前瞻性和预见性。三是坚持"适当集中和增强可操作性"的原则。对全国普遍性问题作出法律规定，对个别地区存在的问题，给地方立法留出空间。总结《安全生产法》实施以来取得的成效和存在的问题，根据新形势下安全生产工作要求，对有关规定适当细化，增强可操作性，便于法律的执行。四是坚持"强化企业主体责任"的原则。完善生产经营单位的安全生产保障制度措施。五是坚持强化安全预防的原则。强化安全预防和治本措施，加强隐患排查治理，加强安全风险防控。六是坚持强化安全生产责任追究的原则。加大安全责任追究力度，加大行政处罚力度，提高违法生产成本。

4. 开展六大课题研究

一是开展《〈安全生产法〉立法后评估研究》。对《安全生产法》实施以来取得的效果、经验和存在的问题进行了深入研究。二是开展《地方安全生产立法分析研究》。深入分析研究地方安全生产法规立法的实践经验和做法，进行吸纳和衔接。三是开展《中外安全生产立法对比研究》。充分借鉴美国、英国、加拿大、澳大利亚等发达国家立法经验和国内立法成功做法，提出修法的意见和建议。四是开展《安全生产停水停止供应民爆物品等强制性措施研究》。通过对国内外法律关于行政强制措施的研究，提出实施安全生产强制措施的必要性和可行性，以及实施的途径和办法。五是开展《安全生产责任保险制度研究》。研究解决事故抢险救援经费和第三方伤害赔偿问题，减轻政府的负担，同时发挥商业保险对生产经营单位安全生产辅助管理作用。六是开展《安全生产行政审批改革的研究》。按照国务院推进行政审批制度改革的要求，总结各地转变职能，简政放权，减少取消行政审批的做法和经验，提出改革的思路和实施意见，与安全生产法修改做好衔接。

二、《安全生产法》的修改要点

修改后的《安全生产法》共 7 章、114 条，第三章章名由"从业人员的权利和义务"修改为"从业人员的安全生产权利义务"，其他章目维持不变；共增加了 17 个条文（占 15%）、修改了 59 个条文（占 52%）（具体见《安全生产法》法条修改情况表）。

《安全生产法》法条修改情况表

章节	原法条数	新法条数	增加条数	修改条数
第一章　总则	15	16	1	9
第二章　生产经营单位的安全生产保障	28	32	4	18
第三章　从业人员的安全生产权利和义务	9	10	1	2
第四章　安全生产的监督管理	15	17	2	5
第五章　生产安全事故的应急救援与调查处理	9	11	2	8
第六章　法律责任	19	25	7	17

续表

章节	原法条数	新法条数	增加条数	修改条数
第七章　附则	3	2	1	
合计	97	114	17	59

从总体上看，安全生产法修改的重要内涵主要集中在"四强化、三加强，三完善"。

1. 强化安全生产工作摆位，进一步明确安全生产工作的重要地位

（1）明确安全生产是社会管理的重要内容。新安法第一条规定："为了加强安全生产工作，防止和减少生产安全事故，保障人民群众生命和财产安全，促进经济社会持续健康发展，制定本法。"与原法相比，新法将"促进经济发展"修改为"促进经济社会健康发展"。立法的目的不仅包括促进经济发展，而且包括促进社会健康发展。安全生产不再仅仅局限于经济领域的范畴，更多体现社会管理的范畴。安全生产是社会管理的重要内容，纳入国家治理体系和治理能力现代化建设中，是构建安全保障型社会的客观要求。

（2）规定安全生产工作应当以人为本。习近平总书记指出"要始终把人民生命安全放在首位"，"人命关天，发展决不能以牺牲人的生命为代价，这必须作为一条不可逾越的红线"；李克强总理强调"安全生产是人命关天的大事，是不能踩的'红线'"。国务院 2011 年《坚持科学发展安全发展，促进安全生产形势的持续稳定好转的意见》明确指出：安全生产工作要始终把保障人民群众生命财产安全放在首位。以人为本，安全发展是贯彻落实科学发展观的题中之意。新安法第三条增加了："安全生产工作应当以人为本"的规定。对于坚守红线意识，进一步强化安全生产工作的重要地位，促进安全生产形势持续稳定好转，推动实现安全生产形势根本性好转目标具有重要意义。

（3）规定安全生产工作应当坚持安全发展。2005 年 10 月党的十六届五中全会通过的《中共中央关于制定国民经济和社会发展第十一个五年规划的建议》首次提出"安全发展"科学理念。到 2011 年《国务院关于坚持科学发展安全发展促进安全生产形势持续稳定好转的意见》明确指出大力实施安全发展战略。新安法第三条增加了："安全生产工作应当以人为本，坚持安全发展"的规定，安全生产工作的目标更加明确。

（4）规定国务院和各县级以上人民政府应当制定实施安全生产规划。安全生产工作是治国理政、社会治理的组成部分。2013 年 11 月 22 日山东省青岛市中石化东黄输油管道泄漏爆炸特别重大事故发生的重要原因之一是

开发区安全规划不合理、城乡规划不衔接、规划审批把关不严，导致事故发生区域危险化学品企业、油气管道与居民区、学校等近距离或交叉布置，存在严重隐患。新安法第八条增加了"国务院和县级以上地方各级人民政府应当根据国民经济和社会发展规划制定安全生产规划。安全生产规划应当与城乡规划相衔接"的规定。安全生产工作纳入了经济社会发展进程，与国民经济和社会发展同步推进，与城乡一体化发展相融合。

2. 强化安全生产管理措施，进一步强化落实生产经营单位主体责任

生产经营单位是安全生产的责任主体。此次修法在总则中明确规定"强化和落实生产经营单位的主体责任"，并在其后的章节中对此作出更为详细的规定，凸显出强化和落实生产经营单位主体责任的重要性和紧迫性。

（1）高生产经营单位安全生产管理机构、人员的设置、配备标准。新法一是明确矿山、建筑施工单位、金属冶炼企业、道路运输单位企业和危险物品的生产、经营、储存单位，应当设置安全生产管理机构或者配备专职安全生产管理人员；二是前款规定以外的其他生产经营单位，从业人员超过一百人的，应当设置安全生产管理机构或者配备专职安全生产管理人员；三是从业人员在一百人以下的，应当配备专职或者兼职的安全生产管理人员。新安法将其他生产经营单位设置专门机构或者配备专职安全管理人员的从业人员规模下限由300人调整为100人，进一步加强安全生产工作。

（2）规定生产经营单位安全生产管理机构以及管理人员的七项职责。为落实生产经营的安全生产主体责任，新安法强化了生产经营单位安全管理机构和管理人员的地位和职责，主要包括拟定本单位安全生产规章制度、操作规程、应急救援预案，组织宣传贯彻安全生产法律、法规；组织安全生产教育和培训，制止和纠正违章指挥、强令冒险作业、违反操作规程的行为，督促落实本单位安全生产整改措施等七项职责。明确生产经营单位做出涉及安全生产的经营决策，应当听取安全生产管理机构以及安全生产管理人员的意见。上述规定，为安全生产管理机构及管理人员正确履行职责提供了法律规定，对切实提高企业安全生产管理水平具有十分重要的意义。

（3）规定生产经营单位安全生产责任制的主要内容及监督考核要求。生产经营单位只有建立完善安全生产责任制，严格把安全生产责任落实到岗位，落实到人头，才能及时避免、发现和消除各类安全隐患，从而保障生产经营活动的安全进行。新法一是规定生产经营单位的安全生产责任制应当明确各岗位的责任人员、责任范围和考核标准；二是规定生产经营单位应当建立相应的监督考核机制，保证安全生产责任制的落实。

（4）规定生产经营单位的安全生产教育和培训义务。对从业人员进行安全生产教育和培训，是实现安全生产的一项重要基础性工作。为此，新法

对生产经营单位开展安全生产教育和培训工作做出了严格规定：一是明确规定生产经营单位必须对从业人员进行安全生产教育培训，未经安全生产教育培训合格的从业人员不得上岗作业；二是生产经营单位的主要负责人组织制订并实施本单位安全生产教育和培训计划；三是明确规定安全生产教育和培训的主要内容和目标；四是明确规定了参加安全生产教育和培训的从业人员范围，既包括本单位招收的人员，也包括被派遣劳动者、中等职业学校、高等学校实习生等；五是明确规定应当建立健全教育和培训档案。

（5）规定有关生产经营单位按照规定提取和使用安全生产费用。加大安全投入，改善安全条件，是保证生产经营活动安全，防止和减少事故发生的重要保障。2005 年以来，国家安监总局和财政部联合下发一系列文件，明确了安全费用提取使用一系列政策措施，建立安全生产费用提取使用制度，保障企业安全生产资金投入，提升企业安全保障能力，是维护企业、职工及社会公共利益的重要举措，新安法上升为法律规定。新安法第二十条法规定："有关生产经营单位应当按照规定提取和使用安全生产费用，专门用于改善安全生产条件。安全生产费用在成本中据实列支。"

（6）规定劳务派遣单位和用工单位的职责和劳动者的权利义务。随着劳动用工制度改革的推进，劳务派遣用工对解决一些大企业的用工问题发挥了重要的作用。但也发生一些问题，安全培训不落实问题突出，由于责任不落实，造成扯皮，安全培训不到位成为一些生产安全事故发生的重要原因。针对这些情况，新安法做出明确规定：一是规定生产经营单位将被派遣劳动者纳入本单位从业人员统一管理，对被派遣劳动者进行岗位安全操作规程和安全操作技能的教育和培训；二是劳务派遣单位应当对被派遣劳动者进行必要的安全生产教育和培训；三是明确被派遣劳动者享有本法规定的从业人员的权利，并应当履行本法规定的从业人员的义务。

（7）规定由建设单位组织对建设项目安全设施进行验收并对验收结果负责。安全生产"三同时"对于保障建设项目的安全条件，解决安全条件先天不足的问题具有重要意义。新安法第三十条、第三十一条完善了矿山、金属冶炼建设项目和用于生产、储存、装卸危险物品的建设项目的安全设施设计审查的规定。明确矿山、金属冶炼建设项目和用于生产、储存、装卸危险物品的建设项目竣工投入使用前，应当由建设单位组织对安全设施进行验收。建设单位对验收结果负责。负有安全生产监督管理职责的部门应当加强监督核查。明确规定：一是加强对金属冶炼建设项目的监管，保证安全设施的到位；二是按照减少、取消行政审批的要求，取消验收审批环节，强化建设单位的安全责任；三是加强有关部门的监督检核查职责，转变监管方式，由事前审批向事后监管转变。

（8）规定发包方、出租方的安全生产管理责任。在生产经营活动中，发包租赁的情况经常发生，但由于安全责任不明确、管理不落实，造成有些生产经营单位以包代管，以租代管，对承包单位、承租单位的安全生产不负责任，导致事故隐患大量存在，甚至发生安全事故。新法第四十六条规定：生产经营项目、场所发包、出租给其他单位的……生产经营单位对承包单位、承租单位的安全生产工作统一协调、管理，定期进行安全检查，发现安全问题，应当及时督促整改。依照这一规定，安全管理责任仍由发包、出租方承担，进一步强化了生产经营单位发包、租赁的安全责任，有利于生产经营单位对建设项目、场所的安全生产工作统一协调、管理，及时发现安全隐患和问题，及时督促整改落实，防范安全事故的发生。

3. 强化政府安全监管职责，进一步明确安全监管部门和负有安全监管职责部门的执法地位

（1）规定各级政府应当建立健全安全生产协调机制。安全生产监督管理工作涉及方方面面，情况问题复杂。许多问题都需要由政府出面，统筹协调解决。新安法第八条规定，国务院和县级以上地方各级人民政府，建立健全安全生产工作协调机制。及时协调解决安全生产监督管理中存在的重大问题。支持督促各有关部门依法履行安全生产监督管理职责。建立安全生产协调机制，主要是通过成立安全生产委员会，对安全生产工作进行协调指导。

（2）规定有关部门的安全监管职责。安全生产涉及行业、领域广泛，并且具有很强的专业性，除各级安全生产监管部门外，必须充分发挥有关部门的作用。习近平总书记在青岛考察事故抢险工作时强调：安全生产工作要坚持"管行业必须管安全、管业务必须管安全、管生产经营必须管安全"。新安法第九条规定安全监管部门对"安全生产工作实施综合监督管理"，有关部门"依照本法和其他有关法律、法规的规定，在各自的职责范围内，对有关行业、领域的安全生产工作实施监督管理"。

（3）强化安全监管和负有安全生产监督管理职责部门的执法地位。安监部门成立十几年来一直是执法部门，这次在修法中再一次明确，突出各级安全生产监督管理部门和负有安全生产监督管理职责部门在安全生产行政执法工作中的执法地位，具有重要的意义。新安法第六十二条规定：安全生产监督管理部门和其他负有安全生产监督管理职责的部门依法开展安全生产行政执法工作，对生产经营单位执行法律、法规、国家标准或者行业标准的情况进行监督检查。在进一步明确安全生产监督管理部门的执法地位的同时，赋予了负有安全生产监督管理职责部门的行政执法权。在明确了负有安全监管职责的有关部门的安全监管职责的同时赋予了其执法权，权责一致。

（4）规定乡镇人民政府以及街道办事处、开发区安全生产监督检查职

责。乡镇政府以及街道办事处、开发区、经济技术开发区、工业园区、产业园区等，是安全生产监督管理的最基层。大量高危企业集中，近年来发生的一些重特大事故多发生在开发区，安全监管任务十分繁重。新安法第八条规定：乡、镇人民政府以及街道办事处、开发区管理机构等地方人民政府的派出机关应当按照职责，加强对本行政区域内生产经营单位安全生产状况的监督检查，协助上级人民政府有关部门依法履行安全生产监督管理职责。深刻吸取江苏昆山开发区"8·2"粉尘爆炸事故教训，解决各地经济技术开发区、工业园区的安全监管体制不顺、监管机构不落实，监管人员配备不足、事故隐患集中、事故多发等突出问题。

（5）规定建立分类分级监管和执法计划制度。改进安全生产执法方式，提高安全生产执法效率，严格履行监督检查职责，及时治理事故隐患，对防止生产安全事故的发生具有极其重要的意义。新法将分级分类监管和按照年度监督检查计划作为安全监管部门的法定执法方式，新安法第五十九条明确规定：安全生产监督管理部门应当按照分类分级监督管理的要求，制订安全生产年度监督检查计划，并按照年度监督检查计划进行监督检查，发现事故隐患，应当及时处理。在第八十七条规定了在监督检查中发现重大事故隐患不依法及时处理的法律责任。

4. 强化安全预防，进一步加大安全隐患排查治理力度

（1）规定建立事故隐患排查治理制度。新安法强化安全预防，把隐患排查治理作为一项重要制度，纳入法律规范。把多年来坚持实行并不断完善的隐患排查治理上升为法律规定。新安法第三十八条规定：生产经营单位应当建立生产安全事故隐患排查治理制度。采取技术、管理措施，及时发现并采取措施消除事故隐患。事故隐患排查治理情况应当如实记录在案，并向从业人员通报。

（2）规定建立重大事故隐患治理督办制度。重大事故隐患危害较大、整改难度也较大。新安法在强化了企业隐患排查治理责任的同时强化了政府部门的监督职责。第三十八条规定：县级以上地方各级人民政府安全生产监督管理部门或者有关部门应当建立健全重大事故隐患治理督办制度，督促生产经营单位消除重大事故隐患。明确了各级政府负有安全生产监督管理职责的部门对重大事故隐患治理的督办责任，对推进隐患治理，及时消除重大事故隐患，防范事故具有重要意义。

（3）赋予安全管理人员重大事故隐患越级报告权。新安法第四十三条规定：生产经营单位的安全生产管理人员在检查中发现重大事故隐患，依照前款规定本单位有关负责人报告，有关负责人不及时处理的，安全生产管理人员可以向主管的负有安全生产监督管理职责的部门报告。本条规定赋予安

全管理人员发现重大隐患越级报告的权利，并且规定了有关主管部门应当依法处理的职责，有效防范生产安全事故的发生。

5. 加强安全生产标准化建设，进一步提高企业安全保障水平

安全生产标准化建设体现了"安全第一，预防为主，综合治理"的方针，是一项长期的、基础性的系统工程。它涵盖了安全生产的目标和任务、安全生产责任制和安全生产规章制度、安全投入、安全设备管理、从业人员安全生产教育和培训、重大危险源管理等十三项内容，代表了现代管理的发展方向，有利于全面促进企业提高安全保障水平。2010 年，《国务院关于进一步加强企业安全生产工作的通知》要求：企业全面开展安全生产标准化，深入开展以岗位达标、专业达标和企业达标为内容的安全标准化建设。2011 年，国务院安委会下发了《关于深入开展企业安全生产标准化建设的指导意见》。多年来，安全生产标准化建设工作取得了显著成效，企业安全生产水平持续提高。结合多年来的实践经验，新安法第四条规定：生产经营单位应当推进安全生产标准化工作，提高安全生产水平，确保安全生产。

6. 加强社会、市场等各种措施，多管齐下提高安全生产工作水平

（1）发挥有关协会组织的作用。有关协会组织在本行业中具有一定权威，能够积极引导规范行业健康发展，维护本行业企业权益，其主要功能是提供信息、培训服务，发挥行业自律作用。发挥有关协会组织的作用，对于节约行政监管资源，提高行政监管效能，具有积极作用。新安法第十二条规定："有关协会组织依照法律、行政法规和章程，为生产经营单位提供安全生产方面的信息、培训等服务，发挥自律作用，促进生产经营加强安全生产管理。"

（2）推进安全生产责任保险。有些企业特别是高危行业企业安全风险很大，一旦发生事故，往往是厂毁人亡，群死群伤，企业无力进行事故救援救治和补偿，常常是政府埋单。针对这个问题，借鉴国外立法的经验和做法，新安法建立了安全责任保险制度。企业投保安全生产责任保险主要是解决企业发生事故应急救援经费和从业人员以外的第三人伤害赔偿问题，促进加强安全预防。根据 2006 年以来在河南省、湖北省、山西省、北京市、重庆市等省市的试点经验，通过推进安全生产责任险，增加事故应急救援和本单位从业人员以外的第三人的赔偿资金来源。新安法第四十八条规定：国家鼓励生产经营单位投保安全生产责任保险。通过引入保险机制，发挥保险机构作用，促进安全生产。

（3）发挥注册安全工程师的作用。安全生产是一项专业性和技术性都很强的工作，对安全专业人员实行执业资格制度，是很多国家和地区通行的

做法。积极发挥注册安全工程师的作用，是提高企业安全生产管理水平的重要途径。新安法第二十四条规定：危险物品的生产、储存单位以及矿山、金属冶炼单位应当有注册安全工程师从事安全管理工作。鼓励其他单位聘用注册安全工程师。注册安全工程师按专业分类管理制度，授权国务院人力资源和社会保障部门、安全生产监督管理等有关部门制定具体实施办法。

7. 加强应急救援能力建设，进一步提高事故应急处置能力和水平

针对安全生产应急救援工作中存在的应急救援力量较薄弱、应对重特大事故灾难的大型及特种设备较为缺乏、应急资源分散并且布局不尽合理、盲目施救造成事故扩大的情况时有发生、信息化工作进展缓慢等一些问题，新安法将多年来应急救援工作实践中的一些行之有效做法上升为法律规定。一是明确国家加强生产安全事故应急能力建设，在重点行业、领域建立应急救援基地和应急救援队伍，鼓励社会力量建立应急救援队伍；二是国务院安全生产监督管理部门建立全国统一的生产安全事故应急救援信息系统，国务院有关部门建立健全相关行业、领域的生产安全事故应急救援信息系统；三是生产经营单位应当依法制定本单位生产安全事故应急救援预案，与有关人民政府组织制定的生产安全事故应急救援预案相衔接，并定期组织演练；四是参与事故抢救的部门和单位应当服从统一指挥，加强协同联动，采取有效的应急救援措施，并根据事故救援的需要组织采取警戒、疏散等措施，防治事故扩大和次生灾害的发生。

8. 完善事故调查处理原则和事故调查报告公开的规定，进一步提高事故调查处理工作水平

"科学严谨、依法依规、实事求是、注重实效"的原则，是在多年事故救援、调查工作实践中总结出来的，符合事故调查的基本规律，多次被写入国务院安委会、安全监管总局的部门规章和规范性文件，对事故调查处理工作起到了重要的指导作用。新安法第八十三条规定：事故调查处理应当按照科学严谨、依法依规、实事求是、注重实效的原则。及时、准确地查清事故原因，查明事故性质和责任，总结事故教训，提出整改措施，并对事故责任者提出处理意见。事故调查报告应当依法及时向社会公布。本条规定从法律上肯定了近年来事故调查处理工作取得的经验：一是进一步完善了事故调查应当遵循的原则，由原法的"实施求是、尊重科学"修改为"科学严谨、依法依规、实事求是、注重实效"；二是进一步完善了事故调查报告公开制度，只有及时向社会公布事故调查报告，才能回应遇难者家属及社会公众的关切，同时真正发挥事故的教育警示作用；三是增加了事故发生单位及时全面落实整改措施的规定，强化了事故调查的后续处理工作。

9. 完善安全监管执法措施，进一步强化安全监管执法效果

（1）规定依法实施停电停供民用爆炸物品强制措施。近年来，因企业拒不执行有关部门下达的停产停业指令，仍然违法生产，造成重大人员伤亡的事故时有发生。为深刻吸取教训，新安法规定：对存在重大事故隐患的生产经营单位做出停产停业、停止施工、停止使用的决定，生产经营单位拒不执行，有发生生产安全事故的现实危险的，在保证安全的前提下，经本部门主要负责人批准，负有安全生产监督管理职责的部门可以采取通知有关单位停止供电、停止供应民用爆炸物品等方式，依法强制生产经营单位履行决定。这一规定，对及时消除事故隐患，防止此类事故再次发生，保证从业人员的生命安全具有重要意义。

（2）规定对危险物品及作业场所采取扣押查封措施。新安法第六十二条规定安全监管部门和其他有关部门，依法开展行政执法工作，进行监督检查时，行使相应的职权，其中包括"对有根据认为不符合保障安全生产的国家标准或者行业标准的设施、设备、器材以及违法生产、储存、使用、经营、运输的危险物品予以查封或者扣押，对违法生产、储存、使用、经营危险物品的作业场所予以查封，并依法做出处理决定。"此规定进一步完善了原法中有关行政强制措施的规定，避免因对违法生产、储存、使用、经营、运输的危险物品及作业场所处置不当而造成事故。

（3）规定严重安全违法行为公告和通报措施。党的十八届三中全会决定指出，要建立健全社会征信体系，褒扬诚信，惩戒失信。安全生产关系到人民群众生命财产安全，诚信守法是对生产经营单位的最基本要求。为加强安全生产诚信体系建设，促进企业落实安全生产主体责任，尤其是针对实践中一些生产经营单位特别是上市公司"不怕罚款怕曝光"的情况，新安法第七十五条规定：负有安全生产监督管理部门建立安全生产违法行为信息库，如实记录生产经营单位的安全生产违法行为信息；对违法行为情节严重的生产经营单位，应当向社会公告，并通报行业主管部门、投资主管部门、国土资源主管部门、证券监督管理部门和有关金融机构。

10. 完善安全生产责任追究制度，进一步加大安全事故追责和行政处罚

随着经济社会发展，2002年颁布的安全生产法对违法行为的惩处和威慑力已经明显不够，新安法结合经济社会发展实际，扩大了行政处罚的范围，并且维持罚款下限基本不变、将罚款上限提高了2~5倍，并且大多数处罚不再将逾期未整改作为处罚的前置条件，对违法行为都规定了明确的法律责任，加大了对非法违法行为的处罚力度，强化了震慑作用。

（1）增加了对事故企业的处罚。新安法第一百零九条规定：对发生事

故负有责任的生产经营单位除要求其依法承担相应的赔偿等责任外，对发生一般、较大、重大、特别重大事故，对负有责任的生产经营单位，由安监部门处以 20 万元到 1000 万元的罚款，发生特别重大事故情节特别严重的，处一千万元以上二千万元以下的罚款。

（2）增加了对事故企业主要负责人的处罚。新安法第九十二条规定：对生产经营单位的主要负责人未履行职责或者负有领导责任，导致发生生产安全事故的，由安监部门依照规定处以罚款：对一般、较大、重大、特别重大分别处上一年收入 30%、40%、60%、80% 的罚款。

（3）增加了对主要负责人事故抢救不力的罚款处罚。新安法第一百零六条规定：生产经营单位的主要负责人在本单位发生生产安全事故时，不立即组织抢救或者在事故调查处理期间擅离职守或者逃匿的，给予降级、撤职的处分，并由安全生产监督管理部门处上一年年收入百分之六十至百分之一百的罚款；对逃匿的处十五日以下拘留；构成犯罪的，依照刑法有关规定追究刑事责任。

（4）增加了生产经营单位主要负责人终身行业禁入的规定。生产经营单位主要负责人是安全生产工作的第一责任人。对发生中特大事故单位的主要负责人处以重罚，必将促使其积极履行安全生产管理职责，同时对其他生产经营单位的主要负责人起到了更大的教育和震慑作用。新安法第九十一条规定：生产经营单位主要负责人，对重大、特别重大生产安全事故负有责任的，终身不得担任本行业生产经营单位的主要负责人。

（5）增加了对未开展建设项目三同时和安全评价的处罚。新安法第九十五条规定：生产经营单位未按规定开展建设项目三同时和安全评价的，责令停止建设或者停产停业整顿，限期改正；逾期未改正的，处五十万元以上一百万元以下的罚款，对其直接负责的主管人员和其他直接责任人员处二万元以上五万元以下的罚款；造成严重后果，构成犯罪的，依照刑法有关规定追究刑事责任。

（6）增加了对拒不执行采取措施消除事故隐患的处罚。新安法第九十九条规定：生产经营单位未采取措施消除事故隐患的，责令立即消除或者限期消除；生产经营单位拒不执行的，责令停产停业整顿，并处十万元以上五十万元以下的罚款，对其直接负责的主管人员和其他直接责任人员处二万元以上五万元以下的罚款。

（7）增加了对危险物品擅自使用和处置的处罚。新安法第九十七条规定：未经依法批准，擅自生产、经营、运输、储存、使用危险物品或者处置废弃危险物品的，依照有关危险物品安全管理的法律、行政法规的规定予以处罚；构成犯罪的，依照刑法有关规定追究刑事责任。

（8）增加了对生产经营单位拒绝阻碍监督检查的处罚。新安法第一百零五条规定：违反本法规定，生产经营单位拒绝、阻碍负有安全生产监督管理职责的部门依法实施监督检查的，责令改正；拒不改正的，处二万元以上二十万元以下的罚款；对直接负责的主管人员和其他直接责任人员处一万元以上二万元以下的罚款；构成犯罪的，依照刑法有关规定追究刑事责任。

（9）增加了对安全管理人员的责任追究规定。企业安全管理人员责人重大，强化安全管理人员的责任追究，将促使其尽职尽责，积极、主动、认真地依法履行职责，对于落实企业安全生产主体责任十分重要。新安法第九十三条规定：生产经营单位的安全生产管理人员，未履行本法规定的安全生产管理职责的，责令限期改正；导致发生生产安全事故的，暂停或者撤销其与安全生产有关的资格；构成犯罪的，依照刑法有关规定追究刑事责任。

三、认真做好新《安全生产法》宣传实施工作

新安法是安全生产的一部基本大法，在安全生产法律中占有重要的地位，宣传实施新安法，是政府及负有安全生产监管职责部门的重要任务，要充分认识新安法颁发实施的重要性和紧迫性，采取有力有效措施，切实抓好法律的学习、宣传和实施工作。当前，要深入学习、全面把握新安法修改的要点，深刻理解法律规定的基本内涵和核心内容，认真做好宣传实施工作，进一步提升依法治安工作水平。

一是抓紧制定修订有关配套法规规章。根据新安法，国家要研究制定安全生产法配套的实施条例或部门规章，推进安全生产法的全面实施。要抓紧修订建设项目安全设施"三同时"、事故隐患排查治理等方面的部门规章，研究制定安全生产责任保险、注册安全工程师管理、生产经营单位危险作业目录、重大事故隐患判定标准等规章办法。各省（区、市）政府部门和地市也要根据本地区的实际，抓紧制定修订安全生产条例和有关规章规范性文件。

二是研究制定执法规范，严格行政执法程序。新安法多数条文不再把责令改正作为行政处罚的前置条件，大幅度提高了罚款金额上限，规定了查封、扣押和强制停电、停止供应民用爆炸物品等强制措施。国家安全生产监管部门要尽快研究制定行政强制措施实施办法，修订执法自由裁量标准，研究完善执法规范和执法程序，编制新的执法文书式样。各地各级安全生产执法部门要认真执行本部门现有执法管理制度，完善自由裁量规范，严格按照法定程序执法，确保新安法的新规定、新要求的落实。

三是推进相关行政审批事项的调整和监管措施到位。新安法将生产经营单位主要负责人和安全管理人员任职资格制度由"先证后岗"修改为"先

岗后证"，将矿山和用于生产、储存危险物品的建设项目竣工验收由政府有关部门组织验收改为由建设单位负责组织。对此，各地各级负有安全监管职责的部门要研究采取相应的监管措施，加强监督检查，做好工作衔接，强调事中事后监管，确保行政审批调整后相关工作力度不减、水平不降、秩序不乱，并以此为契机，进一步深化安全生产行政审批改革。

四是实施执法计划制度，依法开展行政执法。新安法完善了对安全生产监督管理部门监督检查的规定，将实施年度监督检查计划作为安全监管部门法定的监督检查执法方式。国家安全生产监管部门要会同有关部门研究制定和修改相关办法，做到依法监管、科学监管。各地各级安全生产监管部门要加快研究制定实施办法，按照法律的规定，强化执法计划管理，落实年度监督检查计划执法制度，规范执法，严格执法。

EU EXPERIENCE ON PRODUCTION SAFETY LAW AND ITS ENFORCEMENT (OSH LEGISLATION)

Antero Vahapassi❶

Abstract: Occupational Safety and Health legislation has developed gradually around 200 years ago along with the industrial revolution. Laws and regulations were developed in Europe nationally in order to protect deteriorating labour force, especially women and children. After the creation of the International Labour Organization (ILO) in 1919, a rapid development of social and labour legislation started. Most labour laws in Europe are based on ILO Conventions and Recommendation. The birth of the European Economic Community (EEC) in 1957 and finally the European Union (EU) in 2009 started the harmonization process within the EU member countries. The main piece of EU legislation in the area of occupational safety and health is so called "EU Framework Directive (89/391/EEC) on improvements in the safety and health of workers at work", and its daughter directives. Finally, the implementation and enforcement of the above pieces of legislation has been made by the national labour/OSH inspectorates.

摘 要: 大约 200 年前, 职业安全健康立法伴随着工业革命逐渐发展起来。为了保护日益恶化的劳动力状况, 特别是妇女和儿童, 欧洲各国开始发展各项法律法规。1919 年国际劳工组织 (ILO) 创建后, 社会和劳动法规开始快速发展。大多数的欧洲劳工法是基于国际劳工组织公约和建议书而制定的。1957 年欧洲经济共同体 (EEC) 诞生和最终 2009 年欧盟 (EU) 成立开启了欧盟成员国之间的协调进程。欧盟立法相关职业安全健康领域的主要部分就是旨在 "改善工作工人安全和健康" 的欧盟框架指令 (89/391 / EEC) 以及它的各项子指令。最后, 上述立法的实施和执法一直是由国家劳工/职业安全健康监察机构负责的。

"Labour legislation without inspection is an exercise in ethics, but not a bind-

❶ Antero Vahapassi: Lic. Tech. (Safety Engineering).

ing social discipline. "

Francis Blanchard,

Director – General of the ILO, 1974 – 1989

Challenges in Work Safety (= Occupational Safety and Health, OSH) have been present since the emergence of human work. The recognition that work is risky to life, safety and health was heightened in the eighteenth and nineteenth centuries as the Industrial Revolution occurred in Europe. Public concern about these problems led to legislation and special agencies set up to protect workers safety and health.

The scope of occupational safety and health has gradually broadened from the diseases or injuries attributable to work to the nature of work itself, the wider work environment, and workers' wellbeing. OSH is divided into a number of specialities related to particular problems and applications within physiology, psychology, sociology, ergonomics, medicine, hygiene, work safety, toxicology, epidemiology amongst others.

The ILO, created in 1919, has endeavoured to set international standards for workers' protection and to provide practical information about the world's labour problems. Many of the ILO Conventions and Recommendations thus concern safety, health and conditions of work.

My presentation has been divided into five chapters:

From history to the establishment of the International Labour Organization (ILO)

From European Economic Community (EEC) to European Union (EU)

The EU Framework Directive (89/391/EEC)

Labour Inspection for the enforcement of OSH (Work Safety) legislation

Future developments

1. From history to the establishment of the International Labour Organization (ILO)

OSH and the industrial revolution

During the industrial revolution in UK (1750 – 1850) the term "OSH" or "Work Safety" was not yet invented. However, the work and the working conditions were appalling: Employment of children and women in industry, long working days, hazardous machines and hazardous substances, and public health was deteriorating. A detailed description of the development of OSH during and after the industrial revolution in UK (see: http: //www. historyofosh. org. uk/brief/index. html) can be found from the above mentioned website.

Labour legislation evolved in Europe and other industrialized countries as single pieces of legislation like. It is said the first Factories Act was "An Act for the Preservation of the Health and Morals of Apprentices, 1802" in United Kingdom. Gradually legislation developed further, e. g. :

The Factory Act of 1833 (in the UK),

The Factory Act, 1867 (in the UK)

The Employers' Liability Act 1880 (in the UK),

the Workmen's Compensation Act of 1897 (in the UK),

the Act on Workers' Protection and Factory Inspectors 1889 (in Finland),

the Workmen's Compensation Act of 1895 (in Finland),

the Employment Contract Law of 1922 (in Finland), and

the Occupational Safety Law of 1930 (in Finland).

Establishment of the International Labour Organization (ILO)

The ILO was created in 1919, as part of the Treaty of Versailles that ended World War I, to reflect the belief that universal and lasting peace can be accomplished only if it is based on social justice.

The ILO has made signal contributions to the world of work from its early days. The first International Labour Conference held in Washington in October 1919 adopted six International Labour Conventions, which dealt with hours of work in industry, unemployment, maternity protection, night work for women, minimum age and night work for young persons in industry.

The International Labour Organization (ILO) is the only tripartite UN agency with government, employer and worker representatives. This tripartite structure makes the ILO a unique forum in which the governments and the social partners of the economy of its 186 member states can freely and openly debate and elaborate labour standards and policies.

The most labour legislation in European countries today is based on the ILO Conventions and Recommendations. Legislation was issued as single pieces of labour laws. In the developing countries and emerging economies the central piece of labour legislation is called "Labour Law" which combines several pieces of labour legislation including OSH legislation.

The ILO has adopted more than forty conventions and recommendations specifically dealing with occupational safety and health, as well as over forty codes of practice.

Ratifications for China

25 Conventions

Fundamental Conventions: 4 of 8

Governance Conventions (Priority): 2 of 4

Technical Conventions: 19 of 177

Out of 25 Conventions ratified by China, of which 22 are in force, 3 Conventions have been denounced;

2. From European Economic Community (EEC) to European Union (EU)

The first milestone – EU Treaty of Rome (25.3.1957) – Treaty Of European Economic Community (EEC) signifies the establishment of the EEC. Considering the Work Safety legislation, some basic OSH principles were already part of this treaty:

"ARTICLE 118

Without prejudice to the other provisions of this Treaty and in conformity with its general objectives, the Commission shall have the task of promoting close co – operation between Member States in the social field, particularly in matters relating to:

employment;
labour law and working conditions;
basic and advanced vocational training;
social security;
prevention of occupational accidents, and diseases;
occupational hygiene;
the right of association, and collective bargaining between employers and workers.

To this end, the Commission shall act in close contact with Member States by making studies, delivering opinions and arranging consultations both on problems arising at national level and on hose of concern to international organisations."

The second milestone – Single European Act (29 June 1987) – amended the important social policy articles of the Treaty of Rome:

Amendments:

"Article 118a

1. *Member Slates shall pay particular attention to encouraging improvements, especially in the working environment, as regards the health and safety of workers, and shall set as their objective the harmonization of conditions in this area, while maintaining the improvements made.*

2. *In order to help achieve the objective laid down in the first paragraph, the Council, acting by a qualified majority on a proposal from the Commission, in cooperation with the European Parliament and after consulting the Economic and Social Committee, shall adopt, by means of directives, minimum requirements for gradual implementation, having regard to the conditions and*

technical rules obtaining in each of the Member States.

Such directives shall avoid imposing administrative, financial and legal constraints in a way which would hold back the creation and development of small and medium – sized undertakings.

3. *The provisions adopted pursuant to this Article shall not prevent any Member State from maintaining or introducing more stringent measures for the protection of working conditions compatible with this Treaty.*

Article 118b

The Commission shall endeavour to develop the dialogue between management and labour at European level which could, if the two sides consider it desirable, lead to relations based on agreement. "

It is important to notice that this Single European Act gave now the power to the EU Council to issues directives, also in the area of OSH.

The third milestone – the Treaty of Lisbon – gave the birth to European Union (EU).

On 1 December 2009, the Treaty of Lisbon entered into force, thus ending several years of negotiation about institutional issues.

The Treaty of Lisbon amends the current EU and EC treaties, without replacing them. It provides the Union with the legal framework and tools necessary to meet future challenges and to respond to citizens'demands. In that regard, labour legislation and other social policy Directives remained unchanged based on the earlier?

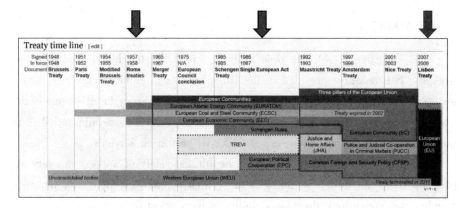

Figure 1　Important milestones in the development of EU Treaties

Two important lessons should be remembered when considering the social and labour provisions in the EU treaties, and especially in the EU Charter of Fundamental Rights adopted at Nice in December 2000.

First, fundamental labour and social standards are determined by the economic and political context. Their content changes with economic and political circumstances.

Secondly, social and labour rights develop when linked to policies promoting European integration, when they find a place on the Community's integration agenda.

These two lessons lead to two specific questions regarding the EU Charter. First, to what extent do the EU Charter's social and labour rights reflect the current social, political and economic context? Secondly, how did the EU Charter in general, and social and labour rights in particular, reach the European integration agenda?

3. The EU Framework Directive (89/391/EEC)

The Council Directive 89/391/EEC of 12 June 1989 on the "introduction of measures to encourage improvements in the safety and health of workers at work."

Health and safety at work general rules

The European Union (EU) establishes a set of base rules in order to protect the health and safety of workers. To this end, this Directive establishes obligations for employers and workers, in particular to limit accidents at work and occupational diseases. This Directive should also improve the training, information and consultation of workers.

SUMMARY

This Directive establishes base rules on protecting the health and safety of workers. The measures provided in the Directive aim to eliminate the risk factors for occupational diseases and accidents. These measures apply to all sectors of activity, both public and private, with the exception of certain specific activities in the public (e. g. army, police, etc.) and civil protection services.

Employers are obliged to ensure the health and safety of workers in every aspect related to the work, including if they enlist external companies or persons. Member States may limit this responsibility in the case of force majeure.

The employer shall establish means and measures for protecting workers. These involve activities of prevention, information and training workers, particularly to:

avoid risks or manage those risks that cannot be avoided;

give appropriate instructions to workers by promoting common protective measures;

adapt working conditions, equipment and working methods by taking into account developments in techniques.

The protection means and measures should be adapted in cases where the working conditions change. In addition, the employer should take into account the nature of the activities of the company and the capabilities of the workers.

If workers from several companies work in the same work place, the different employers shall cooperate and coordinate their protective measures and risk prevention measures.

In addition, activities of first aid, fire – fighting and the evacuation of workers in serious and immediate danger must be adapted to the nature of the activities and to the size of the company. The employer must inform and train those workers who could be exposed to serious and immediate danger.

The employer shall establish protective and preventative services in their company or establishment, including with regard to activities of first aid and reacting to serious danger. The employer shall therefore appoint one or several trained workers to ensure that the measures are followed or to call the external services.

Monitoring the health of workers is ensured by the measures fixed in accordance with national legislation and practice. Each worker may request a health check at regular intervals.

Groups of people at risk or particularly sensitive people should be protected against dangers which could affect them specifically.

Consulting workers

Employers shall consult workers and their representatives concerning all the issues related to health and safety at work.

Workers' representatives can suggest that the employer takes particular measures. They can enlist the national competent authorities if the employer fails to fulfil their duty.

Workers' obligations

Each worker must take care of their own health and security and that of persons affected by their acts or by their omissions at work. In accordance with the training given and the instructions of their employers, in particular workers must:

use equipment, tools and substances connected to their activity of work correctly;

use personal protective equipment correctly;

refrain from disconnecting, changing or removing arbitrarily safety devices fitted;

immediately inform the employer of any work situation which represents a serious and immediate danger.

Context

This Framework Directive is supplemented by the sectoral Directives (listed in the Annex), in particular concerning the use of personal protective equipment and manual handling work. These directives are often called the daughter directives.

Key terms:

Worker: any person employed, including trainees and apprentices, but excluding domestic workers;

Employer: any natural or legal person who has an employment relationship with a worker and has responsibility for the undertaking and/or establishment;

Force majeure: situation where the events due to extraordinary and unforeseeable circumstances outside of the control of the employer, have consequences which could not have been avoided despite all the measures being taken.

It is often said that from the technical prevention point of view, the Article 6 (section 2), is one of the most important articles in the Framework Directive. These general principles of prevention listed in the directive are the following:

1. avoiding risks
2. evaluating the risks
3. combating the risks at source
4. adapting the work to the individual
5. adapting to technical progress
6. replacing the dangerous by the non – or the less dangerous
7. developing a coherent overall prevention policy
8. prioritizing collective protective measures (over individual protective measures)
9. giving appropriate instructions to the workers

Figure 2   The control of hierarchy

In 1989 some provisions of the Framework Directive brought about considerable innovation including the following:

The term "working environment" was set in accordance with International Labour Organization (ILO) Convention No. 155 and defines a modern approach taking into account technical safety as well as general prevention of ill – health.

The Directive aims to establish an equal level of safety and health for the benefit of all workers (the only exceptions are domestic workers and certain public and military services).

The Directive obliges employers to take appropriate preventive measures to make work safer and healthier.

The Directive introduces as a key element the principle of risk assessment and defines its main elements (e. g. hazard identification, worker participation, introduction of adequate measures with the priority of eliminating risk at source, documentation and periodical re – assessment of workplace hazards).

The new obligation to put in place prevention measures implicitly stresses the importance of new forms of safety and health management as part of general management processes.

Example of a modern Occupational Safety and Health Act from 2002 (Finland)

Occupational Safety and Health Act (No. 738/2002) is basically from 1959. However, along the EU Framework Directive and its daughter directives, the Act has been revised, and in the Annex 1 its chapter and section headings are given just as an example of a modern Work Safety Act.

4. Labour Inspection for the enforcement of OSH (Work Safety) legislation

As the twenty – first century begins, most institutions in the field of labour and social policy (originating, as they do, in the nineteenth century) are undergoing profound, rapid and dramatic changes the world over, and labour inspection is not exempt from the socio – economic impact of these changes.

This is due to a combination of various factors and transformations, both " internal" and " external" to the organizations, often a mix of a political, social, economic, administrative, cultural and technological nature. These changes have a profound impact on the role, scope and functions of the institutions concerned, their relationships with each other, with their principal " clients" and with the general public. An understanding and analysis of the nature of these changes, how they affect the performance, impact and relationships of the principal actors and the social reality in which they operate and, in particular, how they contribute to the accomplishment of the main actors' most important functions will help labour inspectorates to cope better with the pressures of change in fulfilling their mission.

As the quote from the first page states: "Labour legislation without inspection is an exercise in ethics, but not a binding social discipline", the Work Safety legislation without a well – functioning OSH inspection system will not have much meaning for improving working conditions. This statement is still today valid although in many developed EU countries the enterprise level safety systems have reduced the role of national competent authorities in inspection functions.

The ILO Convention No. 81 from 1947 provides for a system of labour inspection to secure the enforcement of legal provisions relating to conditions of work and the protection of workers in industrial workplaces, as well as in commercial workplaces, if the ratifying State accepts this extension.

Convention No. 81 deals with:

the organization and functioning of inspection services;

the responsibilities of a central authority;

their cooperation with other public and private services, and with employers and workers or their organizations;

the recruitment of qualified staff in sufficient numbers (including women with appropriate status);

material means and facilities (offices and transport);

the thorough and regular inspection of workplaces; and

the publication of reports and annual statistics on the work of the inspection services.

The ILO Convention No. 81, which is the most ratified ILO Convention in the world, and the related standards provide the indispensable, universal framework for the status and functioning of labour inspection, its foundations and its basic structures. As such they are also a source of strength to the inspection system, the inspectors and the clients they are to serve.

PRACTICAL ENFORCEMENT OF THE WORK SAFETY ACTS
Powers of inspectors (this example is taken from the UK)

Inspectors under the Act work either for the Health and Safety Executive

(HSE) or the Local Authority. Local Authorities are responsible for retail and service outlets such as shops (retail and wholesale), restaurants, garages, offices, residential homes, entertainment and hotels. The HSE is responsible for all other work premises including the Local Authorities themselves. Both groups of inspectors have the same powers.

The detailed powers of inspectors are given in the Act. In some countries, like in Finland, there is a separate Act for powers, duties and responsibilities of inspectors ("Act on Occupational Safety and Health Enforcement and Cooperation on Occupational Safety and Health at Workplaces"). In summary, an inspector has the right to:

enter premises at any reasonable time, accompanied by a police officer, if necessary;

examine, investigate and require the premises to be left undisturbed;

take samples, photographs and, if necessary, dismantle and remove equipment or sub – stances;

require the production of books or other relevant documents and information;

seize, destroy or render harmless any substance or article; and

issue enforcement notices and initiate prosecutions.

An inspector may issue a formal caution when an offence has been committed, but it is deemed that the public interest does not require a prosecution. Formal cautions are not normally considered if the offender has already had a formal caution.

Enforcement notices:

There are two types of enforcement notice.

Improvement Notice This identifies a specific breach of the law and specifies a date by which the situation is to be remedied. An appeal must be made to the Employment Tribunal within 21 days. The notice is then suspended until the appeal is either heard or withdrawn.

There are five main grounds for an appeal:

(1) The inspector interpreted the law incorrectly.

(2) The inspector exceeded his/her powers.

(3) The breach of the law is admitted but the proposed solution is not practicable or reasonably practicable.

(4) The time allowed to comply is too short.

(5) The breach of the law is admitted but the breach is so insignificant that the notice should be cancelled.

Prohibition Notice – This is used to halt an activity which the inspector feels could lead to a serious personal injury. The notice will identify which legal requirement is being or is likely to be contravened. The notice takes effect as soon as it is issued. As with the improvement notice, an appeal may be made to the Employment Tribunal but, in this case, the notice remains in place during the appeal process.

There are two forms of prohibition notice:

an immediate prohibition notice this stops the work activity immediately until the specified risk is reduced;

a deferred prohibition notice this stops the work activity within a specified time limit.

Summary of the actions available to an inspector

Following a visit by an inspector to premises, the following actions are available to an inspector:

take no action;

give verbal advice;

give written advice;

formal caution;

serve an improvement notice;

serve a prohibition notice;

prosecute.

In any particular situation, more than one of these actions may be taken.

The decision to prosecute will be made either when there is sufficient evidence to provide a realistic possibility of conviction or when prosecution is in the public interest.

5. Future developments

What are the international trends in health and safety inspection?

The answer is that the globalized world of work presents employers, workers and safety inspectors with new challenges. And quite suddenly, effective safety and health inspection is in great demand everywhere. All parties in the world's workforce are seeking assistance to meet safe and decent standards of work. Economic imperatives are driving the pursuit of a better standard of work practice and the profession of inspection – particularly safety and health inspection – is well positioned to influence the development of safe, fair and decent work world – wide.

The safety inspectorate's international challenge is to improve occupational health and safety and fair working conditions to deliver reductions in deaths, injuries, diseases, disputes and costs to business – as well as to promote human influence for the development of safe, fair and decent work world – wide.

There are great expectations of its role. Just like he world of work – represented by employer associations and unions – inspectors must develop new approaches to the way the OSH inspectorate delivers its services and responds to the pressures that determine whether its role will be significant in a global economy or not.

Annex 1

NO. 738/2002
OCCUPATIONAL SAFETY AND HEALTH ACT
(FINLAND)

CHAPTER 1 – OBJECTIVES AND SCOPE OF APPLICATION

Section 1 – Objectives

Section 2 – General scope of application

Section 3 – Application of the Act to leased labour

Section 4 – Other work within the scope of application

Section 5 – Application of the Act to work done in the employee's or other person's home

Section 6 – Restriction on the scope of application

Section 7 – Other application of the Act

CHAPTER 2 – EMPLOYERS' GENERAL OBLIGATIONS

Section 8 – Employers' general duty to exercise care

Section 9 – Occupational safety and health policy

Section 10 – Analysis and assessment of the risks at work

Section 11 – Work that causes particular risks

Section 12 – Design of the working environment

Section 13 – Work design

Section 14 – Instruction and guidance to be provided for employees

Section 15 – Providing personal protective equipment, auxiliary equipment and other devices for use

Section 16 – Employer's substitute

CHAPTER 3 – COOPERATION

Section 17 – Cooperation between employers and employees

CHAPTER 4 – EMPLOYEES' OBLIGATIONS AND RIGHT TO LEAVE OFF WORKING

Section 18 – Employees' general obligations

Section 19 – Elimination of faults and defects and reporting them

Section 20 – Use of personal protective equipment and suitable work clothing

Section 21 – Use of work equipment and dangerous substances

Section 22 – Use of safety devices and guards

Section 23 – Employees leaving off work

CHAPTER 5 – FURTHER PROVISIONS ON WORK AND WORKING CONDITIONS

Provisions on ergonomics, the level of physical, mental and social loading and some other risks at work

Section 24 – Ergonomics of the workstation, work postures and work motions

Section 25 – Avoiding and reducing workloads

Section 26 – Work with display screen equipment

Section 27 – Threat of violence

Section 28 – Harassment

Section 29 – Lone working

Section 30 – Night work

Section 31 – Work pauses

Provisions on the structures of the workplace and the working environment

Section 32 – Structural and functional safety and health of the workplace

Section 33 – Ventilation of workplaces and volume of workrooms

Section 34 – Lighting of workplaces

Section 35 – Internal traffic and transfer of goods in workplaces

Section 36 – Order and cleanliness

Chemical, physical and biological agents and use of dangerous substances

Section 37 – Airborne impurities

Section 38 – Chemical agents and dangerous substances used at work

Section 39 – Physical agents and electrical safety

Section 40 – Biological agents

The safety of machinery, work equipment and other devices

Section 41 – Use of machines, work equipment and other devices

Section 42 – Lifting of persons by lifting devices

Section 43 – Initial and periodic inspections of work equipment

Eliminating the risk of accident, rescue services and first aid

Section 44 – Risk of accident

Section 45 – Alarm, safety and rescue equipment and instructions

Section 46 – First aid

Section 47 – Appointing first aid and rescue personnel

Facilities provided for use by employees

Section 48 – Personnel rooms

CHAPTER 6 – SPECIAL SITUATIONS OF ORGANISING WORK

Section 49 – The duty of those operating at a shared workplace to exercise care

Section 50 – Information and cooperation at a shared workplace

Section 51 – Obligations of the employer exercising the main authority at a shared workplace

Section 52 – Obligations on a shared construction site

Section 52a – Identification of persons working on a shared construction site (22. 12. 2005/1199)

Section 53 – Obligations of self – employed workers at a shared workplace

Section 54 – Elimination of mutual hazards in workplaces

Section 55 – Voluntary work

CHAPTER 7 – OBLIGATIONS OF OTHER PERSONS WHO AFFECT SAFETY AND HEALTH AT WORK

Section 56 – Obligations of product manufacturers and suppliers

Section 57 – Obligations of designers

Section 58 – Obligations of the installers of machinery, work equipment or other devices

Section 59 – Obligations of persons carrying out initial and periodic inspections

Section 60 – Obligations of persons dispatching and loading goods

Section 61 – Obligations of building owners, other holders or lessors

Section 62 – Obligations of port holders and the owners and holders of vessels

CHAPTER 8 – PENAL PROVISIONS

Section 63 – Violation of occupational safety and health

CHAPTER 9 – MISCELLANEOUS PROVISIONS

Section 64 – Opinions of the Labour Council

Section 65 – Enforcement of the Act

Section 66 – Power to issue decrees

Further provisions on the implementation of this Act shall, when necessary, be given by

Government decree.

Section 67 – Keeping the Act available for inspection at the workplace

CHAPTER 10 – PROVISIONS ON ENTRY INTO FORCE

Section 68 – Entry into force

Zero Accident Vision

Markku Aaltonen, DSc（Eng）

Abstract：The Zero Accident Vision（ZAV）is increasingly adopted by companies. Enterprises simply want to get rid of workplace accidents, because they are tired of their negative consequences. The ZAV is based on the belief that all accidents are preventable. If accidents are not preventable immediately, they very likely will be in the long run. The ZAV thus provides an ethically sustainable basis for accident prevention. The ZAV opens new ways to promote safety culture in a company. Safety is a value as such, and an accident–free workplace should be a human right for every worker. Safety is also a part of the quality of production. Accidents and near–accidents indicate problems in work processes. Safety culture is part of the company image. It is easy to lose but very difficult to get back. The safety and health of employees can also be an integral part of a company's competitiveness. In Finland, the special Zero Accident Forum has been active since 2003 with good success.

摘　要：零事故设想（ZAV）正在被更多公司采用。企业仅想要摆脱工作场所的事故，因为他们已经厌倦了事故带来的负面后果。ZAV 基于一个信念，即所有的事故都是可以预防的。如果事故不是立刻就能够预防的，那么长期来看也是有可能实现预防的。ZAV 为事故预防提供了可持续发展的道德基础。ZAV 为公司推行安全文化提供了新的方式。安全是一种价值，每个工人都应该享有在无事故的工作场所中工作的人权。安全也是生产质量的一个部分。事故和未遂事故反映出了工作过程中存在的问题。安全文化是公司形象的一个部分，一旦失去就很难挽回。员工的安全和健康也是公司竞争力的一个组成部分。在芬兰，专门的零事故论坛从 2003 年就启动了，并取得了良好的效果。

Introduction

According to current EU legislation, work must be arranged in such a way that it does not involve the risk of endangering one's health, the risk of aggravating an existing illness, or the risk of work overload. Accidents are unwanted events at work which have negative impact also to the success of a company, its image, recruitment practice and staff turnover. Therefore it is important to develop new methods and approaches for safety management. It is estimated that if all ILO Member States would use the best accident prevention strategies and practices that are already easily available, some 300,000 deaths and 200 million accidents could be prevented annually.

Why Zero Accident Goal?

The Zero Accident Vision (ZAV) is increasingly adopted by companies. They simply want to get rid of workplace accidents, because they are tired of all the negative consequences of them. Zero accident vision is based on the belief that all accidents are preventable. If accidents are not preventable right away this should be feasible in longer run. Thus, the zero accident vision provides an ethically sustainable basis for accident prevention. On other hand, zero accident thinking sets up both an intellectual and practical challenge to safety work, but promoting this vision is an important weapon in the battle against common fatalism. Normally workplaces aim to decrease the number of accidents but in practice this is a difficult task. Even, if they have succeeded to reach a good safety level, it is hard to maintain it.

The Finnish Zero Accident Forum

In Finland, a special Zero Accident Forum has been active since 2003. The Forum is a voluntary network of Finnish workplaces, and it is open to any workplace, regardless of its size, economic sector or level of occupational safety. The Forum is a network through which the Finnish Institute of Occupational Health promotes accident prevention together with Finnish workplaces. Members of the Forum share a common vision of becoming leaders in safety, and are willing to share their experiences for the benefit of other members. The Forum provides examples of good practices from other workplaces, promotes success stories, and motivates and encourages workplaces to strive for a high level of safety. The Forum also provides national and regional seminars and materials and tools to promote the "vision zero" concept. Materials include campaigns, websites and the Zero Accident Forum newsletter. Commitment to zero accident goal is the keyword of the Forum membership. In joining the Zero Accident Forum, workplaces commit themselves to working together to improve safety at work by accepting six basic statements of the Forum.

Achievements and Impacts of the Forum

333 organisations all over Finland have joined in the Zero – Accident Forum by June 2011. These workplaces employ more than 300, 000 people, which is more than 15% of the Finnish working population. According to an analysis on effectiveness of the Zero Accident Forum, occupational accident frequency (accidents per million working hours) in 73 member workplaces decreased by 45, 9% during the period of 2008 – 2012. The Forum has also influenced on development of common safety culture in Finland. As an example, the Confederation of Finnish Construction Industries (RT) has made a statement the zero work accidents is the goal in Finnish construction sites by 2020.

Conclusions

Workplaces should be encouraged to set a goal of "zero accidents". Only this vision provides an ethically sustainable basis for accident prevention. Safety is a value as such and accident – free workplace should be a human right for every worker. Naturally, requirements of safety legislation should be fulfilled. Safety at work is a part of quality of production. Accidents and incidents indicate problems in work processes. Accidents have always unwanted consequences, which cause unnecessary costs for individuals, companies and society as a whole. Safety culture is part of the company image. It is easy to loose it but very difficult to get it back. Safety and health at work can even be an integral part of company competitive advantage.

新《安全生产法》立法理念的转变及其特点

卢芳华❶

摘　要：《安全生产法》是中国一部全面规范安全生产的基本大法，运行 10 余年后被大幅度修订。在新修订过程中，立法理念发生很大转变，有很多重要的创新。新安法充分体现以人为本、安全与生产并重、安全生产与经济社会和谐发展的价值取向，尤其实现从经济法到社会法的转变。认识与理解新安法的价值取向，有助于更好地贯彻新安法精神和严格执法。

关键词：安全生产法；立法理念；修订；转变

2014 年 8 月 31 日，全国人大常务委员会通过了《全国人大常务委员会关于修改〈中华人民共和国安全生产法〉的决定》，国家主席习近平签署第 13 号主席令予以公布。从条文结构上看，修正后的新《安全生产法》（以下简称新安法）由 97 条变为 114 条，增加 17 条；从实质内容上看，新安法参考了国际安全生产立法的最新发展趋势；从幅度上看，修改涉及 70 多个条款，是《安全生产法》颁布十余年来所做的一次较为全面的修改。新安法修改虽然以修正案形式出现，但全国人大常委会却强调按照上述《决定》的要求重新公布，其意义不言而喻。

新安法立法理念的创新是此次修改的一大亮点。所谓立法理念，一般是指为立法活动的目标实现提供基础、途径和保障的一系列价值取向和观念。它不仅体现了人们对立法现象的认识，也体现了人们对立法本质的把握。❷法的生命在于运行，而立法理念则是任何一项法律的运行起点。立法理念涵盖了立法者对一项法律的认识、思想、价值观、信念、意识、理论、理性

❶　［作者简介］卢芳华（1978—　），女，黑龙江鸡西人，法学博士，华北科技学院副教授，主要从事国际海洋法、职业安全法研究。

　　［基金项目］河北省社会科学发展研究课题"基于国际人权法的职业安全权保护研究"（课题编号：201603030102），中央高校基本科研业务费项目"国际人权法视野下职业安全权保护研究"（编号 3142014008）、"安全社会科学理论创新及应用研究"（编号 3142015026）、"安全生产法学创新团队"（编号 3142014015；3142015027）、中央高校基本科研业务费资助项目《安全生产的刑事法保护研究》（编号：3142014009）、"安责险"法律制度构建与适用研究（RW2013B02）的阶段性成果之一。

❷　黄文艺. 谦抑、民主、责任与法治——对中国立法理念的重思［J］. 政法论丛，2012（2）.

等；进而通过立法指导思想、立法精神、立法原则等予以表现，体现在立法体制、立法机构、立法程序等所有的立法实践、立法活动中。科学的立法理念是指导立法制度设计和立法活动的基础。与旧法相比，新安法立意更高、更为深远，较为妥善地平衡了安全与经济发展、安全与社会发展、安全与人权、安全管理和安全监督的关系，反映了中国安全生产问题的实际。具体说，新安法立法理念的转变有如下特点。

一、新《安全生产法》摆正安全与生产的关系：树立安全发展的新理念

安全是人类的基本需要，是社会主体保障生命、财产、自由、和平等的重要条件。安全保障与经济社会生产是辩证统一的：从某种意义上讲，安全是长远利益，生产是眼前利益，长远利益和眼前利益是统一的；生产为安全提供物质基础与技术支持，安全经济社会生产得以顺利进行的基本前提和重要条件。❶ 新安法第三条在原有安全生产管理的基本方针上，增加了"安全生产工作应当以人为本，坚持安全发展，坚持安全第一"的内容，体现了科学发展观和安全发展理念的必然要求。

1. 新安法克服原条款中经济发展高于安全生产的问题

原来立法理念中包含防止和减少安全生产事故，保障人民群众生命和财产安全，促进经济发展的主旨，但安全生产最后的目标点却是促进经济发展，以至于执法不力，导致片面地追求经济发展或经济增长而忽视安全生产的现象时有发生。"安全第一"，就是要坚持人民群众的生命财产安全特别是生命安全高于一切，在处理保证安全与生产发展的关系上，始终把安全放在首位，坚决做到生产必须安全、不安全不生产，把安全生产作为一条不可逾越的"红线"，坚决不要"带血的 GDP"。

2. 新安法强调安全生产是经济持续转型升级的前提和抓手

在实践中，只有将安全生产与经济社会发展各项工作同步规划、同步部署、同步推进，才能实现安全与速度、质量、效益相统一，安全生产与经济社会发展相协调，也即经济发展必须安全地发展。这是新安法关于安全与生产关系的立法理念的再次升华。

3. 新安法强调以安全生产为第一要务

从新安法增加、协定的内容看，着重从制度、体制、机制方面设计出防止和减少生产安全事故特别是重特大事故的措施和办法，使事故发生率和造

---

❶ 刘超捷，李明霞. 新〈安全生产法〉立法目的评析［J］学海，2014（5）.

成的伤亡人数不断下降。这就是说，新安法理念不是为修法而修法，而是强调其主旨——安全生产为第一要务。

二、从经济法转向社会法：新《安全生产法》首次明确安全与社会的关系

新安法第一条第四句话将现行立法的"促进经济发展"修改为"促进经济社会持续健康发展"，即增加赋予"促进社会发展"的价值追求，在立法目的上首次展现社会法的理念，完成了从经济法理念到社会法理念的转变。

1. 新安法凸显社会法应有的价值追求

中共十六大以来，执政党的历次重要报告均将安全生产作为社会建设、社会管理或社会治理部分的重要内容加以论述。《安全生产法》归属于社会法部门，事实上已经基本成为学界和实务界的共识；但十多年前的情况却并非如此，当时出台的《安全生产法》并未体现社会法的理念，其立法目的未涉及促进社会发展、实现社会公平的内容，而是完全定位于"促进经济发展"。国内劳动法学者曾认为《安全生产法》的立法精神侧重于"经济性"，缺乏"社会性"，偏向以安全生产促进经济发展为主题，以人为本的终极关怀理念不够深入。❶ 在本次修改中，立法者显然已经认识到社会法应有的价值追求，在立法目的中加入了"促进社会发展"的含义，将立法的终极目的表述为"促进经济社会持续健康发展"，这方面与原法相比，新安法具有质的飞跃。

2. 社会法理念充分反映执政党的新理念

中共十六大以来，科学发展观和构建社会主义和谐社会的执政理念逐步提出。十六届五中全会首次把"安全发展"写入了"十一五"规划建议；十六届六中全会把"坚持和推动安全发展"纳入构建社会主义和谐社会的总体布局；十七大进一步强调，坚持安全发展，强化安全生产管理和监督，有效遏制重特大安全事故；十七届三中全会强调，能不能实现安全发展，是对我们党执政能力的重大考验。从"安全生产"到"安全发展"，到"安全发展理念"进而明确为"安全发展战略"，是安全生产领域在新时期对客观规律的科学认识和准确把握，充分体现了中央高层"以人为本、保障民生"的执政理念，体现了安全与经济社会发展一体化运行的现实要求。

---

❶ 郭捷. 论劳动者职业安全权及其法律保护［J］法学家，2007（2）.

3. 社会法理念重申安全生产工作的重要位置

安全生产不仅是经济问题，更是社会问题。一个地区、一个行业甚至一个单位重特大事故频发，不仅会严重影响经济发展进程，也会严重干扰社会和谐稳定大局，严重损害党和政府治国理政的形象。因此，制定《安全生产法》不仅仅是要促进经济发展，更要促进经济社会持续健康发展。新安法的新表述，把安全生产工作放在了社会经济发展的整体格局中，进一步表明了安全生产工作在社会经济发展中的战略地位。

三、凸显以人为本：新《安全生产法》摆正人权与安全生产的关系

对于职业从业者而言，安全生产即是职业安全权问题；职业安全权是人权的重要组成部分。国内也有学者明确强调，包括生产安全在内的所有安全问题，归根结底是"人的安全"、人的生命安全，即人的身体安全、心理安全和权利安全。❶ 新安法第三条在原有提法基础上增加了"安全生产工作应当以人为本"的规定，鲜明地体现了民本性、民生性、人权价值的特点。"安全第一，还是生产第一"讨论的实质就是"以人为本，还是以生产为本"的问题。

1. 新安法理念强调人是安全生产的首要因素

以人为本是针对发展过程中存在的"见物不见人"等错误倾向提出来的。强调以人为本，就是要在推进安全生产的过程中，既要"见物"，更要"见人"；既要重视经济生产发展和物质财富的增加，更要关注社会公平正义，关注人的安全价值、安全权益和安全权利。新安法以人为本的理念，就是强调把保障人民群众生命和财产安全作为安全生产的根本出发点和落脚点，即人是安全生产的首要因素。这是人权在安全生产中的具体体现。

2. 新安法理念强调安全生产中人的主体能动性

在安全生产实践中，一方面，安全工作需要依靠广大员工群众的积极配合，需要员工群众承担遵章守纪、按章操作等义务；没有员工的参与和配合，不可能真正做好安全生产工作，这就是指安全生产的主体性。另一方面，员工是生产经营活动的直接操作者，安全生产首先涉及员工的人身安全，因而保障员工对安全生产工作的参与权、知情权、监督权和建议权，既是中国基层民主的重要组成部分和现代企业制度的要求，以及保障职工切身利益的需要，也有利于充分调动员工的积极性和主动性，发挥其主人翁

---

❶ 颜烨.安全社会学的内涵及其体系深化研究［J］中国安全科学学报，2013（4）.

作用。

3. 安全生产以人为本是科学发展和安全发展的题中之意

中共十六大以来，明确提出贯彻落实以人为本的科学发展观，坚持立党为公、执政为民的崇高执政理念，把安全生产纳入全面建成小康社会和全面深化改革的总体布局，作为推进国家治理体系和治理能力现代化的重要内容，做出一系列决策部署，提出"红线意识"的观点，从坚持安全发展理念、健全完善责任体系、强化企业主体责任、改进安全监督检查、深刻吸取事故教训、加强隐患治理和安全防范等方面，对安全生产工作提出了明确要求。新安法提出安全生产工作应当"以人为本"，充分体现了近年来主要中央领导强调的坚守发展决不能以牺牲人的生命为代价这条"红线"的意识，牢固树立以人为本、生命至上的理念，正确处理重大险情和事故应急救援中"保财产"还是"保人命"问题，具有重大意义。

四、理顺生产经营主体责任制与行政机关督办制的关系

新安法重申，生产经营单位的主体责任制和行政机关监管是安全生产的两个重要手段。生产经营单位是生产经营活动的主体，是保障安全生产的根本和关键所在；而政府监督则是以国家强制力为后盾，保证安全生产法律、法规以及相关标准得到切实遵守，及时查处、纠正安全生产违法行为，消除事故除患的重要保证。❶ 理顺二者之间的关系是实现安全生产的关键。为此，新安法第一条将"为了加强安全生产监督管理，防止和减少生产安全事故，保障人民群众生命和财产安全，促进经济发展，制定本法"，修改为"为了加强安全生产工作……促进经济社会持续健康发展，制定本法"。这一修改理顺了生产经营单位的主体责任制和行政机关监督管理的关系，将《安全生产法》从管理法或监管法变成了一个全方位的工作法。

1. 从单一性安全生产监管转向综合性安全生产工作

"为了加强安全生产监督管理"和"为了加强安全生产工作"的两种表述明显不同。新安法考虑得更为全面，"安全生产工作"既包括"监督管理"工作，也包括其他更多的工作内涵，管业务必须管安全、管行业必须管安全、管生产经营必须管安全，具体落实到综合监管方面，一是规定国务院和县级以上地方人民政府应当建立健全安全生产工作协调机制，及时协调、解决安全生产监督管理中存在的重大问题；二是明确国务院和县级以上地方人民政府安全生产监督管理部门实施综合监督管理，有关部门在各自职

---

❶　卢芳华. 中国劳动生产安全法治现代化的社会评价［J］华北科技学院学报，2015（5）.

责范围内对有关行业、领域的安全生产工作实施监督管理，并将其统称负有安全生产监督管理职责的部门；三是明确各级安全生产监督管理部门和其他负有安全生产监督管理职责的部门作为执法部门，依法开展安全生产行政执法工作，对生产经营单位执行法律、法规、国家标准或者行业标准的情况进行监督检查。也就是说，新安法是应当着眼于安全生产工作的整体，为安全生产工作的各个方面提供基本的法律依据，这样修改符合实际需要，与安全生产法综合性、基础性法律的定位相称，也符合其自身内容的内在逻辑。

2. 落实单位的主体责任：安全生产工作的根本

在以往安全生产实践中，可以发现，一些重特大事故发生的主要原因在于主体责任落实不到位造成安全缺位。新安法将生产经营单位的安全生产责任定位为"主体责任"，即这一主体责任是安全生产工作的核心要素和基本重心，至关重要。也因此，新安法第三条将发挥生产经营单位安全生产管理机构和安全生产管理人员的作用作为一项重要内容，即做实了生产经营单位主体责任。

新安法明确表述了下述相关内容：第一，明确了委托法定机构提供安全生产技术、管理服务的，保证安全生产的责任仍然由生产经营单位负责；第二，明确生产经营单位的安全生产责任制的内容，规定生产经营单位应当建立相应的机制，加强对安全生产责任制落实情况的监督考核；第三，明确生产经营单位的安全生产管理机构以及安全生产管理人员履行的七项职责；第四，规定矿山、金属冶炼建设项目和用于生产、储存危险物品的建设项目竣工投入生产或者使用前，由建设单位负责组织对安全设施进行验收。

3. 政府安全监管：安全生产工作的关键

在强化和落实生产经营单位主体责任、保障员工参与的同时，政府在安全生产方面的监管作用是关键。它以国家强制力为后盾，保证安全生产法律、法规以及相关标准得到切实遵守，及时查处、纠正安全生产违法行为，消除事故除患，这是保障安全生产不可或缺的重要方面。

新安法在政府行政监管方式上做出了以下六方面的创新：第一，规定了安全生产规划制度。国务院和县级以上地方各级人民政府应当根据国民经济和社会发展规划制定安全生产规划，并组织实施。安全生产规划应当与城乡规划相衔接。这一规定有利于安全生产规划和城乡规划、其他规划相衔接，促进经济和社会协调发展。第二，参照安委会的职责，要求国务院和地方各级人民政府建立健全协调机制，使《安全生产法》规定，比如政府的督促、协调解决有法可依。第三，实行信用管理。2010 年《国务院关于进一步加强企业安全生产工作的通知》即有信用管理的设计，安监部门应当把严重安全隐患或者发生安全生产事故的单位有关事故的风险和信息提交给可以约束它的部门，如国土部门、投资部门、证券部门、行业主管部门，通过信用管理模式，有利于发挥公民和企业守法的自觉性，使强制守法变成自觉守法。新安法第七十五条也明确规定，负有安全生产监督管理职责的部门应当建立安全生产违法行为信息库，如实记录生产经营单位的安全生产违法行为信息；对违法行为情节严重的生产经营单位，应当向社会公告，并通报行业主管部门、投资主管部门、国土资源主管部门、证券监督管理机构以及有关金融机构。第四，精简审批基础，优化管理流程和方法。近两年，国务院取消、精简了很多安全生产工作中的行政许可，减轻了企业的负担；新安法进一步精简了一些许可，如把取消"三同时"验收和审批，改成了企业按照法律的规定自主组织验收，企业对结果负责。第五，发挥地方政府的作用，对一些应该淘汰的落后的设备或工艺，授权省一级人民政府发布自己的淘汰名录。第六，规定了分类分级监管体制和年度监督检查计划。

五、新《安全生产法》立法理念转变的重要意义

新安法立法理念实现了根本转变，尤其实现了从经济法到社会法的转变，使得新安法的人本性、人权价值、公平正义得到应有的体现，改变了以往重视经济生产安全保障、轻视人的生命安全保障的错误倾向，摆正了安全与生产、安全生产与经济社会的关系。

新安法立法理念理顺了生产经营单位的主体责任制与政府行政监管关系，更清晰地厘清了政府与企业的关系，有利于严格执法和责任追究。

新安法立法理念的创新和转变，为如何加强安全生产工作指明了方向，为安全生产主体架构的设计勾勒了主线。新安法不但为加强安全生产执法有了明确导向，更为完善国家治理体系和治理能力现代化提供了法律基础。

南京国民政府安全生产立法初探（1928—1937）

郑跃涛❶

摘　要： 安全生产法是保障人民生命安全和生产顺利进行的重要法律，在近代中国已受到普遍关注。南京国民政府成立后，在多种因素的促使下颁布了《工厂法》，并以此为基础创立了多项有关安全生产的法律条款，这些法律的制定突破了中国近代社会环境，在我国近代法律史上占有重要地位。

关键词： 南京国民政府；安全生产法；初探

安全生产法是指以法律形势确立在生产经营活动中，为了避免造成人员伤害和财产损失的事故而采取相应的事故预防和控制措施等相关法律法规的总称。安全生产法主要目的在于以保证从业人员的人身安全，保证生产经营活动得以顺利进行。

众所周知，我国近代工业从清末开始，发展虽然缓慢但也逐步形成体系，但是受制于生产设备的落后和安全意识偏弱，导致在企业生产过程中重大安全事故时有发生。如贵州万山汞矿在1898—1908年间被法商占取，掠夺开采，虽是机器锥孔，炸药放炮，但是仍用桐油煤照明，竹筒抽水，安全设施全无，矿工生命毫无保障。❷ 又如1908年12月萍乡煤矿工人咸携粮入内，燃木为炊，致酿火灾，焚毙人口百余。❸ 灾难频发，不仅造成大量人员伤亡，也严重影响工厂的正常生产。在这种情况下，清政府及后来的北洋政府均有一定的安全立法，但由于种种原因，收效甚微。直到南京国民政府成立后，随着大规模立法活动的开展，有关工矿企业的安全生产立法工作取得了一定进展。

一、南京国民政府安全立法的演变

1927年9月，南京国民政府成立的劳工局，负责劳工法的立法事宜。

❶ ［作者简介］郑跃涛（1977—　），男，河北顺平人，华北科技学院讲师，主要从事中国近现代史问题研究。本文为中央高校基本科研业务费项目（3142015026）和华北科技学院校级科研项目《中国近现代煤矿安全史》项目编号（3142014058）研究阶段性成果。

❷ 贵州省地方志编纂委员会. 贵州省志劳动志［M］. 贵州人民出版社，1994：199.

❸ 时报. 1908 – 12 – 18.

随后，在该厅成立了劳动法起草委员会，历经 11 个月的时间起草完成《劳动法典草案》，其中已经涉及矿山安全生产方面的内容。法案指出，矿业劳动者皆在矿坑内部劳动，其危险及有害健康之程度，均较普通工业为尤甚，故其安全与卫生之设备，亦应较普通工业为尤重。❶《劳动法典草案》虽是草案，日后也是已经修订，但是从其保护劳工的思想是当时一大进步，成为日后诸多法律的取材的对象。

之后，各个地方政府陆续颁布了一些安全生产法则，其中较著名的有上海市农工商局 1928 年颁发的《工厂安全设备须知》，该规则共 106 条，主要从设备安全角度进行立法，包括了危险标志、防火、防爆、通风、防电及其他救护工人设备等的操作要求等。这应该是近代史上第一个由地方政府出台的安全生产规则，内容丰富，考虑全面，它为日后的《工厂法》提供立法依据。❷

1929 年 12 月，南京政府正式颁布了近代中国首部通行全国的《工厂法》，并决定于 1931 年 8 月 1 日起在全国范围内施行。《工厂法》在安全方面主要体现在第八章第 41 ~ 44 条，主要内容包括：

> 第四十一条　工厂应为下例之安全设备：
> 一、工人身体上之安全设备；二、工厂建筑上之安全设备；三、机器装设之安全设备；四、工厂预防火灾水患等之安全设备。
> 第四十二条　工厂应为下例之卫生设备：
> 一、空气流通之设备；二、饮料清洁之设备；三、盥洗所及厕所之设备；四、光线之设备；五、防卫毒质之设备。
> 第四十三条　工厂对于工人应预防灾变之训练。
> 第四十四条　主管官署如查得工厂之安全或卫生设备有不完善时，得限期令其改善，于必要时，并得停止其一部之使用。❸

应该说这是以国家名义出台的第一部涉及生产安全的立法条款，具有划时代的意义。虽然《工厂法》在保护劳工方面的巨大进步，引起资本家的激烈反对，《工厂法》也是三次修订，但关于安全生产的条款一直延续下来。

《工厂法》以法律方式保障工厂生产有序进行，是一个纲领性法律，还

---

❶ 谢振民．"中华民国"立法史［M］．中国政法大学出版社，2000：1068．
❷ 孙安弟．中国近代安全史［M］．上海书店出版社，2009：170 ~ 177．
❸ 顾炳元．中国劳动法令汇编［M］．上海法学编译社，1937：123 ~ 134．

需要制定相关细则来配合使用。因此在 1930 年 12 月南京国民政府又公布了《工厂法施行条例》，与《工厂法》同时在全国范围内施行。《工厂法施行条例》有关生产安全法律条文共 7 条，即从第 21 条到第 27 条。安全法律条款所占总条款比重从《工厂法》的 5.2% 上升到《工厂法施行条例》18.4%。说明对生产安全立法的重视在加强。条例指出工厂的建设应由注册工程师对工厂安全和卫生设备进行计划；工厂的机器设备应定期进行安全检查；工厂的建筑物及附属场所，应设相当的安全门和安全梯；规定工场的门应向外开，工作时间不得下锁；工厂内严禁吸烟及携带火物品；工厂发出的废气、废水、废渣应做好处理，不得随意排泄。❶

1930 年 8 月，南京国民政府工商部在制订《工厂法施行条例草案》的同时，参照各国现行工厂检查制度，拟定了《工厂检查法》，并报行政院送立法院。同年 12 月，立法院经过修正后变成 21 条，于 1931 年 10 月起正式施行。《工厂检查法》是一部由国家立法院审议通过的针对各个工厂执行《工厂法》和《工厂法施行条例》进行检查的法律。该法规定，工厂检查事务由中央劳工行政机关派检察员执行。检查的内容包括工人的年龄、工作种类、工人的工作时间、工人的休息及休假、女工的分娩假期，当然也包括检查工厂的劳动安全和卫生设备等。❷

《工厂法》《工厂法施行条例》《工厂检查法》等法律内容丰富规定了从机器设备到人的安全意识等的具体规定，在中国安全生产立法的进程中具有重大意义。

二、安全生产立法动机分析

1. 保障工厂正常运行

1927 年南京国民政府成立后，实施了一些有利于国内工矿业发展的经济政策，刺激了民族工矿业的发展，据估计，1928—1937 年，中国工业产值增长率达到 8% 以上，1936 年工业产值达到近代以来的最高水平。这一时期产业工人人数达到了 250 万～300 万人。

这一时期工厂数量大为增加，但工厂的安全措施却不正规，很多资本家往往利用民宅改为工场，这些地方白天是工厂，晚上则是工人宿舍，容易发生灾难事故。如 "1934 年 5 月 25 日晚 10 点半，上海同福台球厂发生大火，毁屋十一间，焚毙工人六名"。当时 "工人均已就睡，不料二号屋中突然起

---

❶ 顾炳元．中国劳动法令汇编［M］．上海法学编译社，1937：135～139.

❷ 同上书，第 149～152 页。

火"所致。❶ 也有一些厂矿企业工作场所简陋，劳动条件恶劣，技术落后，致使矿灾频发。例如，1928 年 3 月 23 日，安徽省宣城水东煤矿瓦斯爆炸，死亡 153 人，伤 18 人，地面井架、天棚等全被冲垮。❷ 还有一些厂矿企业工人安全意识不强，以致酿成悲剧。例如，1928 年 10 月 1 日，辽宁省烟台煤矿第二斜坑发生爆炸，入坑工作的 47 名煤矿工人全部遇难。爆炸原因系工人无意间将所吸纸烟引燃坑中煤气而致爆发。❸

灾难频发会严重影响工厂正常的生产秩序，造成极大的经济损失。如 1917 年 8 月 18 日，萍乡煤矿发生火灾，共造成 27 人死亡。"劳工伤料费亦不资，即死者照例恤金一项，闻须万元左右。""直接损失须数值万元，然经此火后，每日出煤量须少五百吨以上，照恢复原状，此一二月间，尚难做到，故间接损失之数实巨也。"❹

因此民国时期工厂灾害危害严重，对工人来说夺走了他们的宝贵生命，对资本家来说也会让自己遭受严重的经济损失。因此，双方来讲，都需要生产的安全，安全生产立法可以说是符合了中国当时发展趋势。

2. 孙中山人权思想对南京国民政府的影响

孙中山是伟大的资产阶级民主革命先行者，对民主宪政的追求终其一生矢志不移。提出了著名的三民主义，体现了孙中山的人权思想。在民权主义中他指出主权在民，建立法治国家，人民拥有政权，实行立法、司法、行政、考试、监察五权分立。后来孙中山还制定了"联俄、联共、扶助农工"的三大政策。为实现主权在民的伟大目标，孙中山于 1906 年在《中国同盟会革命方略》一文中第一次提出分为三个时期，即军法之治、约法之治和宪法之治。第一期军法之治即由革命的军政府督率国民扫除旧污之时代。第二期约法之治，就是军政府授地方自治权于人民，而自揽国事之时代。第三期宪法之治，是军政府解除权柄，宪法上国家机关分掌国事之时代。❺ 孙中山关心劳工，在国民党第一次全国代表大会宣言中，提出应当"制定劳工法以改良工人之生活"，还要制定"养老之制，育儿之制，周恤废疾者之制等"来保障民众的生活。❻

南京国民政府成立后，在政治上与孙中山的新三民主义政策相背离。国民党内部也分裂成三派，但是无论哪一派都宣称自己是孙中山思想的继承

---

❶ 时报. 1934 – 05 – 26.

❷ 中国煤炭志编纂委员会. 中国煤炭志·安徽卷［M］. 煤炭工业出版社，1999：256.

❸ 大公报. 1928 – 10 – 05.

❹ 民国日报. 1917 – 08 – 20.

❺ 孙中山全集（第一卷）［M］. 中华书局，1981：298.

❻ 朱子爽. 中国国民党劳工政策［M］. 重庆国民图书出版社，1941 年：22.

者，在这种大背景下蒋介石为了笼络人心，表正统，仍宣称继承孙中山革命思想，所以这一时期南京国民政府出台大量法律法规保障劳工权益，这是政府推动安全生产立法的一个重要原因。

3. 国内外学者和机构对中国劳工问题的重视

第一次世界大战后，1919 年成立国际劳工组织，国际劳工组织以改善劳工生活，保障社会稳定为主要目的，它积极推动各国建立对劳工的法律。中国是国际劳工组织的创始国之一。在第一次大会上，十分关注中国劳工状况的改善，最后形成报告希望中国政府采取以工厂法保护劳工之原则。❶

1927 年，南京国民政府成立后加强了与国际劳工组织的交流。第二年，国民政府便邀请国际劳工局局长多玛访问中国，在中国多地考察劳工状况以后，建议中国完善劳工法规及劳工组织，认为只要政府负起责任，劳工的权利就能得到维护。❷

这一时期中国工人的安全意识大为增强。近代中国工人的生存状况极其恶劣，而矿山工人尤甚，他们的生命得不到任何的保障，每到下井时，就像过鬼门关一样。贵州铜仁大硐喇矿的矿工口口相传下井有三关：硐内打眼、装药、筑炮，易发生爆炸，此为死关之一，检查处理瞎炮是死关之二，松岩又是一个死关，是为"三关"。❸ 随着社会的发展，工人们也意识到必须要保障自己的安全，保障自己的合法利益。1928 年 2 月 10 日，辽宁营口生生为柴厂 200 余名女工，因工资低和劳动条件不好，进行了 10 余天的罢工斗争，最终取得胜利。❹ 这说明工人的安全意识大为增强，工厂资本家不能再按原来的方式继续生产了。

民国时期专家及有关部门关注劳工的权利促进了生产安全问题的研究。20 世纪 20 年代，社会主义思潮在中国兴起，"劳工神圣"的口号响彻云霄，劳工问题逐渐成为当时社会各界关注的焦点。如 1920 年 5 月，《新青年》出版了劳动节纪念专号，刊登了 10 篇有关各地劳动状况的文章。此后，随着劳资冲突的频繁和工人运动的激荡，社会机构、学术团体、政府部门都加入了对劳工问题、劳资争议的实证调查，大量资料得到收集和整理，其中成果卓著的有北平社会调查所和国民党政府。学者和相关部门主要对劳资关系、劳资争议等问题开展研究。而涉及劳工人权问题的劳动安全已经有所

---

❶ 孙安弟. 中国近代安全史 ［M］. 上海书店出版社，2009：243.

❷ 大公报，1928 – 11 – 22.

❸ 贵州省地方志编纂委员会. 贵州省志劳动志 ［M］. 贵州人民出版社，1994：199.

❹ 王佐明，宁过仕. 辽宁劳动大事记 ［M］. 辽宁人民出版社，1991：48.

触及。❶

在政府、工人以及国际劳工组织的推动下，工矿企业的安全生产立法，慢慢在中国大地开花结果，由于它符合社会发展的潮流，因此也得到了社会各个阶层的支持。

三、对南京国民政府安全立法的评价

1. 南京国民政府安全立法的积极作用

南京国民政府建立之初，出台一系列刺激工业发展法令法规，其中《工厂法》《工厂法实施条例》《工厂检查法》形成了完整的安全生产法律条款。整体上看当时南京国民政府的安全生产立法大大超过了当时世界上殖民地半殖民地国家的立法水平，填补了我国在这一领域的空白，完善了我国近代安全生产法律制度。

在实际运行中，南京国民政府为积极推行安全生产法律的条款，提高了工厂资本家和工人的安全意识。国民政府于1933年8月成立中央工厂检查处，并在上海创办工厂检查人员养成所，从全国选派60名进行培训后回各省执行工厂检查事务。从检查最后效果来看，不同地区不同工厂检查的结果不尽相同，工业发达地区执行力度较大，偏僻的内陆地区执行力小。国内华人工厂检查力度大，外资工厂检查力度小。不过整体而言，这种检查还是起到了一定作用，比如青岛市共调查了23家工厂，拟定了工人待遇暂行规则，举行劳工的安全卫生检查。天津市查出了一批不合法的工厂，指出这些工厂在安全生产中存在的隐患。❷

检查部门还可依据法律在事故后立即开展原因调查。如上海正泰橡胶物品厂在1933年2月21日发生火灾，共造成81人死亡的重大事故，调查科立即前往调查事故原因，原来是"马达线走电，致涂光间之氇士令（石油）引起燃烧，蒸缸间与涂光间毗连，蒸缸因室内温度骤高，缸内空气压力陡然增高，以致引起炸裂"……"此次惨剧，尤足以证明工厂安全设备之汪容忽视。"❸ 这对保障劳动安全权起到了重要作用。

2. 南京国民政府安全立法存在的不足

南京国民政府的安全生产立法起步于工业化水平并不高的半殖民地的中国，受到落后的生产力条件和中国混乱时局的制约，立法和法律本身的实施都不可避免地存在严重不足。

---

❶ 彭贵珍. 近三十年来中国劳资争议史研究综述［J］. 中国劳动关系学院学报，2010（2）.

❷ 孙安弟. 中国近代安全史［M］. 上海书店出版社，2009：212～217.

❸ 新闻报. 1933－02－22—23.

首先，南京国民政府的安全生产立法不是完整的体系。安全生产法律的目的应该是促进经济社会持续健康发展，它应该是一个完整的法律体系，应包括工厂的安全生产保障，工人的安全权利和义务，安全生产的监督和管理，发生事故后的救援与处理，法律责任等五个方面。安全生产的法律条款存在于《工厂法》工厂的安全生产保障有很多条款，但其他四个方面涉及很少甚至是没有，缺少体系化。

其次，法律执行的力度不够。南京国民政府时期，由于当时的中国所处依然是半殖民地半封建社会，造成了政府对国家缺乏强有力的控制，中央制定的法律法规往往很难得到真正的执行。比如，国民政府实业部想培训一批执行《工厂法》的执法人员，按照实业部的想法各省市均应考送学员，但实际仅有八省五市及二特区有学员报考，其他省份以各种理由搪塞。学员毕业后也很难得以委用，这造成了《工厂法》的检查工作很难推行。❶

最后，中国的《工厂法》受到外国势力的阻挠。由于租界几乎不受中国军阀混战的影响，工厂的发展很快，20世纪30年代初上海租界的工人就达到了16万人，占到上海工人总数的40%，1931年《工厂法》《工厂检查法》相继施行。如果租界不进行工厂检查，租界外的工厂势必不会答应。在这种情况下，中国政府同国际劳工组织派专家进行协调，但租界官员坚持由租界行政机构来执行《工厂法》中安全卫生的内容。国民政府几经交涉，也没有取得实质性进展，直到1937年后抗日战争爆发后，此事也不了了之。❷ 实事上《工厂检查法》是当时中国政府制定的法律，在租界的百般阻挠下，该法并没有在租界得以实施。

---

❶ 孙安弟. 中国近代安全史［M］. 上海书店出版社，2009：206~207.
❷ 同上书，第225页。

对煤炭法研究方法的再选择
——基于安全生产法的价值分析

王虹玉❶

摘　要：从分散的煤炭法、能源法、劳动保障法，到以安全生产法为核心的安全生产法学体系的形成，我国的安全生产法学研究取得长足的进步，法学工作者应从中立和客观的角度来审视安全生产法学对社会的积极作用和消极作用。我国煤炭法已有多年且历经几次修改，面对安全生产法的修订和变革，煤炭法作为安全生产法的关联法，需要重新审视和做出应对，从而推动安全生产法学成为真正的科学。本文从煤炭领域的实证研究角度，探索安全生产法价值选择对煤炭法研究方法更新的作用，以期对安全生产法学的长足进步提出有建设性的意见。

关键词：煤炭法；安全生产法；再选择；方法论的个人主义

马克思曾指出："作为市民社会成员的人是本来的人，这是和公民不同的人，因为他是有感觉的、有个性的、直接存在的人，而政治人只是抽象的、人为的人，寓言的人，法人。只有利己主义的个人才是现实的人，只有抽象的公民才是真正的人。"❷

十几年来，安全生产法学从无到有，从行政指令到煤炭法、能源法、劳动保障法，从价值判断到制度选择一直在大踏步地前进。现在，人们都把目光和焦点对准新安全生产法，而法学研究者要把目光移向与安全生产关联的众多领域，反向推进不同领域的法对安全生产法变革的应对和衔接。目前，我们的安全生产法学不管是理论或是实证都偏重描述。虽然有学者在安全生产法律保护领域的劳动和社会保障方面就此尝试解释、推理，但是在煤炭法、煤矿领域一直被忽视，在安全生产方面，更无此方面的论证。这种现象

---

❶　［作者简介］王虹玉（1982—　　），女，江西婺源人，华北科技学院人文社会科学学院讲师，硕士研究生，北京东燕郊，101601，研究方向：行政法、安全生产法。
　　［基金项目］中央高校基本科研业务费项目："安全生产法学创新团队"（编号3142014015；3142015027）、中央高校基本科研业务费资助项目《安全生产的刑事法保护研究》（编号：3142014009）、"安责险"法律制度构建与适用研究（RW2013B02）的阶段性成果之一。
❷　周为民．论马克思主义关于人的学说．http://theory.people.com.cn/GB/15544109.html.

与我国煤炭法一直定位于完善我国煤炭法律法规体系，合理开发利用和保护煤炭资源，规范煤炭生产、经营活动，促进和保障煤炭行业有关。

传统的安全生产行政法学认为构建安全生产秩序的核心的关系是"政府—组织（企业、个人）"和"公共利益—个人利益"的二元结构，并形成自身的法律价值选择，学者们沿着这种思路展开对法律的研究。最终认定：执法和监管的行政机关视作超越于个人之上的主体，官员和工作人员形成的机关集合体利益不同于普通公民的利益诉求。换句话说，支配行政管理机关的是寻求和促进公共利益，后者则是追求个人利益的利己主义者。在这种理念下，制定相关法律的人站在"人民政府"和"公共利益"的旗帜下，把每个人作为真实自然人的个人利益模糊化了。❶ 是否可以让制定法律的人站在安全生产被监管者的地位和需要被政府服务和保护者的地位，如普通公民一样考虑并追求自身的私人利益？安全生产法的修改让我们看到了二元结构的改变，看到了国家和行政机关在处理安全问题上对"人"的重视，这个"人"并不是模糊的整体，而是清晰的个体。这种对"人"的选择被认为是安全生产法最大的价值。若是此种价值选择适用于现有的煤炭法又会是一个什么样子呢？现有的煤炭法构建的防控又是否"最佳"的安全生产制度呢？

论文以安全生产法的价值导向即公共选择理论核心基础的方法论的个人主义重新审视煤炭法研究方法。将从三个方面进行阐述：一是现有安全生产法中的几个控制体系及其对煤炭法的反思；二是方法论上的个体主义在煤炭法的实证研究方法中的选择与适用分析；三是煤炭法的制度设计的路径发展。

一、安全生产法的多元控制体系及其对煤炭法的反思

新安全生产法（以下简称新安法）以安全生产工作一系列重要指示精神出发，从强化安全生产工作的摆位、进一步落实生产经营单位主体责任，政府安全监管定位和加强基层执法力量、强化安全生产责任追究等四个方面入手，着眼于安全生产现实问题和发展要求，补充完善了相关法律制度规定，在安全生产法中体现了四个控制体系。

第一，安全生产事故事前预防控制体系。以人为本、预防控制的思想贯穿在安全生产法的始终。从源头上控制、预防和减少生产安全事故，这种预防控制理念不仅体现在安全生产法的立法，还体现在具体的法条里。既有对行业的准入许可规范又有监管主体的新设督察制度。分别体现在新安法第3条、第38条、第46条、第67条、第94条等，主要包括：明确生产经营单

---

❶ 包万超. 公共选择理论与实证行政法学的分析基础 [J]. 比较法研究, 2011 (3).

位必须建立生产安全事故隐患排查治理制度；政府有关部门要建立健全重大事故隐患治理督办制度；对未建立隐患排查治理制度、未采取有效措施消除事故隐患的行为提前预警并处罚制度；对危害安全生产管理秩序的生产经营单位有强制其履行决定的权力；推行注册安全工程师制度；建立注册安全工程师按专业分类管理制度。

第二，安全生产监管的执法体系。安全生产法的监管落实主要依靠执法，严格执法是这次安全生产法强调的重点。主要包括明确各级政府之间的安全生产协调机制；对各行业和各级安全生产监督管理部门在名称上整合；明确负有安全生产监督管理职责的部门作为执法部门的地位；将安全生产监管的主体扩大到乡镇人民政府和街道办事处。就此形成了国务院领导下的安全生产监督管理总局和各级安全生产监督管理的部门组成的执法体系。

第三，安全生产监管的责任体系。安全生产监管的责任体系主要是落实安全生产经营单位的责任体系。包括两个方面：一是主体责任，明确安全生产管理机构和安全生产管理人员（包括安全生产的主要负责人和有关责任人）是安全生产监管的主体。主要体现在新安法第3条、第7条、第11条、第19条、第93条等。二是承担责任的方式上，责任体系涵盖了建立具体的惩罚措施、责任体系的考核监督、行政处罚、终身行业禁入、严重违法行为公告和通报制度信息库的设立与通报，这些责任的承担主要体现在新安法的第94条、第95条等。

第四，安全生产事故的救济体系。新安法正式引入保险机制，鼓励生产经营单位投保安全生产责任保险。就此形成了以劳动工伤、劳动安全、劳动工伤保险等为内容的安全生产责任事故的救济体系。虽然保险制度只是法律上的可选择项目，但对于相对人救济方式上有了新的突破，引进保险公司参与企业安全管理，也能有效促进企业加强安全生产工作。

四个控制体系所表现的安全生产法律是国家意志最强烈的表现形式，它通过对法律关系中的双方权利义务的规范，来废止或干预与之相冲突的意志表达。在这种明示、宣示性的强烈表达中，我们看到了新安法强大的拘束性，在还未发力之时就能显示出其权威和震慑。而这种法律的修改主要体现了我国依法治国的理念和法理中关于法律保留原则的坚持，同时在此次新安法中更多地体现了安全生产中"人"的重要性。

当某部法律以人人可以识别的方式出现的时候，即便人们不知道它的性质，它仍是有拘束力的。通过正式公布，通过实际操作中的人们对该种法律的认可，形成对自身管理秩序的拘束力，人们就不会再否认这种管理执行力，这就是形成法律规范的能力；安全生产法作为在安全生产管理秩序中自行形成的国家意志，从自身的角度决定何种行为是正确的，不需要有特别说明什么，这种以法律形式出现的国家意志本身就表明了它是优先于其他国家意志的，它能废止与之相冲突的意志表达，甚至是使对立的意志无法作用。并且法律只能通过法律形式废止。这就是所谓的法律优先，法律是任何司法活动的基础，所有的裁判都必须以法律为依据，没有法律就没有处罚。按照法律保留原则的要求，行政机关只有在特殊的法律规定前提下才可以活动。❶ 以法律这种最高位阶的规范形式出现并赋予行政机关处罚和强制权就是出于对"法律保留原则"的坚持。这种选择是煤炭法等关联法中不曾明确但在实践中展现的。另外新安法中的四个控制体系，对相对人的惩、控、防、治法律规范多元选择，既包括风险行政防范的适用，也包括了重新对社会主体、对相对人的审视，充分展现了其鲜活、生动的生命力。防范与罚则是一方面，充分激发安全生产相对方积极性是另一方面，一部法律认识到自身的地位，不再仅仅强调制定者的要求，更能使相对人正视自己的价值。这正是煤炭法在价值上需要更新和改进的部分。2013 年的煤炭法修改的几个亮点，如"无许可证不得从事煤炭生产"改为"未取得安全生产许可证不得从事煤炭生产"，"取消了煤炭生产许可证和煤炭经营许可证，简化了行政审批事项和过程"，这些方面是政府管理向科学化的表现，是向煤炭市场化放权和松绑的表现，并未很好地体现安全生产方面的新追求。而新安法的几个控制体系既包括以国家为主体的监管内容，也包括以社会各主体展开的安全环节。因此，新安法不仅仅是管理法，也是分权法；不仅体现了国家监管的责任，也体现了法的指导价值。

二、方法论的个体主义在煤炭法研究方法上的选择

现代行政法的控权理念已在行政各领域反思。新安法中一改过去管理法常态，将行政机关的形式、职能、责任明确，使用确定的词语和表述让安全生产管理的相对方明确安全生产法的性质及其价值取向。这种价值可以说是方法论的个体主义的充分展现。在一个新兴的"重"法的面前，我们需要认真对待每一条法律制度及它所表达的价值，新安法与煤炭法在安全生产秩序的目的上是一致的。新安法所展现的这种价值选择，需要我们对煤炭法法条的价值和研究方法进行推进。

设想我们的社会由众多地位和处境不同，但都是由本性相似的个人组成，一部分人为了满足生活的某种需要组成并形成了煤炭生产、经营的圈子，这个圈子是政府监管并授予一定规定权利。那么在这个生产经营的范围内的煤炭生产和安全监管权利，煤炭法应当采取何种形式——是强制规范或

---

❶ ［德］奥拓·迈耶．罗豪才．德国行政法［M］．北京：商务印书馆，2013：69.

是规范加保障？权力应该如何配置——是控权或是其他？现有的煤炭法在法条和解释上都偏重于描述，并未体现其法律的价值。公共选择理论下的方法论的个体主义也许能给煤炭法提供新的研究思路，并实现与新安法在价值上的衔接。

1. 公共选择理论与方法论的个体主义

公共选择理论形成于 20 世纪 40 年代末至 60 年代初。威克塞尔早在 1896 年的《公平赋税的一个新原则》一文中就完整地提出了公共选择的三个构成要素：方法上的个人主义、经济人假设和作为交易的政治。❶ 公共选择中的主要目标就是了解"真实世界"中的政府和国家"是"如何运行的，以及对政府决策和行动规则"应当"何为的规范性基础进行评价与重建。

方法论上的个体主义认为，对一切社会现象和对这些社会现象的分析都应当建立在个体及个体行为的基础上。❷ 因为个人的存在及其行动的目的性是一切社会行为的前提和基础。个人独立的思考、决策和行动影响甚至决定社会。与公共选择对应的个人主义正是涵盖了这些内容："一切行为都是人的行为，在个体成员的行为被排除在外后，就不会有社会团体的存在和现实性。"作为分析方法的个人主义则意味着，所有的推理和分析，最终都以个人作为决策者时所面临的为考虑，无论个人此时是处于统治者还是被统治者。当然，方法论上的个人主义和自由主义与极权主义是有区别的。方法论上的个人主义是敦促政府和组织在决策时直接促进公共利益并最终落脚于个人利益。那种将所有问题归结为个人面临各种选择时做出的选择的逻辑与公共选择中的个人主义是不同的，甚至在价值选择上是相悖的。

与方法上的个人主义同时并存的是"国家干预主义"，这也是我们行政法发展中并不陌生的一个词。在国家干预主义之下，国家和政府以何种行为或以何种法律的模式来管理和规范行政秩序都是建立在脱离个人存在形态价值基础上的。

公共选择理论认为，每一个参与社会活动的个体都是"经济人"：在既定的法律和制度约束下的自利的、理性的和效用最大化的追逐者。这种经济既包括是对自身利益的关注和追求，也包括他们能根据有关环境、自身处境和利益需要做出什么是最有利的判断，并能够进行其成本和效益进行加减计算，再最终取得最好的结果；在现有的法律和制度安排下，经济人在追求自

---

❶ 布坎南. 经济政策的宪法（The Constitution of Economic Policy）［J］. American Economic Review，1987（3）.

❷ 布坎南. 宪法经济学探讨（*Explorations into Constitutional Economics*［M］. Texas A & M University Press，1989：37.

我价值、自我利益的同时无意识地自动增加社会公共利益。

法律权利义务的确定就是个人参与法律或决策的一种旨在寻求增进相互利益时所进行的正和博弈。制度和法律存在的必要性不用强调，现有制度和法律视为影响个人选择及其结果的一种外生变量，即"在制度约束下的选择"，而不是"对制度的选择"。法律中双方的地位和权利义务的实现并不是自愿和平等的，并不能真正像经济中那样，因此为了更好地激励经济人，法律和决策中要增加并体现更多的带有激励因素的内容，让人看明白法律的目的是以推进个人的价值为目标。当然，这些目标中也是我们常说的效率、公平、正义。

2. 煤炭法对方法论个体主义的考量

安全生产法的几大安全控制体系的构建模式被认为是法律人和公共利益的理性选择。若以方法论上的个体主义为研究前提，对煤炭法中的法律关系进行梳理，包括规划、建设、生产、安全、经营，这些均是指令性和规范性的内容，包括安全生产的部分也是只有管理关系，没有互动。当然，煤炭作为能源国家在规划建设经营中的主导性，其在生产、安全和经营方面完全应可以体现出和相对人之间的互动。尤其是煤炭作为经济产品，煤炭行业作业经济行业，怎么可能忽视每一个参与煤炭活动的"经济个人"：在既定的法律和制度约束下的自利的、理性的和效用最大化的追逐者。这种经济既包括是对自身利益的关注和追求；也包括他们能根据有关环境、自身处境和利益需要作出什么最有利的判断，并能够对其成本和效益进行加减计算，再最终取得最好的结果；在现有的法律和制度安排下，经济人在追求自我价值、自我利益的同时无意识地自动增加社会公共利益。对被监管的煤炭安全生产主体在参与安全生产过程中的行为和互动过程完整地诠释并规范，我们就会发现，只有当每一个参与煤炭安全生产的相对方（组织或个人）真正从心底判断做出什么是"好的"，什么是"坏的"，现有的安全生产的监管对象和服务主体成为法律的最终的决策者和最高的评判者，我们的煤炭法、安全生产的法律才具有最大的价值。因为"政府"没有生命，政府自身绝不能思考、选择和行动。即便在这个过程中，政府、官员以及所谓的法律人形成的集体或机构做出的决策也不能替代或者忽视任何独立于个人的价值、目标和行为。尤其是不能将公共利益和个人价值对立和分离。因为这种集合体所谓的选择行为，仅仅是在公共利益和公共选择下的程序和机制。

现有的煤炭法中，"个体"并没有多少位置，他们在法条中只是机械地表述为"煤矿企业"，而法条产生的法律效果只是服从甚至有可能只是敬畏和害怕处罚。在现有的法条中，最多的且显得强大、更有"意义"的仅仅是禁止、规范、处罚。当然，我们不能否定煤炭法律是"公意"和"公共利益"的体现，政府与法律的制定者的决策目标是使所有个人或者至少是大多数个人的"社会效用"或"社会利益"最大化。但这些都不能让人直接认可他们制定的法律或决策是阻止人间的疾苦并伸出的仁慈之手。要拒绝一种法律导向，即政府、监管部门就是公共利益的代表，公共秩序的维护者，他们为了维护煤炭生产的行政秩序成了家长，他们的监管行为、许可行为、处罚行为、评估行为等一切行为都是"仁慈"的表现，并在此基础上确定更加严格的防控安全体系，并通过努力构建的各种管理法以寻求解决所有煤炭生产和煤炭安全生产问题的办法。

在谈及这种煤炭法条体现出的行政理念和管理模式时，不得不考虑到是何种社会状况和基础和导致这一立法理论和实践的产生。弗吉尼亚学派所代表的公共选择理论让我们意识到，煤炭的管理领域同国家的其他领域一样，其中的利益集团、寻租者、立法机关、行政机关都有博弈，而政治市场和秩序很少处于良性运作的状态。国家会在这种秩序处于不平衡的状态下，放任或促使政府和处于一段高速运转，一个在组织、预算和权力上日益膨胀时代。直到出现所谓的"政府失灵"的现象。

我们反思，应当如何改变现有煤炭行政管理秩序及其法律体系的单面性，我们的方法论的个人主义中的个人趋向的价值和真正的诉求是什么？为什么在管制立法中权利义务的分配规范问题在煤炭法法条中没有体现？这种只有规范、只有禁止和强制的法律是否能真的解决煤炭法律问题并避免因权力集中和扩大导致的权力寻租问题？

在政府权力趋向让位与市场，服务、管理并重的行政法理念下，在安全生产重构的控制和合作、协同模式下，煤炭法必须摒弃原有的"公共利益——个人利益的"思路，在煤炭生产、煤炭经营、煤炭安全领域的法律逻辑和设计机制上看到"个人—契约—国家规范"结构，以期同安全生产法的价值理念和研究方法相契合。

三、对个体权利和价值的实现的重视以达到最大公共利益的再选择

基于这种模式，我们将公共选择中的"经济人假设"推广到煤炭生产、经营、安全领域。现有的煤炭法中被管理的相对人作为经济人有其自身的价值追求：作为企业对利润和资源开发的追求；作为个体对自我生命的维持和保护的追求；对工作环境的选择和对自己生命健康等利益的基本判断，在生命、健康和最终损害之间有基本的取舍和判断；在现有制度下，企业和个体既是被管理的相对人，也是煤炭领域中生产、经营、安全秩序的实践者，他们对生命珍惜，对环境保护，同时对现有产管理秩序的抵抗和妥协，最终达

到维护和增进煤炭秩序的最优。事实上，对这种经济人的假设是可以成立的，安全生产法、煤炭法中的行政相对人、相对方也应当是这样的。最终，煤矿等生产企业安全生产中的个人并不是因为害怕制度的惩罚或者完全基于对政府权威的畏惧，而是出于对自己利益的考虑。当然，实践中出现一些不利他，也未必利己的事情也不能完全避免。这也是政府和法律存在的必要性，但是并不能推论煤炭管理中的对方就是恶魔，这只是他们是在政治或经济中的博弈。

非常确定的是，每一个参与煤炭生产经营的主体在进入角色的目的并不是为了违反煤炭的管理秩序。他们希望的是生存，参与生产经营只是生存的手段并以此获得更多的保障。经营中、生产中的违规行为和每一起安全生产事故的发生也不是他们成为角色的初衷。煤炭企业创立的初衷并不是受到处罚。所以，在失衡的现实中，煤炭安全生产和煤炭秩序管理方应重新审视对方的地位。在煤炭法中的管理者的地位是明确的，作为相对人的权利是模糊的；职能是相对明确的，但是相对于相对人的责任是模糊的。若忽略了相对方经济人的本质，会使这部法律的价值无法很好体现。因此，在这场以法律维护秩序的博弈中，我们必须对规则有所改进。不能让具体的法律规则表现为仅仅以促进"公共利益"为己任的、道德上的优越者；而是通过权利义务的确定，使双方确立一种旨在获得相互利益的合作方法。当然，在暴利面前，经济人利益诉求是会膨胀并越界的，煤炭法和安全生产法中的权利义务主体双方会有长期利益博弈过程。

总之，就是要建立一种以人及人的行为理论为中心的煤炭法，摒弃传统行政法以"政府—公民"和"公共利益—个人利益"关系对立。放大相对方的诉求，放大相对方的权利，是煤炭法研究中需要做出的思路上的改变。在严峻的安全生产形势和环境下，安全生产法的修订所体现的亮点是不可忽视的，所表现的法律的价值也是值得肯定的。重典、重罚的安全生产法仍坚持了以人为中心，以人为本的理念，煤炭法在此形势下必须重新审视，积极应对。

Protection of Laborers' Occupational Safety Right from the Perspective of Human Right Law

Lu Fanghua❶

Abstract: As a basic human right involving the labor's right to life and right to work, occupational safety right has already been received extensive attention from countries throughout the world. In a series of significant laws, such as the Labor Law, Law of the People's Republic of China on Work Safety, Law on Prevention and Control of Occupational Disease, etc. the protection of occupational safety right is stipulated, but as a member of the International Labor Organization, China's protecting system for the occupational safety right is narrow in coverage, low in compensation, and weak in the consciousness of human right protection, and it is short of specific laws and regulations system with the protection of human rights as the base point. Based on the related laws and regulations such as the current law on safety in production, law on prevention and control of occupational disease, a set of specific and operable occupational safety and sanitation laws and regulations system has been integrated by focusing on the completeness, uniformity and effectiveness of human rights protection. The increase of legislation and law enforcement efforts cannot only stabilize the labor relation, but also provide a favorable environment for the development of market economy, and it is also the key to realize the responsibility of China in joining the human right conventions.

Key words: Occupational Safety Right; Human Right Law; human rights protection

Occupational safety right: significant part of human rights

In jurisprudence, the human right in broad sense refers to the equal rights of

❶ School of Humanities and Social Sciences' China University of Mining & Technology (Beijing), Beijing 100083, China Corresponding author. Tel.: 0 – 138 – 1048 – 6678; fax: + 86 – 010 – 61591963. E – mail address: lufanghua@126.com

Acknowledgements: The authors gratefully acknowledge foundation by the Basic Scientific Research Fund Project of Central Universities (3142014008; 3142014015)

individuals or groups for the free existence, free activities, free development, as well as the complete grasp of fate based on humanity and certain economic structure or culture development in certain historical background. Human rights involve various aspects, such as the morality, politics, law, human subjective spiritual activities, etc. As a basic human right, occupational safety right of labors refers to the right of being free from the dangerous factors in workplace during the working process from the perspective of law❶. Seen from the 'international labor convention' and its 'proposal', the occupational safety right mainly refers to safety problems generated in the 'main behavior domain' of the relation between material requirements of work and supervising workers, as well as the adaptability of machine, equipment, working time, working organization and working process to the mind and body of workers. In which, 'health' related to work refers to being free from disease or weakness, as well as the mental and physical factors that are directly related to the job security and sanitation. Consequently, the foundation of occupational safety right is human's right to life and health, and it is a reflection of basic human rights.

When analyzing from the contents and structure of human rights, the occupational safety rights include individual right, such as the right to refuse; the collective right, such as the right to suggest; the substantive right, such as the right to urgent danger prevention; the procedural right, such as the right of civil claim; the right in working process, such as the right to know; the right beyond the working process, such as the right to work – related injury insurance, the right to training, etc. Human right and occupational safety right are in progressive relation, and the realization of occupational safety right will impact the realization of labor right and human right directly or indirectly, with significant and realistic significance.

Seen from the formation and development history of international human rights law, among the 188 international labor conventions and 199 proposals made by the international labor organization from 1919 to 2007, about 70% involve the occupational safety right protection, such as the standard of occupational safety and sanitation, supervision pf occupational safety and sanitation, legal responsibility of occupational safety and sanitation, etc. In which, the representative convention shall be the No. 155 convention passed on the international labor convention, namely the

---

❶ Guo Jie. On the Occupational Safety Right of Labors and Leal Protection [J]. Journal of Jurist, 2007 (2).

Occupational Safety and Working Environment Convention, as well as the supplementary No. 164 proposal. This convention and proposal not only symbolize that International Labor Organization gradually transits from the making of single occupational safety standard applicable for specific scope to the making of international occupational safety standards with an extensive applicable range, but also constructs the institutional framework for occupational safety, namely 'common management' of government, employer, and worker. In 1985, the two international standards of occupational safety, namely No. 161 convention and No. 171 proposal, were made by the international labor organization, as the supplement to the No. 155 convention and No. 164 proposal. In 2002, the protocol approved in the international labor conference, modified such contents in the No. 155 convention as the occupational accidents, occupational disease registration and report, etc. forming the occupational safety protection system with complete contents. As a member country of the international labor organization, the No. 155 convention has already been approved in 2006. Although there are no specific contents in these conventions and proposals, they all emphasize on the comprehensive prevention measures taken for the occupational safety and sanitation from the perspective of occupational safety and sanitation and working environment, and it is a significant perspective for investigating the current occupational safety right in China❶.

Legal protection for China's occupational safety right

Ever since the establishment of the People's Republic of China, attention has been paid to the legal protection of labor's occupational safety, for instance, in the first national coal mine conference in 1949, premier Zhou Enlai proposed the production guidelines 'security first'; since the 1950s, substantial laws and regulations concerning the occupational safety right protection were issued, such as the Public and Private Coal Mine Safety Production Management Points issued by the Dying Industry in 1950, the first Coal Mine Safety Work Trial Implementation Regulation (Draft) issued in 1951 (which turned to be the primary blueprint of the later Coal Mine Safety Regulation), the Work Regulation for Coal Mine Safety and Work Regulation for the Coal Mine Safety Supervision issued by the Ministry of Coal Industry in 1963; Afterwards, the successive modification, making and im-

---

❶ Yan Ye. Social Structure of China Coal Mine Accident [M]. Social Sciences Academic Press, 2012.

plementation of a series of significant laws, such as the Law of the People's Republic of China on Safety in Mines, Trade Union Law, Labor Law, Law on Safety in Production, Law on Prevention and Control of Occupational Disease; furthermore, substantial administrative rules and regulations issued by the State Council and its competent administrative departments, as well as local governments, have already formed a legal system consists of multi-level legislation, including the constitution. ❶In addition, the country also makes more than 100 national standards concerning the labor security successively, which is gradually integrated to the international labor convention. Especially on November 1, 2002, the Safety Production Law is officially issued and implemented, as the first special law targeting at the comprehensive standard in safety production in China. It can be sad that the legislation of labor safety right is basically in accordance with the contents and requirements of international labor convention.

In the above mentioned laws and regulations, especially Safety Production Law, which combines the human-oriented spirit of modern country's legislation and humanistic value of social harmony, and explicitly stipulates such rights as the right to know, the right to suggest, criticize, accuse, complaint, urgent danger prevention, refusal of dangerous operation, work-related injury insurance, civil compensation, etc. during the production process, as well as the right to receive education and training, accept the prevention of occupational disease, etc. which reflects the human dignity from the perspective of human rights. Secondly, as for the protected subject and system framework of occupational safety, law on safety production and law on prevention and control of occupational disease have stipulated the 'three organizations', namely the government, enterprise (production and management unit), trade union (or social intermediary agent, media), take their own obligations and rights. The legal provisions present three – dimensional comprehensive framework, reflecting the comprehensiveness and effectiveness of human rights protection. Secondly, law of labor safety and sanitation and law on safety production exceed the limitations of human protection. The application range of the law on safety in production breaks the limits of if the subject is qualified or not. Any production operating unit, no matter it is employer or not, shall undertake the obligation of safety right protection. The employees, no matter they have

---

❶ He Xueqiu. Security Engineering ［M］. China Mining University Press, 2000.

labor qualification or not, shall be protected by the law on safety in production. ❶

Human right inspection of the legal protection of Chinese labor's occupational safety right

Seen from the perspective of human rights, the above mentioned laws and regulations have both advantages and disadvantages.

At present, the situation of laborers' occupational injury is still quite severe, for instance, heavy industrial accidents occur frequently, the occupational disease morbidity is still high. As for its reason, the implementation of law on safety in production, law on prevention and control of occupational disease, as well as regulations on worker's compensation insurance has a low coverage, the driven by economic profit and capital's battering of right to work shall be the essence of problems. Meanwhile, it may also be caused by various reasons, such as incomplete laws, administrative omission, ineffective supervision, non – compliance, ineffective law enforcement, corruption, etc. Seen from the perspective of human rights law, occupational safety right protection system has the following defects and shortages. For instance, the economic security is superior to the occupational safety right in the system installation, the consciousness of human right protection lags behind; there is a lack of systematic specific legal system with the occupational safety right as the base point; the implementation of occupational safety right protection system is relatively narrow in coverage and low in compensation; the human right protection is characterized by incompleteness.

There are several suggestions for the correction of China's occupational safety protection system from the perspective of international human rights.

Focusing on the completeness, uniformity and effectiveness of the human right protection. Based on the current related laws and regulations, such as the law on safety production, law on prevention and control of occupational disease, regulations on worker's compensation insurance, etc. a set of specific and operable occupational safety and sanitation regulation system is integrated by focusing on the completeness, uniformity and effectiveness of the human right protection, by screening such status as the division of profit, division of function, etc. It even increases the legislative and enforcement efforts with the construction of national safe-

---

❶ Ren Guoyou. Local work safety supervision and management system: problems, reasons and improvement paths [J]. Journal of Safety Science and Technology, 2013 (9): 182.

ty and sanitation bureau as the support.

Further highlighting the dominant position of labors and civic rights. It shall further highlight the dominant position of labors and civic rights, rather than examining the safety of labors from the perspective of economic safety, just as the current laws, namely it shall put the occupational safety right of labors in the first place, rather than considering the economic safety and rationality of interest. That is to say, it shall get the economic safety subordinated to the laborer's security. As for the design of related specific system, it can increase the stipulations on the responsibility of producers, highlight the laborer's right to economy, society and culture, especially the security. Meanwhile, it shall increase the punishment intensity and violating cost of operators in the design of responsible mechanism, define the personal responsibility, and practice the law strictly.

Construction of national or industrial labor union. Considering the current pattern strong government – strong enterprise – weak society (weak citizen) in China, the ruling party and government shall allow the construction of national or industrial labor union in the same industry or in several industries to expand the social organization strength, so as to drive the laborers in maintaining and guaranteeing the occupational safety right according to the requirements concerning 'the labor union has the right to establish national association or union, to organize or participate in the international trade union organization' in the International Convention of Economic, Social and Cultural Right.

煤矿安全生产事故新闻报道的伦理准则研究

丁艳艳　　范荣义❶

摘　要： 近些年，煤矿安全生产事故并没有杜绝。在此类事故新闻报道中，伦理失范的情况时有发生。本文从生命至上这一前提出发，提出媒体及其从业者应坚守"有所为"和"有所不为"。具体包括勿扰悲痛，表述方式使用恰当，舆论导向正确，捍卫报道的真实性，不影响和妨碍救援工作等煤矿安全生产事故新闻报道的伦理准则。以此促进媒体及其从业者在从事相关报道时，更加尊重受害者的基本权利和尊严，遵守新闻职业道德，提高我国煤矿安全生产事故报道的整体水平。

关键词： 安全生产事故新闻；伦理准则；语言塔布；非语言符号

安全生产事故新闻专指社会生产活动中发生的对人身财产安全造成威胁、损害事件的新闻。安全生产事故主要包括工矿商贸等企业的各类安全生产事故，交通运输事故，公共设施和设备事故，环境污染和生态环境破坏事件等。在安全生产事故新闻当中，煤矿安全生产事故的相关新闻是我们各级媒体当中占有量比较大的新闻。近年来，我国煤矿事故时有发生。煤矿安全生产事故具有突发性、破坏性、不确定性、紧迫性和信息不充分等特点。这对新闻报道及报道伦理提出了很大的挑战。研究煤矿安全生产事故报道伦理，探讨该伦理所必需的行为准则是一个重要的基本前提。

一、勿扰悲痛

1. 不要伤害伤者、逝者的尊严

煤矿安全生产事故尤其是重大的事故，往往伴随着重大的人员伤亡，媒体在报道时会伴有大量的图片、影像等内容。很多影像会围绕伤者和逝者进行取材，其中有相当一部分的内容严重伤害了伤者和逝者的尊严。当事故发

❶　［作者简介］丁艳艳：华北科技学院新闻系教师，讲师；范荣义：中国安全生产报社要闻部编辑。

本文为中央高校基本科研业务费资助项目"安全社会科学理论创新及应用研究"（3142015026）成果和华北科技学院教研基金资助项目《新媒体背景下广播电视新闻业务类课程教学方式的转变研究》成果。

生时，发布大量血腥的照片或画面以此来博得受众的强烈关注，完全使用白描式手法对事故进行报道，对一些涉及个人隐私的细节进行描述，淡漠矿难给不幸者带来的伤痛。对于在这类事件中受到伤害的人尤其是失去生命的人，媒体应带着缅怀之心去报道，注意维护新闻当事人的权益，体现以人为本的关爱精神。

2. 避免对家属及亲属造成"二次创伤"

记者和媒体试图通过对事故现场真实情况的反映让受众了解事故的破坏性从而唤起大众对事故的关注，进而吸引国际社会的援助。但是媒体人应该考虑到，大量的受害者、受难者的亲属和家属往往在事件发生后会十分关注媒体的报道，希望从媒体中了解到现场最新的进展情况和相关机构的下一部举措。但是媒体中这些内容的出现，一方面会对受害者造成二次伤害，另一方面也会对处于悲伤中的受害者家属和亲属们造成二次伤害。例如，云南富源矿难以及山西洪洞矿难，在矿难事故发生后的多家报纸版面上，那些事故场面的图片大都血腥，让人看了之后心有余悸。尤其是一些受难家属抱着受难者的尸体泣不成声，还有的受难家属受了惊吓表情呆滞的图片更是让人心寒。此类图片的报道不仅是对受难家属心灵的"二次创伤"，更是对广大受众精神承受的无视，背离了新闻报道的初衷。

3. 不当的传播内容对未成年人造成伤害

尤其应该注意的是，在我们的受众群中有大量的未成年人，一些不当的传播内容在被成人接收的同时，未成年人也有同样的机会看到它们，而这些内容对未成年人的影响是无法估量的。因此，在当前这个影像时代，媒体对影像内容的选择要细致地考虑到其对未成年人的影响。

二、表述方式使用恰当

1. 语言塔布（taboo）

语言禁忌，也被称作语言塔布，其实质是言说的禁忌。如何提问如何叙事，既体现着报道者的语言能力，也体现着报道者的道德情操。客观中立报道法则，归根结底限制的是报道者的语言表述方式。

煤矿安全生产事故报道中的受害者，外部环境意外的刺激在其心理上留下的阴影，通常要存留相当一段时间。对那些刚从事故中逃生者来说，他们的心理较常人脆弱，对一些语词比较敏感，这就要求报道者在采访报道这个群体时，特别重视语言的塔布问题。❶

---

❶ 刘海明，王欢妮. 灾难报道伦理研究［M］. 商务印书馆，2012：92.

煤矿安全生产事故报道的语言塔布是一种软禁忌，要求报道者选择性使用语言，以免伤害被采访对象。事故报道者的语言塔布，主要表现在两个方面：一是对受害者亲属遇难信息的回避；二是在被反问的情况下谎言的使用。有的受访者追问报道者自己亲属的生死情况，如果报道者知道信息，并且是噩耗的信息，如何面对受害者同样需要谨慎从事。在这种情境下，善意的谎言是一种善行，直言相告反而可能是一种恶行。

2. 善于使用非语言符号把握采访质量

非语言符号指超越自然语言的范围，通过人的感官而感知的符号系统，表达的信息常常带有某种暗示的性质，用来补充自然语言或表露感情。❶

使用非语言技巧有利于丰富记者的语言，使记者的采访报道表达的内涵更丰富，真实；非语言技巧的正确使用有利于走进采访对象的心里，深层挖掘更有价值的新闻；采访中各种非语言技巧的运用有利于达到此处无声胜有声的效果。煤矿安全生产事故新闻采访中使用非语言技巧为新闻信息的获取提供了很大的帮助。

表 1　非语言符号种类

类　别	定　义	种　类	功　能
体态语	或者称"肢体语言"，是用身体语言来交流信息、说明意向、表达感情的一种非语言交流形式	面部表情、眼神、身体姿势及体位变化	它是在长期的交流沟通中形成的一种约定俗成的行为，有利于探索人内心的世界
副语言	指伴随语言出现的辅助性语言	沉默、换轮转接和各种非语义声音等	增强人们对语言真假的辨别
客体语	是指与人的身体有关的，如相貌、气味、服饰衣着、饰品、家居车辆等，这些都能提供一定的交际信息	相貌、气味、服饰衣着、饰品、家居车辆等	如一个人的相貌可以引申出对这个人的素质品行等综合能力的评判，一个人的衣着打扮可以体现出他的精神面貌和个性特征
环境语	是非语言交际中的客观因素，是人所处的生理环境与心理环境	时间信息和空间信息、声音、灯光、颜色、标识等	烘托现场氛围，使信息更加真实

---

❶ 刘建明，金羽等．宣传舆论学大辞典［M］．经济日报出版社，1993：430.

比如，关于体态语。新闻记者无论是与采访对象交谈还是面对镜头播报，通过眼神可以传递真诚而丰富的信息，赢得采访对象的信任。在煤矿安全生产事故新闻采访中，记者无意中流露出的关心、担忧或许是对采访对象最大的鼓励，最大的安慰。

关于副语言，比如在采访中记者适时使用沉默，使用非语义符号（语调、音长、重音、语速及停顿等）控制采访节奏。

关于客体语，对外表形象的重视也是采访技巧中的重要环节，不管是什么样的事故，新闻记者都要保持整洁大方的形象，妆容上应该素颜淡妆打扮，头发不要烫染，不要有奇形怪状。

关于环境语，无论是煤矿安全生产事故新闻采访还是其他类型的新闻采访，都是在一定的时间和空间内进行的，时空语言的巧妙运用是采访获得成功的重要条件。时间语是环境语中传递信息的重要手段，在煤矿安全生产事故新闻采访中，记者应掌握一定的时间语言技巧。一是采访时间的把握，二是停顿时间的把握。另外，记者还应注意采访的地点和周边环境以及与采访者的距离等空间因素。

三、舆论导向正确

煤矿安全生产事故新闻报道在起着信息传播的作用的同时，又起着舆论导向的作用。众所周知，新闻媒体是政党、政府、社会集团的舆论工具。它开发、传播信息，提供信息服务，在一定程度上那也是为了引导舆论。

作为一名新闻传播者，应该做的除了向受众如实地报道，还应该传递一些正能量。因为一味地进行负面报道的宣传只会令人由唏嘘感慨到无奈麻木。

不回避事故，直面事故的悲剧性质，但又不是被动、消极地被事故牵着鼻子跑，而是主动积极地采集党和政府及人民群众事故救援的事实，热情讴歌事故中的壮举、义举，在新闻中融入科学和理性，给人以正确的舆论导向，激发起广大干部群众的信心、力量和希望，这是煤矿安全生产事故新闻所必需高扬的时代主旋律。记者在报道中必须围绕这一主旋律挖掘材料。记者千万不可凭一时的感情冲动，不分主次地乱采一气，一定要坚持主旋律。

四、捍卫报道的真实性

有的媒体和记者在重大突发矿难事故到来时，屈服于政府或某些部门负责人的压力，或者经不起名利的诱惑，对事件采取避重就轻的态度，结果让事态的真相不能公之于众。如山西繁峙矿难事件中，一些媒体记者接受所谓的"封口费"，失守新闻伦理底线。

煤矿安全生产事故报道属于新闻报道的一种，真实性原则依然是其基本的原则。但是，特殊的环境对报道的真实性带来了更多的不利因素。

不管是事故的受害者还是救援者和志愿者，险境所造成的恐惧感无法彻底根除，这些人在接受采访时可能会夸大事实。如果媒体从业者将这些原生态的采访材料不经核实写下来或直接播出，事故报道的真实性将受到挑战。

捍卫报道的真实性，对于伤亡和损失的信息，尽量多方采访以相互佐证。2000 年 1 月 11 日，徐州矿物集团下属大黄山煤矿发生重大漏水事故，在当地指挥部门没有发布遇难矿工人数的情况下，一些媒体根据矿区内的小道消息做了猜测性的报道，对抢险工作造成了负面影响。❶

捍卫报道的真实性，需要媒体从业者追求自己视域内见闻的精确性。对于伤亡数字以及单位的经济损失数字，最好依据权威机构发布的数字，不宜直接转述被采访对象所介绍的数字。报道者避免直接采信具体的数字，是因为事故受害者及单位也有自己的欲求。❷

新媒体改变了信息采集、发布方式，这就客观上要求新媒体的"公民记者"们尤其要重视新闻的真实性。在把关环节上，把人工把关（编辑把关）和技术把关结合起来，实现最佳的把关效果。同时，加强新媒体报道的服务性。

五、现场采访的注意事项

记者在煤矿安全生产事故现场进行报道时，除了要注意自身的角色定位，恰当的开展工作之外，也要注意一些问题。

1. 不影响和妨碍救援工作

很多成功的煤矿安全生产事件的现场报道为探讨记者角色提供了丰富的资料。记者主动参与到新闻中，在追求新闻现场效果，展示新闻过程的同时，由新闻事件的观察者和探索者转变为新闻事件的参与者，并且在新闻传播的"前台"与"后台"间来回穿梭，承担记者和救援者的多重角色。参与已经成为一种职业惯例而被业界和受众所接受。

但是，"新闻记者临场发挥参与新闻应该有一个基本的限度，这个限度就是新闻记者自身的职业角色定位以及事先准备好的应急方案"。煤矿安全生产事故一发生，首要的就是救援工作的迅速展开，以挽救人的生命为第一要义。作为记者来说，在现场，就必须要考虑到这一点，记者的工作必须是在不影响和妨碍救援工作的前提下再去开展。

---

❶ 王信廷，张艳楠. 突发事件采访的四要素［J］. 记者摇篮，2013（3）
❷ 刘海明，王欢妮. 灾难报道伦理研究［M］. 商务印书馆，2012：98.

人们不会忘记王家岭矿难惊心动魄的大救援，153 人被困，115 人成功升井获救，是中国矿难抢救史上的奇迹。在医院院内有来自多家媒体的二十多位记者扛着摄像机、拿着照相机"围追堵截"救护车的情景：在院子里从现场来的救护车上往下抬伤员的时候，下面的一位女医生要从医院推送车的一侧到另一侧去，却被记者群堵住通道无法通过，只好从记者的人堆里吃力地挤过去；在医院的楼道里，有一位女记者拿着小型摄像机在走廊里与推伤员的车挤在了一起，吃力地挣扎才挤出去，影响了推送伤员车的行进；在推送伤员的车行进时，记者不停地拍摄，有的还问医护人员问题，使行进车速度放缓，让医护人员甚是恼怒。而央视的一架摄像机支在了过道的尽头，很远处拍摄推送伤员的车，记者没有上前采访。两相对比，孰是孰非自明。❶ 记者在报道煤矿安全生产事故时，不要在现场碍手碍脚，影响正常的救援工作。

2. 应注意到现场环境的安全

对于记者来说，第一时间赶赴现场是职业对其提出的要求。如果这个现场是一个煤矿安全生产事故的发生现场，那么，记者到达时可能危险的情形还没有消除，或是潜在的威胁还存在。这时，记者要对现场的环境安全有一个自己的评估。媒体的从业者常会提道"相机在我在""摄像机在我在"等，这是出于对职业的一种热爱。但是在危险的环境中，设备重要还是记者的生命重要？这是不言而喻的。因此，到了现场之后，记者要对现场的情况有判断，不光要保护要手中的采访设备，更要保护好自己。这不是退缩，而是强调记者在现场不要盲目和冲动。

3. 注意记者自身的心理健康

诚然，记者在报道时要注意保护伤者、逝者及其亲属不受伤害。但是在现场，在报道和目睹大量悲惨的事件、悲情的故事时，记者很容易遭受精神错乱的威胁。对于记者来说，保护好自身的心理健康也是至关重要的。如果感受强烈或是感觉十分糟糕时，要及时向专业人员寻求心理咨询和心理干预。

关于煤矿安全生产事故报道伦理准则，媒体及其从业者应遵守"有所为"和"有所不为"（《论语·子路》）的准则。有所不为强调的是媒体从业者在事故现场的活动要有所禁忌，不论是直接还是间接伤害、妨碍他人的行为，宁等一分绝不抢一秒。所有的报道活动，不能影响正常的救援工作，

---

❶ 宋万林，徐婧瑶. 电视直播灾难现场新闻的伦理问题及其控制——以王家岭矿难救援报道为例［J］. 中国广播电视学刊，2014（4）.

不触及国家安全这根红线。同时，准则还包括了"有所为"。对于事故现场中的紧急情况，媒体从业者既是媒体的代言人也是救援预备人员，关键时刻暂时放弃自己的采访报道身份，以挽救生命为最高使命。安全生产事故报道中的媒体从业者和被采访对象，他们之间已经不是单纯的采访与被采访、报道与被报道的关系，首先是尊重与被尊重的关系，这种关系也是人类交往中最为基础性的关系。即便是记者第一个发现受害者的，只要受害者生命存在危险，此时此刻的记者应首先尽做人的义务，帮着受害者脱离生命危险。其实，救助的过程，同样可以成为报道的内容。

《安全生产法》中的"的"字结构[❶]

尹平平[❷]

摘　要：《中华人民共和国安全生产法》是我国安全生产领域的专门法律，具有鲜明的法律语言特点，尤其在"的"字结构的使用上，频率高，表现力丰富。本文通过对《安全生产法》中"的"字结构的多角度考察，着重论证了这些非常规使用的"的"字结构在语法结构、语义表现和语用价值上具有的特点和功能，进而得出"的"字结构在法律语体中的地位。

关键词：法律语言；"的"字结构；语法；语义；语用

《中华人民共和国安全生产法》（以下简称《安全生产法》）是我国安全生产领域的专门法律，充分地体现了法律语言的庄重性、确定性、平易简约性的特点。以"的"作为后附加成分的"的"字结构是现代汉语常见而特殊的短语形式，朱德熙先生确定了其名词性的语法功能[❸]，吕叔湘先生指出了其指代性的语用功能[❹]。这种具有指代性的名词性短语"的"字结构在法律文本中出现频率较高。笔者曾选取了科技语体、文艺语体、事务语体、政论语体各一篇万余字的文章同《安全生产法》进行比较，去掉语气助词"的"和"目的""标的"等词，发现"的"字结构在《安全生产法》中出现了 99 次，远远高于其他语体中两三次的频率。可见，在法律语境的制约下，"的"字结构出现了一些其他语体少见的用法，而这些用法又在很大程度上确立了法律语言的语体风格，很有研究的必要。

一、《安全生产法》中"的"字结构的语法分析

语法分析或者叫句法分析，主要是从语言单位的构成类型和充当的句法成分两方面进行研究。我们通过从语法角度分析《安全生产法》中"的"字结构语料，可以看出其语法结构形式不尽相同，而且各自的语法功能也不

---

❶ 本文受中央高校基本科研业务费（3142015026）资助，亦为华北科技学院科研基金 B 类项目《基于"三个平面"理论的法律文本"的"字结构研究》阶段性成果之一。

❷ 尹平平：华北科技学院 人文社科学院，北京东燕郊，065201。
❸ 朱德熙. 现代汉语语法研究 [M]. 商务印书馆, 1980: 67～150.

❹ 袁毓林. 从焦点理论看句尾"的"的句法语义功能 [J]. 中国语文, 2003 (1): 3－16.

相同。

1. 语法结构

《安全生产法》中"的"字结构构成材料复杂。一般书面语中"的"字短语是由"的"字附在名词、动词、形容词或一般短语后面形成的，而《安全生产法》中的"的"字短语则多是扩展形式，由"的"字附在短语、单句或复句形式后面构成。如：

> 有失职、渎职行为的（动宾短语 + "的"）
> 生产经营单位的主要负责人未履行本法规定的安全生产管理职责的（单句 + "的"）
> 生产经营单位发生生产安全事故，经调查确定为责任事故的（复句 + "的"）

值得注意的是"的"前面的单句或者复句，不论结构多么完整，句义多么复杂，都已经不是句子了，由于"的"的作用，变成了一个名词性短语。

2. 语法功能

"的"字结构在法律语言中具有取消句子独立性的独特语法功能，可充当的句法成分主要有主语、宾语和定语三种，作定语是其特殊用法。

（1）取消句子独立性

在现代汉语里，句型有多种多样，加之承前、蒙后省略现象，实际上述宾结构、主谓结构、状中结构等，都可以独立成句，包括《安全生产法》里出现在"的"字结构前面的复杂成分。

> "生产经营单位有下列行为之一的，责令限期改正；"（《安全生产法》第九十三条）

"生产经营单位有下列行为之一"是主谓结构，和"责令限期改正"动宾结构在一起，有两套谓语，显然是分句形式，前后分句之间有条件或者假设的关系。但是句尾加上"的"后，前面无论是单句还是复句，都失去了句子的独立性。可以说，"的"具有取消句子独立性的语法功能。这种用法法律语言中非常多见，几乎在所有的复杂一点的"的"字结构里都存在。

（2）充当句子成分

"的"字结构具有名词性，作主语是其主要用法之一。值得关注的是，主语的意义类型有施事、受事、当事三种。"的"字结构充当的主语主要是施事和受事两种情况。

①施事主语

主语表示发出动作、行为的主体，主语和谓语之间的语义结构及关系是"施动者＋动作"的关系。如：

> 不具备安全生产条件的，不得从事生产经营活动。（《安全生产法》第十七条）
>
> 前款规定以外的其他生产经营单位，从业人员超过三百人的，应当设置安全生产管理机构或者配备专职安全生产管理人员；从业人员在三百人以下的，应当配备专职或者兼职的安全生产管理人员，……（同上，第二十一条）
>
> 两个以上生产经营单位在同一作业区域内进行生产经营活动，可能危及对方生产安全的，应当签订安全生产管理协议，……（同上，第四十五条）

上述例子中谓语动词"从事""设置""签订"的发出者就是前面的"的"字结构，显然"的"字结构可以充当施事主语。

②受事主语

主语表示承受动作、行为的客体，也就是动作、行为所涉及的对象，主语和谓语之间的语义结构及关系是"受动者＋动作"。这在汉语当中不如施事主语常见，但是在《安全生产法》中大量出现，表现力很强。如：

> 安全生产监督管理部门和其他负有安全生产监督管理职责的部门的工作人员，有下列行为之一的，给予降级或者撤职的行政处分；构成犯罪的，依照刑法有关规定追究刑事责任：（同上，第八十八条）
>
> ……致使生产经营单位不具备安全生产条件的，责令限期改正，提供必需的资金；逾期未改正的，责令生产经营单位停产停业整顿。（同上，第九十一条）

上面例句中的动词"给予""追究""责令"的动作发出者显然不是"的"字结构，而是执行该法律的有关机关和部门，在句中并没有出现。这是因为法律本身是代表国家意志，语境中执法单位是清楚明确的，没有必要出现而造成大量的重复。

定语从词性上说，是修饰、说明名词特点的成分；从句子成分上说，是修饰、说明主语、宾语特点的成分。从句子结构的角度看，定语与名词的位置关系不外乎两种：定语在名词前面的，称为前置定语；定语在名词后面的，称为后置定语。《安全生产法》中"的"字短语最突出、最大量的用法是放置在中心语的后面作为限制成分。具体又分两种：

③作后置定语

这是文言文中存在的现象，在《安全生产法》中这种用法也出现较多。例如：

因生产安全事故受到损害的从业人员，除依法享有工伤保险外，依照有关民事法律尚有获得赔偿的权利的，有权向本单位提出赔偿要求。（《安全生产法》第五十三条）

以上例句中的"的"字短语是修饰、限制其前面的名词性中心语的后置定语。之所以这样判定，是基于邵敬敏先生四条鉴别标准：（一）在不增减任何词语的前提下，这个后置成分可以无条件地还原到中心语之前作定语。（二）变化前后句式语义关系基本不变，区别只是某些修辞风格色彩不同。（三）后置定语必须带助词"的"。（四）定语后置后，语气上有停顿，书面上表现为用逗号隔开。姑且不论语言学界对这四条标准的接纳程度，仅从上例可以看出，"的"字短语有逗号隔开，都可以挪至中心语前，即"除依法享有工伤社会保险外，依照有关民事法律尚有获得赔偿的权利的因生产安全事故受到损害的从业人员"，不改变句式语义关系，是典型的后置定语。

《安全生产法》中"的"字短语作定语后置，突出地强调了被陈述对象的某一类型，表现出特有的语用价值。宣读此类条文时，"的"字短语作为对中心语的限定部分应读作重音，在中心语和"的"字短语之间必须有语音停顿。

④作后置定语小句

人类语言中普遍存在修饰名词的从属性小句。一般称之为关系小句。国内对此的定义一直比较模糊，在名称上也较为混乱。屈承熹（2004）将其称之为关系子句，即用来限定名词的句子；刘丹青（2005）将其称之为定语从句，即作定语的主谓短语及部分动词短语；方梅将之称为关系从句，即关系从句指的是修饰名词的从句。关系小句有两种比较广泛的类型，即名词前类型和名词后类型。前者是关系小句位于中心名词前，称作前置关系小句，后者是关系小句位于中心名词之后，称作后置关系小句。《安全生产法》中往往出现几个结构相同或相似的"的"字短语成束出现，表示列举或举例。参考前人的研究成果，我们把分列出现的"的"字结构命名为"后置定语小句"。例如：

> 安全生产监督管理部门和其他负有安全生产监督管理职责的部门的工作人员，有下列行为之一的，给予降级或者撤职的处分；构成犯罪的，依照刑法有关规定追究刑事责任：（一）对不符合法定安全生产条件的涉及安全生产的事项予以批准或者验收通过的；（二）发现未依法取得批准、验收的单位擅自从事有关活动或者接到举报后不予取缔或者不依法予以处理的；（三）对已经依法取得批准的单位不履行监督管理职责，发现其不再具备安全生产条件而不撤销原批准或者发现安全生产违法行为不予查处的……（《安全生产法》第八十八条）

以上例句中（一）（二）（三）小句都是"的"字结构，分列说明前面的"下列行为"，作"工作人员"的后置定语小句，可以分别和"负有安全生产监督管理职责的部门的工作人员"和"给予降级或者撤职的行政处分"构成完整的句子，例如："负有安全生产监督管理职责的部门的工作人员，对不符合法定安全生产条件的涉及安全生产的事项予以批准或者验收通过的，给予降级或者撤职的行政处分；构成犯罪的，依照刑法有关规定追究刑事责任。"

二、《安全生产法》中"的"字结构的语义分析

语义分析是从文本角度进行的分析，主要从施事、受事关系，动词的配价和语义特征、语义指向方面进行研究。出现"的"字结构的句子句义复杂，语义关系多种多样，与句法有关的语义主要有以下内容。

1. "的"字结构句的"格"

"格"指名词跟动词组成词义结构时所充当的语义角色，如施事、受事、与事、工具、处所、时间、来源等。现代汉语主要强调施事与受事，其他的可以称之为关系。前文已经分析了，"的"字结构句的主语既有施事的又有受事的，而且受事的主语较多见。如：

> 因生产安全事故受到损害的从业人员，除依法享有工伤保险外，依照有关民事法律尚有获得赔偿的权利的，有权向本单位提出赔偿要求。（《安全生产法》第五十三条）

本例句子主语虽然较为复杂，但是中心语明确，是"从业人员"，是后面连谓动词"有""提出"的动作发出者，是施事关系。

> 生产经营单位有下列行为之一的，责令限期改正，可以处 5 万元以下的罚款；逾期未改正的，责令停产停业整顿，并处 5 万元以上 10 万元以下的罚款，对其直接负责的主管人员和其他直接责任人员处 1 万元以上 2 万元以下的罚款：（《安全生产法》第九十三条）

本例的主语是"生产经营单位"，谓语是"责令"，主谓之间不是"生产经营单位""责令"，而是"责令""生产经营单位"。因此"生产经营单位"在句首充当受事主语，真正的施事者是"上级机关或者有关执法单位"，在句中隐省未出现，但并不会影响句义的表达。

2. "的"字结构句动词的配价

动词的"配价"是动词在语义平面上的重要分类，是指动词在语义上可以形成关系的方面。我们常说的及物动词和不及物动词的说法已经不能概括汉语动词的实际语义搭配关系，因为像"我给他一本书"这样的句子中，动词"给"除了跟施动者"我"有关，还和"他"及"一本书"有关，宾语有直接和间接之分，这样的动词不仅及物而且及人。因此动词可以分为一价动词（"跌、病、休息"等）、二价动词（"吃、读、保卫"等）、三价动词（"给、供、教"等）。笔者考察了《安全生产法》中的"的"字结构句，没有发现一价动词，可以说很少用。为了方便比较，我们选取了两组条款，以谓语部分的动词为例，看看句中的动词的配价情况。

> A 生产安全事故的责任人未依法承担赔偿责任，经人民法院依法采取执行措施后，仍不能对受害人给予足额赔偿的，应当继续履行赔偿义务；受害人发现责任人有其他财产的，可以随时请求人民法院执行。（《安全生产法》第一百〇九条第二款）
> B 生产经营单位主要负责人在本单位发生生产安全事故时，不立即组织抢救或者在事故调查处理期间擅离职守或者逃匿的，给予降职、撤职的处分，并依照有关生产安全事故调查处理的法律、行政法规的规定予以处罚；对逃匿的处十五日以下拘留；构成犯罪的，依照刑法有关规定追究刑事责任。（《安全生产法》第一百〇五条）

A组句子中,"履行"和"请求"是谓语动词。"履行"前加主语"责任人",后加宾语"赔偿义务",语义特征有 [＋动作] [＋实践或完成] [＋合法权利、义务或职责],那么相应的语义关系就是"谁履行""履行什么""谁履行什么",一共两种语义关系,是二价动词。"请求"前加主语"受害人",后加宾语"人民法院执行"。和"履行"相比,宾语比较特殊,宾语里面还有动词。如果去掉"执行""请求人民法院"是说得通的;舍去"人民法院","请求执行"也说得通。再看"请求"的语义特征, [＋动作] [＋态度诚恳] [＋要求帮忙] [＋提供帮助的对象],存在三种语义关系,是三价动词。

B组句子中,"给予"和"追究"是谓语动词。"给予"前加主语"主要负责人",后加宾语"处分",但是语义关系上"主要负责人"与"给予"不是施动关系,而是受动关系,显然,此处隐省了施动者。那么"主要负责人"是受动者,可以移位至"给予"后面,并且补充施动者,原句句法关系可以表现为"(上级机关)给予主要负责人处分"。再看,"给予"的语义特征, [＋动作] [＋施动者] [＋受动者] [＋内容],显然,"给予"有三种语义关系,是三价动词。

值得关注的是,前面分析的主语类型——受事主语句的动词都是三价动词,原因和三价动词包含信息量大有关;不用或者少用一价动词的原因恐怕是也在于此。

3. "的"字结构的语义指向和辖域

语义指向是指词语在语义平面上支配或说明的方向,可以前指也可以后指。定语、状语、补语有语义指向。和语义指向相关的概念是"辖域",这个来自逻辑学范畴的术语可以说明语言中受到某个成分意义影响的范围。否定、量化、修饰语、疑问形式都有辖域问题,目前研究较多的是否定词和量词的辖域问题。前面分析过了,"的"字结构在法律文本中大多作后置定语,那么它的语义指向显然是前指。但是"的"字结构定语的辖域如何界定,它的左边界如何确定,这是一个崭新的问题。我们通过分析例句来寻找答案。

生产经营单位的决策机构、主要负责人、个人经营的投资人不依照本法规定保证安全生产所必需的资金投入,致使生产经营单位不具备安全生产条件的,责令限期改正,提供必需的资金;逾期未改正的,责令生产经营单位停产停业整顿。

有前款违法行为,导致发生生产安全事故的,对生产经营单位的主要负责人给予撤职处分……(《安全生产法》第八十条)

"的"字结构因为其构成形式较为复杂，可以是词＋的，可以是单句＋的，还可以是复句＋的，并且因为要表现复杂内容，往往组成的结构形式也复杂多样，多用句子形式作定语。上面例句中句尾"的"的前面有一个或者多个逗号隔开的单位，"的"的辖域也迷离不清。我们先来看第一款。

第一款的主语很明显，是"生产经营单位的决策机构、主要负责人、个人经营的投资人"这个联合词组，我们用 S 表示，可以暂时在此划下边界，"的"的左边界肯定在此之后。但是这个主语后面又出现了两个动词性短语"不依照本法规定保证安全生产所必需的资金投入"和"致使生产经营单位不具备安全生产条件"，中间有逗号停顿，我们用 VP1、VP2 分别表示，整个主语部分可以列式如下：

$$S + VP1 + VP2 + 的$$

如果"的"的辖域是 VP2，那么我们将后置定语还原，省略的主语补充出来，得到"VP2 的 S"，那么后面的"责令"的辖域就只有"VP2 的 S"，不包括 VP1，句子的意思明显受到损害。

第二款的主语承前款省略，我们补充为 S，S 后面接连三个动宾结构"有前款违法行为，导致发生生产安全事故，构成犯罪"，分别用 VP1、VP2、VP3 表示，整个主语部分列式如下：

$$S + VP1 + VP2 + VP3 + 的$$

同理，如果"的"的辖域是 VP3，那么谓语动词"追究"的辖域就只有"VP3 的（S）"；如果"的"的辖域是 VP2＋VP3，那么谓语动词"追究"的辖域就只有"VP2＋VP3 的（S）"。不管怎样的形式，都使得前面的动词性短语的出现没有意义，损害了句子原义。

所以我们说，"的"字结构的辖域是"的"字前面、主语中心语以外的所有部分。确定其左边界，可以帮助我们更好地理解法律条文的意思，防止误解。

三、《安全生产法》中"的"字结构的语用分析

法律文本是一种言语形式，旨在用书面形式将信息传递给读者，并在实际司法工作中被引用和施用，是一种特殊的言语交际。研究《安全生产法》中特殊词语与使用者（符号与人）的关系，是语用分析，属于动态分析。本文主要考察话题、焦点、语气和句式变化。

1. "的"字结构句的话题和表达重心

"话题—说明"是句子常见的语用结构，话题的不同反映说话人的着眼点不同。如"我吃过饭了"和"饭我吃过了"就是两个句法结构不同而语义结构相同的句子。从语用上看，一个句子的主语部分往往是话题，谓语部分是说明，话题表示旧信息，说明表示新信息。话题反映说话人关心的是什么，通过句子语用结构的分析，我们可以研究句子中词语与说话人的关系，了解说话人的表达意图。

在一个句子中，话题和主语可以重合，也可以不重合。话题和主语不重合时，话题处在主谓短语的外层，例如："青春，这是多么美好的时光啊。""青春"处于主谓短语"这是多么美好的时光"的外层。"青春"在句法上称提示语，在语用上叫话题。

我们根据出现在句首的是主语还是话题，把句子分为主谓句和话题句。我们举《安全生产法》中两个例子来分析。

（1）生产经营单位应当具备本法和有关法律、行政法规和国家标准或者行业标准规定的安全生产条件；不具备安全生产条件的，不得从事生产经营活动。

（2）生产经营单位的安全生产管理人员应当根据本单位的生产经营特点，对安全生产状况进行经常性检查；对检查中发现的安全问题，应当立即处理；不能处理的，应当及时报告本单位有关负责人。

（1）句的两个分句都是主语出现在句首，是明显的主谓句。

（2）句第一个分句出现在句首的是施动主语，是主谓句；第二个分句出现在句首的是"对"领起的话题，是话题句。第三个分句由于承前省略中心语，暂时需要分两步考察：如果中心语是第一个分句的施动主语——"生产经营单位的安全生产管理人员"，则"安全生产管理人员报告有关负责人"是主谓句；如果中心语是第二个分句的话题——"安全问题"，则"问题"不可能发生"报告"动作，则是话题句。

主谓句的谓语部分往往是表达重心，如（1）句的"应当具备""不得从事"，（2）句的"经常性检查"。话题句的表达重心不仅仅是谓语部分，还包括句首话题，如"对……安全问题"。表达重心与结构中心是互补的。表达重心常在定语、状语、宾语、补语的位置上，从这一点看，法律文本中"的"字结构做话题，也是一种表达重心的处理。

2. "的"字结构句的焦点和语气

"的"字结构在《安全生产法》中经常是作为后置定语出现，后置的原因一是为了简化结构、避免重复，二是为了凸显焦点。焦点是说明中的重点，是陈述句中所传递的新信息的核心和重点。一般位于句末的实词语上，这时称为句尾焦点。

定语后置之后能简化结构，行文简约。在句中出现的"的"字结构在语义上虽然处于语义中心的地位，但由于它的句法位置靠前，又非结构中心，虽然已经后置了，但它所包含的信息，不能通过句尾的语调核心自然地凸显，不能成为句尾焦点。要使它成为表达的重心，办法有两个：一是加对比重音，二是改变它的位置，使它成为句末焦点。值得注意的是焦点和重音的关系：焦点是说明中的重点，常用"是、的是"作焦点标记。重音不仅可以在说明中表示焦点，还可以出现在话题中，同样可以反映说话人的意图，但是，只有在说明中出现的重音才是表达焦点的手段。法律文本无法显示重音，只好采用第二种办法，让后置定语出现在句尾。出现在句尾的"的"字结构多是成束出现，前文已经提过，那么作为句尾焦点的"的"字结构有什么语用意义呢？先看下面例句。

第八十八条 负有安全生产监督管理职责的部门的工作人员，有下列行为之一的，给予降级或者撤职的行政处分；构成犯罪的，依照刑法有关规定追究刑事责任：

（一）对不符合法定安全生产条件的涉及安全生产的事项予以批准或者验收通过的；

（二）发现未依法取得批准、验收的单位擅自从事有关活动或者接到举报后不予取缔或者不依法予以处理的；

（三）对已经依法取得批准的单位不履行监督管理职责，发现其不再具备安全生产条件而不撤销原批准或者发现安全生产违法行为不予查处的。

以上（一）（二）（三）分项说明各种"行为"，从句义上是需要强调说明的。如果作为话题放于句首，"对不符合法定安全生产条件的涉及安全生产的事项予以批准或者验收通过的，给予降级或者撤职的行政处分"，则成为陈述语气，成为新信息，不容易引起重视。如果将所有后置定语小句的"的"字去掉，"发现未依法取得批准、验收的单位擅自从事有关活动或者接到举报后不予取缔或者不依法予以处理……"显然缺少了肯定语气和假设意味。

现代汉语句子里，句尾的虚词要么是语气词，要么和语气相关，如"回来吧!""是挺好的。""吃饭了!""我沏了一杯茶，酽酽的。"虽然最后一句是定语后置，可以前移，但是前移会削减原句的意犹未尽的平淡的语气。

"的"具有结构助词和语气助词两种用法，这在朱德熙先生和吕叔湘先生这里都是被肯定的，而且被认为难以区别。《安全生产法》中的"的"字结构大多在句中或者句尾用标点隔开，是否也会表示语气？

现代汉语根据语气划分出陈述句、疑问句、祈使句、感叹句四种句类，《安全生产法》中只出现陈述和祈使，不流露强烈的个体性感情色彩。祈使和陈述的语气里往往包含肯定、否定、委婉、假设等意味，其语气与说话人的目的或句子用途是一致的。如上面的"不具备安全生产条件的，不得从事生产经营活动"，"不得"是一种祈使语气，表禁止；说话人是立法机关，说话目的是表明态度，不允许出现这种情况。语气和目的一致。再者，这个祈使句中，谓语表示了禁止的、肯定的语气，前面的"的"字结构则是表示说明的、假设的，具有陈述语气。我们可以说，《安全生产法》中成为句尾焦点的"的"字结构可以增强肯定语气和假设意味，附加了一定的语气词作用，一种可以实现的虚拟语气。不能视作语气词，而是一种表语气的语法手段。

3. 句式变化

句式有常式和变式之分。在常式中，词语的位置是相对固定的，但进入语用后会发生变化，打破"定—主—状—谓—补—定—宾—补"的一般次序，产生变式，如省略句、移位句等。《安全生产法》中"的"字结构一般会承前省略中心语或者后置，因此，也是属于语用视野的句式变化。

省略句如："不具备安全生产条件的，不得从事生产经营活动。"省略了主语的中心语，使得原本是定语的"的"字结构具有了名词性功能，独立充当句子的主语。

移位句如"负有安全生产监督管理职责的部门的工作人员，有下列行为之一的……"正常语序是"有下列行为之一的负有安全生产监督管理职责的部门的工作人员……"定语后置改变原来的陈述次序，凸显了文本中无法实现的重音强调。

以上和"的"字结构相关的句式变化在《安全生产法》中起到的简约和强调的作用是十分明显的，其他句式变化都不如"的"字结构突出。

通过对"的"字结构的语法、语义和语用的分析，可以看出"的"字结构表现了语法结构的复杂性，要正确理解和判断"的"字结构的语义关系，必须明确主谓语之间的施事、受事关系，必须了解"的"字结构谓语动词的语义特征，必须明确"的"字结构做后置定语的语义指向和辖域，必须了解"的"字结构作为认知目标和句尾焦点所体现的语用功能。这一点，在我们研究制定和理解执行法律条文上意义重大。

煤炭与煤层气矿业权冲突法律对策研究

李 静❶

摘 要: 我国煤层气资源储量丰富,对其进行综合开发利用能够产生巨大的经济效益和社会效益。然而,同一区块上煤层气矿业权与煤炭矿业权同时存在且分属于不同的权利主体导致的两权冲突严重阻碍了煤炭行业生产经营及煤层气的产业化开发利用。我国现有法律及规范性文件对既存的两权冲突问题缺乏行之有效的解决方案,我们应当在借鉴国外先进立法经验的基础上,促进我国煤层气产业单独立法,为解决两权冲突问题提供法律对策。

关键词: 煤层气矿业权;煤炭矿业权;两权冲突;法律对策

煤层气,俗称煤矿瓦斯,在相当长一段时间内一直被视为威胁煤矿安全生产的有害气体。近年来,随着我国能源需求的快速增长及煤层气综合开采利用水平的不断提高,煤层气作为一种优质清洁的新生能源,已经完成了"变害为宝"的华丽转身,经济效益和社会效益日益凸显。中国是世界第三大煤层气储量国,煤层气资源十分丰富。国家发改委在 2006 年和 2011 年分别编制了煤层气(煤矿瓦斯)开发利用"十一五"规划和"十二五"规划作为煤层气开采利用的重要依据,并在财税等方面给予煤层气产业大力扶持。煤层气产业的发展在中国理应拥有非常广阔的前景。但现实中普遍存在煤炭和煤层气矿业权冲突问题,严重阻碍了我国煤层气产业的发展。

一、煤炭和煤层气矿业权冲突的典型案例及其成因

所谓煤炭和煤层气矿业权的冲突是指在同一区块内,煤、气矿业权分属于不同的权利主体,无论是"先煤后气"抑或"先气后煤",一权利主体在行使自己的权利时,对另一权利人的权利行使势必造成影响,从而导致两个矿业权主体的权利冲突。

---

❶ [作者简介] 李静(1977—),女,山东青岛人,法学硕士,华北科技学院人文社会科学学院法学系讲师,主要研究方向:民商法学,安全生产法学。

[基金项目] 中央高校基本科研业务费项目:"安全生产法学创新团队"(编号 3142014015;3142015027)、中央高校基本科研业务费资助项目《安全生产的刑事法保护研究》(编号:3142014009)、"安责险"法律制度构建与适用研究(RW2013B02)的阶段性成果之一。

1. 两权冲突的典型案例

2006 年，山西省晋煤集团屡屡被中石油和中联煤层气公司投诉，原因是前者在后者拥有煤层气权的区块内打井采气，侵犯了后者的煤层气权。晋煤集团却自认理由充分，因为"采煤必先采气"，在自己拥有煤炭矿业权的区块内采煤不可能不动伴生其间的煤层气。这一争议虽然以国家油气田治安秩序综合整治部际联席会议调查组认定晋煤集团"非法采气"而看似尘埃落定，但是却没有解决煤、气矿业权两权冲突这一现实中的难题。煤炭企业为了在煤炭规划区内进行煤炭开采，必须征得同一区块内煤层气矿业权人的许可，否则便是"在自己的矿区里非法开采"，构成侵权。一些煤炭企业为了解决这一矛盾，不得不向气权人支付高额费用，以获得煤炭开采的顺利进行。例如，山西潞安矿业集团屯留矿为获得 22 平方公里的煤炭开采权，不得不向一家煤层气企业支付每平方公里高达 6 万元、总计 120 多万元的"矿权转让费"；晋城市兰花集团的煤矿井田面积有约 100 平方公里与中央一家煤层气权企业重合，考虑到安全生产对煤层气抽采的必须要求，不得不以吨煤 15 元的标准作为"资源费"交付给气权单位以取得"瓦斯抽采权"。❶

上述案例中的两权冲突问题绝非个案。以山西省为例，从 2013 年 4 月山西省国土资源厅有关山西省煤炭与煤层气矿业权重叠资料获悉，山西省共设置煤层气矿业权 35 个、油气探矿权 7 个，重叠矿业权 198 个（次），多数矿业权与煤炭矿业权存在重叠设置。其中，与煤炭采矿权重叠 124 个（次），重叠面积 1 606.233 平方公里，与煤炭探矿权重叠 74 个（次），重叠面积 1 910.338 平方公里。❷ 大量存在的煤、气矿业权冲突问题不仅严重阻碍了煤炭企业的生产经营，而且极大打击了具备开采利用条件的煤炭企业对煤层气进行抽采利用的积极性，使得"采气采煤一体化""先抽后采综合利用"成为一句空话，同时制约了我国煤层气产业的健康发展。

2. 煤、气矿业权两权冲突的成因

第一，承认煤层气属于独立矿种是两权冲突的前提。煤层气虽然与煤炭相伴而生，依附于煤炭而存在，但其作为独立客体，属于《物权法》规定的独立的物，与煤炭一样皆为我国《矿产资源法》承认的独立矿种。由于二者分属不同矿种，因此分别设立矿业权并不违背矿业法的排他性原则，使得煤、气权冲突成为可能。

---

❶ 徐万国. 煤层气开发受制"两权分置"山西呼吁一体化开采模式［N］. 中国经营报，2007 - 03 - 20.

❷ 王凌文，李怀寿. 创新矿业权地方立法，破解煤层气与煤炭开发利用相互掣肘的实践困局——以山西为例［J］. 中国政法大学学报，2014（1）.

第二，对两类矿权实行不同的管理体制且信息不公开是两权冲突的外在原因。煤层气矿业权由国土资源部实行一级管理，气权直接由国土资源部审批取得。而煤炭矿业权实行二元管理体制，即煤炭矿业权可以经由国土资源部或者省级矿产资源行政管理审批取得。多头管理导致各级矿产资源管理部门各自为政，信息不公开，这就使得同一区块上的气权和煤权可能被分别授予不同的权利主体。

第三，不同权利主体之间的利益冲突是两权冲突的内在原因。应当说，两权冲突自我国煤层气开采利用初期就已客观存在，但其真正爆发却始于近十年煤层气开采利用的发展期。这一时期国家强制推行煤矿"先抽（瓦斯）后采（煤）"，同时给予煤层气产业各项扶持政策，煤层气产业化、规模化开发利用初见成效，商业化"钱"景广阔。巨大的经济利益驱动，使得煤炭企业和煤层气企业互不相让，两权冲突愈演愈烈。

二、我国解决煤、气两权冲突问题的立法现状及其评析

1. 法律渊源

（1）《矿产资源法》的规定

我国《矿产资源法》及其配套行政法规的规定中，将煤炭和煤层气分别作为两种不同的矿种对待。

（2）《煤炭法》的规定

①第35条第2款规定，国家鼓励煤矿企业发展煤炭洗选加工，综合开发利用煤层气、煤矸石、煤泥、石煤和泥炭。

②第60条规定，未经煤矿企业同意，任何单位或者个人不得在煤矿企业依法取得土地使用权的有效期间内在该土地上种植、养殖、取土或者修建建筑物、构筑物。

③第62条规定，任何单位或者个人需要在煤矿采区范围内进行可能危及煤矿安全的作业时，应当经煤矿企业同意，报煤炭管理部门批准，并采取安全措施后，方可进行作业。

在煤矿矿区范围内需要建设公用工程或者其他工程的，有关单位应当事先与煤矿企业协商并达成协议后，方可施工。

（3）《物权法》的规定

①第123条规定，依法取得的探矿权、采矿权、取水权和使用水域、滩涂从事养殖、捕捞的权利受法律保护。

②第85条规定，法律、法规对处理相邻关系有规定的，依照其规定；法律、法规没有规定的，可以按照当地习惯。

（4）对解决两权冲突法律规定的评析

《矿产资源法》及其配套行政法规将煤层气作为独立矿种对待，这就使得煤、气矿业权分属不同主体进而发生两权冲突成为可能。《煤炭法》关于煤层气开发利用的规定与煤层气开采初期被视为煤炭附属品的思路一脉相承，显然并未预见到煤层气与煤炭矿业权开采利用的矛盾冲突。《煤炭法》35条的规定虽然并未将非煤企业直接排除在外，但非煤企业对煤层气进行综合开发利用至少不受"国家鼓励"，反映了立法者希望煤矿企业对煤层气开发利用大包大揽的基本思路。同时，第60条和第62条又为煤层气矿业权人在煤炭规划区内开采和利用煤层气设置了障碍。实际上，在煤、气两权分属不同权利人的情况下，煤层气矿业权人进行生产作业势必要在煤矿企业采区范围内进行施工建设及开采作业，这也使得《煤炭法》第60条、第62条规定在两权冲突的情况下成为摆设。根据《物权法》的规定，矿业权（探矿权、采矿权）属于用益物权，根据学者的一般观点，认为在同一区块上同时存在的煤、气二权符合《物权法》规定的相邻关系的特征，应界定为相邻关系。[1] 而《物权法》并未明确指出该种相邻关系应如何处理，因此应结合有关煤层气开发利用的产业政策及规范性文件进行解决。

2. 规范性文件

（1）国家发展和改革委员会《煤层气（煤矿瓦斯）开发利用"十一五"规划》，国务院办公厅《关于加快煤层气（煤矿瓦斯）抽采利用的若干意见》（国办发〔2006〕47号，以下简称"47号文"）同样发布于2006年6月的上述两个文件，对于两权冲突的解决方案口径一致，即坚持采煤采气一体化，依法清理并妥善解决煤炭和煤层气矿业权交叉问题。凡新设探矿权，必须对煤炭、煤层气资源综合勘查、评价和储量认定。凡煤层气含量高于国家规定标准并具备地面开发条件的，必须统一编制煤炭和煤层气开发利用方案，优先选择进行地面煤层气抽采，促进煤层气和煤炭资源协调开发。

（2）国土资源部《关于加强煤炭和煤层气资源综合勘查开采管理的通知》（国土资发〔2007〕96号）

2007年4月，国土资源部发布《关于加强煤炭和煤层气资源综合勘查开采管理的通知》（国土资发〔2007〕96号，以下简称"96号文"）。"96号文"设有专门篇幅试图妥善解决煤、气矿业权冲突问题。具体内容包括：

①新设立的煤炭探矿权、采矿权不得进入国家公告的特定煤层气勘查、

---

[1]　王凌文，李怀寿. 创新矿业权地方立法，破解煤层气与煤炭开发利用相互掣肘的实践困局——以山西为例〔J〕. 中国政法大学学报，2014（1）. 王保民. 两权重叠的法律问题——关于煤炭、煤层气矿业权分置现象的思考〔J〕. 西南政法大学学报，2010（3）. 汤道路，杨光远. 煤层气开采权的法律属性及其相关问题初探〔J〕. 内蒙古煤炭经济，2007（5）.

开采区域。

②要求各省级国土资源管理部门对本辖区内煤层气探矿权进行全面检查。未达到最低勘查投入的，依法缩减勘查区块面积或不予延续。情节严重的，依法吊销勘查许可证。

③"96号文"下发以前已依法取得煤炭或煤层气勘查许可证的探矿权人，应对勘查区块范围内的煤层气或煤炭资源进行综合勘查、评价。

④"96号文"下发以前已依法取得煤炭采矿许可证的采矿权人，在本矿区范围内以地面抽采方式开采煤层气的，应依法补办煤层气采矿许可证；进行井下煤层气回收利用的，不再另行办理煤层气采矿许可证。

⑤"96号文"下发以前煤炭、煤层气企业已经以协议方式，在相同区块范围分别持煤炭、煤层气勘查许可证或采矿许可证进行煤炭、煤层气勘查开采的，双方应严格执行协议。

⑥"96号文"下发以前煤炭和煤层气探矿权、采矿权发生重叠且未签订协议的，由双方协商开展合作或签订安全生产协议，按照"先采气，后采煤"的原则，对煤炭、煤层气进行综合勘查、开采。"96号文"下发后6个月内，双方无法签订合作协议的，国土资源管理部门按照有关规定和勘查开采实物工作量已投入等情况进行调解。同意调解的，扣除重叠部分的区块，并由当事人一方对被扣除区块一方已投入部分进行补偿。调解不成的，由国土资源管理部门依据《国务院办公厅转发国土资源部等部门对矿产资源开发进行整合意见的通知》（国办发〔2006〕108号）精神，按照采煤采气一体化、采气采煤相互兼顾的原则，支持煤炭国家规划矿区内的煤炭生产企业综合勘查开采煤层气资源。

（3）国家发展和改革委员会、国家能源局《煤层气（煤矿瓦斯）开发利用"十二五"规划》

2011年11月，国家出台《煤层气（煤矿瓦斯）开发利用"十二五"规划》。对于备受关注却又迟迟未能得到解决的煤炭与煤层气协调开发问题，"十二五规划"提出要建立完善煤层气和煤炭共同勘探、合作开发、合理避让、资料共享等制度。新设探矿权必须对煤层气、煤炭资源综合勘查、评价和储量认定。煤层气产业发展应以规模化开发为基础，应当规模化开发的煤层气资源，不具备地面开发能力的煤炭矿业权人，须采取合作方式进行开发。煤炭远景开发区实行"先采气后采煤"，新设煤层气矿业权优先配置给有实力的企业。煤矿生产区（煤炭采矿权范围内）实行"先抽后采""采煤采气一体化"。已设置煤层气矿业权但未设置煤炭矿业权，根据煤炭建设规划五年内需要建设的，按照煤层气开发服务于煤炭开发的原则，调整煤层气矿业权范围，保证煤炭开采需要。煤炭企业和煤层气企业要加强协作，建立开发方案互审、项目进展通报、地质资料共享的协调开发机制。

（4）国务院办公厅《关于进一步加快煤层气（煤矿瓦斯）抽采利用的意见》（国办发〔2013〕93号）

2013年9月，国务院办公厅发布《关于进一步加快煤层气（煤矿瓦斯）抽采利用的意见》（国办发〔2013〕93号，以下简称"93号文"）。①在加强煤层气矿业权管理方面，"93号文"第10条提出，建立煤层气、煤炭协调开发机制，统筹煤层气、煤炭资源勘查开采布局和时序，合理确定煤层气勘查开采区块。对煤炭规划5年内开始建井开采的区域，按照煤层气开发服务于煤炭开发的原则，采取合作或调整煤层气矿业权范围等方式，优先保证煤炭资源开发需要，并有效开发利用煤层气资源；对煤炭规划5年后开始建井开采的区域，应坚持"先采气、后采煤"，做好采气采煤施工衔接。增设一批煤层气矿业权，通过招投标等竞争方式，优先配置给有开发实力的煤层气和煤炭企业。②在建立勘查开发约束机制方面，"93号文"第11条提出，新设煤层气或煤炭探矿权，必须符合矿产资源、煤层气开发利用等规划，并对煤层气、煤炭资源进行综合勘查、评价和储量评审备案。研究提高煤层气最低勘查投入标准，限期提交资源储量报告。对长期勘查投入不足、勘查结束不及时开发的企业，核减其矿业权面积；对具备开发条件的区块，限期完成产能建设；对不按合同实施勘查开发的对外合作项目，依法终止合同。

（5）对解决两权冲突规范性文件的评析

①"十一五规划"和"47号文"强调"采煤采气一体化""煤层气和煤炭资源协调开发"，成为合理解决煤炭和煤层气矿业权冲突问题的基本原则。其对新设矿业权的有关规定，有利于避免新的两权冲突发生，但是对于既存的冲突如何解决并未涉及，可谓"避重就轻"。

②"96号文"对于既存的两权冲突提出了具体的解决方案，相比较"47号文"而言显示了政府直面两权冲突的勇气及破解困境的决心。首先，"96号文"禁止在已经设立煤层气矿业权的区块内新设煤炭矿业权，从源头上防止了新的两权冲突发生；其次，对未达到最低勘查投入的煤层气探矿权人予以最重为吊销勘查许可证的处罚，一方面可以有效督促煤层气矿业权人积极行使权利进行煤层气开发利用，而非"以气圈煤""跑马占地"；另一方面引入良性退出机制，使得不符合开发利用条件或不积极进行煤层气勘查投入的气权人丧失煤层气矿业权，防止两权冲突的发生；再次，确认煤炭企业在未设有煤层气矿业权的本矿区范围内以地面抽采方式开采煤层气的优先权，促进"采煤采气一体化"；最后，也是"96号文"对既存的两权冲突如何解决的最直接规定，即对于未签订协议的两权冲突双方，按照协议→调解→裁决的思路解决纠纷。实践中，两权冲突的双方较难达成协商一致。有

些瓦斯浓度较高的煤矿煤层气地面预抽要耗时三年到五年才能达到煤炭开采的安全生产要求，按照"先采气，后采煤"的原则，煤炭企业客观上难以承受。当双方协商不成时，由国土资源管理部门进行调解，按照"96 号文"的规定，扣除重叠部分的区块，并由当事人一方对被扣除区块一方已投入部分进行补偿。但由于我国矿业权价值评估体系尚不完善，冲突双方往往对补偿金额存在较大分歧，因此亦难达成调解协议。协商、调解不成时，"96 号文"的意见是"支持煤炭国家规划矿区内的煤炭生产企业综合勘查开采煤层气资源"（即煤炭企业优先原则），这对煤炭企业无疑是好消息。但是问题纷至沓来，一是"96 号文"作为国土资源部颁布的部门规章，其规定的这一裁决原则是否构成对煤层气矿业权权利人的侵权？众所周知，矿业权是受《物权法》保护的用益物权，《物权法》的效力位阶要高于"96 号文"。以部门规章强行限制甚至收回受《物权法》保护的煤层气矿业权，缺乏法理依据，兼有以行政手段、政府干预形式侵害民事主体权利之嫌。何况还可能存在煤层气矿业权人早于煤炭矿业权人取得权利的情况，此时若仍然依据"96 号文"裁决煤炭企业享有煤层气开采利用的优先权，则对煤层气矿权人未免有失公平。二是一律裁决由煤炭企业综合开发利用煤层气有时"好心办坏事"。煤层气地面抽采需要较高的科学技术水平，并非每一家煤炭企业都具备这一技术条件。在两权冲突时一刀切的裁决由煤炭企业开发利用煤层气，可能导致煤层气利用效能不高，反而制约我国煤层气产业的发展进程。

③ "十二五"规划与"十一五规划""47 号文"存在同样的问题，即对既存的两权冲突问题并未提出实质性的解决办法。"93 号文"在涉及两权冲突问题时更像是对前述规范性文件（特别是"十一五""十二五"规划和"47 号文"）的综述，更多的是对新设矿权如何避免两权冲突提出意见，而对既存的两权冲突问题没有涉及。

三、国外解决煤、气权冲突的立法借鉴及其启示

1. 国外解决煤、气权冲突的立法借鉴[1]

（1）美国

美国各州对煤层气矿业权设置采用不同的管理制度。有的州认为煤层气归属于煤炭，煤炭企业主开采煤炭时必须先开发煤层气；有的州采取早登记者优先原则，煤炭和煤层气企业都可获得煤层气开发权；还有州认为煤炭和煤层气企业对同一区块上的煤层气开采拥有相同份额，鼓励二者通过合作或

---

[1] 方敏，毛成栋，周海东. "矿中矿"探采权利如何厘得清——国外油气矿业权重叠管理制度借鉴 [J]. 资源导刊，2014（8）.

者合伙经营开发煤层气。对于未出台专门的煤层气法律的州采用联合开发方式，该地块的土地拥有者及矿业权人可选择销售或租借煤层气所有权、参与经营开发、放弃经营并享有分红这三种权利。

（2）加拿大

加拿大各省区对矿业权实行多元化的管理制度。新斯科舍省和哥伦比亚省直接规定煤矿主无权从地面开采煤层气；艾伯塔省则对尚未设立矿业权的区块进行公开拍卖，任何有资质的企业包括煤炭企业都可以进行投标。

（3）澳大利亚

联邦层面，允许矿业权重叠设置。在后申请人申请矿业权时应同时征得政府和已有矿业权人同意。已有矿业权人可以同意、拒绝、协商合作开发，如重叠矿业权人拒绝了申请，由政府做出最终决定。在各州层面，部分州允许重叠，部分州不允许重叠。在允许重叠的昆士兰州，赋予在先矿业权人优先权，例如煤炭企业最先取得了煤炭开采租借权，然后煤炭企业就有权开采煤层气。

（4）波兰

波兰煤炭权力机构原则上反对在煤炭开采地区新设煤层气单独开发的特许权，认为目前最好的方案是煤矿主与煤层气企业进行联合，共同获得煤炭与煤层气统一开发的特许权。

2. 国外立法启示

（1）承认两权重叠

除少数国家的部分州外，上述国家大都承认煤层气和煤炭分属不同矿种，认为煤权和气权可以重叠。这既符合矿业资源及矿业行业发展规律，同时使得立法重点转向两权重叠后的制度安排。

（2）鼓励煤、气权人合作、合伙经营

在两权重叠的情况下（必将导致两权冲突），美国、波兰等国政府并非一味要求一方退出，而是鼓励煤、气权人采用合作、合伙经营方式，协调开发煤炭和煤层气资源，有利于调动各方矿业权人积极性，避免因行政干预而侵犯矿业权人合法权利。

（3）后申请人申请矿业权时应同时征得政府和已有矿业权人同意

澳大利亚联邦政府的这一做法极大地保护了已有矿业权人的利益，同时将最终决定权掌握在政府手中，兼顾了已有矿业权人和后申请人的利益。

（4）赋予在先矿业权人优先权

赋予在先矿业权人优先权，是其他国家矿业立法经常采用的做法。❶

四、破解煤、气两权冲突难题的法律对策

如前所述，我国现行法律或者规范性文件在破解煤炭、煤层气矿业权冲突方面存在诸多问题，尤其是对既存的两权冲突问题，要么避重就轻，不作规定，要么虽作规定，但在实践过程中存在可操作性不强、缺乏法理依据等问题。这就需要我们在借鉴国外先进立法经验的基础上另辟蹊径，为解决煤、气两权冲突问题寻找新的出路。

1. 在《矿产资源法》中承认并规制两权重叠

现行《矿产资源法》没有关于矿业权重叠的法律规定。实践中，因为矿业权重叠而导致的权利冲突大量存在。据 2010 年全国矿业权核查小组统计，我国矿业权交叉重叠总数达到 10 070 个，占问题矿业权总数的 9.31%。❷ 一方面是立法的缺失，一方面是大量煤、气矿业权冲突的严酷现实，《矿产资源法》作为矿业基本法应当承认并规制两权重叠，为具体解决煤、气矿业权冲突提供原则性框架。

2. 促进煤层气产业单独立法

目前，国家对煤层气产业的管理主要是参照常规天然气的法律框架体系。有关煤层气产业的规定仅仅散见于相关法规的一些零星条文中，煤层气立法的现状与煤层气的地位和煤层气产业未来的发展潜力极不对称。❸ 虽然出台了一些规范性文件，但由于这些文件多属政策性的部门规章或地方规章，效力层次较低，缺乏稳定性与可操作性，且并未实现与《物权法》《矿产资源法》之间的有效衔接，因此对于解决我国煤、气两权冲突问题收效甚微。有鉴于此，我国应当加快煤层气产业单独立法，使之成为《矿产资源法》的特别法，在《矿产资源法》法律规定框架内具体规定煤、气矿业权冲突的解决路径。

（1）允许煤、气矿业权两权重叠

我国处理煤、气矿业权冲突的基本思路是采煤采气一体化，即促使煤、气矿业权由同一主体取得，从而从根本上避免两权冲突的发生。但对于既存的两权冲突，这一做法的可操作性不强；而对于新设矿业权，则可能因为煤

---

❶ 苏继成.《矿产资源法》修改应规制矿业权重叠［J］.中国国土资源经济，2014（7）.

❷ 方敏，毛成栋，周海东．"矿中矿"探采权利如何厘得清——国外油气矿业权重叠管理制度借鉴［J］.资源导刊，2014（8）.

❸ 陈伟超.中国煤层气产业单独立法可行性研究［J］.中国煤炭，2009（3）.

炭企业不具备开采利用煤层气的条件而无法实现。应该借鉴国外先进立法经验，允许煤、气矿业权分属不同主体，通过设置合理的矿业权重叠规则引导煤、气权人协调开发煤炭和煤层气资源。

（2）后申请人申请矿业权时应同时征得政府和已有矿业权人同意

在已有煤/气矿业权的区块上申请气/煤矿业权时应征得已有矿业权人同意。但政府保有最终决定权。在确有需要的情况下，类似于知识产权的强制许可制度，即使已有矿业权人反对，政府也可以强行设置新矿业权。

（3）赋予在先矿业权人优先权

在先矿业权人优先权包括优先申请权和优先购买权。

①优先申请权。是指在已存在煤权/气权的区块上新设气权/煤权时，已经取得矿业权的权利人在符合条件的前提下有权就新设矿业权优先申请的权利。该项权利的存在使得新设矿业权与在先矿业权同归于一人，能够从源头上防止两权冲突的发生。

②优先购买权。是指在存在矿业权重叠的情况下，当一方矿业权人转让其矿业权时，同等条件下另一方矿业权人享有该矿业权的优先购买权。优先购买权的行使能够促使煤、气矿业权同归于一人，避免新的矿业权主体加入而引发的新一轮两权冲突。当然，优先购买权的行使除了要满足相同条件外，还应当要求权利人具备开发煤或气的相应资质。

（4）煤炭与煤层气矿业权重叠先后顺序与矿种开采前后矛盾时，以保护煤炭开采为原则

若煤炭矿业权在前，则以当地国土部门认可的煤炭企业开采规划为主，在煤炭开采区，煤层气企业退出，并将煤层气矿业权以合理价格转让给煤炭企业；在煤炭远景规划开采区，煤层气企业进行煤层气开采，按期向煤炭企业提交工作进度报告，并在煤炭开采最终期限前，退出煤炭开采区。若煤层气矿业权在前，则以当地国土部门认可的煤层气企业开采规划为主，随着煤层气的开采，当煤层中吨煤瓦斯含量低于煤炭开采要求时，则要求煤层气退出该矿业权地区，煤炭矿业权人随后进入进行煤炭开采。❶

（5）完善两权冲突区块管理运行机制

煤炭企业和煤层气企业要加强协作，建立开发方案互审、项目进展通报、地质资料共享的协调开发机制。同时完善我国矿业权价值评估体系，建立退出企业的补偿机制。

---

❶ 方敏，毛成栋，周海东．"矿中矿"探采权利如何厘得清——国外油气矿业权重叠管理制度借鉴［J］．资源导刊，2014（8）．

第二部分
安全生产法律制度完善研究

发达国家高铁安全立法及启示

张长青[1]

摘　要：文章全方位研究了国外发达国家在高铁安全立法所采取的立法先行、建立安全责任制度、事故救援与事故赔偿等实践的基础上，结合我国高铁的实际，从中得到理顺安全管理体制，建立安全监管机构，强化安全监管职能，明确安全责任、完善技术规范标准，完善高铁应急预案、事故预防及事故救援处置措施等启示。

关键词：高铁；安全；监管；责任；事故

发展高速铁路，目前已经成为世界交通业发展的重要趋势。速度铁路为运输带来高效的同时，其本身也会成为导致事故发生的安全隐患，也直接或间接地成了造成诸多事故发生的重要诱因。因此，尽管高速铁路的快捷高速、正点舒适能够满足很大一部分旅客的出行要求，但很多国家仍然对高铁的安全采取慎之又慎的态度。

一、国外高速铁路的发展及立法概况

1. 国外高速铁路的发展现状

1964 年日本投入运营的"新干线"系统，是人类历史上第一个实现"营运速率"达到 200 公里的高速铁路。目前，全世界运营中的高铁总里程已达 2 万多公里，这些线路分布在包括中国、日本、法国、德国、西班牙、英国、美国、韩国、俄罗斯在内的 14 个国家和地区。[2] 目前，随着各国高速铁路的大量建设和不断投入运营，规范高速铁路运营，特别是立法规范高速铁路安全运行已成为多数国家的选择。尽管对于高速铁路的定义，国际上仍有一些不同的争论[3]。但无论怎样，高速铁路在速度上远高于一般的铁路，其安全性能更值得关注是不争的事实。

---

[1]　张长青，北京交通大学法学院教授，博士，博士生导师。

[2]　金学松，温泽峰，张卫华 . 世界铁路发展状况及其关键力学问题［C］. 第十三届全国结构工程学术会议论文集 . 2004.

[3]　王莹，刘军，苗建瑞 . 城际铁路运输专线运输组织问题探［J］. 铁道运输与经济，2009(1).

2. 国外高速铁路的立法概况

不同国家的高速铁路安全立法，实际上是不同政府高速铁路产业政策的法律化。拥有已经投入运营或正在建设的高速铁路的世界各国，由于政治体制、历史传统、经济文化、人文背景不同所导致的安全立法习惯上的巨大差异，使得各国在制定高速铁路安全法律规范体系以及制度内容时，呈现出纷繁多样、形式各异的状态。以德国、美国为代表的传统铁路强国在高速铁路立法时，大都采用了以原有的一部行业基础性、综合性法律规范为基础，并配套以其他相关法律法规，最终形成系统性与灵活性兼备的法律体系。而以日本为代表的一部分"二战"后高铁得以迅猛发展的国家，在安全立法上更多侧重于平行立法、分类立法，以一系列单行立法，规范行业中各类的问题。尽管，各个国家在安全立法体例上有着差异和不同，但大部分国家都秉承了高铁建设安全立法先行的原则。

（1）日本高铁立法先行，为民营化改革保驾护航

1959 年开始动工建设的日本新干线，是指相对于原来的铁路干线而增设的新的干线。（按照《全国新干线铁道整备法》规定，新干线铁路必须是在主要的区间能够以 200km 以上的速度行驶的干线铁路，因此日本的新干线铁路基本等同于高速铁路的概念）在接下来的 1960 年，日本政府为了新干线的建设与管理，专门制定了一部单行法律《全国新干线铁道整备法》，并根据新干线的发展情况不断修改完善。

该法规定了新干线的管理体制，确定了行政、建设、业务运行三位一体的管理机制。作为中央政府的代表，国土交通省（2001 年前是运输省），只履行制定运输安全政策和新干线发展规划等行政管理权限，不参加建设和实际运行业务，并指定建设主体和运营主体。

日本除了《全国新干线铁道整备法》之外，有关新干线的法律还有规范铁路建设方面的《全国新干线铁道整备法施行规则》、铁路企业方面的《铁道事业法》、运输法方面的《交通安全对策基本法》以及行业管理方面的《关于对妨碍新干线铁道列车运行安全行为处罚的特例法》和作为特殊的必须制定防灾业务规划的《灾害对策基本法》等法律法规。这些法律的颁布，几乎将高速铁路运营的各方面内容全部纳入了法律调整的范围，以全方位、多层次、系统化的立法为高速铁路的建设发展保驾护航。

（2）德国实行安全责任制，立法规范高铁安全管理

在德国，火车是人们长途旅行的首选交通工具。高速列车更是德国工程科技的代表作，素以快速、安全、舒适、豪华著称。但 1998 年的德国高铁事故，为德国高铁的安全管理敲响了警钟。此后的德国除了不断改进的高铁技术外，也有针对性地出台了一系列法律法规，例如，德国《铁路新秩序

法》中的《通用铁路法》《联邦对铁路交通运输管制法》《联邦铁路线路扩建法》《联邦铁路合并与重组法》等，通过法律对高铁建设和运营中涉及的安全问题，包括技术规范、管理规范、物质装备、人员配备等，进行全方位规范，确立了高铁安全管理底线，逐步成为保障德国铁路安全的另一个重要支柱。

在安全管理组织机构设置方面，《通用铁路法》规定，铁路公司负有安全运营、安全建设基础设施、车辆和配套设施的义务，并负责维护使其在安全的状态下运转。铁路公司董事会专设一名董事主管安全，安全部也设有安全监事专管安全，全德 16 个分公司都设有安全分部，所有的安全主管享有特殊的法定权利，专门负责安全管理。在事故预防方面，有专门的《铁路法》《危险品运输管理规定》《事故处罚规则》等加以规定。在人员管理上，德国还有配套的铁路企业安全经理法规，规定安全主管的上岗资格需要通过国家的专门考试才能获得，铁路公司聘用的安全主管还需要得到铁路监管当局的正式确认。

（3）美国充分调研，立法确立高速铁路发展规划

高速铁路计划在美国进行了多年的预研究。联邦铁路局自 1967 年成立以来，其重点工作之一就是促进高速铁路和其他城际客运服务的发展。除了在 1973 年、1975 年、1978 年三次修改《联邦铁路安全法》外，美国政府还于 1991 年制定了《路上综合运输效率法案》《21 世纪的变通均衡化法》《2009 年美国复苏与在投资法案》等一系列法案、政令，以立法确保发展高速铁路的政策和资金支持。尤其在奥巴马总统签署高速铁路的战略性规划后，高速铁路的发展在全国各地逐渐成为现实。

2009 年 6 月 17 日，联邦铁路局局长发布可用资金公告（NOFA）以及《高铁及城际客运铁路项目》暂行指导意见。对于已提交的工程和项目计划，该意见确定了是否考虑批准的评估标准——运输的安全性和安全规划。而该《战略》则详细描述了联邦铁路局为发展高铁系统而制定的特殊政策以及附加安全指南。

（4）西班牙立法明晰权责、为无差异运营提供良好的法律环境

目前，西班牙超过日本和法国，已经成为世界上高速铁路最发达的国家。西班牙已经在营运中的高速铁路火车（AVE）有 8 条，西班牙已建成的高铁系统以马德里为中心，向南部、东南部、东北部、东部辐射，连接了马德里与巴塞罗那、瓦伦西亚、塞维利亚、马拉加等主要城市。其中，第一条高速铁路是马德里—塞维利亚线，于 1992 年开通。已经在营运中的 Avant（中途高速火车）也有 7 条。

西班牙高速铁路立法主要以 2005 年生效的《西班牙铁路法》为核心，

以《2002－2007 年 国家交通运输基础设施规划》和《2005—2020 年运输基础设施发展战略规划》两个战略规划为指导，辅以各地纷纷出台的适合当地高速铁路发展具体情况的高铁立法。其中比较完善的有《加泰罗尼亚地区铁路法》等。

二、国外发达国家高铁安全立法主要内容

1. 高铁安全综合法律规范

（1）欧盟高铁理顺体制，强化安全监管职能

"网运分离"是欧盟指导高速铁路基础设施建设的基本原则。网运分离主要为欧洲铁路网一体化而设定，保证一国公司可参与其他国家的市场竞争。在整合欧盟内部市场和路网的促动下，欧盟出台了《关于跨欧洲高速铁路系统的互通性》《关于跨欧洲高速铁路系统的基础设施子系统互通性的技术规范》在技术层面确保了各国政府按照市场规律行事，运营企业自行设计其投资和融资等商业计划；同时保证了铁路运营企业在定价、采购、扩展市场，以及发展新技术方面享有的自主权。

欧盟在 2004 年颁布统一的安全标准指令，要求成员国建立一个独立的安全监管机构和专门的事故调查部门；同时成立了欧盟铁路署负责监督各国安全监管的执行情况，并向欧盟做出反馈建议，是否需要推出新的安全指令。

（2）法国完善安全监管体系，确立独立监管职能

独立的调查机构是调查透明的重要保障。法国严格实施独立监管、独立调查。法国的最高层安全管理者是法国交通部地面交通司，对国内各运输企业负有安全管理的责任，直接管理对象是路网公司和法铁以及其他运输企业。法国的公共铁路安全局、针对道路交通事故的"交通事故调查署"隶属于法国交通运输部，由其对网运两家公司进行监管。

公共铁路安全局的经费由交通部划拨，公共铁路安全局的网站上称其人事任命享有完全自主权。这样的安排可以保证其不受制于外部因素，增加独立执法性。

交通事故调查署的职责是对任何重大事故做出详细事故分析报告，也可以对一项未发生但已经预见到的威胁进行提前干预。交通事故调查署是一个独立的部门，其调查是与国家司法机关的调查完全分开的。

另外，在铁路局设运营系统安全室和安全监察室，安全监察室含机车车辆、司机乘务、线路等监察岗位，建立了与国家级安全技术管理相对应的安全保障体系。同样，在运营段和基础设施段等建立与上级部门对应的专业安全责任部门和具体责任岗位。

（3）德国专设安全管理机构，严格责任追究制度

德国高速铁路建设启动之初，即从立法入手，修改了《铁路基本法》并制定了《铁路新秩序法》。《铁路新秩序法》是实现铁路改革所需一系列法律的总称，主要包括《联邦铁路合并与重组法》《德国铁路股份公司组建法》《通用铁路法》《联邦对铁路交通运输管制法》等。这些法律、法规的颁布实施，不但为德国高速铁路的发展规定了目标、任务和实施步骤，也为高速铁路安全等一系列问题做出原则规定，为高速铁路的高速发展奠定了坚实的法律基础。

在设立安全管理机构方面，德铁采用的是三级安全监控体系。首先，联邦铁路局有一个进入德铁集团董事会的专门负责督促德铁落实德国政府有关安全规章的人。其次，在德铁路网内部也有一个专门负责监督各部落实安全规章的部门。最后，就是德铁制定了保证安全生产的各项规章制度。一旦事故发生，不仅铁路部门而且各地方政府都会积极介入事故的处理。

（4）西班牙建立完全独立的安全监管机构

在高速铁路安全监管方面，在西班牙铁路法中，明确规定建立铁路监管委员会，监督铁路运输职责，确保国有运营商和私人运营商进行无差异性运输。但是，由于欧盟指令并没有明确规定铁路监管机构必须作为一个独立的部门，而且在最初的西班牙铁路法中对此也没有做出明确规定，因而铁路监管委员会与能源或通信监管委员会不同，在很长一段时期，它只是发展部的一个内部部门，其独立性较小。而在 2005 年，西班牙政府出台一项新的竞争性政策，建立了真正独立于发展部之外的铁路监管机构。

2. 高铁安全技术规范

（1）检验检测

①法国立法确立完善的预测报警系统

法国 TGV 高速列车 30 年来在其自身的铁路线上未出现过一起人员死亡事故，其安全性与铁路系统完善的监测报警系统分不开。比如，巴黎至中部工业城市里昂的高速铁路线全线无平交道口和隧道。铁路沿线不设置任何单独的行车信号，而是采用自动安全信号系统，司机可通过轨道传导的低频电流探测前方道路状况。驾驶室和控制中心之间有一套不间断的无线电通信系统，保障列车的高速与安全。此外，车内还设有旅客报警系统、防范司机打瞌睡的监视器、火灾报警系统、道路灾情报警系统等。

②韩国立法找准症结，制定针对性强的安全规范

2011 年以来，KTX 高铁系统发生技术故障事故总计 11 起，因此被戏称为"事故铁"。韩国政府近日给 KTX 高速列车系统加设一套新安全管理措施：对现有所有列车进行安全检查，悉数更换所有列车的"问题零部件"。

政府同时准备成立一个"维护操作组",监督检查韩国铁路系统。

（2）特殊防护措施

①日本强化事前预防措施，确保高铁安全运行

为了预防和应对可能发生的高速铁路安全事故，日本高速铁路系统从地面设施、轨道建设到车辆和设备的维护检修系统均采取了一系列特殊防护措施，确保新干线保持最好状态。

在地面防护方面，为避免闲人进入新干线，有碍高速列车运行，在线路两侧，设置了金属防护网柱及警示标牌。每隔 500 米设 1 门，平时上锁，钥匙由专人保管。如需进入线路，必须办理有关手续，并须佩戴专门的臂章及护帽；在公路跨越新干线或与新干线并行处，设置了防止汽车翻落的防护工程，或在既有铁路上铺设防脱护轨；沿线每 250 米、站台每 50 米，设列车防护开关，以备线路异常或有障碍物，或站台上有乘客跌落时，及时通过自动信号设备使列车停车。

在列车自身防护方面，列车全部采用不燃或阻燃材料制造。每节车上装有热、烟检测器，火警报警开关。每节车厢均可与司机通话。驾驶室装有可监视列车运行状态和车上机械工作状态的监视装置，以便于司机及时发现异常，采取措施。驾驶台上设有接地保护开关，一旦出现紧急情况，操作开关，可使障碍点周围 25 公里范围内上、下行接触网断电，使该范围内列车停车。

②德国事故后全面检查，出台安全统一管理措施

1998 年艾雪德事故❶事发后第二天，德铁降低了全线高速列车的时速，并全面检查安全性，随后按照联邦铁路局的要求，停运所有同型号列车，对其进行超声波安全检测。由于联邦铁路局要求进行全面安全检测，德国实行了紧急列车时刻表，多辆列车被取消，多条线路被缩短，直至事故后一个多月才基本恢复国内铁路运营。

1999 年，德铁根据对艾雪德事故原因的调查研究，公布了一份新的铁路安全方案。方案指出，要定期对列车进行超声波安全检查，而且至少要有两名工作人员共同检查。

在 2008 年再一次列车事故后，德铁施行了高于以往 10 倍的检测频率，找寻可能存在的安全隐患。现在，负责监管的德国联邦铁路局要求所有行程超过 3 万公里的车轮每周都要接受检查。

---

❶ 德国艾雪德列车事故发生在 1998 年 6 月 3 日 10 点 59 分。载有 400 多名乘客的列车行驶至艾雪德村的一座路桥时，发生重大脱轨事故，事故造成 12 节车厢全部脱轨、损毁，铁路跨线桥坍塌，101 人死亡、88 人受重伤。

由于在事故中列车撞上桥梁，导致伤亡惨重，所以德铁规定未来新建的高速铁路要避开隧道和桥梁等设施。因为车窗难以打破而给救援造成了极大的困难。所以事后德铁在一些高速列车的每一节车厢都设置了能在紧急情况下敲碎的逃生玻璃车窗。从艾雪德事故中吸取教训并施行更为严格的安全规范，已被融入日常规则和安全标准之中了。

3. 高铁事故的救援及善后处理

在高速铁路成熟的国家，高速铁路的事故也并不罕见，特别是在它们的运营初期。

（1）事前防范之应急预案

高铁一旦出现事故，就必须进入应急管理状态。德国、法国和日本的高铁运营企业为了有效应对高铁事故，都依据自己国情和常见事故种类，制定了应急管理预案。

①德国有效安全应急预案使事故损失最小化

为了有效应对高铁事故，德国铁路公司制定了应急管理预案，目的是在事故发生后，帮助消防等救援人员采取抵御风险措施，减轻事故后果。德国铁路在全国范围内划分了多个紧急情况区，每一个区都设有一名紧急状况经理。紧急状况经理必须随时都处于待命状态，并必须在事故发生后30分钟内赶到现场，向消防救援人员提供专业咨询。德国铁路公司在卡塞尔设有一个培训中心，专门进行紧急状况经理培训。根据应急管理预案，德国铁路公司在全国范围内设有7个险情控制中心，负责接收险情报告，通知消防等救援人员和紧急状况经理。此外，德国铁路公司支持在沿线各州各社区消防队开展铁路抢险救的课程培训和训练。德国铁路公司在汉诺威—维尔茨堡以及曼海姆—斯图加特等重要的铁路干线上还配备有6辆专业救援机车。

②日本不断完善安全应急预案，修订法律应对危机

日本地震频发，应对随时可能发生的地震是新干线安全运营所必需面对的问题。日本的新干线都装备了紧急地震检测报警系统，这套系统依靠在各地的地震仪捕捉地震初期的纵波，在危害更大的横波到来之前切断列车的供电，同时列车紧急停车，将损害控制在最小限度。随着地震仪数量的增长，紧急地震报警系统的反应时间已经从诞生之初的3秒缩短至1~2秒。

在2005年的新干线脱轨事故后，日本铁道部门立即进行了深入的安全调查和责任反省，彻查事故原因，并提出相应的解决措施。对调查结果的高度重视，导致日本政府和国会修改了《铁道事业法》，规定各铁路公司必须在铁路沿线安装"自动列车停止装置（ATS）"；在地震后强化的地震预警系统，使得日本的新干线在面对2011年年初的"3·11"9级大地震时，及时启动制动系统，经受了突发性灾难的考验，未发生脱轨事故。

（2）事故救援

①德国艾雪德事故，全力展开高效事故救援

在艾雪德事故发生后的德国，开始了近乎惊人的援救和调查。6分钟之后，1000余名救援人员抵达现场，包括消防队员、外科医生、军医、边境巡警，随后，数台起重机和军用坦克亦到达现场，协助救援。

这种速度得益于德国铁路公司成熟的应急预案。德铁在全国设有7个险情控制中心，负责接收报告，并通知救援人员处理紧急情况。而在汉诺威—维尔茨堡等重要铁路干线上，其还备有6辆专业救援机车。为了保证幸存者的救治，德铁在事发后很快派设了专员，赋予他500万马克的应急资金支配权，用于确保第一时间的救治需求。

②美国洛杉矶事故，全力救援与安抚的范本

事故由通勤列车（相当于"轻轨"）撞上了另一辆货运列车引起。"轻轨"3节车厢全部脱轨，其中两节垂直竖起。据洛杉矶时报记录，赶来的消防队员250余名，携带了搜救犬、凿岩机以及生命迹象探测仪等设备。对于竖起的车厢，他们架起梯子，通过破碎的窗户，或在列车身上切开口子，营救乘客。这场针对1节车头3节车厢，每节车厢最多载客150人的搜救足足持续了22个小时。更多的受伤者将在现场接受简单的治疗，并领到不同颜色的标签，上面写有他们的名字，颜色代表病情的危机程度。20多辆救护车和一架直升机负责将伤员送往附近的医院。

除了伤员，需要安抚的还有大批赶来的心急如焚的亲属。当地政府在事发地周边的一所中学里设立了信息台，提供相关的伤员信息，包括名字，病情，以及入住医院，等等。若亲属所寻之人未在上列，红十字会的志愿者将会记下亲属的姓名以及联系方式。

（3）事故赔偿

①德国高铁事故高额赔偿

事故发生后，德铁立即支付给每个遇难家庭3万德国马克（当时相当于1.9万美元）的先行赔付，随后德铁与遇难者家属达成赔偿协议，共计支付2500万欧元。❶ 1998年6月21日，临近事发地的一处教堂里，德国总统赫尔·佐克、总理科尔以及250余名遇难者家属参加了葬礼。同时，德铁亦号召全体乘客为逝者致哀。事发1年后，在那座坍塌的路桥旁边，以长长的铁路线为背景，德国政府竖起了一块纪念碑，上面镌刻着所有101名遇难者的名字，出生年月和家乡。这笔经费的相当部分由德铁承担。

②美国高铁事故迄今为止单次事故的最高额赔付

---

❶ 王博，陈森. 我国铁路安全问题分析与研究［J］. 中国集体经济管理创新，2008（7）.

2008年9月，一辆搭乘220多名乘客的轻轨在一处弯道与货运列车猛烈对撞，致使25人死亡。2年后，保险公司证实，这场事故的赔偿金总额高达2亿美元。洛杉矶火车相撞事故中的客运列车运营商"洛杉矶大都会地铁公司"和客运列车司机雇主"康耐克斯铁路公司"将共同承担2亿美元的赔偿责任，这笔专项资金将用于赔偿25位遇难者的家属及事故幸存者。

（4）责任人处理

①德国高铁事故责任人被追诉、罚款

《通用铁路法》第28条"违反规章制度"规定，"违反规章制度有当事人故意违反或疏忽所致两种情况"，并具体规定了相关情形，并针对具体情形给予1 000马克或10 000马克的行政罚款。另外，高铁运营事故的责任人还有可能要承担刑事责任。

1998年德国艾雪德事故发生后，联邦铁路局迅速组成了独立调查小组，对事故原因展开全面调查。检察院也对相关人员展开公诉。事故发生1年零3个月之后，不断展开的事故原因调查证明德铁存在重大疏忽和失职，以致最后灾难发生。德铁公司主席约翰内斯·路德维希被免职。直到2002年2月，2名德铁高官和1名工程师以过失杀人罪被起诉。当时的法庭审判持续了53天，来自世界各地的专家演示了事故过程。最终被告们被宣判没有重大过失，但工程师还是被课以1万欧元罚款。这桩史上最惨烈的高铁悲剧，经历了长达5年的彻底清查，终于在技术调查和法律审判的领域，画上一个句号。

②日本事故严格责任制，严惩事故责任人

在2005年发生在日本尼崎市的列车出轨事故的事后处理中，经营这条铁路的日本JR西日本公司社长山崎正夫等9名经营班子成员以"业务过失致死伤罪"遭到法院的起诉。同时，已经离退的前三任公司社长包括创始人在内，也因为在任期间没有很好地考虑安全问题，而被受害者家属起诉。

三、对我国高铁安全立法的启示

1. 立法理顺安全管理体制，强化安全监管职能

高铁安全法之所以重要，是因为高铁安全是一个涉及整个社会的系统工程，从建立高效合理的管理体制入手，逐步使维护铁路安全成为各级政府各行各业和广大社会民众共同的责任，同时也使高铁安全工作广泛接受全社会的监督。

（1）立法规范安全监管体制，明确监管主体

立法应规定在高铁运营主管部门和企业之外，设立具有独立执法权、乃

至垂直管理职权的安全主管，应当是一种有益的尝试。与高铁企业管理层职责不同，安全主管应当享有特别的法定权利，以维护安全利益而不仅仅是经济利益为出发点。安全主管的上岗资格可以通过国家的专门考试的形式授予，高铁企业聘用的安全主管一般还须得到铁路管理部门的正式确认及备案，当然其职责同样也应受到立法的规定和制约。

（2）立法明确监管职责与范围

结合我国现有的法律法规和国际通行的运输法律规范，在立法中明确各级、各部门安全监管的具体职责与范围，从审查具体工程项目到新装置、新技术的应用，从安全行车到道路检修，建立贯穿技术研发、工程设计、制造施工到验收交接、运行维护全过程的监管体制，从时空上实现立法对高铁安全的全过程控制。

（3）依法科学监管，明确与铁路安全有关各方的职责

高铁安全立法不仅应当概括规定铁路运营企业领导与职工的职责，还应当各个岗位职责具体细化并将其与特定的法律责任相联系。同时还应将安全监察岗位职责、应急救援责任人员职责，高铁运行的一般参与人、路外人对高铁安全设施的维护职责等都一一列明，真正将高铁安全监管纳入社会化、法制化轨道。

2. 完善技术规范，严细技术标准

（1）采用先进的运输指挥系统，减少管理层次

先进的运输指挥系统在运输指挥调度中所发挥的作用是至关重要的，同时其在预防和减少事故发生中也起着不可替代的作用。将全路网按区域划归不同的调度指挥中心，广泛采用中心站管理方式，充分发挥枢纽调度指挥能力，实现集中调度还可以有效避免因环节过多所造成的指挥信息流失，防止指挥失灵和盲目指挥的发生。

（2）安全标准严细化，安全巡检制度化

铁路企业要满足其法定的安全义务，就必须实施安全管理。采用先进的管理系统，对操作要点、信号控制、车站自动广播及车辆的管理整备等，实现自动化管理是十分必要的。因此，即使是安全性最高的技术也必须辅以日常化的检验检测制度，随时检验、发现、记录、报告新的不适宜周围环境的问题。相对于一般的铁路运输，高速铁路的安全运营标准应当更加严格。

3. 完善高铁事故预防及处置措施

（1）制定应急预案，有效预防、高效处置高铁安全事故

高速铁路因其自身的速度快、载客量大等固有特征，一旦出现事故，容易形成伤亡人数众多、财产损失数额巨大的恶性事件。因此，有针对性地提

前制定并有计划地演练高铁应急反应预案,除了能有效防止一部分人为引发或者能够提前避免的事故外,还可以在事故出现时及时转入应急状态,避免事态进一步扩大,争取有效救援时间,有序展开救援,将灾难带来的损失降至最低。

为了避免在应急预案被束之高阁,除了应当加强有针对性的日常演练外,还应当对应急预案所涉及的人员进行常态化、专业化的训练,以便减少和避免因应急处置不当所造成的损失。可以在全国范围内划分多个紧急情况区,政府主管部门可以设立培训中心,专门针对紧急状况值班经理集中开展专业培训。

(2) 立法确立统一、合理的赔偿标准

高铁乘客作为高铁服务合同的相对人,在其履行了支付票款的义务后,即拥有了接受高铁运输企业依照合同约定提供安全、及时的运输服务的权利。因而一旦高铁出现事故,高铁企业无论基于合同义务还是一般救援义务,都责无旁贷地应当履行及时救助、合理赔偿、妥善安置的责任。立法应当基于我国国情和国际通行规则及时、合理地向事故的受害人支付统一的赔偿额度。还可以采用一些如设立警示标志、举办追悼纪念活动等方式,从精神上对受害人进行补偿和安慰。

(3) 完善事故责任调查制度,分清事故责任

事故发生后,应当首先进行全面详细的调查,查清事故责任是其中最主要的任务。如果是铁路信号失灵造成的事故,就应当由路网建设施工或者路网管理部门负责赔偿;如果是由于司机人为失误造成的事故,则由列车运营企业进行赔偿。另外,铁路运输保险制度的存在,保险公司也在很大程度上承担了赔付责任。这样,政府有关部门、铁路运营企业和受害者家庭,按比例分担了责任,也减轻了负担。

在此前提下,如果事故的善后处理仍然无人负责或争执不下,或者确实有难以决断的案例,最终还可以通过诉讼途径进行解决。

论我国安全生产事故损害赔偿基金的构建
——以海洋油污损害赔偿责任基金为观察点

李遐桢❶

摘　要： 高危行业一旦发生安全生产事故，造成的损害通常特别巨大。为了使受害人得到及时、足额的赔偿，国际组织或者各国针对不同的高危行业分别建立起损害赔偿基金，例如海洋石油开发或者海洋石油运输油污损害赔偿基金等，我国也建立起船舶油污损害赔偿基金。但是，这些基金来源窄、适用面小，赔付能力严重不足。因此，我国建立统一的安全生产事故损害赔偿基金具有必要性，在理论上也是可行的，但因该项基金制度的构建涉及现有的众多制度和国家部门，在实践上尚任重道远。

关键词： 生产；安全；损害赔偿；基金

　　生产是人与动物的区别之一，生产过程中必然伴随着各种不安全的因素与风险。人类可以通过技术不断地避免安全生产事故的发生，但新的技术又会带来新的生产安全问题。因此，安全与生产相随相伴。但是，有的行业例如高空、高压、易燃、易爆等行业危险性高，发生生产安全事故的可能性就大。生产安全事故一旦发生，造成的损失巨大，损害赔偿问题摆到了我们的面前。海洋石油开发、石油运输等会发生石油泄漏，从而导致油污事故的发生。为了保障油污受害人的利益，国际上有油污基金，美国有油污责任信托基金。从国内看，我国立法上也要求设立油污基金。在油污损害赔偿著述中，有很多学者对国外油污基金进行了比较详细的介绍，但学术界针对我国的油污基金进行专门研究的论文比较少，因缺少理论上的充分研究，我国油污基金法律制度的构建发展比较缓慢。但在 2012 年交通运输部印发《船舶油污损害赔偿基金征收使用管理办法》，对船舶油污损害赔偿基金征收使用等进行了明确。但是，该办法仅指向船舶油污，而是否包括石油开发油污则

　　❶ [作者简介] 李遐桢，1976 年生，山东日照人，法学博士、博士后，华北科技学院副教授，人文学院副院长。

　　[基金项目] 中央高校基本科研业务费项目："安全生产法学创新团队"（编号 3142014015；3142015027）、中央高校基本科研业务费资助项目《安全生产的刑事法保护研究》（编号：3142014009）、"安责险"法律制度构建与适用研究（RW2013B02）的阶段性成果。

存在疑问。因此，从理论上对油污损害赔偿基金进行研究就比较重要。更何况，海洋石油开发、石油运输仅是高度危险作业的两种具体类型呢？

一、国外油污赔偿基金的实践

1. 国际油污赔偿基金实践的成功运行与借鉴

政府间海事协商组织（现更名为国际商事组织）制定了《1969 年民事责任公约》。在制定该公约过程中，有些国家认为公约采取严格责任，违背了传统海商法的过错责任原则，有些国家则认为应该取消责任限制或者设立更高的责任限额。鉴于此，在制定《1969 年民事责任公约》的会议上同时产生了一个折中方案，即成立一个由石油货主摊款的国际赔偿基金，以实现下述两个目的：第一，减轻船舶所有人因新公约的规定而产生的负担；第二，在油污受害人根据《1969 年民事责任公约》不能获得充分赔偿或者完全得不到赔偿时，给予额外的赔偿。之后，政府间海事协商组织于 1971 年 11 月 29 日至 12 月 18 日在布鲁塞尔召开的关于设立国际油污损害赔偿基金的会议上通过了《71 年基金公约》，1992 年国际海事组织对该公约进行了修订，修订后的公约简称为《92 年议定书》，提高了对油污受害人的赔偿额。国际海事组织于 2003 年又通过了《2003 年议定书》，根据该议定书建立了 2003 年补充基金，给予油污受害人提供第三层保障。❶

2. 美国油污损害赔偿信托基金的实践与运行

民事责任公约规定的油污赔偿数额过低，美国没有参加《1969 年民事责任公约》和《71 年基金公约》，但在其国内建立了更为广泛、全面的赔偿基金。为了避免石油污染损害赔偿的冗长诉讼过程，美国《油污法》采取了很多措施保证受害人能够得到及时的救济。美国根据《联邦水污染控制法》（*The Federal Water Pollution Control Act*）第 311 条（k）项建立了"联邦水污染控制法基金"，根据《跨阿拉斯加管道授权法》（*Trans - Alaska Pipeline Authorization Act*）第 204 条设立了"跨阿拉斯加管道赔偿责任基金"（Trans - Alaska Pipeline Liability Fund），以及根据《1980 年综合环境反应、赔偿和责任法》还设立了用于赔偿有害物质清除的"超级基金"（Super

---

❶ 基金是通过对海上石油运输最大的受益者——石油进口公司的摊款而设立，凡是在一个日历年内，在缔约国领土内的港口或油站，收到从海上运至的原油和燃料油，以及收到从海上运来而卸于非缔约国港口或油站的原油和燃料油，总量超过 15 万吨的公司，都应缴纳摊款（摊款分为初次摊款和年度摊款，负有缴纳摊款义务的是具体的石油公司而不是缔约国，但缔约国应在国内法中规定，对不缴纳摊款的公司采取适当措施，包括给予必要的制裁，迫使其履行缴纳摊款的义务。（韩立新我国海洋污染损害赔偿基金的设立与制度构架 [J]. 社会科学辑刊，2012（5）.

Fund）。美国在 1990 年制定了《油污法》，由于该法调整的污染不仅包括船舶造成的，也包括深水港口、近岸设施、岸上设施、输油管线造成的石油污染，该法适用的水域为美国境内所有可航水域，并不仅限于海上，故依据该法要求设立的"溢油责任信托基金"相当于一个综合性基金。按照《油污法》的规定，美国设立了油污责任信托基金（the Oil Spill Liability Trust Fund），目的在于对海洋油污受害人进行赔偿并支付清污费用。且基金动用早，对防止油污损害的进一步扩大具有非常重要的意义。例如，美国海岸警卫队的官员称墨西哥湾石油泄漏后，他们在 2010 年 5 月就启动了油污责任信托基金用于清污。❶

油污信托基金分为两种：基本基金（the Principal Fund）和应急基金（the Emergency Fund）。基本基金主要赔付油污第三方和自然资源损害、清污费用等。应急基金则在于海洋石油污染发生后，为了保证迅速做出反应而支出的，主要包括对油污损害的初步评估、立即开展油污清理等支出相关费用。应急基金的管理与使用应该体现出应急性，由部门领导批准后就可立即使用。应急基金采取滚存制，每一年度没有使用应急基金的，自动转为下一年度。

该基金的资金来源主要由两部分构成：其一，对美国境内的石油开采者或石油进口者征收每桶 5 美分的税；这种收集基金的方式开始于 1990 年 1 月 1 日，因相关法律条款的失效该税收停止于 1994 年 12 月 31 日。但是，根据 2005 年的能源政策法，石油污染税恢复征收。另外，根据 the Emergency Economic Stabilization Act of 2008 的规定，至 2016 年，收税的标准提高到每桶 8 美分，在 2017 年，税率将增加到每桶 9 美分，并且该种税将于 2017 年结束。❷ 其二，信托基金还有来自于其他环境污染基金的转移资金、罚款、处罚、应付利息以及从责任方收回的成本等。例如，该基金设立后，除专门用于有害物质污染赔偿的"超级基金"外，该法颁布以前所设立的各种其他赔偿基金统统转入"信托基金"，资金转入曾是"信托基金"的第二大资金来源。

美国海岸警卫队在 1991 年设立了"国家污染基金中心"（NPFC）——美国海岸警卫队的一个机构管理，负责管理和使用"信托基金"。例如，如果不能及时确定责任方，NPFC 将主动对潜在的原告启动索赔程序。一般来说，每一次事故从基金中支付的最大赔偿额为 10 亿美元或信托基金的余额，

---

❶ Christine R. Walsh James P. Duncan. Gulf oil Spill of 2010: Liability and Damage Issues ［M］. New York: Nova Science Publishers Inc, 2010: 21.

❷ Ibid, p. 25.

取其中的最小值。

美国《油污法》为受害人提供了救济其权利的两个程序：其一，受害人可以直接起诉责任方或者其担保人。其二，如果责任方在 90 天内不解决原告的主张，原告可以直接向法院起诉寻求救济，也可以向 NPFC 提交诉求，NPFC 经过审核后将动用基金对受害人进行赔付。原告要求对失去的利润或者赢利能力的赔偿必须建立在财产或者自然资源受到损害或损失的基础之上，原告失去收入是因油污造成的。

美国《油污法》规定基金赔付程序是：在索赔方要求油污责任信托基金赔付前应该首先要求责任方赔偿。如果索赔方的请求遭到责任方的拒绝或者向责任方提出请求 90 日内没有得到答复，索赔方可以直接向法院起诉责任方，或者直接向油污责任信托基金要求赔付。基金赔付之后，可以向责任方追偿。❶ 美国也在反思基金先行赔付的问题，有人指出：为了能够为全部受害者提供完全赔偿，基金应该承担起补充的赔付的责任。即在能够从责任方得到赔偿的，对于不能实现的损失，基金应该给予赔付。

按照美国总审计局的测算，截至 2014 年年底，油污责任信托基金将达到 27 亿美元，但这一数额对诸如深水地平线钻井油污事故损害赔偿远远不足。美国油污责任信托基金仍面临着资金短缺的局面。根据《油污法》的授权，基金负责赔付责任方无法赔偿的部分。但是，危险和不确定性一直威胁着基金的赔付能力。例如，索赔方向基金请求的赔付通常高于责任方的最高责任限额。❷ 美国决算总局统计，从 1990 年油污法生效至 2006 年，油污责任方和海上油污责任信托基金支出的清污费用以及油污损害 8.6 亿 ~ 11 亿美元，油污责任方最终承担的责任大约在 72% ~ 78%。❸ 所以，深水地平线油污事故造成的损害后果极为严重，油污责任信托基金面临巨大危险。美国虽然是世界上关于海上设施油污损害赔偿保障制度非常完善并发达的国家，但 2010 年墨西哥湾油污也对海上设施油污损害赔偿现有的制度产生了重大影响，很多学者提出了修订美国油污责任保险和油污赔偿责任信托基金的建议。

3. 《1969 年民事责任公约》的污染责任基金制度

《1969 年民事责任公约》第 6 条规定了污染责任基金制度。首先，公约规定，经营者可根据其责任限额建立一个基金。该基金可以通过存放责任限

---

❶ Christine R. Walsh James P. Duncan. Gulf oil Spill of 2010：Liability and Damage Issues ［M］. New York：Nova Science Publishers Inc，2010：10.

❷ Ibod，p. 119.

❸ Ibod，p. 121.

额数量的存款或者通过银行保证或其他保证人保证的方式建立，但此种建立方式应被基金所在国法律所认可，并经法院或其他相应权威机构认定。其次，经营者的财务保证人也可以建立此类基金。承保人或其他提供财务保证的人享有单独或与经营者一起建立基金的权利，所建立基金的效果应与经营者建立的基金相同。再次，对于基金的赔付范围，公约规定应包括油污损害、清污费用和预防措施。最后，公约对代位权做了规定。行使该代位权的人是已经支付任何数额的污染损害的人。如果在基金成立之前，经营者或任何他的雇员或代理人或任何其他给该经营者提供担保的人，已经就所涉事故导致的污染损害支付了赔偿金，那么这些人员应代位获得与其所支付赔款数额相当的权利。

4. 小结

从国际公约关于舶油污损害赔偿责任的保障机制以及美国海上设施油污损害赔偿责任保障机制的实际情况来看，为了保障油污受害人能够得到有效赔付，法律多设置了双重保障机制：其一，要求海洋石油开发者提供责任保险或其他财务保证；其二，设立油污责任信托基金（1972 年油污基金公约，美国没有加入 1969 年的油污民事责任公约，也没有加入 1972 年基金公约，但美国政府按照《油污法》之规定，设立了本国的油污责任信托基金）。有关不能足额赔偿的责任限制，受害人的损失难以得到充分、有效的赔偿，欧盟委员会也动议建立欧盟油污赔偿基金，单次事故的最高赔偿上限为 10 亿欧元。❶ 通过双重措施，保障受害人得到及时有效的赔付。但是，油污造成的人身、财产以及生态环境的损害巨大，油污赔偿基金虽然在一定程度上对保障赔偿、及时清污等发挥了重要的作用，油污赔偿基金应对大规模油污损害之作用仍有限。

二、我国船舶油污损害赔偿基金制度及其存在的问题

1. 船舶油污损害赔偿基金制度的建立

我国没有加入基金公约，究其原因在于：按照《1971 年基金公约》之规定，石油公司承担缴纳基金的义务。在中国，石油公司是国有企业，既得利益群体对政府的成功游说没有使中国加入基金公约。❷ 但是，为了应对船舶油污问题，《海洋环境保护法》第 66 条规定："国家完善并实施船舶油污

---

❶ Michael Faure and Hui Wang. Compensation for oil pollution damage：China v. the international regime. Electronic copy available at：http：//ssrn. como/abstract = 1086034，p. 15.

❷ Michael Faure and Hui Wang. Compensation for oil pollution damage：China v. the international regime. http：//ssrn. como/abstract = 1086034，pp. 19 ~ 20.

损害民事赔偿责任制度；按照船舶油污损害赔偿责任由船东和货主共同承担风险的原则，建立船舶油污保险、油污损害赔偿基金制度。实施船舶油污保险、油污损害赔偿基金制度的具体办法由国务院规定。"

为保护我国海洋环境，促进海洋运输业持续健康发展，根据《海洋环境保护法》《防治船舶污染条例》的有关规定，参照国际通行做法，2012 年 5 月 11 日，财政部、交通运输部联合印发了《船舶油污损害赔偿基金征收使用管理办法》，该办法对船舶油污损害赔偿基金征收、缴纳、使用和管理等进行了比较详细的规定，其实施标志着针对船舶油污，我国实践中确立了船舶油污民事责任保险与船舶油污损害基金。

2. 我国船舶油污损害赔偿基金制度的主要内容

（1）船舶油污损害赔偿基金征收制度

①缴纳主体

凡在中华人民共和国管辖水域内接收从海上运输持久性油类物质（包括原油、燃料油、重柴油、润滑油等持久性烃类矿物油）的货物所有人或其代理人，应当按照规定缴纳船舶油污损害赔偿基金。货物所有人或其代理人应当在向海事管理机构办理污染危害性货物申报时，按照船舶卸载持久性油类物质的数量及相关征收标准，将船舶油污损害赔偿基金及时足额缴入所在地海事管理机构经批准的相关银行账户。

对于在中华人民共和国管辖水域内接收从海上运输的非持久性油类物质，以及在中华人民共和国管辖水域内过境运输持久性油类物质，不征收船舶油污损害赔偿基金。对于在中国境内的同一货物所有人接收中转运输的持久性油类物质，只征收一次船舶油污损害赔偿基金。

②征收标准

船舶油污损害赔偿基金征收标准为每吨持久性油类物质 0.3 元。财政部可依据船舶油污损害赔偿需求、持久性油类物质的货物到港量以及积累的船舶油污损害赔偿基金规模等因素，并充分考虑货物所有人的承受能力，会同交通运输部确定、调整征收标准或者暂停征收。货物所有人或其代理人按照本办法规定缴纳船舶油污损害赔偿基金从成本费用中列支。

③征收主体

船舶油污损害赔偿基金由交通运输部所属海事管理机构以下（简称海事管理机构）向货物所有人或其代理人征收。海事管理机构应当在收到船舶油污损害赔偿基金的当日，将船舶油污损害赔偿基金收入全额就地上缴中央国库。

（2）船舶油污基金的使用

①专款专用

船舶油污损害赔偿基金纳入政府性基金管理，收入全额上缴中央国库，实行专款专用，年末结余可结转下年度安排使用。

②船舶油污损害赔偿基金赔付的范围

船舶油污损害赔偿基金用于以下油污损害及相关费用的赔偿、补偿：第一，同一事故造成的船舶油污损害赔偿总额超过法定船舶所有人油污损害赔偿责任限额的；第二，船舶所有人依法免除赔偿责任的；第三，船舶所有人及其油污责任保险人或者财务保证人在财力上不能履行其部分或全部义务，或船舶所有人及其油污责任保险人或者财务保证人被视为不具备履行其部分或全部义务的偿付能力；第四，无法找到造成污染船舶的。下列情况，不得从船舶油污损害赔偿基金中提供赔偿或者补偿：第一，油污损害由战争、敌对行为造成或者由政府用于非商业目的的船舶、军事船舶、渔船排放油类物质造成的；第二，索赔人不能证明油污损害由船舶造成的；第三，因油污受害人过错造成的全部或部分油污损害的。

船舶油污损害赔偿基金对任一船舶油污事故的赔偿或补偿金额不超过3000万元人民币。财政部可以依据船舶油污事故赔偿需求、累积的船舶油污损害赔偿基金规模等因素，会同交通运输部调整基金赔偿限额。

③赔偿或补偿顺序

船舶油污损害赔偿基金按照申请时间顺序依次受理。其中，对同一事故的索赔按照下列范围和顺序赔偿或补偿：第一，为减少油污损害而采取的应急处置费用；第二，控制或清除污染所产生的费用；第三，对渔业、旅游业等造成的直接经济损失；第四，已采取的恢复海洋生态和天然渔业资源等措施所产生的费用；第五，船舶油污损害赔偿基金管理委员会实施监视监测发生的费用；第六，经国务院批准的其他费用。

船舶油污损害赔偿基金不足以赔偿或者补偿前款规定的同一顺序的损失或费用的，按比例受偿。

④基金管理

国家设立由交通运输部、财政部、农业部、环境保护部、国家海洋局、国家旅游局以及缴纳船舶油污损害赔偿基金的主要石油货主代表等组成的船舶油污损害赔偿基金管理委员会，负责处理船舶油污损害赔偿基金的具体赔偿或者补偿事务。船舶油污损害赔偿基金管理委员会应当制定具体职责及工作规程。船舶油污损害赔偿基金管理委员会下设秘书处，负责具体赔偿、补偿等日常事务，秘书处设在交通运输部海事局。

⑤索赔程序

首先，提出索赔申请。在船舶发生油污事故后，凡符合赔偿或者补偿条件的单位和个人，可向船舶油污损害赔偿基金管理委员会秘书处提出书面索赔申请。单位和个人提出的油污损害索赔申请，必须符合法律、行政法规及船舶油污损害赔偿基金管理委员会相关规定，并遵循以下原则：第一，索赔申请必须真实，不得隐瞒或者捏造；第二，索赔的任何费用和损失已经实际发生；第三，索赔所涉及的费用必须经确认是适当和合理的；第四，索赔的费用、损失以及遭受的损害是由于污染引起的且与污染事故之间有必然的直接因果关系；第五，索赔的损失以及遭受的损害应当是可以量化的经济损失；第六，索赔的费用、损失以及遭受的损害必须提交相应的证明文件或者其他证据。

油污受害人申请从船舶油污损害赔偿基金中获得赔偿或者补偿的，应当在油污损害发生之日起 3 年内提出；在任何情况下，均应当在船舶油污事故发生之日起 6 年内提出。逾期申请的，船舶油污损害赔偿基金管理委员会不予受理。

其次，调查核实。船舶油污损害赔偿基金管理委员会在受理索赔申请后，应当组织有关人员对索赔项目进行调查核实，确定赔偿或者补偿的具体数额。申请赔偿或者补偿的相关单位应当积极配合船舶油污损害赔偿基金管理委员会开展索赔调查核实工作。

最后，赔付。对于符合赔偿或者补偿条件的，应当及时给予赔偿或者补偿。

（3）求偿代位权

船舶油污损害赔偿基金管理委员会在赔偿或者补偿范围内，可以代位行使接受赔偿或补偿的单位、个人向相关污染损害责任人请求赔偿的权利。对于暂时无法认定船舶污染损害责任人的，船舶油污损害赔偿基金管理委员会可以先行给予赔偿或者补偿，一旦确定污染损害责任人时，再由相关责任人给予赔偿，赔偿金按有关规定上缴中央国库。

3. 船舶油污损害赔偿基金存在的缺点

（1）适用范围窄

我国是民事责任公约的加入国，严格区分船舶油污与非船舶油污。而美国《油污法》则不区分是否为船舶油污，只要产生油污损害并符合法律规定的条件，就可以向油污责任信托基金申请索赔。我国将基金范围限于"船舶油污损害赔偿"，将产生以下两个方面的问题：其一，基金来源比较单调，仅对以船舶运输的油类征收，对石油开发行业则不征收，基金规模小，赔付就少，所以该《办法》将单次事故限定为 3 000 万元人民币，难以有效分担损失。美国油污责任信托基金赔付为单次事故最高位 10 亿美元，两者相比相去甚远。因此，我国应扩大基金征收的对象，有学者提出，我们的终极目标应是在船舶油污损害赔偿基金逐步运作获得成熟经验后，全面设立海洋污染损害赔偿基金，使其能够对不同污染源造成海洋污染损害的受害人均能得到科学、合理、充分的赔偿，不仅实现海洋环境侵权救济的社会化，而且实现社会的和谐发展。❶ 其二，对于来源不明的油污损害，受害人不能请求赔偿。这对受害人极为不利。如果将其扩大到一切污染物的范畴，对于致害物质来源不明的损害，也可以要求赔偿，基金作为损害社会化分担的功能才能发挥得更为充分。

（2）没有明确基金的法律地位

《基金管理办法》第 19 条虽然规定了基金管理委员会管理基金，但没有明确其法律地位。按照《基金管理办法》的相关规定，征收的基金需要上缴国库，我国把征缴的船舶油污损害赔偿基金作为预算收入，而我国《预算法》第 22 条规定，预算收入应统筹安排使用；确需设立专用基金项目的，须经国务院批准。《预算法实施条例》第 14 条也规定，经国务院批准设立的专用基金应当实行预算管理；尚未纳入预算管理的，应当逐步纳入预算管理（据此可以推断，船舶油污损害赔偿基金不仅是根据《基金管理办法》设立的政府性基金，也是符合《预算法》设立的专项基金。但这种基金的性质应属于政府财政性基金，不具有独立法人资格。❷ 但是，《基金管理办法》赋予了基金管理委员会求偿代位权，换言之，委员会可以自己的名义作为原告行使索赔人的权利，其没有诉讼主体资格将何以"追偿"？且索赔申请人申请索赔遭到拒绝的，法律应给予申请人提起诉讼的权利，这时基金管理委员会将作为原告。所以，我国应该赋予基金管理委员会独立法人地位。❸

（3）基金来源渠道单一

从《基金管理办法》的规定来看，基金来源单一，仅对持久性油类物质征收，对非持久性油类物质不征收，其道理又何在呢?! 且考察国外立法，（船舶）油污损害赔偿基金的资金来源渠道非常多，包括❹①以税收方式来自于国家的财政拨款，例如，征收环境税或者环境费划拨给基金使用；②排

---

❶　韩立新. 我国海洋污染损害赔偿基金的设立与制度构架［J］. 社会科学辑刊，2012（5）.

❷　同上注。

❸　同上注。

❹　关于基金来源，韩立新教授在《我国海洋污染损害赔偿基金的设立与制度构架》（载《社会科学辑刊》2012 年第 5 期）一文中有比较详细的论述，此处不再赘述。

污费、超标排污费；③罚款；④追偿款；⑤受益者摊款；❶ ⑥基金的运营收入。

（4）缺少应急基金

从国外立法与实践看，赔偿基金之目的有三：其一，及时支付清污费用，尤其是在情况基金的情况下，先动用（应急）基金，垫付清污费用，能够解决清污费短缺的现象，调动清污积极性；其二，赔偿损失，这是第二层次的保障，即受害人应首先向污染者索赔，不能实现时方可向基金索赔；其三，用于海洋环境损害评估、研究的费用。我国《基金管理办法》第17条虽然规定了基金的赔付范围与国外一致，但没有对应急基金问题作出规定，清污费用由清污公司垫付，先向责任人索赔，不能实现的，再向基金索赔，基金在应急救援方面的功能难以有效发挥。因此，建议我国《基金管理办法》中设立"应急基金"，油污事故发生后，基金管理委员会及时动用该笔资金用于救援，待日后由基金管理委员会向责任人追偿。

（5）缺少"权利救济穷竭原则"的规定

按照"污染者赔偿"原则，受害人应该先向责任人、责任人的责任保险人或其他财务保证人行使索赔的权利。基金作为第二顺序的保障，只有在受害人穷尽一切救济方式仍不能实现其权利时，才可以要求基金赔付。例如，美国《油污法》规定，受害人要求基金赔偿的前提条件是：索赔方的请求遭到责任方的拒绝或者向责任方提出请求90日内没有得到答复，索赔方可以直接向法院起诉责任方，或者直接向油污责任信托基金要求赔付。❷我国《基金管理办法》对此没有做出规定，需要在以后的修改中进一步完善。

当然，还有学者提出，在我国制定和设立海洋污染损害赔偿基金法律制度时，船舶油污《基金管理办法》规定的组织架构值得借鉴，但仍有补充完善之处。借鉴 IOPC Fund 成功运作的合理高效组织架构，以下几点值得完善：一是加强秘书处的内部设置。秘书处作为负责具体赔偿、补充等日常事务机构，内部应设立法律咨询部、索赔部、财务与行政管理部、外部关系和会议部、技术顾问部，通过各部的工作全面支持秘书处工作的有效开展。二是投资咨询部，按照法律法规的规定，在保证基金资金安全的情况下，对基金进行适当投资、运营，以增加基金的合法收益。❸

❶　按照《基金管理办法》的规定，这是我国船舶油污基金的唯一来源。

❷　Christine R. Walsh James P. Duncan. Gulf oil Spill of 2010：Liability and Damage Issues ［M］. New York：Nova Science Publishers Inc，2010：10.

❸　韩立新．我国海洋污染损害赔偿基金的设立与制度构架［J］．社会科学辑刊，2012（5）．

三、我国应建立统一的安全生产事故损害赔偿基金

1. 建立统一的安全生产事故损害赔偿基金的必要性

现代社会是一个危机四伏的时代，煤矿爆炸、非煤矿山坍塌、石油泄漏、烟花爆炸、核泄漏等各种高危活动威胁着周围的人身、财产以及环境的安全。虽然建立统一的安全生产责任保险制度对于分散风险、及时充分赔付等具有重要的意义。但是，高危行业责任限制制度限制了赔付范围，保险公司赔付范围不超过责任人的赔偿数额。因此，受害人仍面临着损害不能得到赔偿的可能。间接损失、纯粹经济损失等责任人以可预见规则等加以拒绝，更难以得到赔偿。如此一来，受害人面临着自行承担损害的风险，这对受害人是不公平的。

福利国家应该注重对这类受害人的保护，社会保障制度虽然在一定程度上保障其基本生活，但人有生活得更体面、更有尊严的权利，社会应该为诸如油污受害者的损失承担责任。现代社会，人们更注重整个社会的利益平衡即拥有分配正义观。分配正义观强调在侵权法中补偿功能是尤其应该放在首要地位的。❶ 福利国家的建立以及分配正义观要求建立风险分担的社会化分担机制，而这种机制不仅局限于海洋船舶油污致害，还可以扩展至海洋石油开发油污，海洋其他活动产生的油污，抑或更大范围的海洋污染损害分担机制。笔者认为，不论海洋活动还是陆地活动，高度危险作业造成的损失已经远远超出了责任人的赔付能力，在保障责任人行为自由、促进科技进步的同时，社会应该向这些为人类行动自由与科技进步承担了风险的受害人提供帮助，建立损害赔偿基金并通过基金对这类受害人进行赔付则是制度的选择。例如，我国已经存在的灾害补偿基金主要有：船舶油污损害赔偿基金、机动车事故社会救助基金、中央森林生态效益补偿基金、中华环保基金等。

上述各种事故灾难补偿基金虽然能够在一定程度上满足受害人的需求，但是建立统一的安全生产事故损害赔偿基金应该是社会发展的必然，这是因为：建立统一的安全生产事故损害赔偿基金，能够将缴纳基金的主体进一步扩大到各高危行业，聚集更多的资金用于高危行业安全生产事故损害赔偿，使受害人得到最大程度的救济与资助。安全生产事故造成生态环境污染或者破坏的，以环境污染为媒介造成的人身或财产的损失以及环境本身的损失，赔付数额非常巨大，紧靠某一个高危行业建立起来的事故赔偿基金进行补充性赔付，其效果不大。例如，我国船舶油污损害赔偿基金的单次事故赔付最

---

❶ 韩立新. 我国海洋污染损害赔偿基金的设立与制度构架 ［J］. 社会科学辑刊，2012（5）.

高为 3000 万元人民币，面对动辄数亿元、数十亿元甚至上百亿元的环境损害赔偿，3000 万元人民币不能说杯水车薪，但其意义也不是太大，建立统一的安全生产事故损害赔偿基金能够形成规模效益，对救灾、赔偿等具有非常重要的价值。

2. 统一的安全生产事故损害赔偿基金的具体制度构建

借鉴国际公约以及美国油污损害赔偿责任信托基金的成功经验，我国未来之安全生产事故损害赔偿基金应该主要从以下几个方面进行构建。

（1）多渠道筹措资金

安全生产事故损害赔偿基金来源应该多渠道进行，包括两个方面的内容：第一，高危企业都需要交纳安全生产事故损害赔偿基金。针对不同的高危行业以不同的标准、不同的比例征收，具体征收办法由国家安全生产监督管理局会同高危行业各主管部门协商确定。将现有的与安全生产事故相关的各种赔偿基金统一整合为安全生产事故损害赔偿基金。第二，基金资金来源多样性。资金来源尤其是最初资金来源主要是国家财政拨款，使基金正常运转后，通过对违法行为的罚款❶、排污费或超标排污费、行业摊款、追偿款、运营收入以及接受捐赠等方式实现基金收入，保障基金规模效益。❷

（2）基金管理

我国应该成立专门的基金管理委员会，该委员会由安全生产监督管理部门负责牵头组织，再根据不同的高危行业分别设置分委员会。赋予基金管理委员会法人主体资格，可以作为原告或被告，保障基金正常运行。

---

❶　我国针对高危行业罚款数额偏低，且通常没有一个弹性罚款机制。例如《海洋环境保护法》第 73 条规定，造成海洋污染的，最高罚款数额为 20 万元。罚款数额过低，根本起不到相应的威慑作用。例如，渤海湾石油污染事故发生后，按照相关法律和职责，国家海洋局所属中国海监北海总队于 6 月 14 日对溢油事故涉嫌行政违法的行为进行立案，随即开展调查取证工作。经查实，康菲公司在蓬莱 19-3 油田勘探开发作业过程中，违反了《海洋环境保护法》第 50 条第 2 款的规定。根据《海洋环境保护法》第 85 条的规定，2011 年 9 月 1 日国家海洋局对康菲公司做出罚款 20 万元的行政处罚。康菲公司接受并于 9 月 9 日缴纳罚款。根据美国 OPA 之规定，罚金的数额通常由以下几个方面决定：（1）违法的严重程度；（2）如果有的话，违法者因违法而获得收益；（3）可责难的程度；（4）任何其他对同一事故的处罚；（5）以前违法的历史；（6）违法者采取减轻油污排放损害的行为所取得的成功的性质、范围、程度等；（7）对违法者处罚的经济影响；（8）作为公正裁决的需要的其他事实。每桶溢油的罚金 1 200~1 500 美元，罚金的具体数额由其是否存在重大过失和漏油数量来决定。在 CWA 框架下，罚金的数额与溢油数量相关。（参见 Vincent J. Foley. Post Deepwater Horizon: the Changing Landscape of Liability for Oil Pollution in USA, Albany Law Review 2010 / 2011 74 Alb. L. Rev. p. 519）我国修改相关立法时，可以借鉴美国 OPA 之规定，施行弹性罚款制度。

❷　一旦建成全国统一的安全生产事故损害赔偿基金，其他基金将被吸收，其他基金中的资金应该转至安全生产事故损害赔偿基金，这也是其资金的重要来源之一。

（3）基金的使用范围

赔偿基金专设应急基金。高危事故发生后，基金管理委员会应立即启动应急基金，用于安全生产事故救援，清污等活动，防止损害进一步扩大。除应急基金外，安全生产事故损害赔偿基金还要承担其赔偿损失的作用，具体应该对哪些损失进行赔偿应该进行详细研究。

（4）基金的赔偿限额

《1992 年基金公约》、美国《油污法》"信托基金"下的国际油污赔偿基金，无一例外对受害人的赔偿均有限额。因为基金赔偿具有救济社会化的效果，毕竟基金资金有限，为使基金能够长期正常运作，不可能对受害人的污染损害都达到完全的实际损失赔偿。因此，安全生产监督管理部门应该会同各高危行业主管部门分别制定不同的赔偿限额。

（5）基金的免赔情况

尽管设立基金的目的是通过救济社会化使污染受害人得到及时、充分的赔偿，但不可能在任何情况下都需要赔偿。笔者认为，对基金索赔时也应规定免责事项，这些免责通常包括：由战争、敌对行为，或特殊的、不可避免和不可抗拒性质的自然现象所引起的损害；完全是由于第三者有意造成损害的行为或不行为所引起的污染损害；损害全部或部分是由于受害人的故意或过失行为所引起等。

（6）向基金索赔的条件与程序

法律应对受害人向基金索赔的前提条件——权利穷竭原则进行规定，同时明确向基金索赔的其他条件，索赔申请、索赔的审查以及赔偿等。

（7）基金的求偿代位权

基金的设立和使用并不是为了减轻污染责任人依法应承担的赔偿责任。因此，基金对属于其赔偿范围内的污染损害依法进行赔偿后，在所赔偿的范围内，应当取代受偿人而有权向污染损害的责任人、其责任保险人或者其他财务担保人进行追偿。

我国《海洋环境保护法》施行超过 10 年后的今天，其中列明的建立油污损害赔偿基金条款的实施办法的制定工作连启动都没有。也就是说，基于康菲公司承担环境生态损害责任的赔偿基金在中国现行法律体系中找不到依据。❶ 我国也未建立关于海洋石油开发油污赔偿责任保险制度和赔偿基金制度。安全生产事故损害赔偿基金制度的建立更将是一个长期的过程，这个过程需要伴随着我国大部制改革等逐步推进。因此，本文仅是理论上的初步研究，是否合理尚需要进一步的理论研究和实践的检验。

---

❶ 楚道文. 浅论海洋生态损害的法律问题 [J]. 政法论丛，2012（5）.

《安全生产法》修改与"综合监管"的变化研究

李　刚[1]

摘　要："综合监管"是《安全生产法》确立的重要安全生产监督管理制度。自 2002 年《安全生产法》颁布以来，尽管施行多年，在执法实践中对"综合监管"的概念、含义依然存在不同的理解和争论。2014 年 8 月 31 日，第十二届全国人民代表大会常务委员会第十次会议审议通过了《关于修改〈中华人民共和国安全生产法〉的决定》，新《安全生产法》对执法体制做出了调整，有关规定的变化将对"综合监管"制度产生较大影响。本文从 2002 年《安全生产法》语境下的"综合监管"辨析开始，结合安全生产执法实践，详细分析了"综合监管"制度在《安全生产法》修改前后的变化，主张从明确执法主体、避免重复执法及厘清安全监管部门执法责任边界三个层面进行后续制度设计，以解决理论依据及执法实践中的具体问题。

关键词：安全生产；监管体制；综合监管

《中华人民共和国安全生产法》（以下简称《安全生产法》）自 2002 年颁布至 2011 年正式启动修改工作，整整实施 10 年。10 年间，随着全国范围内安全监管监察系统逐步建立完善，安全生产执法实践日益丰富，对《安全生产法》的研究也日渐深入。但在基层执法一线，因各地执法水平和具体状况不同，对于《安全生产法》确立的一些基本概念和法律制度，依然存在某些模糊甚至争议之处，比如对"综合监管"的法律定位、内涵以及与此密切相关的《安全生产法》的执法主体问题、综合监管的客体指向等问题，一直存在认识上的差异。2014 年 8 月 31 日，《安全生产法》修正案颁布，新法对安全生产执法体制作了相应调整，"综合监管"的工作内容和方式又具有了新的变化。目前，适应新法变化的有关安全监管执法体制的配套法规制度尚未建立，无论从法理层面还是执法实操层面，都需要认真研

❶　［作者简介］李刚，毕业于中国政法大学，法学博士，现任国家安全生产监督管理总局应急救援中心法规处处长。

［基金项目］中央高校基本科研业务费项目："安全生产法学创新团队"（编号 3142014015；3142015027）、中央高校基本科研业务费资助项目《安全生产的刑事法保护研究》（编号：3142014009）、"安责险"法律制度构建与适用研究（RW2013B02）的阶段性成果。

究辨析，以深入探究后续制度建设路径，更好指导安全生产行政执法实践。

一、2002 年《安全生产法》语境下的"综合监管"

如果将自 1981 年 3 月起，经国务院批准，由原国家劳动总局牵头组织起草《劳动保护法》算作《安全生产法》的立法开端，直到 2002 年 6 月 29 日经全国人大表决通过为止，《安全生产法》从酝酿到出台历时 20 多年，才最终完成了立法过程。立法进程为何如此漫长，为何在这个时间节点完成立法，又为何"综合监管"会出现在原《安全生产法》中，与当时的时代背景和安全生产形势休戚相关。

首先，安全生产形势及事故发生态势从客观上推动了立法进程。自 20 世纪 90 年代初起，随着我国改革开放的迅速推进，各类生产经营活动空前活跃，生产经营活动增多加之当时普遍存在的安全意识不足、安全基础薄弱等实际情况，全国各类生产安全事故发生量和伤亡人数逐渐呈明显上升的态势，2000 年，全国每年各类事故死亡人数达 9 万多人，到 2001 年，全国事故死亡人数 11 万人，到 2002 年，全国事故死亡人数达到历史峰值，飙升至近 14 万。当时，我国虽然已经有一些涉及安全生产内容的专项法律、法规，但国家层面还没有一部在安全生产领域具有普遍约束力的一般法，而且国家安全监管局已经成立，推进安全生产立法的力度越来越大。法是国家意志，必须充分反映和体现人民的根本利益和诉求，当然也会在一定程度上反映政府的行政管理诉求。当时，每年 10 多万人的死亡数字加之新闻媒体连篇累牍的事故报道，对于安全生产工作，社会关注度前所未有地提高，政府最急迫的管理需求当然是遏制事故，把不断恶化的安全生产形势控制住。可以说，无论是全国的安全形势的严峻情况，还是其他的背景因素，站在今天回望 2002 年，《安全生产法》的出台几乎可以描述为水到渠成、恰逢其时。

其次，"综合监管"作为法定的安全生产监管体制设计有其应然性。法律所确定的制度应当具有基本性和长远性，安全生产监管体制就是《安全生产法》所确定的最主要顶层制度设计之一。在《安全生产法》立法过程中，监管体制如何确定是颇受关注、也是争议颇多的一个问题。因为我国自 20 世纪 90 年代末开始的国家行政机构改革中，国家自上而下建立的冶金、纺织、机械等十个主要工业部门或者撤销、或者合并，原属这些行业、领域的生产经营单位没有了直接的行业管理部门。对于习惯了各类型企业基本上都能找到本行业"娘家"的我国政府管理生产经营单位模式，在大量工业部门已经裁撤的情况下，安全生产监管体制如何确定，成了一道不大不小的难题。

最后，经过反复的讨论和研究，《安全生产法》确定了综合监管和专项监管相结合的安全生产管理体制，即有行业主管部门和专项监管部门的，相关部门要负起安全监管责任，安全生产监督管理部门要通过指导、协调、监督同级相关部门和下级人民政府的安全生产监管工作，实现对本行政区域内安全生产工作的综合监管。与此相衔接，《安全生产法》立法完成后，通过部门"三定"方案的确认，安全监管部门要对化工、机械、冶金等行业的安全生产工作直接监管。这样，通过安全生产监督管理部门监管和行业监管、专项监管、属地监管各司其职、相互配合，实现对本区域安全生产工作的有效管控。可以说，《安全生产法》所确定的"综合监管"制度是连接安全监管部门与其他政府管理主体、实现统筹本行政区域安全生产全盘工作的一个重要制度枢纽。综合监管所要解决的问题是关系到安全生产全局的、重要的共性问题。综合监管与专项监管是一种政府不同安全生产监督管理部门之间的协调、指导和监督关系❶。而要准确理解"综合监管"，需要从《安全生产法》的适用范围与"综合监管"的关系以及综合监管与专项监管相结合的管理体制与《安全生产法》的执法主体的关系两个角度做清楚辨析。

1. 《安全生产法》的适用范围与"综合监管"的关系考察

《安全生产法》中与"综合监管"紧密相关的一个重要因素是这部法律的适用范围。法的适用范围，也就是一部法律在多大空间范围内对哪些主体的哪些行为具有约束力。《安全生产法》作为一部安全生产领域的基本法律，在空间上的调整对象为我国行政区域内所有生产经营单位（港澳台地区除外）。对于这些主体的哪些行为具有约束力呢？根据《安全生产法》的立法精神和具体规定，其在普遍适用的前提下，既有法律或者行政法规已经做出明确规定的，可以依照相关特别法的规定，特别法没有规定的，还要适用《安全生产法》的规定。准确理解《安全生产法》的适用范围牵涉到"生产经营单位"的范围怎么来界定？换言之，要解决除冶金、有色、建材、机械、轻工、纺织、烟草、商贸等8大行业之外的其他生产经营单位，安全监管部门能不能查和该不该查的问题。

法律的适用范围也是法律的效力范围，包括时间效力、空间效力及对人的效力。《安全生产法》颁布时，其时间效力在第97条做了规定，"本法自2002年11月起施行"。其空间效力，《安全生产法》作为我国最高权力机关的常设机构——全国人大常委会制定的法律，其适用的地域范围和效力自然及于中华人民共和国的全部领域（港澳台除外）；《安全生产法》对人的效力，即其对什么人（指具有法律关系主体资格的自然人、法人和其他组织）

---

❶　石少华．安全生产法治总论［M］．煤炭工业出版社，2011：341．

适用，就是它的调整对象，在第 2 条做了规定，"中华人民共和国领域内从事生产经营活动的生产经营单位"，"生产经营单位"的范畴又是什么呢？《安全生产法》并没有做出规定，但是在《安全生产法释义》中曾对此概念做出解释分析。

第一，各种所有制的生产经营单位，包括国有的、集体的、混合经济的、私营的、个体经营的、中外合资的、外商独资的等，都在适用范围之列；

第二，各个地区、各种行业、各个部门、各个系统的，从事生产经营活动的单位都应当在适用范围之列；

第三，《安全生产法》所指的生产经营活动，是一个广义的概念，既包括生产活动又包括经营活动，企业单位、事业单位、商业的、服务性的单位等都包括在内；

第四，从事生产经营活动的单位，是指在社会生产经营活动中作为一个基本单位出现的实体，比如一个个体工商户，从事生产活动或者从事经营活动，是社会生产经营的基本单位，涉及安全生产的仍要遵守《安全生产法》；

第五，对从事生产经营活动的单位这个概念的分析来看，《安全生产法》的适用范围是从保障安全生产的普遍需要来确定，这是符合实际情况的。❶

《安全生产法释义》虽并不具备正式法律解释的效力，但由参与该法立法的时任全国人大法工委领导及立法专家编写的上述解释应当客观反映了立法本意。

然而，《安全生产法》执行多年，全国安全监管监察系统执法人员对"生产经营单位"的理解并未达成一致。直到国家安全监管总局 2007 年出台的《安全生产为法行为行政处罚办法》（总局第 15 号令）进行了确认，第 67 条：本办法所称的生产经营单位，是指合法和非法从事生产或者经营活动的基本单元，包括企业法人、不具备企业法人资格的合伙组织、个体工商户和自然人等生产经营主体（按照该条规定，行政处罚的对象不含事业单位。在目前的执法实践中，限于无进一步的配套制度并欠缺可操作性，在执法和事故处理中，并未将自然人作为生产经营单位纳入安全监管部门管理范畴）。

在此，还要注意一个问题，安全生产法第 2 条规定，"有关法律、行政法规对消防安全和道路交通安全、铁路交通安全、水上交通安全和民用航空

---

❶ 卞耀武. 中华人民共和国安全生产法释义［M］. 法律出版社，2002：21.

安全另有规定的,分别适用有关法律、行政法规的规定"。上述领域有关立法,在《安全生产法》立法之前已经完成,如我国已在 20 世纪 80 年代、90 年代分别制定了《消防法》《铁路法》《民用航空法》《海上交通安全法》《矿山安全法》等。《安全生产法》对上述行业领域规定"除外",不是说这些行业领域不必适用安法,而是消防安全、道路交通安全、铁路交通安全、水上交通安全、民用航空安全所涉及的单位或安全事项具有特殊性,国家对其另行立法进行规范是必要的。在《安全生产法》普遍适用的前提下,对这部分在法律、行政法规中已经作了比较具体规定的,为了减少法律与法律之间不必要的重复,从其规定,《安全生产法》只作出基本规定或原则规定,这些特别法没有规定的,仍要适用《安全生产法》。

从以上《安全生产法》"适用范围"分析来看,不难得出结论,安全监管部门面对的管理客体是清楚的,即所有的生产经营单位。同时,按照《安全生产法》规定,安全监管部门对本行政区域内的安全生产工作实施综合监管,既然对安全生产工作实施综合监管,管理对象又可及于所有生产经营单位,那么安全监管部门在开展综合监管的过程中,与其他有关政府监管部门同时作为监管主体的工作关系如何摆布,这是直接影响"综合监管"体制如何有效运转的核心问题。

2. 综合监管和专项监管相结合的安全生产管理体制与《安全生产法》执法主体的关系考察

准确理解"综合监管和专项监管相结合的体制"能解决另外一个关键问题:《安全生产法》的执法主体是单一的还是多元的,换言之,除了安全监管部门,其他有关政府部门是《安全生产法》的执法主体吗?

《安全生产法》第 9 条规定"国务院负责安全生产监督管理的部门依照本法,对全国安全生产工作实施综合监督管理;县级以上地方各级人民政府负责安全生产监督管理的部门依照本法,对本行政区域内安全生产工作实施综合监督管理。国务院有关部门依照本法和其他有关法律,行政法规的规定,在各自的职责范围内对有关的安全生产工作实施监督管理;县级以上地方各级人民政府有关部门依照本法和其他有关法律、法规的规定,在各自的职责范围内对有关的安全生产工作实施监督管理",本条是关于安全生产监督管理体制的规定。其中"国务院负责安全生产监督管理的部门",是指由国家经贸委负责管理的国家安全生产监督管理局(国家煤矿安全监察局)。"县级以上地方各级人民政府负责安全生产监督管理的部门",是指由地方各级政府依照《地方各级人民代表大会和地方各级人民政府组织法》规定确定的本级政府负责安全生产监督管理的部门。

2002 年《安全生产法》立法的时候,之所以用"负责安全生产监督管理的部门"之称谓而非"安全生产监督管理部门",因为国务院决定设立国家安全生产监督管理局(国家煤矿安全监察局)是在 2000 年年底(由国家经贸委负责管理),确定由其来综合管理全国安全生产工作、履行国家安全生产监督管理和煤矿安全监察职能。《安全生产法》立法完成之时,国家安全生产监督管理局还没有从国家经贸委独立出来,当时全国各地省级安全生产监管局没有设全,省级以下机构就更不完备了,不少地方尚由经济主管部门负责该项工作,因此《安全生产法》中使用了"负责安全生产监督管理的部门"这一称谓(2014 年完成修正的《安全生产法》已经将此称谓改为"安全生产监督管理部门")。

《安全生产法》第 9 条第 2 款所说的"国务院有关部门",是指除国家安全生产监督管理局以外的依照有关法律、行政法规和国务院"三定"方案的规定,对有关的安全生产事项负有监督管理职责的部门。"县级以上地方各级人民政府有关部门",是指除本级政府负责安全生产监督管理部门以外的依照有关法律、行政法规、地方性法规和本级人民政府对其部门职责划分的规定,对安全生产负有监督管理职责的部门。例如,按照《建筑法》和当时国务院关于建设部"三定"方案规定,由建设部负责房屋等建筑工程的安全生产的监督管理;按照国务院行政法规《危险化学品安全管理条例》的规定,由国务院经济贸易综合管理部门和省、自治区、直辖市人民政府经济贸易管理部门负责化学危险品安全综合监督管理工作,负责对危险化学品生产、储存企业的设立及其改建、扩建是否具备保证安全生产的条件等进行审查,负责危险化学品事故应急救援的组织和协调,以及相关的监督检查工作。依照法律、法规对安全生产负有监督管理职责的国务院和县级以上地方各级人民政府的有关部门,应当依法履行各自的职责❶。

《安全生产法》第 9 条的规定,也体现出安全监管部门和其他政府有关部门的职责差别。所以,《安全生产法》全篇中,安全生产工作的管理主体就出现了两种称谓:负责安全生产监督管理的部门(实为特指安全生产监管部门)、负有安全生产监督管理职责的部门。《安全生产法》第四章"安全生产的监督管理"中用的称谓都是"负有安全生产监督管理职责的部门"(其中应含有安全生产监管部门)。

综上所述,《安全生产法》的执法主体不是单一的,而是多元的。但是,《安全生产法》第 94 条又规定,基于《安全生产法》的行政处罚只能由安全监管部门来做,行政处罚的主体是单一的。这也是安全监管部门和其他有关政府部门虽同为《安全生产法》执法主体,但权限不同的体现。

---

❶ 卞耀武. 中华人民共和国安全生产法释义 [M]. 法律出版社, 2002: 27.

由此引出一个常常被基层执法人员和部分负有安全生产监督管理职责的部门提出问题，没处罚权怎么执法？

一般情况下，行政执法可以从抽象执法和具体执法、羁束性执法和自由裁量性执法、强制性执法和非强制性执法等几个角度分类，执法手段包括行政监督检查、行政处理决定、行政强制措施等多种。行政处罚仅仅是其中一种，"不能实施处罚"和"不能执法"之间不能画等号，没有处罚手段也可以执法。

无行政处罚权限的其他政府部门，如何执行《安全生产法》？对此，在《安全生产法》中有所考虑，第56条规定，负有安全生产监督管理职责的部门依法对生产经营单位执行有关安全生产的法律、法规和国家标准或者行业标准的情况进行监督检查，行使以下职权。

第一，进入生产经营单位进行检查，调阅有关资料，向有关单位和人员了解情况。

第二，对检查中发现的安全生产违法行为，当场予以纠正或者要求限期改正；对依法应当给予行政处罚的行为，依照本法和其他有关法律、行政法规的规定作出行政处罚决定。

第三，对检查中发现的事故隐患，应当责令立即排除；重大事故隐患排除前或者排除过程中无法保证安全的，应当责令从危险区域内撤出作业人员，责令暂时停产停业或者停止使用；重大事故隐患排除后，经审查同意，方可恢复生产经营和使用。

第四，对有根据认为不符合保障安全生产的国家标准或者行业标准的设施、设备、器材予以查封或者扣押，并应当在十五日内依法做出处理决定。

这四项职权规定的就是负有安全生产监督管理职责的部门履行监督检查职责时，所享有的检查权、处理权和采取行政强制措施的权力。

结合以上分析，我们会发现，其实在安全生产工作中，政府该干什么、安全监管部门该干什么、其他有关政府部门该干什么，从法理、法条规定的研究看，《安全生产法》给出的答案是比较清晰的。

具体到安全监管部门的"综合监管"工作如何开展，也是清晰的。一是国家安全监管总局"三定"方案中，综合监管落到了"指导协调、监督检查"这八个字上；二是国家安全监管总局2009年出台的《安全生产监管监察职责和行政执法责任追究的暂行规定》（总局第24号令）第5条规定，县级以上人民政府安全生产监督管理部门依法对本行政区域内安全生产工作实施综合监督管理，指导协调和监督检查本级人民政府有关部门依法履行安全生产监督管理职责；对本行政区域内没有其他行政主管部门负责安全生产监督管理的生产经营单位实施安全生产监督管理；对下级人民政府安全生产工作进行监督检查；三是国家安全监管总局《关于强化安全生产综合监管工作的指导意见》（安监总管二〔2010〕203 号）规定得更为细致。关于如何履行"综合监管"职责，该文件规定，各级安全监管部门要指导协调、监督检查有关行业管理部门和下级政府贯彻落实党和国家安全生产方针政策、法律法规和党中央、国务院以及本级政府关于安全生产重要工作部署的情况，监督检查有关行业管理部门和下级政府关于安全生产履职和责任落实情况，并进行评估和通报。

该《意见》还规定，安全监管部门要切实履行拟订安全生产政策规划、依法组织事故调查、督促检查和考核安全生产工作、指导监督安全生产行政执法、组织指挥和协调安全生产应急救援、综合统计分析安全生产形势、提出安全生产重要建议和协调解决跨地区、跨行业重大安全生产问题等工作职责，进一步强化对有关部门和下一级政府安全生产工作的指导协调和监督检查。强化对区域安全生产形势的统筹把握。各地安全监管部门要加强对各类生产安全事故的统计分析和评估，研究分析安全生产的倾向性、规律性问题和深层次矛盾，及时掌握安全生产动态，研判、预测安全生产形势及发展趋势，向本级政府提出对策措施和建议等。同时，要构建安全生产综合监管与行业管理部门联动的工作机制。通过建立完善定期通报制度、安委会联络员会议制度、联合执法制度、重要事项协调制度、控制指标通报考核制度、联合督导制度、联合约谈制度等，进一步加强部门之间协作配合，形成地方政府统一领导、安全监管部门与相关部门联动的工作机制。

至于对有行业主管部门的企业要采取什么样的检查方式比较合适，通过什么方式实现对同级政府部门和下级人民政府的"监督、检查、指导、协调"，是工作方法问题，在国家安全监管总局《关于强化安全生产综合监管工作的指导意见》中有所规定，各地方在开展"综合"监管工作实践中，也有不同尝试，在此不作讨论。

二、《安全生产法》修改后"综合监管"的变化及对策建议

《安全生产法》自 2002 年颁布后，取得了非常好的实施效果，我国国民经济和社会发展"十二五"规划执行完成的 2010 年，几项重要的安全生产统计指标与 2002 年相比已经有了很大变化，各类事故起数和伤亡人数大幅度下降。同时，随着时代的变迁，全国安全生产形势也在逐渐变化，传统的高危行业安全管理呈现新的特点，新兴行业领域、新的安全生产问题不断涌现，需要通过新的法律制度予以规制。2011 年，在甬温线铁路事故等几起特别重大事故发生后，国务院第 165 次常务会议要求尽快启动《安全生产法》修订工作，修法工作于当年启动。2013 年上半年，全国多个地区接

连发生多起重特大安全生产事故，造成重大人员伤亡和财产损失。2013 年 7 月18 日，在中央政治局第 28 次常委会上，习总书记指出，"要强化各级党委、政府的安全监管职责。各级党委和政府要增强责任意识、落实安全生产负责制，要落实行业主管部门的直接监管、安全监管部门综合监管、地方政府属地监管，要坚持管行业必须管安全、管业务必须管安全、管生产必须管安全，而且要党政同责、一岗双责、齐抓共管。该担责任的时候不负责任，就会影响党和政府的威信"。讲话对各个政府监管主体在安全生产工作中的关系作了清晰定位、对各个政府部门该履行什么职责提出了明确的原则要求。当时正值《安全生产法》修改过程中，"管行业必须管安全、管业务必须管安全、管生产必须管安全"如何在新法中予以体现，成为修法重点考虑的内容。而且，"三管"必然涉及安全监管部门的"综合监管"与负责行业管理、专项管理的政府部门之间的工作关系问题，"综合监管"的内涵及工作内容、工作方式可能因此而变化。

2014 年 8 月 31 日，第十二届全国人民代表大会常务委员会第十次会议审议通过了《关于修改〈中华人民共和国安全生产法〉的决定》，新修改的《安全生产法》于 2014 年 12 月 1 日起施行。新修改的《安全生产法》把"负责安全生产监督管理的部门"改为"安全生产监督管理部门"，与"负有安全生产监督管理职责的部门"在语言表述上做了很好的区分。还有一个重要的修改，原《安全生产法》第 94 条规定，基于《安全生产法》的行政处罚只能由安监部门决定，实施行政处罚的主体是唯一的。修改后的《安全生产法》第 110 条则规定"本法规定的行政处罚，由安全生产监督管理部门和其他负有安全生产监督管理职责的部门按照职责分工决定"，这一规定吸纳、贯彻了总书记关于"三管"的讲话精神，丰富和扩展了有关政府部门的工作权限，赋予了其他有关政府部门基于《安全生产法》的行政处罚权，这是相当重要的变化，也是新《安全生产法》中关于监管体制变化的最重要条款，对于"综合监管"乃至政府安全生产监管工作格局将产生重要影响。如何执行这一条款，国家层面后续还要出台配套的法规。但是，《安全生产法》修改完成后，大的方向已经明确，除安全监管部门之外，其他负有安全生产监督管理职责的政府部门依照《安全生产法》开展工作，不但有职责，而且有执法权、有处罚权。

新《安全生产法》实施后，安全生产监管部门处理与其他负有安全生产监督管理职责的政府部门的工作关系，面临四个问题。

一是既然"本法规定的行政处罚，由安全生产监督管理部门和其他负有安全生产监督管理职责的部门按照职责分工决定"，就意味着安全监管部门之外的其他有关政府部门可能依据《安全生产法》对本行业领域生产经营单位开展检查并实施处罚，那么安全监管部门是否还有权限或职责对该行业领域内的生产经营单位进行叠加式的执法检查并实施处罚？

二是在原《安全生产法》确定的监管体制之下，安全监管部门对本行政区域内所有生产经营单位具有执法权，按照新《安全生产法》，安全监管部门的综合监管和直接监管范围是否需要重新界定？

三是在原《安全生产法》确定的监管体制之下，"综合监管"要通过指导、协调、监督、检查同级政府部门和下级人民政府的安全生产工作开展情况来完成，按照新《安全生产法》，指导、协调、检查尚好理解，将如何开展"监督"？是监督履职情况还是进行执法技术纠偏或二者兼而有之？

四是原《安全生产法》确定的监管体制和新《安全生产法》相比较，尽管综合监管的职责仍在安全监管部门，但如果有其他政府部门可以行使充分的执法权，那么安全监管部门在"综合监管"的法律后果承担上与之前有何不同？

这几个重要的问题直接导致安全监管执法格局的变化，也影响着包括安全监管部门在内的负有安全生产监管职责的各政府部门履职内容的变化。在后续制定的国务院行政法规及国家安全监管总局配套制度中，对这些问题能够予以清晰、准确的规定已经成为《安全生产法》有效实施和开展执法工作的迫切需求，即在旧的安全监管体制可能打破的情况下，新的执法体制亟须尽快建立，否则，原本清晰的《安全生产法》执法格局就会模糊，给法律实施带来实际困扰。因此，后续配套法规在以下几个问题上应有清晰的制度设计。

一是由国家层面确定哪些部门属于"负有安全生产监督管理职责的部门"。新《安全生产法》实施，既然已经为执法格局的调整留出法律出口，当然不能让第110条一直悬而不决，尽快确定具有执法权和行政处罚权的政府部门有哪些，关系到政府监管主体的职责边界和生产经营单位所要面对的执法者到底是谁的问题，这个问题既模糊不得，也等不得，否则第110条就会出现制度空转、无法落地的尴尬局面。同时，由各省级行政单位来确定第110条所称的"负有安全生产监督管理职责的部门"也存在诸多难题，按照我国目前的行政机关隶属关系，如果国家部委层面不能就某项工作职责进行确认，相对应的地方下级部门几乎不太可能去承接，这在政府"条块"管理运行体制中并不难理解。

二是要解决可能出现的部门重复执法问题。未来，如果安全监管部门以外的其他行业管理部门在本行业领域内实施《安全生产法》所赋予的执法权和处罚权，那么安全监管部门的执法对象将发生变化。原《安全生产法》体制下，安全监管部门可以检查、处罚所有生产经营单位的执法格局将会改变，难以想象出现安全监管部门和行业主管部门依据同一部法律对同一家生产经营单位均可以实施行政处罚的局面。因此，对于由行业监管部门直接依据《安全生产法》实施检查、处罚的生产经营单位，安全监管部门的监管权限是否还存在？以何种方式体现？应当有很好的研究并予以解决。否则，既可能出现各部门重复执法的情况，也可能出现有些企业谁都不管的执法真空。

三是要解决"综合监管"的后果责任边界。此前，因为安全监管部门具有"综合监管"职责，导致安全监管部门对管理后果法律责任无限大的问题已经比较突出，在生产安全事故处理中甚至已经到了无法回避的程度。从近年来全国重大、特别重大事故处理情况看，"企业出事故、政府担责任、监管监察干部受追究"的情况极为普遍。我们知道，事故责任认定的最基础逻辑是因果关系原则，即具体行为是导致事故发生的原因，才能认定对事故这一结果负有责任。而不是发生事故就一定意味着监管人员的玩忽职守，况且政府行政管理应承担有限责任而非无限责任。如果任由凡重大或特别重大事故，必追政府工作人员责任的做法持续下去，不但会使负有安全监管职责的政府部门工作人员履职的边界无法确定，在法理依据上也存疑。这一问题应当以新《安全生产法》实施为契机加以改变。

安全监管部门的"综合监管"是政府安全生产管理的重要法律制度设计，习近平总书记关于"管行业必须管安全、管业务必须管安全、管生产必须管安全"的阐述则为其注入了新的内涵。《安全生产法》修改完成后，调动各方力量共同维护安全生产秩序、齐抓共管安全生产工作是当前形势下做好安全生产工作的必然要求，也是安全生产工作由单一部门的执法管制向各部门配合、各方力量参与综合治理格局迈进的重要路径。认真研究新《安全生产法》关于安全生产监管体制的变化并提出具体的、有可操作性的制度设计，需要做好顶层设计和有力的政策理论支撑。在国家层面，尽快结合新《安全生产》规定完备相关配套制度，尽快修改国家安全监管总局《关于强化安全生产综合监管工作的指导意见》（安监总管二〔2010〕203号），不但是厘清新法实施后"综合监管"变化的需要、基层执法的需要，更是进一步完善我国安全生产监管体制机制的迫切需求。

论我国安全生产监管制度的完善

李　涛❶

摘　要：我国安全生产监管体制经过几十年的发展，已经初步建立起来。但是，由于我国安全生产监管制度的不完善，其在实践中也引发了许多问题，影响了我国安全生产监管的效率。因此，有必要在对我国安全生产监管制度实践现状进行分析的基础上，借鉴国外先进的相关经验，对完善我国安全生产监管制度提出相应建议，从而为我国安全生产监管提供更为有效的制度保障。

关键词：安全生产；监管制度；实践；完善

我国安全生产监管体制经过几十年的反复变迁，从新中国成立初期安全生产监管初步建立和发展，历经"文革"时期安全生产监管体制遭到破坏和重建，到改革开放以来，安全生产监管体制改革进一步深化，安监机构与生产行业机构分立，理念逐步清晰，职能逐步强化，法治功能日益彰显，保障能力逐步强化，科学化规范化进一步凸显。但是，在这个过程中，由于我国安全生产监管制度的不完善，其在实践中也引发了许多问题，比如机构重叠、职能冲突、机制僵硬、专业水平不高、监管力度不到位等，这些都需要随着经济社会发展和安全生产的需求进一步得到调整和完善。

一、我国安全生产监管制度的实践现状

安全生产现状是安全生产监管工作质量的外在表现。因此，在对我国安全生产监管制度进行具体分析时，有必要对我国当前安全生产的现状做出客观的评价。

当前，随着安全生产监管制度的不断深入实践，我国安全生产事业得到全面发展和进步，我国安全生产监管体制日趋完善，相关制度不断得到充实，监管的执法措施及手段也更加的多样化。但是，目前我国安全生产形势

❶ ［作者简介］李涛，华北科技学院法学系主任，副教授，山西人。研究方向：经济法、安全生产法。

［基金项目］中央高校基本科研业务费项目："安全生产法学创新团队"（编号3142014015；3142015027）、中央高校基本科研业务费资助项目《安全生产的刑事法保护研究》（编号：3142014009）、"安责险"法律制度构建与适用研究（RW2013B02）的阶段性成果。

依然严峻，全国仍处于生产安全事故易发多发的特殊时期，事故总量仍然较大；重特大事故尚未得到有效遏制，且呈波动起伏态势；非法违法生产经营建设行为仍然屡禁不止；职业病、职业中毒事件仍时有发生；安全生产基础依然薄弱；安全生产监管及应急救援能力亟待提升；安全科技水平、关键性技术研究有待进一步突破。因此，保障广大人民群众安全健康权益仍旧面临繁重任务。随着全社会对安全生产的期望不断提高，广大从业人员"安全劳动"的观念不断增强，对加强安全监管、改善作业环境、保障职业安全健康权益等方面的要求越来越高，但同时安全生产领域的腐败问题依然相当严重，非法违法、违纪违章的问题仍然十分突出，人们的生命安全依旧难以得到完全的保障。

二、我国安全监管制度实践中存在的问题

当前，我国安全生产监管制度在实践中还存在着许多问题，其主要在基层地方实践中进一步显现出来。综合相关情况分析，我国安全监管制度在实践中所存在的问题，具体可以归纳为以下几个方面。

1. 监管法律制度欠缺体系性

首先，我国现有的安全监管体制几经变化，相关立法活动频繁，法律法规稳定性差，法律、法规及规章之间衔接不够、部分内容重复交叉，缺乏法律体系的整体设计和系统性。比如针对个别事项的指导性意见出台过多，不具有普遍性，少数规定之间还相互矛盾，缺乏全局性和战略性。其次，执行的权威性不够。在部分法规立法过程中，调查研究不够，征求意见点少面窄，社会透明度低，公众参与少，导致部分立法质量不高，缺乏可操作性和实效性，基层安全监管部门难于执行。最后，某些法律制度的规定不够清楚，可操作性不强。比如，在《职业病防治法》当中对于职业病的范畴没有明确划分。总的来说，造成这样的局面，是由于对于安全生产的相关理论研究不够。

2. "综合监管"与"专项监管"存在冲突

目前部分地区存在安全生产综合监管与煤矿安全多头管理、职能交叉、职责不明、政出多门、力量分散的现状；尤其在煤矿安全的监管格局中，"国家监管"与"地方监管"体制不顺，执法主体混乱，一个单位对应的上层管理机构过多，执法重复。因此，"综合监管"（安监）与"专项"（煤监）体制并存引发较大冲突：两个系统职能相近，但职能界限不明确、工作冲突且相互扯皮，存在"有利抢着管，无利相推诿"的现象，严重影响行政效率和安监效能；而企业则是消耗过多精力，疲于应付两大部门的同质

检查，无暇真正顾及安全工作，显然不利于安全生产。

3. 监管的职能定位及权责划分不清

由于综合的安全监管范围过宽，安全监管与行业管理职能交叉现象仍然存在，导致监管的职能定位及权责划分不清楚。比如，目前各地煤矿安全监管机构设置形式有几种：一是部分省份单独设置了专门的煤炭行业管理部门，并承担煤矿安全监管职责等；二是安全监管部门下设煤炭行业管理部门，如河南省安监局下设省煤炭管理局；三是个别产煤省份如安徽省的煤矿安全监管职责归属经委等其他相关部门。因此，难以将行政相对人的职责和权限划清界限，从而产生安全监管无力、失职等现象。另外，由于监管的职能定位及权责划分不清，也使得安全监管人员责、权、利不统一，造成问责追究制度不规范，从而导致当前安监队伍的不稳定。

4. 宣教培训及中介机构发挥的作用不够

安全宣传教育体系建设效果不够理想，很多流于形式。绝大多数相关工作人员认为，目前当地生产经营单位有安全培训制度，但有时走形式；或者只有培训班，而无完整的安全培训制度。甚至有些单位根本没有相应的安全培训和制度。另外，安全生产中介服务机构欠缺规范。随着经济社会加速发展及其对安全生产的要求，安全中介机构建设显得日益紧迫，但相关调查反映，我国目前国内的安全评价、检测检验等中介机构在收费、技术服务等方面缺乏明确的标准，有待规范。某些地方的安全生产中介机构漫天要价，很多企业承担不起高额的相关费用。

三、完善我国安全生产监管制度的建议

通过对我国安全生产监管制度实践现状进行调研，并分析了我国现行制度中所存在的不足，从而对我国安全生产监管制度的完善提出了以下建议。

1. 进一步完善国家安全生产法律体系

纵观世界上的发达国家，无论美国、日本还是德国，都建立了相对完善的安全生产法律体系，并依据相关的法律规定设置独立的监管机构，明确职责范围、执法程序员的权利义务等内容，使安全生产监管得以法定化，既便于监管并严格规范和高效执法，也避免了反复变化带来的监管职责空白和交叉等不利影响，真正做到"有法可依"，并充分地保护了相关人员的合法权益，减少了相应冲突及安全生产事故的发生。我国的安全生产法律法规随着经济社会的发展与政府监督管理工作的不断更迭变化，已经暴露出不少缺陷和问题。尽管我国已经制定了《安全生产法》《职业病防治法》等一系列的安全生产与职业健康法规，但现有法规之间存在着一些交叉与冲突，系统性

较差，可操作性不强。因此，我们要积极推动我国安全生产的立法工作。

首先，适时将现行的《安全生产法》和《职业病防治法》合并。职业安全与卫生息息相关，凡工业先进国家关于安全及卫生的法律都归纳在一个体系架构中，如美国、英国均称《职业安全健康法》（或称《职业安全卫生法》），日本称《劳动安全健康法》（或称《劳动安全卫生法》），台湾地区也是如此。因此建议我国适时考虑将现行的《安全生产法》和《职业病防治法》合并修正为《职业安全卫生（健康）法》或《劳动保护法》，以此法为统领，建立完整的法律体系，相应的政府组织也要随该法进行调整。在修正的过程中，要加强对安全生产理论的研究，并使该法具有全局性及前瞻性，从而为构建系统而完善的安全生产法律体系打下坚实的基础。其次，明确立法目的。进一步理顺安全生产监管体制，解决安全生产领域共性难题，保障相应法律制度的贯彻实施，是立法的根本目的。在具体立法过程中，要注重实践调研及群众参与，及时总结监管经验，进一步明确相关的监管制度及监管程序，解决我国安全生产监管实务中的制度性问题，并且通过确立法律制度理顺现行监管体制，形成负有安全生产监管职责的各个政府部门之间各负其责、关系顺畅、相互协作的监管执法机制。作为重要支撑，安全生产立法需要各级安全监管部门的共同参与、共同适用。最后，完善配套法规的建设。针对我国现有规定当中操作性不强的部分，制定相应的实施细则或者相关解释。并且，不断完善安全生产技术标准体系，形成安全生产技术标准体更新机制。此外，不断提高工作场所安全与健康环境标准。制定和完善配套法规及各行业的安全生产基本条件与技术标准，可以从源头上控制安全生产事故的发生。

2. 构建独立、统一的安全监管体制和政府机构

我国现有承担安全生产监管职责的职能部门存在着职责交叉重叠、监管职能分工过于分散、执法不力、缺乏权威性等突出问题，因此，应该大力改革现行体制，建立一个独立统一的政府安全生产监管机构，尽快提高安全生产监管的统一性和权威性，避免监管的真空。企业生产经营活动中的安全和卫生是一个有机整体，二者关系极为密切，在本质上具有同一性。按照国际通行管理方式，并随着我国安全和卫生水平的不断提高，按照"精简、统一、效能"以及"有序推进"的原则，安全和卫生的政府主管部门的统一是一种必然要求，以更有利于对企业的安全和卫生进行统一的规划、规范与监督管理。具体而言，应将特种设备的安全监督管理、职业卫生与职业病的检测与防治、职工工伤保险等属于安全生产监督管理职责范围的业务和机构实行集中管理，将其职责集中于统一的国家安全生产监管机构。在这个过程中，首先要明确"综合监管"模式，取消"专项"（煤监）体制，将其原

有职能转移至统一的国家安全生产监管机构；其次，要在国家安全生产监管部门与具有安全生产业务的有关部门和行业之间建立起协调机制，由国家安全生产监管机构对其去安全生产工作进行指导。

另外，实行垂直的监管体制，并且加强中央一级政府对安全生产的监管，这样可以有效地防止地方政府对安全生产监管的干预。由于企业对于生产中的安全，不可能自行监督，应该是行业负责管理，企业只能是自律或自制，因此，结合目前"政府统一领导、部门依法监管、企业全面负责、群众参与监督、社会广泛支持"的安全生产工作总格局，应将我国现有安全监管体制的表述"国家，地方监管，企业负责"改为"政府，社会监督，行业管理，企业自律"。这样，安全监管完全可以从中央政府到地方政府进行垂直设置。

3. 建立专业性强的安全员制度

我国安全生产监管执法工作中普遍存在着有法不依、执法不严、违法不究的现象，这与目前安全生产监管人员水平密切相关。现有人员中有的来自其他部门或单位，不懂得安全生产业务，不熟悉法律法规，都普遍存在着知识结构不合理、法律素质较低的问题，特别是法律人才奇缺，难以胜任繁重的安全生产监督管理执法工作。因此，可以借鉴国外的先进经验，建立职业化的安全员制度。一方面，相关法律应明确其责、权、利，特别是必须赋予人员代表国家对企业实施现场执法工作的权力。另一方面，相关法律中也应该对人员的业务素质和工作能力有专项要求，对人员的选拔、试用和考核进行严格的程序规定，只有达到标准的才能取得相应资格。另外，由于安全员责任重大，所以在相关法律中，法律还应赋予人员现场检查权、事故调查权和司法诉讼权。这种制度必将大大提升了的效率，并且强化对各级各类市场经营单位的安全生产监管执法的力度。

4. 培育有效的安全生产教育培训管理体系

我国劳动力整体素质相对较低，这也是引发安全生产事故发生的原因之一。反观先进国家安全生产事故发生较少的一个原因就是，国家都相应地建立了完善的安全生产教育培训管理体系，因而有一支高素质的产业工人队伍。因此借鉴他国的成功经验，一方面，我们应将安全教育与职业技能培训鉴定工作紧密结合，逐步将工人的技术等级证书作为其工作的必备条件；另一方面，要全面落实企业的安全教育制度。具体而言，国家应出资设立职业学校、培养技术工人和专业人员。此类学校的学制应注重实地训练，加大实践课程的比例。在正常情况下，培训结束后学生即可成为一名合格的技术工人。另外，应发挥行业协会的作用，如要成为高级的技术工人，必须到某行业的行业协会进行一定时间的全面的安全技术培训，并取得合格证书。同时，企业必须对安全教育工作极为重视，加强工人进场的安全教育。在各种安全教育中，都应以安全文化为基础。世界工业发达国家的经验表明，培养和增强安全文化意识，对提高企业从业人员的安全防范意识，减少安全生产事故，尤其是重大、特大事故具有重要意义。除此以外，我们监管部门在对企业进行监管时，应将企业的安全教育状况作为重点监管内容，促进企业将其变成自我行动，以不断提高工人的防护意识和防护能力。另外，在加强职业资格管理的同时，应对安全管理人员分层次进行培训，提高其安全管理能力。只有从根本上提高了从业人员的安全自我防护意识和防护能力，较好地解决了人的不安全的因素，才能更好地提高安全生产监管的效率。

5. 健全安全生产科技和理论研究支撑机构

安全生产技术支撑机构主要由两大部分构成，一是专业安全生产科学研究机构，二是安全技术服务中介机构。我国安全生产科学技术基础薄弱，多年来投入不够，在整体水平上和重大关键技术方面远远不能满足安全生产工作发展的需要，安全科研机构与科研人员的装备水平和创新能力较差，安全科技开发和新技术推广还没有形成有效的系统与机制。因此，有必要从健全我国专业安全生产科研机构入手，创造有利于安全生产科技创新的政策环境，多方筹集资金，增加安全生产科技投入，并加强安全科学技术基础设施建设，建立安全科技激励机制，将安全科技的最新研究成果运用于安全生产及安全生产监管工作中去，从而为我国安全生产监管的有效实施提供科技和理论上的依据。

另外，一般而言，国家安全生产监管部门对安全生产的监管是比较宏观和综合的，其主要运用法律手段，因而不可能事无巨细。安全生产方面的大量事务性工作，如评估评价、认证认可、信沟通和交流、咨询服务、宣传教育和培训等，要交由安全生产技术服务中介机构来做。安全生产技术服务中介机构的各种技术性服务是国家安全生产监管工作的重要手段，也是发达国家通行的做法。充分利用中介机构开展绝大部分技术性强的认证、评估、检测、鉴定工作，既可降低收费，也能减轻企业的额外负担，最终将推动市场经济规范有序的运行。因此，安全生产技术服务中介机构已成为政府职业安全与健康管理的重要依靠力量，它有力地推动了职业安全与健康工作的开展。但是，我国安全生产技术服务中介机构在开展科研、监测、咨询、认证工作方面还没有形成完整的体系，在业务水平、咨询能力、内部管理制度方面还达不到公正的要求，因而未能发挥其应有的作用。因此，推进我国安全生产技术服务中介机构的成长壮大，已成为紧迫问题。为此，政府部门除了需要改进和提高服务意识外，还需要相应放权，并对安全生产技术服务中介机构进行扶持。对于安全生产技术服务中介机构本身而言，则需要应进一步加强自身建设、重视人才培养，提高技术服务水平，不仅要做到客观、公正，还要做到独立、尽责。只有这样，才能使安全生产技术服务中介机构在安全生产监管中发挥其应有的作用。

6. 形成实时监控的安全生产信息管理系统

我国在信息系统建设方面，还未能形成实时监控的安全生产信息管理系统，也未能对我国安全生产监管形成有力的支撑。安全生产信息管理系统是安全生产监管机构通过对企业基本信息（包括安全生产信息）的收集整理建立起来的、可对企业信息等进行在线汇总分析并将其应用于政策制定、现场监督指导中的信息管理系统。建立实时的安全生产信息管理系统，可有效提高监督的效率，并为国家安全生产监管机构制定政策法规以及行政运营方针、制订年度监管计划、确定监管重点以及实施监管任务提供有力的支撑。纵观我国，很多企业的安全生产信息虽已按照法律规定提交给监管部门，但这些信息仅限于在监管部门以某种方式用于法规政策制定，其用于企业监管的例子非常少。另外，数据统计分析工作不够具体和透明，甚至存在一些滞后与虚假的情形。这对安全生产科研工作的开展也造成了一定的制约，并在一定程度上影响到安全生产监管工作的进一步完善和发展。因此，建议各级安全生产监管机构应尽快建立并完善安全生产监管信息系统建设，将信息来源的渠道系统化，以更好地满足预防性工作需要，并能将所掌握的信息资源进行多功能应用，从而为进一步提高我国安全生产监管效率提供信息保障。这就要求我国相应的安全生产监管机构及时对企业安全生产信息进行收集，并将其进行充分分析，最后还应该向社会公众予以公开，形成社会大众对其的监督，进一步保障安全生产监管的准确性及效率。

尽管我国现有的安全生产监管制度在实践当中，还存在着诸多问题，但是随着我国安全生产监管制度的不断创新及改革的不断深入，在借鉴国外先进的相关经验的基础上，必将不断得到相应改进和完善，最终构建起适应我国安全生产发展状况的完整而系统监管制度体系，并为我国安全生产监管提供更为有效的制度保障，从而大大提高我国安全生产监管的效率，减少我国安全生产事故的发生。

我国矿山生产安全法律问题及其立法建议

李安琪❶

摘 要： 文章针对我国矿山安全生产相关规范不明确，法律法规之间不协调，矿难事故救援难、问责难，职业病危害严重、预防措施不力，管理权不统一导致责任主体不明确，对矿山企业的惩罚力度过轻，矿山从业人员文化素质较低，缺乏安全生产知识等方面指出了我国矿山安全生产存在的法律问题。在此基础上，对我国主要的矿山安全生产立法进行了梳理。最后结合我国国情，提出细化安全生产法律法规，增强其可操作性，提高矿山从业人员的文化素质、法律与维权意识，加强矿山职业监督和管理，制定"权力清单"，明确矿山安全生产监管机构职责，加大矿山企业违规作业的惩罚力度等修订建议。

关键词： 安全生产；矿山安全法；监管主体；惩罚；监管职责

一、我国矿山安全生产存在的法律问题

我国矿山安全生产事故时有发生，而究其原因，是因为其背后的巨大经济利益超过了矿山企业所需承担的风险成本，从而忽视了本应放在首位的矿工生命健康权。尽管从形式上看我国矿山劳动安全法律体系已较为完善，但由于多种原因，在这一宏观体系内还存在着诸多问题，亟待进一步改进和完善。立足于我国目前矿山安全生产的立法现状，关于我国矿山安全生产存在的法律问题可以做出以下几点总结。

1. 责任规范不明确，法规之间不协调

目前，我国有关矿山安全生产的法律规体系存在不足。许多制定出来的法律法规对职责规定不明确，监察对象也不明晰，对于小型矿的关闭退出、监察执法的相关程序缺失，无法可依。在法律层次方面，除了《安全生产法》《矿山安全法》《矿产资源法》之外，其他有关矿山安全生产的立法多为层级较低的部门规章、规范性文件尤其多。但由于社会生产实践的不断发展，很多法律文件已经不适应现在的生产需要，甚至出现了与上位法相冲突的现象。

---

❶ [作者简介] 李安琪（1993— ），女，北京交通大学法学院 2015 级硕士研究生。

2. 矿山生产事故救援难、问责难

近年来，以山西的"3·28王家岭矿透水事件"为典型的矿难频发，主要体现在大型矿山事故多，小型矿山和私营的矿山发生的重大事故概率呈现增长趋势。[1] 王家岭矿为基建矿井，开采历史悠久，导致此次事故的主要原因是矿中积水情况未探明，且在发现透水征兆后未及时采取撤出井下作业人员等果断措施，最后造成巷道被淹和人员伤亡。究其深层的原因有很多，如，施工组织不合理，赶工期、抢进度，未对职工进行全员安全培训，部分新到矿职工未经培训就安排上岗作业，部分特殊工种人员无证上岗。导致矿难事故频发是很多原因力的结合。事故发生以后，在救援方面也遇到很大阻碍。相关监管部门与矿山企业并未制定相应的紧急预案，配备的基础设施也不完善，以至于救援工作难以顺利、有效的执行。

矿山安全生产中运用问责制，其本质在于对安全生产的责任人和各安全生产管理部门强化安全责任[2]，确保人民生命财产安全。就最近几年发生的矿难事故处理结果来分析，不难发现在近年来这几次的矿山安全问责事例中，仍旧存在问责未能明确到具体责任、问责主体缺失等问责难的问题。

3. 由于预防措施不力导致职业病危害十分严重

目前，我国矿工的作业环境十分差，缺乏相关的安全措施，矿山企业和政府对这方面的重视程度不够，加上我国矿工人员基数大，导致我国矿山从业人员职业病危害十分严重。我国的矿产从业人员职业病为分为以下五大类，粉尘危害、毒物危害、高温高湿、震动危害、噪声危害。而这其中对矿工身体影响最大的是粉尘危害。由于粉尘危害造成的尘肺病人数每年不断攀升，而这种病目前医学上没有有效的治疗方法，一旦患病，死亡的结果是可以预见的，死亡过程也会非常痛苦。

4. 管理权不统一导致责任主体不明确

由于矿山通常都是跨行政区域的，因此各政府之间往往形成以利益为导向的资源分配制度。而一个横跨不同区域的矿山被分割成若干个小矿山，则会导致矿山企业小型化，由不同投资者分别开采。这种以利益关系为导向的开发制度引起矿山企业小型化必然造成生产效率低下和资源浪费，也不利于对资源的进一步勘探。由此带来的更多的问题是管理权不统一，当涉及矿山的资源分配时，每个相关政府都积极参与分配，而当发生矿山安全生产事故

---

[1] 吴鹏程. 对当前矿山安全生产工作的几点建议 ［M］. 城市建设理论研究》（电子版）2012.

[2] 吴建刊. 论工程安全管理在工程中的管理方法和意义. 中国科技博览，2011.

问责时，每个相关政府就互相推诿。由于之前跨行政区域管理和监督，所以责任主体往往很难明确，会出现"问责难"的问题。反过来思考，矿山企业抱有可能逃避法律惩罚的侥幸心理，加上巨大的经济利益的诱惑，甘冒风险，忽视监管，从而加大矿山安全生产事故发生的概率。

5. 对矿山企业的惩罚力度过轻

矿山企业在生产活动中无视法律的主要原因，我认为有以下几点：其一，部分法规内容缺乏可操作性，关于安全生产的法律法规存在一定的不合理内容，不符合生产生活的实际；其二，在巨大的经济利益诱惑面前，矿工的生命权健康权被企业忽略不计，甚至可以计算成本，一旦矿山企业所付出的代价在其所能赔偿的范围，矿山企业甘冒风险，违规作业。

6. 矿山从业人员文化素质较低，缺乏安全生产知识

我国的矿工普遍文化素质较低，加上矿山企业对安全培训工作的忽视，导致我国矿工的维权和法律意识非常薄弱。一方面，在巨大经济的利益面前，我国的矿山企业一味追求开采量，却忽视对矿工的安全培训教育。其实，对矿工的生产培训安全教育，是一项必不可少的环节。另一方面，我国的矿工由于文化水平普遍低下，法律意识是极其淡薄的。矿工缺乏自我保护意识，有些矿难隐患可能已经发生了，可能由于企业管理人员的忽视或者矿工自己的不重视，导致矿难的最终发生。

二、我国矿山安全法律规范适用梳理

这里所述的矿产安全生产法律法规专指国家所制定的现行有效的矿山安全生产法律、行政法规、地方性法规和部门规章以及地方政府规章等矿山安全生产规范性文件。

1. 我国矿山安全生产法律

（1）以《宪法》《劳动法》《劳动合同法》等为根基

《宪法》是我国矿产安全生产立法的根基和来源，我们所提倡的是保障人权，其中尤为重要的是矿工的生命权和健康权。作为矿工的基本人身权利，应当获得法律的平等保护，法律应当赋予矿工平等的权利。

《劳动法》直接规定了与劳动者息息相关的权利义务关系，此处同样适用于矿产从业人员。矿工享有获得劳动安全卫生的权利，劳动者应当执行劳动安全卫生规程。在劳动安全卫生方面，规定了：①用人单位必须建立、健全劳动安全卫生制度，严格执行国家劳动安全卫生规程和标准，对劳动者进行劳动安全卫生教育，防止劳动过程中的事故，减少职业危害；②劳动安全卫生设施必须符合国家规定的标准。新建、改建、扩建工程的劳动安全卫生

设施必须与主体工程同时设计、同时施工、同时投入生产和使用；③用人单位必须为劳动者提供符合国家规定的劳动安全卫生条件和必要的劳动防护用品，对从事有职业危害作业的劳动者应当定期进行健康检查；④从事特种作业的劳动者必须经过专门培训并取得特种作业资格；⑤劳动者在劳动过程中必须严格遵守安全操作规程。此外，在法律责任方面规定，用人单位的劳动安全设施和劳动卫生条件不符合国家规定或者未向劳动者提供必要的劳动防护用品和劳动保护设施的，由劳动行政部门或者有关部门责令改正，可以处以罚款；情节严重的，提请县级以上人民政府决定责令停产整顿；对事故隐患不采取措施，致使发生重大事故，造成劳动者生命和财产损失的，对责任人员比照刑法的有关规定追究刑事责任。❶

《劳动合同法》规定，劳动合同应当具备劳动保护和劳动条件的条款。劳动者拒绝用人单位管理人员违章指挥、强令冒险作业的，不视为违反劳动合同。用人单位有下列情形之一的，劳动者可以解除劳动合同：①未按照劳动合同约定提供劳动保护或者劳动条件的；②未及时足额支付劳动报酬的；③未依法为劳动者缴纳社会保险费的；④用人单位的规章制度违反法律、法规的规定，损害劳动者权益的；⑤以欺诈、胁迫的手段订立或者变更劳动合同致使劳动合同无效的；⑥法律、行政法规规定劳动者可以解除劳动合同的其他情形。

（2）以《安全生产法》和《矿山安全法》等法律为主干

2009 年全国人民代表大会常委会颁布的《安全生产法》是我国第一部关于综合监督和管理的安全生产法律，确立了综合监管与专项监管相结合的安全生产监督管理体制。本法的立法目的是加强安全生产监督管理，防止和减少生产安全事故，保障人民群众生命和财产安全，促进经济发展。《安全生产法》的通过施行，为生产经营单位提供了安全生产保障，为从业人员的安全生产权利义务提供了明确的法律依据。

我国的《矿山安全法》颁布于 1992 年 11 月，经过 2009 年的修正，成为矿产安全生产方面现行有效的法律。但是，由于我国社会主义的迅猛发展和社会主义市场经济体制的改革，当时的立法背景已经发生了变化，许多规定早已不合时宜。然而，许多新的条例，如《煤矿安全监察条例》的条款更适应实践需要，甚至，《矿产安全法》的部分条款与 2015 年新修改的《安全生产法》存在抵触。因此，《矿山安全法》与现实生产活动具有一定程度上的脱节。

除了以上两部法律之外，还有《刑法》《工会法》《合同法》《矿产资

---

❶　汪赫．劳动安全权立法存在的问题与对策［D］．华中师范大学 2014 年硕士学位论文．

源法》《侵权责任法》等其他部门法律规范，在安全生产和劳动保护方面做出了相关规定，间接保护矿山安全生产和矿山从业人员的权益。以法律的形式将矿山从业人员和矿山企业的权利义务确定下来，作为矿山安全立法的重要组成部分，形成了较为完整的矿山安全生产的法律体系。

2. 我国矿山安全生产法规

我国矿山安全生产法规包括国务院制定的行政法规和地方各自治区、省、直辖市制定的地方性法规。

（1）国务院制定的《矿山安全法实施条例》

1996年国务院颁布的《矿山安全法》全文50条，法律条款极为概括化，缺乏实际操作性。因此必须依靠《〈矿山安全法〉实施条例》以及一系列的配套法律法规共同实施才能有效指导实践，使得矿山安全生产做到有法可依。正是因为在实践中，矿山企业和各级政府所执行和遵守的往往是《实施条例》，而这些行政法规的法律位阶低于《矿山安全法》，出现了下位法与上位法相冲突的现象，这样就导致矿山企业和各级政府执行中的法律适用困难。我国目前关于矿山安全生产的相关法律法规主要有2009年修订的《矿山安全生产法》和1996年修订的《〈矿山安全法〉实施条例》以及《矿产资源法》，以上三部规范主要调整的对象是从事采矿活动的企业。但是，在过去的十几年里，这些法律已经不能适应现实生产生活的需求，亟待修改。

（2）国务院各部委制定的行政规章

矿山安全生产规章包含部门规章和地方人民政府规章两个方面的内容。国务院主管部门制定的行政规章即部门规章，主要是由国务院的行政主管部门制定出来的规定、规程、办法、标准和规则。比如，《煤矿安全规程》《煤炭生产许可证管理办法》《煤矿安全监察行政处罚办法》等部门规章。

（3）地方各自治区、省、直辖市制定的实施《矿山安全法》的办法、条例、细则等

有关矿山安全生产的地方性法规，是指经过我国地方的各个自治区、省、直辖市的人民代表大会或者人大常委会审议并且通过的有关矿山安全生产的法规。这些法规由地方各自治区、省、直辖市制定的实施《矿山安全法》办法、条例、细则等这样的地方性法规。[1] 比如，1995年河北省人大常委会通过并实施《中华人民共和国矿山安全法》办法，是根据《中华人民共和国矿山安全法》及有关法律、法规的规定，结合河北省实际，制定本

---

[1] 李彦. 我国矿山安全生产法律问题研究 [D]. 河北大学2012年硕士学位论文.

办法，运用于河北省矿山安全生产活动中。

（4）各省、直辖市、自治区的地方政府规章

地方政府规章是各个省、直辖市、自治区的政府所制定的规定，效力低于法律和行政法规。除了以上规范性文件之外，关于矿山安全生产的相关司法解释以及重要规范性文件也包括在内。

三、我国矿山安全立法的修订建议

1. 细化安全生产法律法规，增强其可操作性

中美两国都是世界上的主要产矿国家，但相比较之下，美国相比于我国的矿产安全立法较为先进，我国的矿产安全生产情况依然严峻。我国应当在《矿山安全法》和《矿山安全法〈实施条例〉》的基础上，借鉴美国先进立法经验，从矿山安全监察、特别重大事故调查程序、企业职工伤亡事故报告和处理、安全事故行政责任追究等方面做出明确可操作规范，使《矿山安全法》落到实处。

2. 提高矿山从业人员的文化素质及其法律和维权意识

在《矿山安全法》的修订过程中，应当结合我国国情，一方面从矿工的自身文化素质入手，进行整体提高，是我国矿工这一职业更加规范化。另一方面，在入职或者上岗之前，对矿工进行安全教育培训，尤其是对其自身生命权与健康权的法律知识认知，并在此基础上充分理解自己应当享有的权利与义务，当责任事故发生时，有那个意识去利用法律武器保护自己。

3. 加强矿山安全生产监督和管理

根据我国《矿山安全法》中对监管主体的规定，我国各地的政府部门在行使行政权的同时享有对矿山安全的监察权。西方有句法谚"任何人不能做自己的法官"，因此，政府在行使监察权时难以避免会考虑到经济利益的因素，很难从根本上落实监察权。经过这些年的实践经验，我国应当将矿山生产监察权收归中央统一管理，借鉴美国的先进经验，除了现有的国家安监局及其下属机构之外，建立起一套矿山安全生产培训制度。因此，我们应向美国学习，提高监察人员的专业素质，聘用有工作经验的技术人员作为监察人员，并且由政府向他们提供优厚的薪资待遇，整治贪污腐败不公正的监察之风，强化矿山职业监督和管理的集权，使我国的矿产安全生产监察制度科学、有效。

4. 制定"权力清单"，明确矿山安全生产监管机构职责

矿山安全生产监管人员在实际的监管过程中，缺乏具体明确的程序规定，我国在成立国家安监局之后，曾借鉴美国制定了相应的监察程序，但在

基本法《矿山安全法》中缺乏相应制度，导致在实践中执法人员超越职权、滥用职权，违背立法原意、扭曲运用法律文件的现象。因此，我国应当明确安全生产监管部门在矿山安全生产监管中的地位与职责，制定"权力清单"，将权力放在笼子里，实行垂直监督管理体系，减少地方政府干预，改善我国现有的监管不力的现象。《矿山安全法》的修订必须以生产实践活动为出发点，立足于我国的国情，借鉴同样是矿产大国美国的先进立法与实践经验，坚持科学立法、民主立法，从根本上使我国矿山安全生产达到有法可依、执法必严、违法必究的要求。

5. 加大矿山企业违规作业的惩罚力度

在对我国的矿山企业以法律法规进行约束时，要从惩罚结果角度加大对责任者的惩罚力度。而加大矿难事故赔偿的标准则是一项有的放矢的措施，只有当赔偿标准与企业利益直接挂钩时，才能够引起矿山企业的重视，将引起赔偿损失的可能性降到最低，从而从根源上降低了出现生产责任事故的风险。

论安全生产行政审批改革的路径选择
——以负面清单管理模式为视角

楚风华❶

摘　要：安全生产领域的政府职能转变在十八届三中全会以后已经取得了阶段性的成果，手段是通过不断的清理法律、法规，或者下放给省级政府，或者交由中介机构。这一系列措施若没有强有力的制度做保障，很难摆脱以往的老路。能否杜绝行政审批的反弹，完全杜绝权力寻租的灰色地带，负面清单管理制度无疑是明智的选择。此制度将从法理学的角度指出了界定审批的范围，体现的是"法无禁止即可为"的法律理念，唯有如此，能真正实现让权力在阳光下运行，同时也将大大减少交易成本和制度成本，极大释放市场主体的活力和创造力。

关键词：负面清单；行政许可；行政审批

十八届三中全会通过的《中共中央关于全面深化改革若干重大问题的决定》中提出："实行统一的市场准入制度，在制定负面清单基础上，各类市场主体可依法平等进入清单之外领域。"负面清单管理制度的核心内容是凡是清单之外的事项，均由行政相对人自主决定，凡是需要审批的事项在清单中一一列举。"负面清单"实际上是行政审批的例外，体现的是"法无禁止即可为"的法律理念，与西方法律谚语"禁止的解除即自由"的思想是相同的。安全生产监管机关能彻底依照负面清单模式进行行政审批的改革，将取得职能转变的预期效果，在实现安全生产监管的同时，释放安全生产领域市场活力。

一、负面清单管理模式与安全生产的行政审批制度的关系

1. 负面清单的概述

"负面清单"是英文 Negative listings 的直译，也可翻译为"否定清单"

❶　[作者简介] 楚风华（1963—　）甘肃省武威市人，教授，研究方向宪法行政法。
[基金项目] 中央高校基本科研业务费项目："安全生产法学创新团队"（编号 3142014015；3142015027）、中央高校基本科研业务费资助项目《安全生产的刑事法保护研究》（编号：3142014009）、"安责险"法律制度构建与适用研究（RW2013B02）的阶段性成果。

"负面列表""否定列表"。我国最早是在中美投资协定（BIT）谈判中引入"负面清单"概念，是指一国在引进外资的过程中以清单形式公开列明某些与国民待遇不符的管理措施。2015 年 9 月中央全面深化改革领导小组第十六次会议审议通过《关于实行市场准入负面清单制度的意见》，在此意见中对负面清单做了科学的定义："市场准入负面清单制度，是指国务院以清单方式明确列出在国内禁止和限制投资经营的行业、领域、业务等，各级政府依法采取相应管理措施的一系列制度安排。负面清单以外的行业、领域、业务等，各类市场主体皆可依法平等进入。"负面清单管理模式既调控和规范市场主体的资格问题，又调整和规范有关的市场行为问题，负面清单例举事项范围外对尊重市场主体平等地位，扩大投资具有积极作用。其中，负面清单管理模式具有以下三个关键点❶：一是只要法律和相关的规范性文件没有明确的禁止，那么市场主体就可以为相应的行为，投资主体享有非常大的自由权；二是某个主体是否能成为市场主体、某种行为是否能在市场体系中存在，要通过法律典则和法律规范来规定，而不需要通过行政权的作用进行确定；三是相关主体进入市场的机会是相对较多的松弛化制度倾向。国务院总理李克强在 2015 年 2 月 9 日国务院召开的第三次廉政工作会议上指出，权力清单将明确政府能做什么，责任清单明确政府该怎么管市场，明确企业不能干什么，此管理模式已逐渐成为国际投资规则发展的新趋势，目前世界上至少有 77 个国家采用了此种模式。负面清单制度对限制和政府权力具有无可替代的作用，"权力的野性如果释放出来，会表现为权力失去了宪法和法律的约束，偏离法律的正常轨道，蜕变成个别人或集团谋取私利的工具，从维护公共利益的积极力量蜕变为损害公共利益的消极力量。"

2. 负面清单制度与安全生产的行政审批制度的关系

负面清单制度的核心内容是：凡是需要审批的事项必须有法律明文规定，即"法无禁止即可为"原则的具体体现。一般认为，"法无禁止即自由"仅适用于私权范围而不能适用于公权范围，"法无授权即禁止"（除非法律允许的否则就是法律禁止的）是公权范围的重要法律原则。对公民而言，只要法律没有禁止的公民都可为之；而对政府而言，凡是未经法律授权的均不得为的之。事实上，"负面清单"不仅对私法主体具有约束性，对于公法主体来说，负面清单根本上是属于行政许可范畴的东西，根据我国《行政许可法》的规定，凡是属于资源稀缺的事项，或者其他需要由政府许可的事项，就必须由市场主体进行申请才能够取得相应的权益。❷ 安全生产

---

❶ 周尚君. 权力概念的法理重释 [J]. 政法论丛，2012（5）.

❷ 张淑芳. 负面清单管理模式的法治精神解读 [J]. 政治与法律，2014（2）：18.

行政审批属于公法范畴，对于行政主体来说，严格遵循依法行政的原则，行政审批的范围严格限制在"负面清单"所列举的事项范围内。安全生产审批主体如果能严格按照负面清单制度的管理模式，严格做到凡是需要审批的事项必须罗列在政府事项提供的清单名单上，在名单中的需要审批，除此之外的一律不得审批，就能清理并逐步取消各部门非行政许可审批事项。对面向公民、法人或其他组织的非行政许可审批事项原则上予以取消，确需保留的要通过法定程序调整为行政许可，其余一律废止。最终达到堵住"偏门"，消除审批管理中的"灰色地带"的目的。

二、安全生产行政许可与行政审批的关系

安全行政许可是行政许可内的一部分，若搞不清行政许可与行政审批的关系，自然也无法厘清安全行政许可与行政审批的关系，因此我们必须首先探讨行政许可与行政审批的关系。由于长期以来行政许可与行政审批是在理论界没有界定清楚的模糊概念，过去法律只有行政审批而无行政许可的概念。自 2003 年行政许可法公布后，我国出现了行政许可的概念。该法第二条对行政许可的含义作了明确界定，同时第三条又规定了不适用行政许可法的其他审批。这说明行政许可法只调整部分行政审批行为，即具有行政许可性质的行政审批。目前我国安全生产领域的制度主要就是市场准入制度，即安全生产领域中的行政审批制度，其目标就是禁止"不合格"的生产经营单位进入社会和市场，这也需要明确确定我国安全生产领域中行政审批的对象主要是重大安全隐患较多、事故频发和条件比较差的六大高危行业的生产经营单位主体资格，其中也包含各种行政许可审批，包括施工许可、采矿许可和安全生产许可等，这些许可审批保证减少安全生产事故的发生，促进安全生产的发展。同时国家安全生产监督管理部门手中一直掌控着对"三同时"的行政审批权和危化、非煤矿山等企业安全生产行政许可权，这些权利的集中行使一定程度上利于安全的监管，但是另一方面安监部门百分百掌握审批权，同时管理着其他大量的行政审批事项。国务院在开展行政审批制度改革过程中，陆续取消和调整了一批非行政许可审批事项。但一些部门通过各种形式又先后设定了一批非行政许可审批事项，其中既有属于政府内部管理事务的事项，还有以非行政许可审批名义变相设定的面向公民、法人或其他组织的行政许可事项。

在行政许可与行政审批交织运用中，极大地限制了市场主体的自由权，进而影响了改革的深入。新一届的政府转变政府职能，首先从行政审批制度入手大刀阔斧地进行着。2015 年 5 月 6 日，国务院常务会议决定，按照依法行政要求，在 2014 年大幅减少国务院部门非行政许可审批事项的基础上，

彻底取消这一审批类别。让非行政许可审批彻底淡出历史的舞台，2015年5月6日的国务院常务会议上，李克强总理郑重宣告："'非行政许可审批'这个历史概念，今天就彻底终结了！"此制度的取消，能真正实现让权力在阳光下运行，同时也将大大减少交易成本和制度成本，极大释放市场主体的活力和创造力。而非行政许可审批制度的取消，并不必然带来政府职能的彻底转变。能否使寿终正寝的制度免于死灰复燃的命运，唯有运用负面清单制度。2015年5月以来，为防止增设许可、变相许可，安全生产监督管理总局对《安全生产法》《职业病防治法》《危险化学品安全管理条例》《易制毒化学品管理条例》和规章（63部）中涉及备案、报告、告知、登记、申报项目（以下统称备案项目）共46项进行了摸底核实，但是，并没有真正列出负面清单，所以这一制度的建立并不是一帆风顺的。

三、我国安全生产领域的行政审批存在的问题

按照国务院的行政审批制度改革，国家安全生产监督管理总局经过2013年、2014年、2015年近3年的努力，下放和取消7大项的安全生产领域中行政审批，下放与取消的总比率将到50%，此种改革措施达到了国务院规定的时间表。但是截至2015年6月安全生产监督管理总局只是拿出了清理与取消的事项，对于今后需要审批的范围及具体的审批事项并没有列出审批的清单目录。虽然我国《行政许可法》已经出台，并且对各类行政行为尤其是行政审批行为做出了具体的司法解释和规定，同时很多的法律法规对我国的行政审批都有规定，但是还存在许多问题。

首先，理论上对行政许可和行政审批关系的争议阻碍了行政审批改革的进程。从国务院所颁布的相关文件❶可以确认行政审批属于行政许可的上位概念。但是为了通俗易懂地表达行政许可，有关部门又将行政许可等同于行政审批。但在实际的实施中，二者又出现了分离，行政许可法主要针对的对象的就是那些法律、行政法规、地方性法规和国务院的行政决定所设定的行政许可，对于那些不是它们设定但是又没被取消的，都简单地成非行政许可，甚至成了行政服务事项，这直接造成了其被作为非许可类审批事项而从行政许可中剔除。2013年5月，国务院审改办（中央编办）在《关于行政审批事项摸底核实和提出处理意见的函》中将行政许可事项界定为，"行政

---

❶ 相关的文件包括《关于印发〈关于贯彻行政审批制度改革的五项原则需要把握的几个问题〉的通知》（国审改发〔2001〕1号）、《国务院对确需保留的行政审批项目设定行政许可的决定》（中华人民共和国国务院令第412号）、《国务院办公厅关于保留部分非行政许可审批项目的通知》（国办发〔2004〕62号）。

机关依据相对人申请准予其从事特定活动的事项"❶。

从概念上来看，行政审批和行政许可都是针对行政相对人的行政行为，但除了"准予从事特定活动"之外，行政审批的内涵比行政许可多出了"获得相关权益，取得某种资质资格，法律关系得到认可和保护"的内容。但从《行政许可法》第十二条"可以设定行政许可的事项"规定中可以找到"取得某种资质资格，法律关系得到认可和保护"的内容总的来看，行政审批与行政许可的概念基本相同，唯一区别是，行政审批包含"获得相关权益"的内容，而行政许可不包含。由于这些原因导致了《行政许可法》对于行政许可的规制范围十分小，其作用也显得软弱无力其次，《行政许可法》本身也存在很多不完善的地方，对设定行政许可审批的程序和范围与行政许可听证和案卷制度的规定很不完善，与此同时也缺乏健全有效的救济制度，在行政许可审批的设定权上，也不能对国务院及各级政府进行有效的限制。《在行政许可法》的第12条与第13条中有"可以与不可以设定行政许可"的六种和四种情况，其很好地规范了要设定行政许可审批的范围，但是对于"国家安全"和"公共安全"等概念和范围的规定都很不清晰，用"可以"和"可以不"这样不确定法律概念来阐述设定行政许可，显然很不规范。在行政审批的实施权上存在严重问题，原有的事项不断被清理的同时，新的审批事项也在增加造成行政审批依然冗杂，因为执行方面的法律规定不够清晰，行政机关及其工作人员的法律责任很不清晰，对行政许可权的实施机关及其自由裁量权的约束不足，其自由实施与执行的激励和问责机制不健全，法律说明理由制度也不健全，后续的监管措施也只有形式上作用，实质上作用显得很不重要。总之，《行政许可法》不能完全应付现实中出现的各种各样的状况，法律只做出了原则上的规定，具体规定很欠缺，由此造成对于政府部门在行政审批过程中遇到的各种问题法律都没有详细的细则规定，法律作用得不到有效的体现。

最后，由于我国安全生产领域长期缺乏完善有效的安全生产行政审批法律制度，相关的安全生产方面的立法也落后于其他领域和时代发展，造成法律上对于我国企业等生产经营单位的市场准入要求和资格的规定很不清晰，监督措施也很不完善，这直接造成了大量"有病"的企业获得市场通行证。

---

❶ 相关的文件包括《关于印发〈关于贯彻行政审批制度改革的五项原则需要把握的几个问题〉的通知》（国审改发〔2001〕1号）、《国务院对确需保留的行政审批项目设定行政许可的决定》（中华人民共和国国务院令第412号）、《国务院办公厅关于保留部分非行政许可审批项目的通知》（国办发〔2004〕62号）。

四、负面清单制度对我国安全生产领域中行政审批制度影响

1. 安全生产管理部门需要审批的事项必须要有明确的法律规定

安全生产领域的审批要依据有《安全生产法》和《行政许可法》等，其依据也是十分明确的。凡法律、法规、规章未明确规定审批的，一律不得进行审批；凡国家、省、市已明令取消的，一律不得再进行审批；凡继续执行已明令废止、失效的审批事项要追究有关负责人的责任。安全生产监督管理机关需要审批的事项必须要有明确的法律规定，严格遵守"法无明文规定不得为之"的执法理念，需要审批的以法律的形式列举出来供相对人知晓，法律是审批的合理边界，这里的"法律"不应该包括行政性的文件，而应该是全国人大和人大常委会制定的法律和国务院制定的行政法规以及部委制定的部门规章。杜绝各类文件设定内部的审批权。一方面，对于凡是公民法人、市场机制、社会组织可以自主决定，有效调解和自律管理的都还权给市场和社会，同时对于可以事后监督的事项，就可以不再设置许可。对2015年保留下来的行政审批项目，总局要进一步明确行政审批的项目名称、实施机关、法定依据、申请条件、申请材料、办理程序、审批责任、监督方式、收费标准、收费依据等要素，实现目录化管理，并向社会公布。此外，将进一步压缩审批时限，逐步推行网上受理和办复，办审分离，不断提高审批效能，从制度上预防腐败。加强对审批取消事项的抽查，推行"四不两直"，强化后续监管。

2. 还原中介组织权力

目前，修改后的《安全生产法》中取消了涉及建设项目竣工验收环节的审批事项，并增加了加大行业协会、商会、中介机构支持和培育力度、充分发挥其作用的内容，吸引社会组织有序参与安全生产领域的各专业技术服务工作，为今后创新监管方式、引入第三方参与安全生产工作打下了坚实基础。安全生产领域的中介组织应该是行业自律性组织，监督企业安全生产的同时，还要进行对行业的发展和改革提出专业性的建议，向有关政府等方面提出立法建议，参与地方或国家关于行业标准或准则等的制定和严格进行行业准入资格审查等工作，同时能够有能力承担政府部门下放到其的行政审批权力。

3. 严格安全生产行政审批权的监督机制

对于目前我国关于行政审批制度方面的突出问题，完善安全生产领域中行政审批的各个方面的监督体系十分必要。

首先，把审批权和监督权进行有效的分割的同时，严格依照法律法规的

规定的程序进行审批事项，使其相互平衡，审批的各个方面由法律规定，不得改变，包括审批要求，流程和时间期限等，确保审批和监督二者能够同时有效的展现它们的作用。

其次，不仅要对安全生产领域行政审批制度改革的设计进行群众的监督，完善责任追究制度，增加改革的透明度，对下放或取消行政审批前、中和后三个阶段要充分听取各方听意见，对于审批要保证有明确的责任人，谁接受，谁负责，谁担责，完善事前、事后、事中的监督机制，确保权力的不滥用，并且群众，企业、社会和政府之间可以相互监督，政府内部和上下级也可以监督，由此体现改革公平公正和全方位的监督，杜绝不作为、乱作为和违法事项的发生。

再次，要完善取消和下放权力的转移和交接制度和规范审批流程，完善的流程是监督的有效手段，因此健全安全领域的行政审批流程非常重要。同时权利的转移和交接必须在法律规范的范围内符合法定程序的进行，明确政府、企业、群众和社会中介组织的权限，这是保证监督权力可以高效充分行使的前提，这样才可以保证行政审批权力在转移和交接过程中不会出现混乱和腐败，完善交接制度和审批流程的同时明确责任追究制度，充分发挥基层的安全生产监督管理部门的管理和便民服务的作用。

综上所述，安全生产行政审批制度改革的路径应该是负面清单管理模式，它对强化权力运行制约和监督体系，真正做到让权力在阳光下运行，把权利关进笼子里面去的重要手段。负面清单管理模式以简政放权为核心的改革，只有用负面清单的模式才能真正将原本属于市场主体的权利还原于相对人，以极大激发市场主体的创造性和潜能。

矿山安全生产责任强制保险制度研究
——兼论我国《矿山安全法》的修改

杨　荟❶

摘　要：矿山安全生产事故难以杜绝，完善矿山生产事故中受害人的救济机制显得尤为重要。目前我国对事故中受害人的救济途径主要是工伤保险和安全生产风险抵押金制度，但两种途径都不能使受害人得到有效、全面的补偿。在矿山安全领域引入安全生产责任强制保险是可行之举，其能够补强侵权责任法功能实现之不足，强制实施也符合当前社会本位的立法趋势，宜梳理当前各位阶之规范，为该险种提供法律依据，并对制度构建中重点问题予以讨论。

关键词：安强险；侵权责任法；强制性；工伤保险；救助基金

一、问题的提出

1. 问题背景

矿山开采是高危活动，一旦发生安全事故，就会造成重大的人身财产损失。目前我国矿山生产事故形势虽趋向好转，但发生次数多、总量大，小型矿山和私营矿山的重大事故率呈增长趋势。对此，国家一方面加强规范矿山开采活动的立法，另一方面加强事故中侵权责任的立法，但是都无法从根本上避免矿山安全事故的发生，因此只能寻求以法律制度更加有效地救济事故中的受害人。

当前，我国对矿山事故中受害人的救济制度主要包括工伤保险和风险抵押金制度。工伤保险是《工伤保险条例》《煤炭法》（2013）等法律规定中明确规定企业必须为劳动者投保的社会保险，具有强制性。但其施行效果尚显不足，一是工伤保险基金没能充分投入安全生产的管理和技术改进中，没有发挥保险的预防功能；二是工伤保险覆盖面窄，发生事故后，赔偿额度不

---

❶　[作者简介] 杨荟，北京交通大学法学院硕士研究生。

　[基金项目] 中央高校基本科研业务费项目：“安全生产法学创新团队”（编号 3142014015；3142015027）、中央高校基本科研业务费资助项目《安全生产的刑事法保护研究》（编号：3142014009）、“安责险”法律制度构建与适用研究（RW2013B02）的阶段性成果。

够，不足以满足受害人需要。而风险抵押金制度❶是防范风险的初级手段，相当于直接冻结了企业的一部分经营资金，该部分资金在事故发生后又不足以弥补损失，因此该制度在实践中受到了诸多企业的诟病。以上的两种措施都不能保证受害人的损失得到足够的救济，有待补强。所以，原有制度的局限性迫切要求构建一种新的制度，即构建政府引导、覆盖全面的安全事故责任保险体系。其中，矿山安全事故强制责任险便是直接致力于保障受害人权利的途径之一。

2. 概念

责任保险是指以被保险人对第三者依法应负的赔偿责任为保险标的的保险。安全生产责任险是责任保险的一种，目前主流的学理解释是指以被保险人对生产安全事故❷中被保险人对受害人承担的赔偿责任为保险标的的责任险，被保险人因生产安全事故而对其雇员或第三者之责任为其成立基础。矿山安全生产责任险是矿山生产事故救济或者补偿制度的重要内容，主要包括矿山企业的雇主责任险，公众责任险（针对矿山安全事故）❸及应急救援费用等赔偿项目。

安全生产责任强制险（以下简称"安强险"）是国家的法律、行政法规强制规定投保人的投保义务、保险人的承保义务及保险合同相应条款，是法定保险，合同主体无权任意变更。根据行业主体的不同，又被分为矿山企业安强险、危险化学品企业、交通运输企业安强险等。矿山安强险的强制性主要体现在：第一，矿山企业投保义务的强制性：规定投保该险是企业的法定义务，为保障该义务的履行，会设立违反义务的法定责任。第二，保险人的承保义务：规定保险人的强制承保义务。因该险种虽不以营利为目的，但保险人为了降低自己的经营性风险，可能拒绝承保不良风险高的投保人，如一些私营和乡镇的煤矿企业，可能造成受害人的损失得不到有效救济。第三，受害人法律地位的优先强制性❹。该优先是安强险现代理念的必然要求，突破了合同的相对性理论。因为随着社会的发展，生产责任保险保障受害人的首要功能日益明确。因此必须突破合同相对性的束缚，通过立法，就保险人与受害人之间非合同的法律关系做出强制性规定。在保险合同承保的前提

---

❶ 安全生产风险抵押金是指企业以其法人或合伙人名义将本企业资金专户存储，用于本企业生产安全事故抢险、救灾和善后处理的专项资金。

❷ 安全生产事故是指在被保险人生产、储存、经营过程中发生的造成人员死亡、伤残的意外事故，包括生产安全事故和非生产安全事故，安强险承保对象仅为生产安全事故。

❸ 公众责任险主要承保被保险人在其经营的地域范围内从事生产、经营或其他活动时。因发生意外事故而造成第三者人身伤亡和财产损失，依法应由被保险人承担的经济赔偿责任。

❹ 李劲夫. 保险法评论（第一卷）［M］. 中国法制出版社，2008：149.

下，受害人有权在保险金额内，直接向保险人行使赔偿请求权，保险人不得以抗辩被保险人的事由抗辩受害人的直接请求权。

安全生产责任险（以下简称"安责险"）的强制性，在一定的程度上排除了契约自由原则，除了上述三种情形外，还体现在被保险人的范围法定、赔偿受害人损失的范围法定、保险责任限额法定、保险合同基本条款和基础费率法定、合同终止事由法定、合同效力维持、保险人给付责任除外事由法定等，这些构成了安强险强制性的理论和制度体系。而强制性规定的目的是强制地将由个别企业的责任风险转由危险共同体共同承担，分散风险，以便更好地保护受害方的利益。

二、法理依据

1. 补强侵权责任法首要功能之不足

矿山企业对受害人依法承担的民事赔偿责任是安强险的标的，依据我国民事侵权责任规定，只有矿山企业对受害人应承担法律责任，保险公司才具有赔偿责任，反之保险公司不需要承担给付责任，因此可以说安强险制度是建立在民事侵权责任法的基础之上，甚至是为弥补侵权责任法功能实现之不足而产生。

侵权责任法的功能指的是侵权责任法在社会生活中所发挥的作用，是全部侵权行为法律规范存在的目的。[1] 侵权行为法的功能自其对暴力行为实施报复性惩罚的功能蜕化以后，对受害人的补偿逐渐凸显为其首要功能。侵权民事责任的意义主要在于填补侵害，同时具有保护民事权益、教育和惩戒加害人以及分担损失、平衡社会利益的功能。[2] 在侵权责任法的各种功能（如补偿、制裁）发生冲突时，因人权保障和实质正义的要求，侵权法的首要价值取向仍是补偿而不是制裁。

侵权民事责任最主要的社会功能是补偿受害人遭受的损失，通过损害赔偿、恢复原状等责任方式使受害人遭受损害的人身和财产尽可能恢复到受害前的状况。[3] 责任险的基础意义在于，加强被保险人的赔偿能力，有助于因被保险人而受害的第三人提起赔偿诉讼，并能通过胜诉而取得切实赔偿。所以，责任保险使得加害人具备了较佳的分散损害的能力，有助于实现民事责任制度的基本目的。由此可见，强制责任险是基于生产安全事故的特点而在传统民事赔偿制度的基础上发展起来的，本质上依然属于民事赔偿制度的范

---

[1] 王利民. 侵权行为法研究（上卷）［M］. 中国人民大学出版社，2004：85.

[2] 张新宝. 侵权责任法原理［M］. 中国人民大学出版社，2005：11.

[3] 同上书。

畴，是对民事赔偿制度的补强措施。

2. 实现侵权行为成本内在化

随着矿山事故侵权制度归责原则的修正，侵权责任人已经在最大限度地承担其行为所造成的后果，但是由于侵权责任人无责任财产，恶意隐匿财产等，加之传统工伤保险和风险抵押金制度的局限性，无法全面赔偿受害人，最终只能由政府承担事故的不利后果，由全社会对危险行为负责。

随着"二战"以来法学的发展，经济学在法学实践中的地位越来越重要，他们认为侵权行为成本应内在化，矿山安全生产事故的成本应由矿山企业承担，不应由税收或社会福利负担。美国经济学家罗伯茨曾提出："社会保险制度处于危机之中，因为它们计划要对一代又一代的人支付不断增长的实际社会保险金，解决这一问题要削减社会保险金，还要通过商业保险的发展来弥补社会保险的不足，减少全社会的投入。"罗伯茨的警示同样适用于工伤保险赔偿不足的我国，国家必须从立法的角度予以规范，这就要求生产责任强制保险与工伤保险相互协调。通过实施强制保险制度，让矿山事故中的损失由保险人也即危险行为的实施者共同面对风险，将成本从公共领域转移到私人领域，减少利用税收等公共资源赔偿和给付。

3. 强制性顺应私法自治原则社会化

强制责任保险中，为了保护受害人的损失，貌似做出了一系列违反法理的规定，例如实施强制投保承保义务的规定以及制定基准的保险费率等，但是民事责任的首要功能是补偿受害人的损害，凡是能提升民事责任填补损害功能的任何设计，均应当得到充分肯定。责任强制险貌似违反了法理的规定，但正是为了解决先前通过扩张侵权责任的方式所希望解决的问题，顺应了社会本位的需求。当前如何借用社会法理补充私法自治原则之不足已成为现代民法之重大课题，即所谓"私法自治之社会化"，私法自治原则社会化之最显著的现象有三：其一，权利行使应受公共福利之限制；其二，契约自由应受契约正义之限制；其三，无过失责任主义之盛行。❶ 这些变化的原因之一便是人权保护越来越受到重视。现代化的核心应该是尊重和保护人身安全、人的尊严等。强制责任保险正是体现了上述观念的发展，也正是因此使得矿山安全生产责任险具有了强制的公共政策性和显著地公益性。❷ 强制性看似是剥夺了承保人的意思自治权，但实际上正是保护受害人利益的需要，是意思自治服从于社会公益的需要。

---

❶ 邱聪智. 从侵权行为归责原理之变动：论危险责任之构成 [M]. 中国人民大学出版社，2006：331.

❷ 邹海林. 责任保险论 [M]. 法律出版社，1999：80.

4. 强制性为补偿功能提供保障

责任保险分为任意责任保险和强制责任保险，前者虽充分尊重合同订立的意思自治，但是矿山企业因自利观念和经营成本最低化的取向，往往不愿意投保责任险；此外，保险人由于自身利益最大化的考虑，往往拒绝承保安全风险系数大的矿山企业，或者擅定高额保费遏制高风险投保人的意愿，这些都削弱了责任保险对受害人的救济功能。可见，自愿为基础的责任保险制度，难以最大限度实现责任保险保护受害人利益的政策目标。责任保险的基本政策目标就是保护受害人的利益，为了贯彻此目的，必须强制推行责任险。只有规定对于投保人的强制投保义务和被选择的保险公司不得拖延或者具有承担一定名额的高风险企业承保义务以及确认受害人和保险人之间存在的某种非合同的法律关系，才能有效保证受害人得到及时有效的补偿，而此等立法选择的基础只能是强制。❶ 为此，我国应该实行强制安全事故保险。

此外，安强险实施的阻力之一即人们担心的道德风险，即责任险实施后将会削弱侵权责任的道德评价和惩罚功能。一旦强制实施责任保险，会降低矿山企业生产过程中的注意义务，会导致矿山安全事故的进一步恶化。民事责任的首先功能在于填补受害人的损失，道德评价功能应该屈从于补偿受害人，若没有对受害人补偿的相应手段，道德评价也将失去其意义。同时，道德风险可以被相应的制度加以规制，如规定矿山安全事故中，故意或重大过失的人员承担刑事责任，根据矿山的安保措施实施浮动费率制度以及实行责任限额制度等。

任何法律体系想要保障其经漫长时间仍有活力，就应该在当前持续不断变化的环境下寻找解决一系列不同问题的对策，就应该富有创造性。❷ 因而作为对现有的矿山民事侵权救济制度的补充，矿山安强险应运而生，也是对当前侵权责任法律制度的辉映和补充。

三、困境及解决途径

1. 安责险实施缺乏刚性，应以法规为其强制性提供保障

2009 年，国家安全生产监督管理总局（以下简称"安监局"）在《关于在高危行业推进安全生产责任保险的指导意见》中规定，在煤矿、非煤矿山、危险化学品等行业推进安全生产责任保险的同时，积极争取通过立法的形式，强制推行。2015 年 4 月国务院发布的《关于加强安全生产监管执

❶ 邹海林. 责任保险论［M］. 法律出版社，1999：40.
❷ ［美］罗伯特·E. 顿. 侵权法中的创造性延续［M］. 李俊泽，徐爱国，编译. 法律出版社，2005：65.

法的通知》也有类似规定。此外，实践中黑龙江、陕西等多省已以《安全生产条例》的形式规定了矿山企业应该参加安全生产责任险。从上述可知，无论是从立法层面还是从实践需要，矿山安责险的强制施行是大势所趋，但是其缔约的强制性与我国《保险法》相冲突。我国《保险法》第 11 条第 2 款的规定："除法律、行政法规规定必须保险的以外，保险公司和其他单位不得强制他人订立保险合同。"即此规定排除了法律、行政法规以外的规范性文件赋予该险强制性的合法性。在法律和行政规范层面，涉及矿山安全的《安全生产法》（2014）、《矿山安全法》（2013）、《安全生产许可条例》（2014）、《关于进一步加强煤矿安全生产工作的意见》（2013）等，均未涉及矿山企业投保责任险的强制性。因此，当前的立法现状一方面使实践中的安强险缺乏法律依据；另一方面也在客观上造成部门和地方政府规章等文件越权。

因此，笔者认为可以在《矿山安全法》中增设一条专门规定矿山企业强制性投保安全生产责任险的规定，对强制性加以明确；另以《矿山安全生产责任强制险实施细则》对实施中的具体问题予以规定，同时地方法规、规章等可以此为基础根据地方特点进行不同的安排。这样就可以与《保险法》第 11 条第 2 款规定相协调，整体上形成内容和谐、结构严谨、符合逻辑的法律和制度体系，使安全事故责任安强险具有强固的法律依据。此外，还应明确保险业监督管理委员会（以下简称"保监会"）和安监局对安强险的监管义务，其可以联合颁布部门规章对安强险实施加以规制。

2. 现有规范缺乏系统性，应厘清已有制度间关系

现行《安全生产法》第四十八条规定："生产经营单位必须依法参加工伤保险，为从业人员缴纳保险费。"《煤炭法》第三十九条规定："煤矿企业应当依法为职工参加工伤保险缴纳工伤保险费。鼓励企业为井下作业职工办理意外伤害保险，支付保险费。"但现行法律法规对安责险强制性规定，在安强险入法后，还应在法律规定中明确安强险的定位，厘清其与其他保险制度和抵押金制度的关系，修改和完善当前的法律规范文件，形成全面、协调的安全生产事故责任风险分担制度。

（1）与工伤保险并行

工伤保险是《劳动法》等基本法规定企业必须参加的强制保险，是为了保障职工受损或者患职业病的职工获得救治而建立的社会保险。其仅适用于职工医疗救治和经济补偿，目前该险种覆盖各个行业，是职工受损后的获得救济的基本制度。《矿山安全法》应在法律规定中明确这两种强制保险机制的关系。

工伤保险不能有效地解决超过工伤保险补偿标准之上的需求；而安强险

会有除外生产事故外不保的伤害风险，因此两种保障机制的不足，决定了它们具有互补的条件与需要；这种互补性恰恰显示了市场经济体制下的风险保障机制的相互依赖性。因此，安全生产责任保险与工伤社会保险是并行关系，法律应明确工伤保险为主、雇主责任保险为辅，矿山企业对两险种都应投保。这符合我国的实际，也符合国际上向私人保险回归的趋势。

（2）与安全生产风险抵押金制度转换

依据财政部和国家安监总局 2006 年下发的《企业安全生产风险抵押金管理暂行办法》规定，多省针对其高危行业都已实行安全生产风险抵押金制度（以下简称"抵押金制度"），抵押金制度实质是以自有财产担保的形式对风险加以防控，是一种自留风险的财务型风险管理技术。而安强险除可以保证补偿受害人外，还可以转移和分散企业自身风险。对比之下可以看出风险抵押金用途单一、效能不高且加重了企业负担，因此在矿山生产领域，应以安强险取代安全生产抵押金制度。同时，由于《办法》制定较早，已经施行的风险抵押金未明确具体退还押金的程序，因此退还抵押金无据可依，且需经过安监和财政等多个部门办理，手续繁杂。因此，对于已缴纳抵押金的矿山企业，可从抵押金中逐年扣除安全生产责任保险，直到已缴抵押金用完为止。存量风险抵押金可以交由监管部门委托资产保险公司进行资金运作，实现保值增值。未缴纳抵押金的企业，如果购买了安全生产责任保险，不必再缴纳抵押金。❶

综上，笔者认为应该在《矿山安全法》中厘清矿山安强险与其他两种制度的关系，明确工伤险和安强险皆为企业必投的险种。至于涉及多种高危行业的风险抵押金制度，《矿山安全法》以特别法律规范的形式规定在矿山生产领域由安强险取而代之。安强险与意外伤害保险、雇主责任保险具有交叉关系，可不对此进行规定，由矿山企业自行决定是否投保。

四、制度构建中的重点问题

1. 投保人

（1）投保人的基准保费

投保义务人的范围是指哪些企业依法具有投保安强险的义务，笔者认为矿山安强险入法后，应该明确投保人的范围，即我国从事矿产资源开采活动的企业，包括从事煤矿、石油、天然气、金属矿山、非金属矿山、核工业矿山、小型露天采石场等矿山开采的企业。以省为单位，地方各级管理部门可

---

❶　乔卫兵. 高危行业安全生产责任保险研究［M］. 中国财政经济出版社，2009：78.

根据地方实际情况制定细则，进一步确定必须参与安强险的矿山企业的基准范围，基准范围的确定应进行听证，听取和采纳煤矿行业协会、重点生产企业的意见。

（2）投保人的保费

投保人的义务包括缴纳保费和保险合同效力的维持，鉴于矿山安强险具有显著的公益性，投保人义务的履行应由国家进行监督，以避免保险人为私利擅定保险费率；二来矿山生产事故、损害赔偿的历史数据相对缺失，保险公司无法获取真实的经验数据就行分析，因此基准保费和保险费率应由从政府基于科学和公平的原则确定，并引入第三方评估与听证机制。此外，由于不同企业风险差异大，不能盲目地采用同一费率，应该采用差别费率和浮动费率相结合的机制。具体而言，由监管机构根据风险程度、事故记录、赔付率等情况制定差别费率和浮动幅度，以此作为基础，根据上一统计时段内企业是否达到安全标准、是否发生事故及事故等级对保险费率进行调节。

2. 承保人

（1）矿山安强险经营模式

矿山安强险具有公益性，其政策目标的实现需要借助一定的经营模式。经营模式具有公、私之分，模式不同，承保人也不同。目前，英国的安责险规定在工伤保险事务中，由政府主要负责，健康与社会保障部管理。美国的劳动事故险由各州政府劳工局具体负责，各州以私营保险公司经营为主，政府主办的州基金和雇主自我保证为辅；近年来三者支付保险金比例大约是6.2∶2.5∶1.2。德国和法国均由自治组织管理，德国建立了的"同业工会"进行管理，由半私营性保险公司经营；法国的经办机构是疾病保险所，负责疾病、生育、残疾、死亡及劳动事故、职业病等保险的管理。日本则采取混合制，由政府机构厚生劳动省管理的同时，还有私营报信机构提供的保险。因此，通观各国之模式，公私兼有且各有千秋，笔者认为无论选择哪种模式均需体现该制度的公益性，同时结合市场规律，在实现公平的同时兼顾其效率与活力。

我国矿山企业众多、层次规模不一，难以管理；且企业保险意识淡薄又缺乏其他配套的评价机制，加之商业保险公司自身没有权力约束企业，如果安强险仅由保险公司私营，恐怕无法保证实施的公信力和强制力。此外，商业保险公司为营利法人，其追求利润最大化的本质也与矿山安强险的公益性相悖，因此要保障安强险设立的目的，还应该由公权力进行监管。我国可以借鉴美国等国家的模式，将其定位为政策导向下的商业化运作，由政府审批通过的商业保险公司经营，同时对其经营辅之以公法手段干预。具体而言，即由相关部门对希望承保矿山安强险的保险人进行资质审查，对符合条件的保险人赋予经营资格。例如英国规定，经营该险种的保险公司必须获得金融服务管理局根据《金融服务于市场法》（2000）进行的许可，同时又规定即便保险公司某项条件不符时，此前签发的保单到期前不认为其经营该险种的许可也将失去。我国也可效仿此规定，政府部门将审查依据进行公开，让有资质的保险公司加入进来，从各国实行的经验看来，商业保险公司愿意在其中分一杯羹，因为从技术保险的观点来看，如果知道风险的范围和特征，大致正确的保险费是能够算出来的。

政府主导与商业基础相结合的运营模式，其核心在于明确并保障以保险公司的商业性机制和规则运营安全生产责任强制险，但在机制和规则的核心部分，则以政府公权力嵌入社会公共利益。此模式既保证政府在其中的主导地位，同时尊重保险市场经营规律、提高效率，防止公共管理部门"不计成本"的滥用权力。

（2）政府主导下保险公司强制承保义务的保障制度

保险公司的义务主要体现在两个方面：一是就保险合同而言，对投保人和被保险人的义务。二是对受害人的义务。无论是对哪一方的义务，其支撑点是承保义务的履行，但是在上述模式下商业保险公司利润最大化与责任强制保险的公益性往往发生冲突，尤其是对于高风险的矿山企业拒绝承保。针对高风险企业无人愿意承保的情形，可以通过份额分担机制来解决。本质上来说，份额分担机制属于"申请者分担"方案，在每一省内经营矿山安强险的每个保险公司必须分担承保该省一定份额高风险的矿山企业。只要矿山企业向相关部门提交在一定时间内曾试图获得安强险但是没有成功，只要提交一定材料即可获得保险，由管理部门指定商业保险公司为其承保，保险公司不得拒绝。但是保险公司可以根据法定浮动保险费率要求企业多缴纳保险金。在各商业保险公司的分配数额确定方面，可以根据其在某省矿山安强险市场获得保费的比例进行计算。

（3）保险金的给负责任

①给付责任基础分析

安强险属于为第三人利益投保的保险，具有第三人性，法律为保护矿山安全事故中的受害人才强制矿山企业投保。矿山企业对受害人依法承担的民事赔偿责任是安强险的标的，也是安强险保险合同权利义务的支撑点，是判断保险人是否应该进行赔偿最基本的依据。因此，笔者不同意一些学者认为安强险保险人应对矿山事故发生的任何损害都应赔偿的观点，笔者认为这是不符合责任保险基本原理的说法。虽然笔者建议我国构建强制的商业保险模式，但是该保险的具体运作机制仍应该遵循责任保险的基本原理，而不应该认定所有强制保险均遵循无过失赔偿原则。矿山安全生产事故造成他人损害的，矿山企业对受害人应承担法律责任，保险公司才具有赔偿责任，反之保险公司不需要承担给付责任。而矿山企业是否具有赔偿责任以及责任认定中过错是否应该被考虑要遵循我国《民法通则》《侵权责任法》及其他侵权法律规范的规定。这也是"无责任即无责任保险赔偿"基本原理的直接体现和基本要求。而无过失险的给付原则是对被保险人对事故发生及受害人损失是否具有责任在所不问，一律赔偿，这是两种险别的本质区别之一。因此矿山事故的过错责任，均是讨论矿山企业对于事故的发生是否具有过错，与保险公司承担责任无关。保险公司承担责任的依据是与投保人签订的保险合同，对于保险人而言不存在承担过错责任还是无过错责任问题。

被保险人对事故是否承担责任要根据我国侵权责任相关法律规范进行认定。矿山安全事故责任属于我国法律中的高度危险行为，我国《侵权责任法》第69条："从事高度危险作业造成他人损害的，应当承担侵权责任。"以及第73条："从事高空、高压、地下挖掘活动或者使用高速轨道运输工具造成他人损害的，经营者应当承担侵权责任，但能够证明损害是因受害人故意或者不可抗力造成的，不承担责任。被侵权人对损害的发生有过失的，可以减轻经营者的责任。"根据法律规定，联系《侵权责任法》第三章及第九章的规定，以第73条的规定为参考来确定第69条的免责事由，符合高度危险作业的基本特点。基于此种考虑，高度危险责任一般条款中的免责事由应包括受害人的故意、不可抗力及受害人自担风险。❶ 因此，在矿山生产事故责任的认定中，实行无过错的归责原则，但是受害人的故意、不可抗力及受害人自担风险除外。基于此逻辑，若损害属于承保范围之中，除非是受害人的故意、不可抗力及受害人自担风险，保险人都应该进行赔偿。但此处承担责任的逻辑不同于上述无过失险的赔偿逻辑，是在民事责任归责原则的指引下进行。

②给付的范围和限额

关于保险人给付责任中损失的范围，立法例之间规定存在差异，主要包括两类：一类是包括受害人的人身伤害和财产损害，以美欧为代表；另外一类是只承保受害人的人身伤害。主要代表为我国台湾地区。笔者认为我国矿山安强险承保损失应包括人身和财产损失，以使被害人得到充分救济。在法理中，受害人的财产权理所当然成为法律保护和责任险保护的对象，财产权受到侵害应该得到法律救济，这是公民权利的重要体现。同时，责任保险以被保险人依法对受害人的责任为标的，保险人的责任范围应以被保险人的侵权范围为限，侵权责任的范围包括人身伤害和财产损失。因此，笔者认为安

---

❶ 王利明. 论高度危险责任一般条款的适用 [J]. 中国法学, 2010 (6).

强险的损失赔偿范围包括人身损害和财产损失。

责任保险的赔付额不同于财产损失的赔付限额，后者的赔付限额具有客观性，一般不超过被保险财产的实际价值。但责任保险的赔付限额没有参照标准，因为同一事故导致被保险人承担的赔付责任可能上千万或者更多，因此保险人的赔付责任具有很大不确定性，因此为保障保险公司经营以及合理地确定保险费用，保险公司大多对其赔付责任规定限额，超过限额的部分保险公司可以不予赔偿。当前规定责任保险限额的方式主要有两种，规定责任限额的上限或者下限。当前我国各省已实行的安责险规定中大多以分项限额的形式规定最低限额，例如《吉林省高危行业安全生产责任保险实施办法》（2012）中死亡责任限额为 30 万元、40 万元、50 万元、60 万元四个档次供客户选择，伤残责任限额为 15 万元、20 万元、25 万元、30 万元，死亡最高累计限额增加到 1200 万元，伤残最高累计限额增加到 600 万元。然而笔者认为相较于此种方式，规定最低限额更符合我国矿山安强险的经营模式。设立最低赔偿限额一方面体现了国家干预，另一方面尊重了市场规律，保障了保险公司的自由经营权，还可以让保险公司更加充分的竞争，提高受害人的赔偿额度。

（4）相应配套措施——"救助基金"

任何一种法律制度的设计都有其局限性，只能从某个角度或某个层面解决社会问题，安强险也不例外。矿山安强险的功能主要是保障受害人的损失得到补偿，但是，其依然存在难以避免的缺陷：即①发生事故后，受害人急需救助，但是所遭受的损失超过保险合同约定赔偿金额，而责任人又没有足够能力赔偿；②煤矿企业没有投保或保险合同已经失效；③保险公司破产或者暂时失去偿债能力；④其他原因导致受害人无法得到救助的情形。

笔者认为，仿照机动车交通事故特别补助基金的形式，建立矿山安全生产事故补偿基金可以克服安强险的上述缺陷、及时补偿受害人。即通过多渠道筹集资金，由特定组织进行管理运作，促进资金的保值增值，还可以按比例提取责任险的费用，进行事故隐患的整治、安全生产奖励。

①"救助基金"的法律地位

"救助基金"的法律地位是指"救助基金"在法律上具有何种权利能力和行为能力。通观各国立法例，均规定"救助基金"具有法人地位，但其法律地位的规定取决于其立法政策的选择和法律制度的建构。德国虽设立公法人模式，但是仍由承保的保险公司组成委员会来具体承办救助金事项，承办组织由政府部门负责人以法令的形式授权，且政府不负有缴纳救济金的义务。英国虽然以有限公司的模式设立，但其承办的保险公司需与政府签订协议，明确职责。

笔者认为各模式之间并不截然对立，也没有优劣之分，只不过是不同立法域根据其具体情况而做出的选择。因此，我国基金的运营模式不必限定，但无论哪种选择，均需要借助公权力和私法人结合运作，均需体现该基金的公益性。基金既可以由政府部门进行管理，也可委托专门保险公司或资产管理公司进行运作，实现保值增值。但是基金的用途除了对特别受害人进行赔付的情形外，只可以用于事故抢险、救灾和善后或者隐患治理、环境保护和资源枯竭后的企业转产和职工安置或对事故率低的高危企业进行奖励等。

② "救助基金"的资金来源

关于资金的来源应该有哪些，笔者同样想借鉴实施已久的机动车交通事故特别补助基金的形式。在确定矿山安强险的缴费来源时，笔者认为应该分以下几类：一是按照矿山安强险费率抽取一定比例收取救助基金；二是救助基金管理结构依法向矿山企业追偿的资金；三是救助基金孳息；四是其他方式筹得的资金，包括国家财政拨款等。❶

第一，"救助基金"的赔付问题：救济金在何种情形下对受害人进行补偿，应通过立法加以明确规定，这有助于救助基金妥当地履行其职责，有助于受害人利益的救济。救助基金本身是安强险的辅助制度，因此应对安强险的空白之处予以弥补，因此其救助的前提条件应该是其一，矿山企业对受害人的损失负有侵权责任。即只有按照侵权责任的归责原则下属于矿山企业的责任时，救助基金才有适用的可能。第二，该责任本应该属于安强险的责任范围，但是却无法获得保障。主要指矿山企业违法强制保险义务没有投保，造成受害人无法得到赔偿。第三，超过保险合同约定赔偿款，责任人没有足够能力赔偿而受害人又急需救助的丧葬费用、部分或者全部抢救费用。

救助基金的使用还需按照一定的程序和额度限制，并且需要满足一定的条件。救助基金的具体管理办法应该由国务院财政部门会同保监会、安全管理等部门制定执行，并受以上部门管理和监督。建立矿山安全生产事故社会救助基金是矿山安强险的一个重要配套制度，它大力体现了国家建立社会保障基金保护弱势群体的政策。

---

❶ 王伟，王国金，张雪枚，李春. 机动车交通事故责任强制保险条例解读与案例指引［M］. 法律出版社，2006：57.

危化品行业安责险的现状考察及完善建议

侯春平❶

摘　要：2015 年 8 月 12 日，天津滨海火灾爆炸特大事故发生后，围绕着事故本身发生的原因，以及事故的责任，安全评价情况，股东情况的关注比较多，但是对事故发生后，事故救援和后续事故的处理以及赔偿问题，根据现有的报道和新闻发布会发布的情况来看，事故中对人员的救助，以及财产损失有的民众要求政府回购被损坏的房屋，天津市和滨海区作出不同的态度，从一开始的不会按照市场价格收购，到后来的区政府考虑收购，态度经历了一个大的转折，说明事前没有一个成熟的救济途径和渠道，本文从关注安全生产事故发生后，受伤人员的救助以及受损财物的赔偿的角度切入，进而对危化品行业推行安责险的必要性和现状进行考察，对如何发挥安责险在保护危化品行业安全生产的重要作用，对进一步预防事故的发生以及事故发生后如何发挥安责险的赔偿功能，进而对如何对危化品行业安责险的完善提供一些建议。

关键词：安责险；危化品；风险抵押金

自 2006 年开展试点工作以来，安责险得以稳步推进，在消除风险，保障人民群众生命财产安全等方面发挥着日益重要的作用。多年的实践证明，实行安责险有助于妥善处理事故处理和理赔问题，增强企业安全责任意识，充分发挥保险业经济补偿功能和"稳定器"作用，更有利于减轻政府管理压力和财政负担，发挥保险业辅助社会的管理功能。那么，在执行过程中，它还有哪些地方需要完善，哪些空间可以拓展呢？新的《安全生产法》明确提出，"国家鼓励生产经营单位投保安全生产责任险"。安全生产责任险作为一种商业保险，首次被写入法律中，具有很重要的意义。国家从 2006 年开始试点推行安责险以来，我国安责险的保障范围日益扩大，很大程度上

---

❶　［作者简介］侯春平（1977—　），男，山西平遥人，法学博士，现为华北科技学院法学系副教授，主要研究方向为刑事法、安全生产法。
　　［基金项目］中央高校基本科研业务费项目："安全生产法学创新团队"（编号 3142014015；3142015027）、中央高校基本科研业务费资助项目《安全生产的刑事法保护研究》（编号：3142014009）、"安责险"法律制度构建与适用研究（RW2013B02）的阶段性成果。

起到了分散政府和企业经济风险方面的巨大作用，下文就安全生产责任险推行的必要性进行考察，对安全生产责任保险的运行现状如何，各地的实践情况，以及目前遭遇的困境为何？以及进一步改进措施为何进行探讨。

一、安全生产责任险的历史发展

2006 年 6 月，国务院 23 号文《国务院关于保险业改革发展的意见》出台，提出"大力发展责任保险，健全安全生产保障和突发事件应急保险机制"。2006 年 9 月，国家安全监管总局及中国保监会印发了《关于推进安全生产领域责任保险健全安全生产保障体系的意见》，提出"探索推进将商业责任保险机制引入安全生产领域的方式和途径"等。2007 年国家安全监管总局及中国保监会先后在重庆市、湖北省、河南省、北京市和山西省进行了推进安全生产责任保险的试点工作。2009 年 6 月，国家安全监管总局组织召开了全国推进安全生产责任保险座谈会。此后，全国 19 个省份发文开展安全生产责任保险工作。2009 年 7 月，国家安全监管总局印发《关于在高位行业推进安全生产责任保险的指导意见》，原则上要求煤矿、非煤矿山、危化品、烟花爆竹等高危及重点行业推进安全生产责任保险工作。2010 年 7 月，《国务院关于进一步加强企业安全生产工作的通知》出台，要求"积极稳妥推进安全生产责任保险制度"。2013 年 5 月，国家安全监管总局通过招标，选择 6 家保险公司作为共保体，对烟花爆竹行业实行了全国统保。2014 年 7 月，国家安全监管总局召开了全国安全生产经济政策座谈会，要求积极推动安全生产风险抵押金向安全生产责任保险转换。

二、安责险产生的背景

安责险是国家保监会特批的专业险种，具有保费低、保险范围广、应急特征明显等优势。在国外，保险参与到安全生产并服务与安全生产工作的情形非常普遍，在我国却未能规范化发展，安责险的出现属于应运而生。

1. 原有的机制远不能满足生产安全的保障和善后事故处理

实际上，在安责险推行之前，我国先后制定和实施了以工伤保险和风险抵押金制度为主要内容的安全生产经济政策，但是随着经济社会的快速发展，二者的局限性也逐渐凸显出来。

首先，工伤保险的保障范围主要是从业人员的伤亡补偿，生产安全事故的紧急救援，善后处理和第三方人身财产损失的保障机制基本是空白，如不能得到妥善处置，很容易发生群体性事件，严重影响企业发展和社会稳定。再加上工伤保险赔偿与事故发生后实际赔付数额相比，仍有很大的差距，一旦出现缺口费用，最终还是由地方政府承担。

其次，国家出台了高危行业企业安全生产风险抵押金管理办法，规定企业缴存至财政专户的风险抵押金从 30 万 ~ 200 万元不等，而且只能用于事故救援和善后处理。以湖南省为例，湖南全省由 4 万多家高危行业企业，根据规定须缴存风险抵押金 150 亿元，如此巨额资金不能用于生产经营，对广大中小企业造成资金周转困难，资金使用效率降低。因此，绝大多数企业缴存积极性不高，实际缴存率比较低，湖南省的实际缴存率不到 2%。数量众多的中小企业一旦发生较大以上生产安全事故，特别是重特大生产安全事故，其缴存的 30 万元风险抵押金，远不能满足事故应急救援和善后等费用的基本需求，缺口费用往往转为政府承担。

综上所述，虽然风险抵押金能促进企业落实安全生产主体责任，并能有效化解事故风险。但是，其不足方面也比较明显，缴存标准不高，不能满足较大事故的善后处理需要；缺少激励约束机制；不能有效化解和转移企业发生事故后的风险；造成大量资金挤存占压，不利于企业盘活存量。

2. 安责险的优势

我国从 2006 年开始推行的安责险是以发生事故造成员工、第三方人身伤亡或财产损失时依法应承担的经济赔偿责任为保险标的的商业保险。安责险是由主险和附加险两部分组成，主险主要针对生产经营单位发生生产事故的应急救援费用、有关事故善后处理费用和第三方人身财产损失进行赔偿。附加险主要针对生产经营单位雇员死亡进行赔偿，供投保人购买安责险时自愿选择。安责险的施行不仅可以使企业转嫁经济赔偿风险，同时维护了事故伤亡人员的权益。

安责险和工伤保险与风险抵押金相比，有如下优势。

第一，盘活了企业生产资金，减轻了企业负担。湖南省绝大多数投保企业平均保费不到应缴存安全生产风险抵押金同期银行贷款利息的 40%，如此一来就将大量的风险抵押金盘活，进而缓解企业资金紧张的状况，促进企业生产经营。

第二，按照《企业安全生产风险抵押金管理暂行办法》规定，企业必须根据自身规模提供 30 万 ~ 200 万元不等的风险抵押金，且必须在接到核定通知书后 1 个月内一次性交纳风险抵押金。这给企业，特别是中小型企业造成了一定的资金压力。但从风险管理的角度来看，这个标准又太低。安责险将众多企业的保费归集起来，实行危化品安责险，意味着原来由公共财政负担的风险将改由保险市场机制来承担，利用市场化的风险消化机制，保障人民群众的切身利益。生产安全事故发生后，保险公司在承保范围内进行补偿，为政府和企业提供了一个新的弥补资金的来源。相对于风险抵押金而言，安责险启动机动，成本低。

第三，规范了保险市场，促进其健康有序发展。很多省份实行了"共保"模式，多家保险公司组成共保体共同承担风险，实现了保险公司集约化经营。保险公司和保险经纪公司依法从保费收入中提取一定比例的资金作为安全生产防灾防损经费，替代了过去的保险代理人收取的高额保险手续费，杜绝了保险市场权力寻租和无序竞争。

第四，通过建立防灾防损工作机制，将安全生产防灾防损经费专项用于安全生产宣传、教育、培训、安全检查、专家会诊、风险评估等事故预防性投入，帮助企业查找安全隐患，督促指导整改，防止和减少了事故灾害的发生，进一步完善和创新了安全生产社会化预防监督体系。

第五，实现了风险专业化管理与安全监管监察工作的有机结合。保险公司为了减少事故、减少赔偿，设计了一些激励约束相兼容的制度条款来引导企业提升本质安全的主动性和自觉性，可以通过费率浮动机制，促进企业主动加强安全生产工作；也可以提取一定比例的预防费用，用于事故预防；可以灵活选择保险额度，成为工伤保险的有益补充；可以解决第三方的责任问题；有效减轻政府负担。

实践证明，安责险在提高企业抵御事故风险能力、建立安全社会化风险防范机制、预防和控制事故发生、加快事故善后处理、维护社会稳定等方面发挥了积极作用。

三、安全生产责任险推行的现状

2006 年以来，因国务院 23 号文将安全生产和责任保险结合在一起。自安全生产责任险产生以来，由于国家安全监管总局和中国保监会联手推进安全生产责任险进行探索实践，从开始的 5 个试点省份开始，现在已经到 25 个省级统计单位均已推行安责险，从仅涉及一两个行业到覆盖所有高危行业，从几千家企业到十几万家企业投保，都离不开两部门的积极推动。

在推动安责险的过程中，各地在积极探索安责险与已有经济政策融合和转换。根据公开资料显示，海南省在全国首个实现了安责险全省统保。湖南省建立了安责险与安全生产风险抵押金"双规运行"模式，吸引了近 2 万家企业投保。山西省将安全生产风险抵押金以保险储金的方式交由保险公司管理，由保险公司为所有煤炭企业统一承保储金型安责险。

从 2006 年安责险开始推行以来，从零开始，已经开始见到成效，安责险的经济补偿功能日益显现。但是安责险毕竟推行时间短，作为安全生产与保险的首度联姻，虽然取得了一定的成绩，但是安责险在市场开拓、效用的发挥上，并非是一帆风顺的，在推行的过程中，普遍存在阻力大、行进难的现象。纵向比较，安责险确实实现了跨越式的发展，但是在责任保险领域，与其他的险种相比较，安责险无论从规模还是从投保率来讲，都是属于小字辈。近年来，地方各级政府安全监管部门对于推广安责险都很重视，保险公司也纷纷参与，期望能发挥更大的作用。但非常遗憾，由于缺乏强有力的法律和政策支持，企业的实际需求与投保率还存在很大的差距，企业投保的需求还须进一步激发。

例如2014年8月2日，江苏昆山中荣金属制品公司汽车轮毂抛光车间发射功能特别重大爆炸事故，造成了重大的人员伤亡和财产损失。事后发现，该公司仅是对房屋建筑物投保了财产综合险，对与员工利益非常密切相关的安责险等保险却并没有投保。这样的现象并不是少数，事实上，因为社会整体投保意识比较淡薄，许多企业存在侥幸心理，要么是拒绝投保安责险，要么只为危险岗位的员工投保。造成了安全生产事故发生后，很多伤亡的员工得不到有效赔偿。根据中国保监会的调查显示，在安责险推广的不错的江苏省，虽然已将安责险的保险范围拓展到机械制造、建筑施工等行业，但是实际上加工制造类企业在投保安责险等责任保险方面进展此类企业总数的15%。

四、安责险的 SWOT 分析

我国从2006年开始推行的安责险是以发生事故造成员工、第三方人身伤亡或财产损失时依法应承担的经济赔偿责任为保险标的的商业保险。与财产保险和人身保险相比，安责险的理赔并非只是承包人和投保人双方的事情，同时也要涉及受伤害的第三方，而最终的赔款也不归投保人所有，最终要支付给第三方。在这种情况下，在缺乏外部压力的情形下，企业作为趋利避害的想法，让他们去做暂时难见成效的事，主动花费大笔资金去投保安责险，难度还是不小的。安责险自推行以来，其经济补偿功能日益显现。❶ 根据统计数据显示，25个省级统计单位推行安责险，全国共有13.84万家企业投保，全国安责险保费51.2亿元，安责险赔付金额为12.5亿元。

安全生产风险抵押金制度是2004年国务院要求建立的安全生产三大经济政策之一，自实施以来对推动安全生产工作起到了一定的积极作用。目前，28个省级统计单位建立安全生产风险抵押金制度，全国抵押金缴存企

---

❶ 2014年9月22日，湖南醴陵南阳出口鞭炮烟花厂发生爆炸，多人死伤。事发后仅4天，平安产险湖南分公司便预付安责险赔款300万元。2013年山东保利民爆济南科技有限公司"5·20"特别重大爆炸事故发生后，人保财险山东分公司先行支付600万元安责险赔款，极大减轻了政府和企业的赔偿压力。2012年8月29日，四川攀枝花肖家湾煤矿发生特别重大瓦斯爆炸事故，48人死亡。人保财险四川分公司及时预付赔款，有力支持了善后工作的开展。

业共 7.3 万家，全国抵押金存储余额为 85.45 亿元，抵押金本金为 78.65 亿元。按照《企业安全生产风险抵押金管理暂行办法》规定，企业必须根据自身规模提供 30 万～200 万元不等的风险抵押金，且必须在接到核定通知书后 1 个月内一次性交纳风险抵押金。这给企业，特别是中小型企业造成了一定的资金压力。实行危化品安责险，意味着原来由公共财政负担的风险将改由保险市场机制来承担，利用市场化的风险消化机制，保障人民群众的切身利益。相对于风险抵押金而言，安责险启动机动，成本低。

虽然当下安责险也有其不足的地方，例如，各地发展不平衡，预防机制尚未有效建立；企业自愿投保意愿不强、投保率不高。但是和风险抵押金相比优势明显，可以通过费率浮动机制，促进企业主动加强安全生产工作；也可以提取一定比例的预防费用，用于事故预防；可以灵活选择保险额度，成为工伤保险的有益补充；可以解决第三方的责任问题；有效减轻政府负担。虽然风险抵押金能促进企业落实安全生产主体责任，并能有效化解事故风险。但是，其不足方面也比较明显，缴存标准不高，不能满足较大事故的善后处理需要；缺少激励约束机制；不能有效化解和转移企业发生事故后的风险；造成大量资金寄存占压，不利于企业盘活存量。

五、安责险推行过程中的困境

安全监管部门推行安责险的初衷是期望建立"安保互动"的良好机制，以此激励广大企业投保。

第一，险种宣传不够，亟待加强。在安责险的推行工作中，越来越多的企业认识到政府部门加强危化品企业监管的信心和决心，认识到它的与众不同，这也是全面推广安责险的新契机。但是，就目前的情况来看，仍有相当数量的企业对这一险种认识不足，如一些危险化学品经营单位。这些企业认为自身风险小或不存在风险，没有必要投保危化品安责险。更重要的是，这一险种对其来说与其他商业保险无异。有些企业虽然有较强的保险意识和法律意识，但是因为已经投保其他商业保险，而且所投保险也包含了对第三方的赔付事宜，所以不愿再投保危化品安责险。这类企业数量较多，是危化品安责险可拓展的一大空间。所以保险公司应采取有效措施，加大危化品安责险的宣传力度，让更多的企业了解、熟悉这一险种。

第二，目前推广安责险存在一定的困境，保险公司公司缺乏安全技术人才、风险管理比较单一，这是普遍存在的现象。因此，保险公司一般只是充当了事后损失赔偿的角色，而在事故预防方面的作用比较小。

一方面，投保企业少的情况下，保险公司很难利用大数据法则开展风险管理；另一方面，在无法分摊成本的情况下，保险公司的费率很难往下调，差别费率的激励作用比较有限，事实上进一步抑制了投保需求。

从2006年安责险问世以来，关于是否应该将安责险变成强制性保险，一直存在争论。就目前的制度设计情况来看，缺乏强制推行的法律依据和完整的制度体系，虽然在十二届全国人大常委会第十次会议分组审议《安全生产法修正案（草案）》时，审议人员针对安责险是否应强制推行，曾有过相当激烈的争论。最终，审议认为，在全面深化改革的大背景下，加强安全生产工作必须要妥善处理好政府监管与发挥市场机制作用的关系，应尽可能发挥市场的调控作用，而不是给企业增加法定的负担。因此，在2014年12月1日施行的《安全生产法》增加了对安责险国家鼓励投保的要求，而没有体现强制性投保的内容。

第三，理赔程序不统一，导致一些企业认为安责险"投保容易理赔难"，从而影响到企业的投保积极性。

目前，企业投保安责险主要是源于安监部门的积极推动，而且该险种具有保费低、保额高的特点，从经济效益角度考量，安责险会受到企业的青睐。实际上，按照保险行业的有关规定，安责险必须在安监部门出具事故调查报告、认定责任后，才可以理赔。但是，对于一些复杂的安全生产事故来讲，事故的调查往往不是短时间能完成的，因此很难实现对事故企业及时迅速地进行赔付，这也造成了企业抱怨安责险"理赔手续复杂"的原因。

第四，很多省份依托安监部门推广安责险，安责险的发展速度取决于安监部门的推动力度。但是，"安保互动"尚未形成良性循环，目前"安保互动"主要有隐患排查和开展安全培训。实践中，保险公司想尽一切办法开展隐患排查活动，但是过多的检查给企业带来负担，企业也担心检查过程中如果发现安全隐患，安监部门会做出处罚措施，还有可能被停产停业，企业对于这种方式的互动方式的积极性不太高。

六、应对措施

第一，加强安责险的宣传和推进工作。利用有效的经济手段，把推进安责险与开展安全监管工作紧密结合起来。目前可以实现安责险和安全生产风险抵押金双轨制，即投保安责险的可以少缴或不缴安全生产风险抵押金，投保安责险可以作为安全生产许可的参考条件；保费除按规定支出外，可从企业提取的安全费用中列支；充分发挥保险费率的价格杠杆作用，建立与被保险企业安全生产标准化达标、安全文化示范企业创建及历年事故等情况相挂钩的费率浮动机制。有的地方试点工作做得比较好，例如山东省把安责险工作推进情况作为对市、县安全生产工作和金融生态环境建设考评的重要依据，对工作做得好的市、县和承保公司给予表彰奖励。

第二，做好第三方的承保风险评估和现场安全技术服务，第三方技术服务作保障，专业化的服务提升了安责险的品质，第三方技术服务可以增进政府与企业的沟通与互动。承保公司可以和当地的具有安全专业服务人员的机构合作，签订安全服务协议，由专业机构派出安全专家与保险公司人员组成联合服务小组，进企业、查风险、做诊断同时，安监部门要派出分管化工安全的人员全程参与风险诊断服务。❶ 本着"谁承保、谁检查、谁服务"的原则，有重点地开展工作，建立企业风险档案，落实好安全生产知识培训和安全隐患的排查工作。争取做到：承保前，保险公司可以提供风险隐患排查及验险报告，指出承保标的存在的安全隐患；保期内，利用公司的专业队伍，结合承保理赔经典案例，同时聘请风险诊断专家，为企业提供风险培训及隐患排查服务，提高企业风险防范能力。争取让企业做到预防为主将安全生产工作的关口前移，切实提高企业安全管理水平，进而有效防止事故的发生，降低企业损失的同时，也降低了保险公司承保的风险。

第三，明确理赔要求，规范理赔程序。针对安责险理赔程序不统一导致的企业投保积极性不高的现状，在山东的一些地方开始推行快捷的理赔方式，以满足企业的需求。即企业发生安全生产事故后，只要安监部门初步认定是责任事故，保险公司就可以预付部分赔款。但是对这样做法有的保险公司也有不同的看法，如果事故调查结果认为不是安全生产责任事故预付款如何处理就成为问题，因此有的保险公司严格按照安监部门出具的事故调查报告办理，而不采取预付的方式。

第四，进一步完善"安保联动"机制，加强安监部门和保险公司的互动合作，在"安保联动"机制中，政府全力推进是关键，要充分利用培训、会议的机会，通过政策解读、制作各类安责险宣传单等形式，加大对企业的宣传力度，增进其对安责险的了解。安监部门可以将缴纳风险抵押金或投保危化品安责险作为企业换发相关证照的前置条件之一，并对换证企业是否续保进行监督检查。对一些不投保也不缴纳风险抵押金的企业，安监部门应严格按照有关规定，对其进行管理和监督。

第五，把安责险、工伤保险结合起来，推动抵押金向安责险转换，研究建立安责险行业差别费率和企业浮动费率机制，是完善安全生产经济政策的理想选择。加强安责险与其他保障机制的衔接工作，最大程度减少企业的损失，减少安全生产工作中人员保护的盲点，增加保护的范围，达到安责险的全覆盖。安责险是工伤保险的有效补充，安责险可以对实习生、临时工等未

---

❶ 人保财险山东分公司与济南市的一家安全管理咨询公司签订了安全服务协议；上海市安信农业保险股份有限公司委托上海市化学化工学会，承担第三方的承保风险评估和现场安全技术服务。

投保工伤保险的人员给予赔偿；可以在最短时间内为事故受害者提供救助；可以给予事故受害者一次性赔偿，弥补工伤保险额度有限的不足；赔偿由投保人负担的应急救援费用。

《安全生产法》中的保险制度研究

潘　婧❶

摘　要：2014 年 12 月 1 日，新《安全生产法》正式施行，其中关于安全生产责任保险制度的规定是一大亮点。20 世纪 50 年代，我国就规定了工伤职工享受工伤保险的权利。随着改革开放的深入发展，已有的工伤保险模式已经不能够适应实践的变化，迫切需要借鉴其他国家的有益经验，将商业保险与工伤保险结合，给予职工更加全面的保护。

关键词：社会保险；工伤保险；责任保险；安全生产责任险

新中国成立伊始，我国就在立法中赋予了工伤职工享有工伤保险的权利。1951 年，《劳动保险条例》出台。1957 年，中国将职业病纳入保险范围。2002 年 11 月 1 日起施行的《中华人民共和国安全生产法》（以下简称《安全生产法》）明确规定了生产经营单位有义务参加工伤保险，为从业人员缴纳保险费。2014 年 12 月 1 日起施行了新修改的《安全生产法》，在工伤保险之外加入了国家鼓励单位投保安全生产责任保险的内容，属于一大进步。

一、责任保险制度的内涵

责任保险是指以致害人（被保险人）对受害人（第三者）依法应承担的民事损害赔偿责任或经过特别约定的合同责任作为承保责任的一类保险，当被保险人依照法律需要对第三者负损害赔偿责任时，由保险公司代为赔偿损失。责任保险作为财产险，根据内容不同又分为公众责任保险、产品责任保险、雇主责任保险、职业责任保险和第三者责任保险，对于分散风险和补偿损失起到非常重要的作用。

责任保险与社会保险不同。责任保险属于商业保险，而社会保险是社会

❶　［作者简介］潘婧（1980—　　），女，安徽人，华北科技学院讲师，研究方向：国际经济法、安全生产法。

［基金项目］中央高校基本科研业务费项目："安全生产法学创新团队"（编号 3142014015；3142015027）、中央高校基本科研业务费资助项目《安全生产的刑事法保护研究》（编号：3142014009）、"安责险"法律制度构建与适用研究（RW2013B02）的阶段性成果。

保障制度的重要部分，是国家和用人单位依照法律规定或合同约定，为丧失劳动能力、暂时失去劳动岗位或因健康原因造成损失的人口提供收入或补偿的一种社会和经济制度。社会保险的一大特性就是具有法律的强制性，即社会保险的对象、范围、条件及待遇标准，一般都由法律法规明确规定，任何用人单位不得擅自降低或者取消职工的保险待遇；国家对职工享有的各项社会保险待遇，予以强制性保护，所有属于保险范围内的用人单位都必须参加社会保险，缴纳保险费，否则就要承担相应的法律责任。

　　在经历了传统的海上保险、火灾保险、人寿保险后，现代保险业处于责任保险蓬勃发展阶段。1880年，英国颁布《雇主责任法》，当年即有专门的雇主责任保险公司成立，美国1889年出现了雇主责任保险公司。随后，商品经济快速发展，民事赔偿事故层出不穷，法律制度逐步健全使得公众法律意识提高，20世纪70年代以后责任保险在工业化国家迅速得到发展，一是各种运输工具的第三者责任保险得到了迅速发展；二是雇主责任保险成了普及化的责任保险险种。20世纪90年代以后，许多发展中国家逐渐重视责任保险。而对于责任保险的性质，根据保险模式不同分为强制性保险和非强制保险，如机动车第三者责任保险、环境责任保险等实行强制责任保险模式。强制责任保险属于国家法定保险，带有社会保险的性质，虽然在功能上类似于社会保险，但是又区别于社会保险。英国和美国在19世纪末20世纪初开始采取强制手段并以法定方式承保汽车第三者责任保险。

　　在安全生产领域，社会保险和商业保险并重，是大多数国家的通行做法。我国目前已经建立的社会保险制度包括养老保险、失业保险、医疗保险、生育保险以及工伤保险等，而责任保险尚未真正进入安全生产领域，雇主责任险等强制责任保险尚未得到普及和推广。虽然我保障职工合法权益、分散用人单位事故风险和促进安全生产工作方面，已有的工伤保险制度发挥了不可忽视的作用。但是，作为社会保险，其在运作机制、资金利用效率、对安全生产工作的促进等方面，也存在着很多问题。例如，由于生产安全事故频繁，赔付率较高，多数煤矿、危险化学品等高危企业尚未纳入工伤社会保险统筹等。社会保险存在的种种问题亟须商业保险来弥补。

二、安全生产法中的保险制度及不足

　　工伤保险是与生产经营单位的安全生产工作关系最密切的一种社会保险，又称为职业伤害保险。工伤保险是指职工在劳动过程中发生生产安全事故以及职业病，暂时或者永久地丧失劳动能力时，在医疗和生活上获得物质帮助的一种社会保险制度。

（1）工伤保险制度

2003 年，国务院制定公布了《工伤保险条例》，2010 年进行了修订。根据修订的《工伤保险条例》，中华人民共和国境内的企业、事业单位、社会团体、民办非企业单位、基金会、律师事务所、会计师事务所等组织和有雇工的个体工商户应当依照本条例规定参加工伤保险，为本单位全部职工和雇工缴纳工伤保险费。

在安全生产领域，工伤保险具有重要地位，因为即使采取了各种严密的安全防范措施，也不可能完全杜绝生产安全事故的发生，而在事故发生后，对受到伤害的人员的救治以及生活保障将是一笔十分庞大的费用，这笔费用如果完全由发生事故的单位承担，对其无疑是一个沉重的负担，不利于其恢复生产，有些中小企业更是因为负担不起而破产倒闭，使受到伤害甚至死亡的劳动者及其家属的生活得不到保障。工伤保险正是通过发挥全社会的力量来解决这一问题。

我国的工伤保险制度还存在以下不足。

一是效力级别较低。2003 年国务院出台《工伤保险条例》，废除了1996 年劳动部发布的两个部委规章，随后于 2011 年对《工伤保险条例》进行了修改。目前，世界各国大都把工伤保险单独立法，而我国现行立法仍处于行政法规层次，不能适应实践的快速发展，今后应由全国人大及其常委会通过制定单行法的方式进行完善。❶

二是覆盖范围较窄。我国《工伤保险条例》并没有界定工伤的概念，列举了属于工伤保险范围的十种情形，范围较窄。更重要的是，农民工实际参保比例很低。据统计，2009 年度全国农民工总量为 22978 万人，其中外出农民工 14533 万人，❷ 职业分布多为建筑业和制造业，即发生职业伤害风险较高的劳动密集型行业。虽然国家通过法律明确规定了工伤保险为强制保险，但事实上执行效果不理想。

三是不能充分发挥工伤预防功能。目前我国工伤保险制度在发挥工伤预防方面还存在一些问题。虽然修订后的《工伤保险条例》加强工伤预防，决定将工伤预防费用增列为工伤保险基金支出项目，主要用于工伤预防的宣传、培训，保证专款专用。但是《工伤保险条例》对工伤预防方面的内容涉及不多，仅有第一条、第四条、第十二条等三处提及了工伤预防，导致我国的工伤保险可能成为消极补偿模式。另外，根据条例规定由国务院社会保险行政部门主管全国的工伤保险工作，而从国务院机构职能设置来看，国家

---

❶ 郑尚元. 工伤保险法的法律地位［J］. 中国社会保障，2003（10）.
❷ 陆纯. 六成农民工未签订劳动合同［N］. 北京青年报，2010 - 03 - 20.

安全生产监督管理局（国家煤矿安全监察局）是综合管理全国安全生产工作的行政机构。在工伤预防管理问题上，这两个部门存在职能交叉，导致社会保险行政部门难以充分发挥工伤保险的事故预防作用。

（2）安全生产责任保险制度

新《安全生产法》引入了责任保险制度，在第 48 条明确规定："国家鼓励生产经营单位投保安全生产责任保险。"与旧法相比，这样修改的目的是发挥商业保险在事故预防、救援以及赔付第三方人员伤亡等方面的作用，作为工伤社会保险的有益补充。

安全生产责任保险具有其他保险所不具备的特殊功能和优势。一是有助于减轻政府负担，维护社会稳定。实践中，一些企业尤其是小企业在发生生产安全事故后，不能为受害者提供足够的经济补偿，引发了严重的社会问题。而投保了责任保险可以在企业无力承担补偿的情况下将责任转移到保险公司，避免了政府动用财政资金补偿受害者的现象，有效保障人民群众的切身利益，有效调动团结、稳定、和谐的积极因素。

二是能够充分调动企业安全生产的积极性和主动性。实践中，可以采用有差别的保险费率，区别安全基础水平、风险水平、职业伤害频率实行不同的费率。对安全措施得力、事故减少、赔付下降的企业，以降低保险费率作为奖励；反之则以提高费率作为惩罚。

三是加大对企业的安全生产监督。保险公司出于自身利益考虑，会有重点、有针对性地对投保企业进行安全监督检查，提出改进工作的措施，积极推广安全性能可靠的新技术和新工艺。事故发生后，保险公司对事故的调查也是对企业的一种监督。通过调查，不仅可以划分责任，还可以查找出企业安全生产工作的差距，促使企业加强安全管理，防止同类事故的再次发生。

我国目前的安全生产责任险存在如下不足。

一是未确定其法定责任保险制度的地位。在美国、日本、德国、瑞士等国家，责任险的发展依靠建立法定责任保险制度来加以推动，即从事特定活动而可能承担损害赔偿责任的主体必须依据法律规定购买相应的责任保险。虽然我国在 2014 年修订的《安全生产法》中提出了鼓励企业自愿投保安全生产责任险，然而由于种种原因，并没有确定安全生产责任保险的强制性，远不能适应社会和形势发展的需要。今后，有必要借鉴其他国家的经验，大力推行法定责任保险制度，进一步完善公众权益保障机制。

二是政策措施不完善。《安全生产法》对于安全生产责任险的规定是原则性的，没有更为细化的配套措施。实践中，企业为了追求更低的成本以及更高的利润，往往逃避投保工伤保险等强制性的社会保险，而对于非强制性的保险更是甚少关注。鉴于《安全生产法》仅仅原则性地规定企业可以自愿投保安全生产责任险，并没有出台相关的细化措施，如税收优惠政策、费率机制等配套规定，使得企业难以很快接受此种商业保险。今后，应加快出台关于安全生产责任险的配套规定，吸引更多的企业投保。

三是企业投保责任保险意识差。据国际劳工组织公布的统计，我国工矿企业 10 万从业人员事故死亡率约为发达国家的 2 倍。与生产安全事故的高发形成鲜明对比的是我国企业投保责任保险的比例很低。在国外一些发达国家，责任保险占财产保险业务的 30% 左右。而在北京、兰州、郑州等地的大型商场调查显示，90% 以上的经营者没有投保公众责任保险。2004 年 2 月 5 日，北京密云密虹公园元宵灯会因一游人在公园桥上跌倒，引起身后游人拥挤，造成踩死、挤伤游人的特大恶性事故，死亡 37 人，受伤 15 人，❶而主办方没有购买公众责任险，折射了企业经营者安全生产意识、保险意识较差。新《安全生产法》虽然规定了鼓励企业投保安全生产责任险，但是如何更好地促进企业在投保责任保险上的积极性和主动性，仍需更多考虑。

三、德国工伤保险制度对中国的启示

国外的工伤保险制度虽然存有差异，但都经历了类似的发展历程。共性在于维护社会稳定，为劳动者提供较好的保障。其中，在安全生产领域，德国的工伤保险制度最为成熟。

1. 德国工伤保险制度的发展及特点

早在 1884 年，德国就通过立法颁布了《工伤保险法》，建立了无责任保险制度。德国建立此制度有着深刻的社会背景，当时的整个欧洲社会动荡，德国也不例外，劳资关系恶化导致社会不稳定，但是，与其他国家政府不同，德国政府认识到政府、雇主和工人之间的和谐非常重要，加大了对安全生产的重视，通过为工伤劳动者提供保障极大降低了社会不安定因素，因此也获得了极大的发展。❷ 通过多次修改，德国于 2008 年出台了新修订的《工伤保险法》，主要对组织机构、管理及资金来源做出了改革。❸

在 1884 年之前的德国，由于没有确立无责任保险制度，而雇工受伤要从雇主那里获得赔偿的前提就是雇主承认自己有过错，因此就出现了雇主和雇工相互推诿责任的现象。因此德国人设计了一种无责任保险机制，不需要证明有无责任就能够进行赔偿。从而更好地保护了雇工利益，也避免雇主承担过多的责任，免除了其受到过失指责。基于此种原理的保险在美国、加拿

❶　http://www.people.com.cn/GB/shizheng/1026/2322664.html.
❷　郑尚元. 中德工伤保险法律制度比较［J］. 法学杂志，1996（4）.
❸　https://de.wikipedia.org/wiki/Unfallversicherungsmodernisierungsgesetz.

大以及欧洲的大部分地区都会见到，只是在某些国家做了些调整。❶

作为世界上第一个建立工伤保险制度的国家，德国的工伤保险制度有几个显著的特点：一是工伤保险经办机构独特。德国工伤保险经办机构分为三大类：公共系统的工伤保险经办机构、农业同业公会、工商业同业公会。根据 2008 年修订的《工伤保险法》，德国调整了工伤保险经办机构的数量，截至 2011 年，德国共有 45 家工伤保险经办机构，其中工商业同业公会是德国最大和最重要的工伤保险经办机构，包括了 9 家同业公会，参保的工商企业达 300 万家，参保人数 4217 万人。❷ 工商业同业公会是公司法人，依法实行自治管理，雇主和雇员享有平等的决策权。

二是预防为主。德国的《工伤保险法》在 1997 年就被纳入德国社会法典。❸ 德国社会法典第七章第 1 条规定了工伤预防是工伤保险机构首要的使命与任务："同业公会应该使用一切适当的方法防止工伤事故、职业病以及由于工作原因对健康造成的损害，查明工伤事故发生的原因，保障在事故发生时有效的急救措施，减轻工伤事故和职业病所导致的后果。"同业公会每年从工伤保险基金中提出大约 10% 的资金用于事故预防工作，同时采用浮动费率机制，工伤保险费率在不同行业之间相差很大，平均费率最低的是造纸与印刷业，为 0.71%，平均费率最高的是建筑业、矿业，为 8%。每一个同业公会都确定了各自的企业风险等级表，以区别对待。即使处于同一风险等级的企业，彼此之间缴费相差幅度也可达到 25%，很大程度上促进了企业安全生产积极性和主动性的提高。随着实践的发展及现代产业结构的调整，2008 年新修订的《工伤保险法》提高了服务业的费率，降低了工业的费率。❹

三是康复优于补偿。德国的工伤康复包括三部分：医疗康复、职业康复和社会康复。结合德国的实践可以看出工伤康复可以降低社会总成本，不仅具有良好的社会效益，而且也具有较好的经济效益。

2. 我国安全生产责任保险制度的完善

（1）完善相关法律法规

①提高工伤保险立法等级

我国的工伤保险只有 2012 年 12 月 1 日起施行的《工伤保险条例》，由于条例的约束力远远没有全国人大通过的正式法律的约束力大，因此，要扩

❶ 刘吉欣. 德国工伤保险制度及启示［J］. 山东劳动保障，2006（10）.

❷ https：//de. wikipedia. org/wiki/Gesetzliche Unfallversicherung in Deutschland.

❸ https：//de. wikipedia. org/wiki/Unfallversicherungsmodernisierungsgesetz.

❹ Ibid.

大我国工伤保险覆盖，提升工伤保险立法地位，还需要借鉴德国等国家的做法，加快工伤保险的立法进程，尽快制定一部较为完善的工伤保险法。

②建立健全强制责任保险法律法规体系。建议在国家层面启动涉及公共安全、公众利益和社会需求较为迫切的强制责任保险险种的立法工作，相关政府部门和地方政府可结合各自实际情况，选择一个或若干险种进行部门性和地方性的立法，兼顾强制责任保险立法的原则性和灵活性，为责任保险制度的全面建立奠定基础。

（2）推进农民工工伤保险

①提高农民工参加工伤保险的比例。随着城镇化的推进，农民工进城打工人数越来越多，绝大多数都没有加入工伤保险，如果这部分人在发生了生产安全事故后得不到保障，将引起社会动荡，不利于维护社会秩序。工伤保险能够为农民工提供包括工伤预防、工伤补偿和职业康复在内的较为全面的保障，因此要督促使雇用农民工的用人单位按照《工伤保险条例》的规定参加工伤保险，也可以选择其他商业保险作为补充，这样既能解决农民工遭遇工伤后的赔偿问题，减轻企业的赔偿压力，也能降低政府的财政负担。

②建立农民工工伤保险账户自由转移制度。我国社会保障制度实行的是地区统筹，农民工的流动为其社会保障账户的转移带来很大困难。应尽快实行农民工工伤保险全国统筹，建立农民工工伤保险跨省区转移机制，从根本上解决因农民工流动性而造成的社会保险关系难以转接的问题。❶ 从而更好地维护社会稳定，保护农民工的合法利益。

（3）提高对工伤预防和工伤康复的重视

在我国现阶段，工伤保险制度主要是规定了如何在职工工伤后进行较为完备的补偿，对于预防和康复这两项德国工伤保险制度中的特色做法没有进行吸收借鉴。今后，应顺应工伤保险制度发展趋势，结合我国实际，完善工伤预防和工伤康复的相关内容。

①设置专门的预防机构

科学合理的预防机构是工伤预防工作的组织保障，应借鉴德国的做法，在工伤保险经办机构内部设置专门的工伤预防机构，由安全生产和工伤保险领域的专家组成。主要职责是对企业工伤预防规章制度的执行情况进行监察监督，开展工伤预防的宣传教育和培训，提供安全技术咨询等。

②确立费率浮动机制

《工伤保险条例》在第八条和第九条规定，国家根据不同行业的工伤风险程度确定行业的差别费率，并根据工伤保险费使用、工伤发生率等情况在

---

❶ 夏波光. 中国的工伤保险可以更好 ［J］. 中国社会保障，2010（1）.

每个行业内确定若干费率档次。行业差别费率及行业内费率档次由国务院社会保险行政部门制定，报国务院批准后公布施行。国务院社会保险行政部门应当定期了解全国各统筹地区工伤保险基金收支情况，及时提出调整行业差别费率及行业内费率档次的方案，报国务院批准后公布施行。虽然立法上有了原则性的规定，但是仍需要各地进一步完善具体办法。目前各国采用的主要是浮动费率机制，今后，应建立工伤保险费率与工伤发生率挂钩的机制，对于事故多发的企业提高费率，相反降低费率，提高企业做好事故预防的积极性和主动性，凸显了工伤保险在安全生产中的积极作用。

③开展工伤预防的宣传教育培训工作

宣传教育是预防工作的重要手段。德国同业公会提供最全面的劳动安全培训。目前，只是工商业同业公会就拥有 36 个培训中心，每年培训 35 万人。培训费用由工伤保险基金支付。❶ 我国工伤事故多发、工伤保险参险人员少等现象除了客观原因外，思想认识不够、主观能动性不强也是主要因素。今后应借鉴德国的做法，由工伤保险经办机构定期组织企业和相关人员，运用多种形式进行宣传教育和培训。

④逐步完善工伤康复的规定

今后我国应借鉴德国的做法，进一步加强对工伤康复政策和相关标准的研究，积极开展工伤康复试点工作，逐步探索建立适合我国国情的工伤康复制度，并在立法中进行明确规定。

（4）工伤保险与商业保险相结合

①积极推行雇主责任险。实践中，小企业由于技术设备落后、生产安全意识差、管理制度不健全，相比较大型企业来说事故多发，成为安全生产领域最为突出的矛盾。尤其是在发生重特大事故后，一些小企业主东躲西藏，把抢险救灾责任推给地方政府，使得政府无力负担。在小企业推行工伤事故雇主责任保险，有利于维护职工的合法利益，降低政府的财政投入，强化企业主的安全意识。

②大力发展商业性工伤事故同业保险。借鉴德国工伤保险同业协会的模式，在生产安全事故多发等高危行业，探索发展工伤事故同业保险。建立具有社团法人资格的基金管理和经办机构，设立行业性工伤保险基金，将基金用于工伤预防、医疗康复和事故伤害赔偿等支出。

③进一步推动安全生产责任保险

责任保险是以市场化的方式辅助社会管理的一个重要手段，对于那些关系国计民生的责任保险，政府采取强制责任保险的方式来推动实施。自从

---

❶ Bundesministerium für Arbeit und Soziales, bericht über das Sozialrecht, Nürnberg, 2011.

2004 年《道路交通安全法》将机动车第三者责任保险规定为强制保险，今后，各种不同类型的责任保险将参与到辅助社会管理的各个领域。《国务院关于进一步加强企业安全生产工作的通知》《国务院关于坚持科学发展安全发展促进安全生产形势持续稳定好转的意见》《国务院关于保险业改革发展的意见》等文件都对高危行业企业推进安全生产责任保险作出规定。实践中，有些中小企业安全风险大，如烟花爆竹生产企业，从业人员基本是农民工，季节性强，流动性大，企业难以与从业人员签订劳动合同，一旦发生生产安全事故，往往厂毁人亡，造成群死群伤，伤亡人员难以得到救治和应有补偿，为了改变"企业赚钱、职工受罪、政府埋单"的现象，《安全生产法》规定，国家鼓励生产经营单位投保安全生产责任保险，意味着目前来说，投保安全生产责任险是自愿性的。安全生产责任保险作为一种商业保险，可以起到帮助企业进行事故预防、风险控制和辅助管理的作用，一旦发生生产安全事故，由第三方赔付、应急救援。根据目前我国的实际，部分地区正在尝试推进安全生产责任保险。今后，应该通过采取财政补贴、税收优惠等措施，为责任保险提供政策支持。切实降低保险企业的经营成本，积极引导保险企业开发责任保险产品。根据企业保险事故发生频率提供不同的税收优惠待遇，有效减轻企业负担，提高企业投保的积极性和主动性。随着我国社会经济和法制的发展，在适当的时候可以采用机动车第三者责任险的做法，将其上升为强制性的责任保。

全员安全风险抵押金之制度价值及其规制

邹骏妍[1]

摘　要：高危企业行业已普遍运用全员安全风险抵押金控制生产安全事故之发生，但实务界和理论界对全员安全风险抵押金的合法性有不同的认识。全员风险抵押金具有存在的制度价值，但其弊端也很明显。《劳动合同法》第9条能够在一定程度上控制其弊端，但我国更应该构建全员安全风险抵押金法律制度。随着我国立法步伐的加快，需要及时修法并对相关法律、部门规章进行清理，以保持法律制度的一致性和协调性。

关键词：全员安全风险抵押金；制度价值；规制；法律清理

一、问题的提出

实践中比较常见的风险抵押金有经营风险抵押金、企业安全生产风险抵押金以及全员安全风险抵押金。司法实务界和理论界认为，劳动者通过提供劳动获取劳动报酬，是企业的雇员，不是企业的所有人，不应分担经营企业的商业风险。因此，公司向项目经营人收取的经营风险抵押金应为无效。[2]企业安全风险抵押金事关生产安全大局，为此《国务院关于进一步加强安全生产工作的决定》（国发〔2004〕2号）第18条要求建立企业安全生产风险抵押金制度。为贯彻实施国发〔2004〕2号文，中华人民共和国财政部、国家安全生产监督管理总局于2005年12月14日联合颁布了《煤矿企业安全生产风险抵押金管理暂行办法》，明确要求煤炭企业依法缴纳风险抵押金。2006年7月26日，财政部、国家安全监管总局与中国人民银行联合颁布了《企业安全生产风险抵押金管理暂行办法》将风险抵押金的适用范

---

❶　［作者简介］邹骏妍，北京交通大学法学院2015级硕士研究生。

［基金项目］中央高校基本科研业务费项目："安全生产法学创新团队"（编号3142014015；3142015027）、中央高校基本科研业务费资助项目《安全生产的刑事法保护研究》（编号：3142014009）、"安责险"法律制度构建与适用研究（RW2013B02）的阶段性成果。

❷　杨颖辉．"风险抵押金"有风险［N］．中国劳动保障报，2010-06-08．

围进一步扩大到矿山（煤矿除外❶）、交通运输、建筑施工、危险化学品、烟花爆竹等行业或领域。此外，各地方人民政府也纷纷出台相关规定规范企业安全风险抵押金制度。可见，至少从法律层面的角度看，它存在的法律依据非常充分。❷ 全员安全风险抵押金是生产经营单位为保障生产安全之目的的实现，依据不同岗位员工承担的安全生产风险的大小，向全体员工收取的生产安全保证金。目前，煤矿等高危企业都已经开始实行全员安全风险抵押金制度。如果我们"百度"一下，就会很轻易地发现用人单位向劳动者收取安全风险抵押金的实例比比皆是，甚至有企业通过制度的形式明确全员安全风险抵押金。例如，大多数煤矿企业都采取了全员安全风险抵押金，职工要按照级别、岗位等向企业缴纳几百元不等的风险抵押金。再如，包钢决定施行安全生产绩效风险抵押金奖惩制度，将安全绩效与安全生产管理人员的收入长期相连。❸ 与企业争相采用全员安全风险抵押金之火热场面相比，立法机关对该问题则反应比较迟缓。《国务院关于进一步加强企业安全生产工作的通知》（国发〔2010〕23号）第22条规定："高危行业企业探索实行全员安全风险抵押金制度。"为高危企业实施全员安全风险抵押金制度指明了方向，也明确了全员安全风险抵押金制度存在的政策依据。地方各级人民政府、安全生产监督管理部门出于对安全生产工作的重视，也对全员安全风险抵押金制度采取了积极的态度，甚至明确提出高危企业应实行"全员安全风险抵押金制度"。例如，《重庆市人民政府关于进一步加强企业安全生产工作的意见》（渝府发〔2010〕93号），第2条明确规定："进一步强化法定代表人（实际控制人）第一责任人责任和班子成员'一岗双责'责任制，高危行业（领域）全员安全风险抵押金制度和安全绩效工资制度，安全绩效工资原则上不低于员工收入的20%。"但国发〔2010〕23号文是一个政策性文件，尚不具备法律效力，而地方人民政府之规定不具有全国范围内的普遍法律效力，人民法院不能以此作为认定全员安全风险抵押金制度有效的根据，人民法院根据《劳动合同法》第9条之规定，❹ 对全员安全风险抵押金则采取了另外一种态度，认为员工缴纳风险抵押金的行为是一种单务

❶ 《企业安全生产风险抵押金管理暂行办法》第20条规定："煤矿企业按照《财政部、国家安全生产监督管理总局关于印发〈煤矿企业安全生产风险抵押金管理暂行办法〉的通知》（财建〔2005〕918号）相关规定执行。"

❷ 企业安全生产风险抵押金在实践中存在很多难以克服的困难，其实际效果并不好，本人已经在《企业安全生产风险抵押金制度当废》《煤矿企业安全生产风险抵押金废止论》两篇文章中对我国的企业安全生产风险抵押金制度的存废问题进行了研究。

❸ 王平. 包钢施行安全生产绩效风险抵押金制度 [N]. 中国冶金报，2011-03-31-A04版。

❹ 《劳动合同法》第9条规定："用人单位招用劳动者，不得扣押劳动者的居民身份证和其他证件，不得要求劳动者提供担保或者以其他名义向劳动者收取财物。"

行为，难有员工自愿缴纳风险抵押金的情形，企业向员工收取全员安全风险抵押金的行为无效。例如，北京市第二中级人民法院在舒世良诉北京城建五建设工程有限公司风险抵押金案（〔2009〕二中民终字第 18718 号）中认为"该类收取风险抵押金的行为无效"。❶ 因司法实务界与政府机关对全员安全风险抵押金有效性的不同认识，学术界对全员安全风险抵押金的有效性展开了一些研究。有的学者认为，全员安全风险抵押金是有效的；❷ 有的学者则认为，全员安全风险抵押金是无效的。❸ 客观地讲，全员安全风险抵押金之存在尚无非常明确的法律依据，法学界对全员风险抵押金的研究重点集中于其是否有效，但全员安全风险抵押金是否具有存在的制度价值，该制度是否存在弊端以及如何克服等问题尚有进一步深入研究的必要。

二、全员安全风险抵押金的制度价值

一项制度之所以能够存在，是因它具有价值。但并不能由此得出"凡是存在的，就是合理的"结论。已经被很多企业采纳的全员安全风险抵押金是否有存在的制度价值将决定它能否在立法上加以确认。很多生产经营单位尤其是高危行业的生产经营单位实施全员安全风险抵押金制度，其目的就是实现全员安全风险共担，更好地调动广大职工的工作积极性，不断增强他们的安全意识，最大限度地消除各种安全隐患，防止安全事故的发生。❹ 所以，我个人认为，全员安全风险抵押金制度具有如下几个方面制度价值：

1. 全员安全风险抵押金有利于实现管理方式的现代化

现代企业管理制度围绕资本的经营展开，而资本经营的核心则是"安全"。所以，安全是现代企业管理制度的重中之重。生产安全属于资本安全的重要内容。我国《安全生产法》第 17 条规定，生产经营单位的主要负责人对本单位安全生产工作负有建立、健全本单位安全生产责任制的职责。《北京市安全生产条例》❺ 等地方性法规进一步规定，生产经营单位的安全生产责任制应当明确各岗位的责任人员、责任内容和考核要求，形成包括全

---

❶ 舒世良诉北京城建五建设工程有限公司风险抵押金案。一审：（2009）朝民初字第 19648 号；二审：（2009）二中民终字第 18718 号。

❷ 代海军. 如何"押"住风险——煤炭企业推行全员安全风险抵押金制度问题探讨［J］. 现代职业安全，2012（11）. 黄勇. 实行安全风险抵押金制度是施工企业安全生产管理行之有效的一种手段［J］. 安全生产与监督，2007（3）.

❸ 程屹. 向劳动者收取风险抵押金的行为无效［J］. 人民司法·案例. 2010（16）梁允让. 劳动抵押金潜在的危害及应对措施［J］. 中国劳动，2004（1）.

❹ 杨涛. 风险抵押金要兑现［N］. 中国矿业报，2013–01–22.

❺ 《北京市安全生产条例》第 14 条。

体人员和全部生产经营活动的责任体系。生产经营单位安全生产责任体系的建立需要全员参与，全员安全风险抵押金制度则是调动生产经营单位职工全员参与生产安全的主要手段，是生产经营单位建立、健全本单位安全生产责任制的重要举措。

2. 全员安全风险抵押金是生产经营单位落实安全生产奖惩制度的重要措施

根据《安全生产法》，各地方制定的安全生产条例等多规定生产经营单位要依法制定安全生产规章制度，企业安全生产规章制度的内容要包括安全生产奖励和惩罚制度。而企业对员工安全生产的奖惩制度则主要通过全员安全风险抵押金制度得以落实。

3. 全员安全风险抵押金有助于培养本质安全型员工

生产要素包括人、物与环境，在三个要素中，人是核心。"人本安全"原理要求培养本质安全型员工，本质安全型员工的核心要素是实现"我要安全"。"我要安全"本质安全型员工的培养方式是多层次、全方位的，主要包括安全文化的熏陶、安全生产教育培训、物质激励、制度规范等多个方面。企业向员工收取全员安全风险抵押金，并根据员工遵守生产安全规程、有无安全生产事故等进行奖惩，可以发挥物质奖惩作用，并通过全员安全风险抵押金制度化建设对员工产生威慑力，督促其转变为追求生产安全的本质安全型员工。

可见，全员安全风险抵押金的核心制度价值在于：企业通过向劳动者收取安全风险抵押金，以奖惩之方式确保安全生产。

三、全员安全风险抵押金之弊端及其克服

世界上没有十全十美的制度，任何制度都是有缺陷的。一项制度具有存在的价值，那么立法上就应该确认它并对其进行有效的规范，依法保障制度价值得到充分发挥。全员安全风险抵押金制度也一样，它虽然具有上述制度价值，立法上应该确认这一制度而不是否认，但全员安全风险抵押金之弊端也很容易列举一二。因此，通过立法明确安全风险抵押金制度的具体内容以克服其不足在当下之中国具有紧迫性。

1. 全员安全风险抵押金之弊端

全员安全风险抵押金是生产经营单位向劳动者收取的金钱，它主要存在以下几个方面弊端。

其一，生产经营单位在与劳动者订立劳动合同、建立劳动关系时，把收取风险抵押金作为录用的前提条件。这不仅增加了劳动者经济负担，加大就

业难度，严重侵害了合同主体地位平等原则。

其二，生产经营单位将收取风险抵押金作为一种普遍的管理手段，不论企业是否属于高危行业，不论劳动者从事的工作有无危险性或者危险性高低，一概收取全员安全风险抵押金，扩大了风险抵押金收取的范围。例如，人民法院判决商场向其员工收取全员安全风险抵押金的行为无效。

其三，在劳动力成本日趋上升的今天，很多生产经营单位将收取的风险抵押金作为限制员工离岗、辞职的手段，严重侵害了劳动者自主择业权。

其四，法律没有对全员安全风险抵押金保管与使用制度作出明确规定，企业对风险抵押金之管理与使用多根据企业内部的规章制度进行，缺少必要的监督管理，随意性比较大，可能侵害员工的合法权利。例如，某企业将其收取的风险抵押金列入流动资金，用于经营活动，后来该企业经营失败并破产，员工要求企业退还风险抵押金，而企业则以破产应对，员工取回全部风险抵押金的可能性非常小。

《劳动合同法》第 9 条规定："用人单位招用劳动者，不得扣押劳动者的居民身份证和其他证件，不得要求劳动者提供担保或者以其他名义向劳动者收取财物。"劳动者可根据本条之规定，向人民法院主张用人单位向劳动者收取"抵押金"的行为无效，可否全员安全风险抵押金存在的上述各种弊端。

2. 全员安全风险抵押金弊端之克服

全员安全风险抵押金最大的弊端在于：该制度赋予了企业向劳动者收取"抵押金"的权利，这可能侵害劳动者的权利。虽然人民法院可以通过《劳动合同法》第 9 条进行控制，但这多为事后控制，也不能解决全员安全风险抵押金存在的法律依据。目前，一方面我国企业广泛采用全员安全风险抵押金，另一方面尚无法律对其加以明确地规范。因无可遵循的法律依据，"企业借行全员安全风险抵押金之名行侵害劳动者之实"的现象时有发生，人民法院对相关案件的裁判也会出现偏差，甚至相同的案件在不同的法院会做出截然相反的判决。所以，我国应该建立规范全员安全风险抵押金的相关法律制度。

（1）建立全员安全风险抵押金备案制度

企业实行安全风险抵押金，需要企业制定详细的规章制度，其内容包括安全风险抵押金收取的对象、抵押金的管理、奖惩等，它属于劳动规章制度的内容之一。劳动规章制度在国外称为"雇佣规则""工作规则"，我国《劳动法》将其规定为"用人单位的劳动规章制度"，《劳动合同法》也延续了相同的称谓。但是，不论是劳动法还是劳动合同法，对劳动规章制度的概念都没有做出明确的规定，从原劳动部公布了《关于对新开办用人单位实行劳动规章制度备案制度的通知》，决定从 1998 年 1 月 1 日起，对新开办用人单位实行劳动规章制度备案制度。通过对新开办用人单位实行备案制度，能够及时发现和解决新开办用人单位在制定劳动规章制度过程中存在的问题，预防劳动违法行为的发生，更好地维护劳动者的合法权益。所以，企业安全风险抵押金制度也必须办理备案，以便执法机构能够有效保护劳动者的合法权益。但因安全风险抵押金制度主要涉及安全生产问题。因此，企业全员安全风险抵押金制度备案应主要由安全生产监督管理部门负责，劳动监察部门为辅。

（2）明确全员安全风险抵押金的适用范围

实践中，很多企业通过向员工收取全员安全风险抵押金的方式为其员工设套，其行为严重侵害了劳动者的合法权益，法律必须禁止这种行为。对这类企业的负责人要依法追究其相关法律责任❶，并强制企业退还已经收取的抵押金。全员安全风险抵押金制度适用的对象应限于"高危行业企业"。按照我国《民法通则》第 123 条之规定，从事高空、高压、易燃、易爆、剧毒、放射性、高速运输工具等对周围环境有高度危险作业的企业可以认定为"高危行业企业"。从《煤矿企业安全生产风险抵押金管理暂行办法》《企业安全生产风险抵押金管理暂行办法》之规定来看，煤矿和非煤矿山、交通运输、建筑施工、危险化学品、烟花爆竹等行业或领域属于高危行业企业。❷ 当然，法律将"高危行业企业"限制在一定的范围内，并非说明这一范围是一成不变的，随着科技的进步，可能会产生新型的高危行业企业，那时必须通过修改法律的形式扩大其适用范围。

是不是高危行业企业中的所有员工毫无例外地都要缴纳安全风险抵押金呢？笔者认为，高危行业企业中有些工种危险性不高，让从事危险性较低的工种的员工也缴纳全员安全风险抵押金与该制度的立法宗旨相悖，法律应该予以禁止。例如，高危行业企业不得对勤杂人员收取安全风险抵押金。当然，高危行业企业管理人员虽然从事管理工作，管理行为本身不具有危险性，但管理的水平等对企业安全生产具有重大影响，这类人员也应缴纳安全

---

❶ 有人指出：生产经营单位依法规定以"全员安全风险抵押金"名义向从业人员收取钱财或向管理人员变相发钱的，由安全生产监管监察部门责令限期退还本人，并对违规人员按每人 500 元以上 2 000 元以下的标准处以罚款；给从业人员造成损害的，应当承担赔偿责任。参见：代海军：《如何"押"住风险——煤炭企业推行全员安全风险抵押金制度问题探讨》，载《现代职业安全》2012 年第 11 期。

❷ 因我国安全生产执法条块分割比较严重，安全生产监督管理总局认定的高危行业企业并不包括海上高危行业企业例如海洋石油开发企业。从法律制度的普适性来看，全员安全风险抵押金对海上高危行业企业同样适用。

风险抵押金。同时，高危企业应当根据员工从事行业的危险程度、责任大小等有差别、按比例收取安全风险抵押金。因此，全员安全风险抵押金并非向全体员工收取，而仅向高危岗位的员工收取。

（3）全员安全风险抵押金收取时间

高危行业企业收取全员安全风险抵押金的时间也是一个非常值得研究的问题。在用人单位与员工签订劳动合同，形成劳动关系时不得向员工收取安全风险抵押金，否则无异于企业在订立合同时向劳动者收取货币，该行为将严重侵害劳动者的合法权利。全员安全风险抵押金的收取应该从劳动者的工资中扣除，每一个月扣除一定比例的安全风险抵押金。

（4）全员安全风险抵押金的管理与返还

《企业安全生产风险抵押金管理暂行办法》第 5 条第 1 款第 1 项规定："企业不得以任何形式向职工摊派风险抵押金。"因此，高危行业企业向员工收取安全风险抵押金的，应当与企业缴存企业安全生产风险抵押金分离，杜绝以向员工收取的安全风险抵押金缴纳企业安全生产风险抵押金，也不得以员工缴存的全员安全风险抵押金购买高危行业企业安全生产责任保险。为了防止企业擅自挪用全员安全风险抵押金，立法中必须明确全员安全风险抵押金的管理采取专款专用，同时企业应匹配一定数额的资金用于对员工的奖励，确保企业在员工完成安全生产目标、企业破产、员工辞职等情形下将安全风险抵押金能够顺利返还给员工（包含同期银行存款利息）。

（5）贯彻奖惩一致原则

高危行业企业收取全员安全风险抵押金的目的在于保障安全生产的顺利进行。因此，安全生产风险抵押金应该体现奖惩一致原则。对那些严格按照操作规程进行，杜绝安全生产事故发生的员工逐年降低缴纳安全风险抵押金的比例，并逐年提高安全风险抵押金奖励比例；对存在安全隐患，导致安全生产事故发生的员工则采取逐年增加安全风险抵押金比例，并逐年降低安全风险抵押金返还比例。同时警惕个别企业以推行全员安全风险抵押金为名，变相给企业负责人、管理者或高管等发钱。❶

四、立法与清理须并行

改革开放之后，随着市场经济的不断发展，法律制度也随之不断更新完善。但任何一项制度，我国都存在多层次的立法，上位法的制定或修订势必带来下位法的连锁反应。但是，我国则存在立法或修法后，相关法律不协

---

❶ 代海军. 如何"押"住风险——煤炭企业推行全员安全风险抵押金制度问题探讨［J］. 现代职业安全，2012（11）.

调，下位法不能及时跟进修订的现实。

1. 全员风险抵押金之立法乱象

我国目前很多法律制度例如以规范劳动安全为例，用一个字形容："乱"，主要体现在以下两个方面：

一方面是全国人大及其常委会制定的法律。调整劳动安全的法律主要有《劳动法》《劳动合同法》《安全生产法》《矿山安全法》《职业病防治法》等，这些法律制度都具有保护劳动者权利的宗旨，但各部法律之间又有侧重，《劳动法》《劳动合同法》侧重于劳动者权利的保护，《安全生产法》侧重于预防生产安全事故之发生。因各部法律之具体目的又存在差异，对待全员安全风险抵押金之态度迥异：《劳动法》《劳动合同法》等规定不得向劳动者收取抵押金；而《安全生产法》第 17 条则规定，生产经营单位的主要负责人对本单位安全生产工作负有建立、健全本单位安全生产责任制的职责。本条虽然没有全员安全风险抵押金制度，但生产经营单位安全生产责任制的建立离不开全员安全风险抵押金，否则生产经营单位的安全生产责任制难以落到实处。

另一方面是部门规章之乱。涉及全员安全风险抵押金之部门规章很多。《关于加强外商投资企业和私营企业劳动管理切实保障职工合法权益的通知》（劳部发〔1994〕118 号）、〔1994〕256 号、1995 年原劳动部在《关于贯彻执行〈劳动法〉若干问题的意见》认为，"用人单位在与劳动者订立劳动合同时，不得以任何形式向劳动者收取定金、保证金（物）或抵押金（物）"。原劳动部《对"关于用人单位要求在职职工缴纳抵押性钱款或股金的做法应否制止的请示"的复函》（劳办发〔1995〕150 号）则认为，"一些用人单位与职工建立劳动关系后，根据本单位经营管理实际需要，按照职工本人自愿原则向职工收取'风险抵押金'及要求职工全员入股等企业生产经营管理行为，不属上述规定调整范围。"在《安全生产法》《劳动法》《劳动合同法》等相关法律制定或修改之后，这些陈旧的部门规章需不需要及时地清理？从原劳动部之部门规章、复函等具体内容看，它就对全员安全风险抵押金采取了模棱两可的态度。安监局成立之后，主管全国安全生产工作，且根据国发〔2010〕23 号第 22 条之规定对全员安全风险抵押金持肯定态度。

2. 修法与法律清理是治乱之道

全员安全风险抵押金对保障安全生产具有重要意义。国务院《关于进一步加强企业安全生产工作的通知》（国发〔2010〕23 号）第 22 条虽然直接规定了："高危行业企业探索实行全员安全风险抵押金制度。"地方各级人民政府、安全生产监督管理部门受中央人民政府领导，当然要严格贯彻国发〔2010〕23 号文的规定，积极探索并推动高危行业企业收取安全风险抵押金。然而，国发〔2010〕23 号并非法律，只是政策，人民法院裁判案件不能依据政策而只能"依法"断案，且该《通知》要求高危行业企业"探索"实行全员安全风险抵押金。经过近几年的探索与发展，我国高危企业实行全员安全风险抵押金也有了一定的经验积累，应该在修订《安全生产法》时应当直接规定"全员安全风险抵押金"。当然，《安全生产法》作为安全生产法典，无须对"全员安全风险抵押金制度"做出面面俱到的规定，而应以授权立法的形式授权安全生产监督管理部门、人力资源和社会保障部门共同制定更为详细的"全员安全风险抵押金制度"。为了配合全员安全风险抵押金制度的落实，实现各部门法之间的和谐，立法机关应该及时修订《劳动法》尤其是《劳动合同法》第 9 条之规定，承认全员安全风险抵押金存在的合法性，避免各部门法之间掐架现象的发生。一旦从法律层面上确认了全员安全风险抵押金制度，各部委应该及时清理相关的部门规章、批复、答复以及意见等，保持部门规章之间的协调性，这不但有利于执法部门统一执法依据，而且又能对法院裁判案件提供统一口径，避免"同案不同判"现象。

完善生产安全事故调查处理工作机制研究

刘翔君❶ 李兆生❷

摘 要：生产安全事故调查处理是安全生产工作的重要组成部分并在安全生产工作长效机制建设方面发挥着重要作用。本文深入分析了安全生产工作面临的新形势、新挑战，以及在这大背景下，基层普遍反映生产安全事故调查处理工作中存在的突出并亟待解决的新问题，结合工作实际和工作实践，对如何解决问题进行了探讨，从完善考核体系、完善管理制度、加强行政司法监察工作协调、队伍建设等方面提出有关建议，对于促进生产安全事故调查处理工作具有一定的参考和借鉴意义。

关键词：生产安全；事故调查；责任边界；司法衔接；科学问责

生产安全事故调查处理工作是总结事故经验教训、落实安全生产责任、防范事故发生、推动安全生产长效机制建设的关键环节和重要举措，对于推动安全生产实现根本好转具有重要意义。党中央、国务院历来高度重视生产安全事故调查处理工作，早在2004年4月9日，国务院以第493号的形式，颁布了《生产安全事故报告和调查处理条例》，标志着生产安全事故调查处理工作步入了法制化、规范化之路。为了贯彻落实493号令，监察部、最高人民检察院、国家安全监管总局于2006年2月23日，印发了《关于加强行政机关与检察机关在重大责任事故调查处理中的联系和配合的暂行规定》；2009年7月25日，国家安全监管总局以第24号的形式发布了《安全生产监管监察职责和行政执法责任追究的暂行规定》，在明晰安全生产监管工作责任、规范和细化责任追究、完善事故调查处理工作中行政机关和检察机关的工作衔接和配合方面建立了较完善的工作机制。从工作实践和工作效果来看，随着生产安全事故调查处理法制机制的完善，生产安全事故调查处理工作不断规范和推进，生产安全事故得到及时调查处理，事故教训得到深刻总结，责任人员依法依规受到责任追究，及时回应的社会和人民群众的关切，切实收到了"一厂出事故、全国受警示"的良好效果，在推动全国安

---

❶ ［作者简介］刘翔君，国家安全监管总局办公厅综合处副处长。
❷ ［作者简介］李兆生，山东煤矿安全监察局鲁南监察分局主任。

全生产形势的持续稳定好转发挥重要的作用。

一、安全生产工作面对的新环境

随着我国城市化、工业化、信息化、现代化、市场化的不断深入，经济社会结构出现人口密集化、设备大型化、工艺复杂化、城市规模化、运行高速化、生产主体多样化等新特征，对安全生产工作提出了新的更高的要求，给事故预防和调查处理工作带来新的难题。

第一，当前安全生产考核体系不能满足安全生产事业发展的需要。由于安全生产水平受经济社会发展的大环境影响很大，因此，单纯采用事故死亡绝对数作为主要考核控制指标，不利于地方政府从和谐发展的全局来思考和定位安全生产工作，并且容易滋生瞒报、虚报等急功近利的现象。由于现有的安全生产考核指标体系中包括了如私家车道路交通、民房火灾等非生产经营性事故，随着这些事故比例的上升，影响了地方安监部门的政绩考核。省、市、县（区）、乡镇（街道）和企业均建立了相对完整的安全生产目标管理责任制考核体系，但对省级政府层面有指标、没有考核，缺乏刚性的安全发展约束和过程管理指导，造成安全生产工作仅在安全监管体内循环，特别是在加大安全生产的财政支出比例、提高社会基础性安全设施配备、提升全民安全意识、加强基层组织机构和队伍建设、理顺安全生产体制机制等重大问题上，仅靠各级安全监管部门自身的努力，难有实质性的突破和跨越。

第二，安全生产主体多元化的趋势对安全生产监管工作提出更高要求。近年来，随着私人机动车辆和渔船数量的增加，以及出租民房等非企业行为的增多，各地非生产经营性事故的比例有不断升高的迹象，企业主体已不能完全涵盖市场主体。而有关针对性的政策措施相对滞后，产生一定的政策漏洞。

第三，基层监管力量不足与监管任务重的矛盾依然突出。基层安全监管任务日趋繁重、责任日益重大，有限的基层监管力量与量大面广的监管任务之间，存在着较大的矛盾，有的地方安全监管人员编制不足，处于疲于应付的局面；有的基层安全监管人员身兼数职，难以集中精力抓安全生产；有的安全监管人员结构不合理，专业技术人员匮乏；有的安全监管经费普遍紧张，安全监管车辆、设施、办公条件等相对较差。

第四，全民安全意识亟待提高与安全文化普及不够的矛盾依然突出。从大量的事故案例分析，许多事故的受害者，同时又是事故的肇事者。在日常生活中，公众交通违法行为十分普遍，公共聚集场所乱拉、乱接电线，消防通道堵塞等都说明社会公众的安全意识不强，自我保护能力欠缺。反映出我们在安全文化建设方面还存在全民安全意识与科学发展观的要求不相适应、安全文化建设与推进安全发展的要求不相适应。

第五，安全生产基础薄弱与安全投入不足的矛盾依然突出。中小企业安全生产基础薄弱、历史欠账较多、本质安全水平低、事故隐患多的状况还没有根本改变；交通安全隐患、人员密集场所等火灾事故隐患也没有彻底消除；事故多发的潜在危险依然很大。特别是近几年来，随着城市化进程的进一步加速，农村公路的交通硬件设施建设和农居电气线路和设施改造的压力进一步加大，危化品生产经营单位被居民区包围、城区加油站和地下管道设施安全等问题也日益突出，安全生产基础薄弱的问题在部分地区和行业领域甚至有所加剧。但由于各地目前缺少刚性的安全投入预算和管理机制，正确的安全投资观念尚未形成，对包括安全生产在内的民生投入很难有实质性的保障。在企业安全投入方面，缺少必要的市场引导机制。

第六，广大人民群众对安全生产工作的要求随之不断提高。表现为"敏感度、关注度"不断提高、"容忍度"不断降低这样一种"两高一低"的态势。一是敏感度不断提高。只要发生事故，人民群众总是在第一时间做出反应，通过微博、手机上网等方式相互传播，很多情况人民群众知悉事故的时间早于政府部门；二是关注度不断提高。不仅关注事故的伤亡程度，而且关注事故查处、善后以及政府、企业所采取的整改措施，可以说是全程关注；三是容忍度不断降低，甚至是零容忍。特别是对于重特大事故，往往引起人民群众的广泛议论和激烈批评。安全生产工作面临的压力越来越大。

由于安全生产新形势、新情况的出现，生产安全事故的原因的复杂性、责任主体的多样性、责任区分的边界性等新问题也随之出现，对生产安全事故调查处理工作提出了新的挑战。

二、生产安全事故调查处理工作面临的新问题

从部分基层的反映情况来看，当前生产安全事故调查处理工作中存在以下问题。

1. 事故查处普遍存在"二重三轻"现象

"二重三轻"现象是指"重应对舆论、重公职人员责任追究，轻事故原因分析、轻防范措施落实、轻企业责任人员处理"的现象。一些媒体及人员片面地认为严肃查处事故就是"发生一般死亡事故必须处理乡镇（街道）安全监管站所监管人员，较大事故追究科级干部责任，重大事故追究县处级干部责任，特大事故追究地市级干部责任"，无论对事故发生有无责任，都必须研究确定一些公职人员承担事故责任，造成政府安全生产分管领导、安全监管人员人心浮动。

2. 事故主次原因分析不明确

事故调查报告分析时只分析直接原因和间接原因，确定事故中的直接责任者和领导责任者，但没有按照《企业职工伤亡事故调查分析规则》（GB 6442—86）要求分清原因的主次，也没有根据直接责任和领导责任者在事故发生过程中的作用确定主要责任者；公职人员责任追究全部到位且影响终身，而相当比例非公职人员责任追究因多种因素不能到位（例如，公安机关对事故责任人采取强制措施有时限要求，一些责任人解除强制措施后逃逸，致使事故批复后对一些责任人的责任追究无法实施）且只影响有限期间，一定程度上影响了事故责任追究实质上的公平和公正性。

3. 事故调查组的权威性有待加强

参加事故调查的人员基本按照部门职责进行调查，而不能以事故调查组组成人员身份进行事故调查，造成调查组以部门为单位履行职责，而非以调查组为单位履行职责。如，一些地方发生较大及以上事故后，司法机关对企业负责人、有关监管部门负责人采取强制措施带离事故现场，对事故应急救援工作造成一定影响。事故调查组组成人员不能保持相对稳定，安全监管监察部门以外的事故调查人员大多不具有生产安全事故调查的相关业务能力，事故调查取证效率不高。

4. 安全监管监察工作责任边界需要进一步厘清

一定程度上存在以相当于"莫须有"的"履行安全监管监察职责不到位"名义追究基层安全监管人员。绝大多数情况下，无论事故调查报告还是监察部门、检察机关对"履行安全监管监察职责不到位"基本没有具体的事实认定。事故单位被关闭后，依法应当对其实施的经济处罚大多不能执行到位，而很多监督机关却认为安全监管监察部门没有全面履行综合监管职责。安全监管部门工作人员大多非专业人员，而事故调查时把监管人员一律按专业人员对待，一些因监管人员自身素质不能发现的专业问题，监督机关却一律按监管人员失职渎职处理。一些地方甚至出现"发生事故，安全监管监察人员未进行检查的为失职，进行了检查的为渎职"的极端现象。

5. 行政司法衔接需要进一步加强

检察机关参加事故调查时，大多针对公职人员履行监管监察职责情况进行独立调查，并要求将其未经调查组讨论通过的独立调查结论写入事故调查报告，一些地方检察机关在事故调查报告批复后对事故调查没有认定的监管失职渎职行为展开事后调查，实质是"发生事故都存在监管失职渎职"的有罪推定；有的不对企业相关人员是否履行安全生产管理职责、是否涉嫌安全生产违法犯罪进行调查。个别在事故查处时没有认定行业管理部门的安全监管失职渎职问题，却认定了安全监管监察部门的安全监管监察失职渎职行为，显失公正。

三、健全完善生产安全事故调查处理机制的建议

1. 探索改革考核体系，把生产安全事故调查处理工作纳入考核的一项指标

在考核的对象上，重点把各级政府纳入考核，使考核对象从原来的重部门考核向重政府和部门综合考核方向转变；在考核内容上，在现有的考核指标的基础上，进一步增加政府重视程度、发展规划、法制体制机制建设、基础设施建设、信息化建设、应急救援能力建设、文化建设、上级部署重点工作完成情况等重点考核内容。适度减少事故死亡绝对数在考核所占分值比例；在考核权重上，根据党中央国务院的部署、适时调整考核项目和分值，使现有主要考核控制指标向考核综合性项目和控制指标相结合方向转变；在考核的形式上，应从现有重结果、事故考核向考核结果和过程并重、事故考核和基础考核相结合方向转变；在考核实施主体上，根据考核重点和内容、相应项目对应的部门和分值，在安委会成员单位内部和国家安全监管总局各有关司局、单位等两个层次分别进行考核项目分工和划分分值，并要求各考核单位制定具体的考核评分细则，提前在一定的范围内公开，确保考核公开公正透明，以指导各地切实做好各项工作的落实，使考核实施主体向各部门和各有关单位共同参与、共同推进、齐抓共管上转变。

2. 制定完善生产安全事故责任追究制度

明确追究事故责任的具体事项和责任追究程序，避免追究公职人员事故责任时违反《公务员法》第十三条第二项公务员"非因法定事由、非经法定程序，不被免职、降职、辞退或者处分"的规定和《地方各级人民代表大会和地方各级人民政府组织法》关于地方政府领导、部门负责人由人大批准任免的规定，防止非因法定事由、非经法定程序追究公职人员生产安全事故责任，防止以含糊其词的"履行安全监管监察职责不到位"名义追究基层政府和监管人员的事故责任；避免非公职人员事故责任追究落实不能到位，使事故责任追究全面体现企业是安全生产的责任主体。

3. 制定生产安全事故强制措施

明确对生产安全事故相关责任人员的行政、刑事强制措施和期限，防止事故批复结案期限与强制措施期限不一致造成有关人员逃逸而不能落实责任追究，防止滥用强制措施损害有关人员、单位的合法权益；修订《企业职工伤亡事故调查分析规则》（GB 6442），规范事故调查行为，明确事故分析

要求，规范事故责任认定，用制度来减少或者避免出现责任追究不公问题。

4. 进一步明确事故调查处理工作中的具体问题

一是提高事故调查组长单位的权威性。事故调查工作由事故调查组统一领导和组织协调，事故调查组成员应当在事故调查组组长的领导下，积极配合，紧密协作，依法依规开展调查工作。二是明确行政司法工作的衔接性。参加事故调查的检察机关人员承担事故调查司法监督职能，根据事故调查组移交的材料，对与事故相关的涉嫌职务犯罪的责任人立案调查。事故调查组调查中发现与事故无直接相关的贪污、挪用公款、受贿、收受财物或者向他人行贿等涉嫌违法犯罪行为的，应及时将有关证据材料及必要的调查材料复印件移送检察机关或公安机关，由检察机关或公安机关依法查办。检察机关、公安机关对事故调查组组长单位移送的涉嫌犯罪案件，应当及时对所移送的案件进行审查。认为有犯罪事实，需要追究刑事责任，依法决定立案的，应当书面通知事故调查组组长单位；不予立案的，应当说明理由，并书面通知事故调查组组长单位，退回案卷材料。三是突出救援优先的原则。事故调查处理应严格按照"科学严谨、依法依规、实事求是、注重实效"和"以人为本、救援优先"的原则，统筹事故应急救援和事故调查工作，因事故调查或者查办与事故有关的犯罪需要对有关人员采取强制措施的，不得贻误事故应急救援工作。检察机关或者公安机关在事故调查期间，对与事故相关的犯罪嫌疑人决定立案侦查，或者决定采取拘留、逮捕等强制措施的，应当事先征求事故调查组组长的意见。

5. 完善事故调查报告、批复的格式

事故调查报告应当详细记录事故经过、事故相关方与事故有关的情况、事故调查取得的各种证据，以说理的方式详细论述事故原因分析和责任认定的理由，从技术、教育和管理三方面提出有针对性地避免和减少同类事故再次发生的措施，使事故调查报告能够经受质疑，使各方面能够真正吸取事故教训。批复应当从事故调查组组成是否合法、事故调查行为是否合法、调查取得的证据是否合法真实、原因分析和责任认定是否符合相关规则、责任追究是否合法合理等方面进行审查认定，使批复真正成为确认事故调查报告法律效力、能够经受质疑的行政决定。

6. 实事求是、尊重科学开展事故调查处理工作

凡监管人员按照有关规定履行了安全监管职责的，坚决不能以"履行职责不到位或者监管不到位"为由追究失职渎职责任；凡因单纯技术原因引发的事故，坚决不能追究任何人的直接责任或者领导责任，坚决不能因为有事故查处"事故原因不查清不放过、责任人员未处理不放过、整改措施

未落实不放过、有关人员未受到教育不放过"的"四不放过"原则，而必须找出一个责任人来处理。恢复事故查处"事故原因分析不清不放过，事故责任者和群众没有受到教育不放过，没有采取切实可行的防范措施不放过"的"三不放过"原则的宣传和实施，下大力气纠正一些地方存在的"不检查是失职，检查了就渎职""事故背后必有腐败"的极端错误，保护好基层安全监管监察人员的合法权益和工作积极性。

7. 行政机关应积极加强与监察、检察机关的沟通与协调

强化和规范生产安全事故查处挂牌督办工作，明确事故调查组各组成部门的事故调查职责和办事时限；事故查处是法律法规赋予各级人民政府的行政职权，牵头调查的安全监管监察部门必须邀请同级检察机关派员参加事故调查；明确上级对事故调查报告初稿的审核期限，明确涉嫌安全生产犯罪案件移送司法追究责任的程序和要求，进一步优化事故查处程序，为依法调查事故和按期结案提供制度保障。明确安全生产监管监察综合监管的职责和责任边界，特别是把国家安全监管总局24号令中第八条"安全监管监察部门应当按照年度安全监管和煤矿安全监察执法工作计划、现场检查方案，对生产经营单位是否具备有关法律、法规、规章和国家标准或者行业标准规定的安全生产条件进行监督检查"中明确的19项重点监督检查事项，作为安全监管监察部门和人员尽职履职的标准和责任边界，防止人员数量、部门权限的有限性及监管责任和任务的宽泛性等问题的出现。

8. 加强生产安全事故调查专业队伍建设

生产安全事故调查工作是一项科学性、技术性、政策性很强的基础工作，涉及政治、经济、法律、社会科学等领域，集知识、经验、技能于一体，技术含量高，事故调查人员需要广阔知识面和丰富经验，必须加大对火灾事故调查人才的培养，将事故调查业务培训纳入监管业务教育培训体系，认真办好事故调查培训班，培养事故调查人员分析问题和利用技术手段解决疑难事故调查的能力，提高事故调查业务水平。

9. 制定《安全监管监察人员管理办法》

明确安全监管监察人员除符合公务员的条件外，还应当具备"热爱安全监管监察工作，熟悉国家有关安全生产的方针、政策、法律、法规、规章、标准、规程；熟悉安全监管监察业务，具有安全生产方面的专业知识"等专业条件，并对安全监管监察人员的任职资格、教育培训和职责、权利、义务等做出明确规定，逐步提高安全监管监察岗位中、高级技术人员的比例，防止不具备安全生产基本知识的人员从事安全监管监察工作损害安全监管监察形象，减少和避免安全监管失职渎职行为。

健全安全生产法律制度的宏观思考

黄　骏❶

一、安全生产法律法规基本现状

1. 安全生产法律体系建设情况

经过多年的努力，我国已基本形成了安全生产法律体系框架。它主要由以下几部分组成。

（1）宪法。《宪法》是我国的根本大法。《宪法》第 42 条明确规定"加强劳动保护，改善劳动条件"，这是我国有关安全生产方面最高法律效力的规定，这也是我国安全生产法律体系的最高层级。

（2）法律。法律包括综合性安全生产法律、专门安全生产法律和相关安全生产法律。综合性安全生产法律主要指《中华人民共和国安全生产法》，它适用于所有生产经营单位，是我国安全生产领域的基本法律，规定了安全生产方面的基本准则和基本制度。专门安全生产法律指具体规范某一专业领域安全生产的法律。这类法律主要有《矿山安全法》《海上交通安全法》《消防法》《道路交通安全法》等。相关安全生产法律指综合性安全生产法律、专门安全生产法律以外与安全生产相关的法律。这类法律有《劳动法》《建筑法》《煤炭法》等。

（3）国际公约。国际公约主要指国际劳工公约，他属国际法范畴，虽不应包括在我国法律体系内，但凡经全国人大常委会批准后，在我国国内具有法律效力，等同于法律。这类国际公约有《职业安全和卫生及工作环境公约》（155 号）、《作业场所安全使用化学品公约》（170 号）等。

（4）行政法规。行政法规指由国务院制定颁布为执行法律和实施行政管理职权的具体规定。这类行政法规比较多，有《国务院关于特大安全事故行政责任追究的规定》《安全生产许可证条例》《危险化学品安全管理条例》等。

（5）地方性法规。地方性法规指由地方省级人大及常委会、省会所在地市和较大市人大及常委会制定颁布的有关安全生产方面的具体法律规定。

---

❶ ［作者简介］黄骏，国家安全生产监督管理总局规划科技司副主任科员。

地方性法规虽多是由法律授权指定，但其内容不得和法律、行政法规相抵触，其效力低于行政法规。改革开放以来，地方性安全生产立法有了很大进展，全国 31 个省均出台了"安全生产条例"，如《北京市安全生产条例》《河南省安全生产条例》。还有 26 个省（区、市）出台了"矿山安全法实施办法"，如《吉林省实施〈矿山安全法〉办法》。

（6）部门规章和地方政府规章。根据《立法法》的规定，部门规章之间、部门规章与地方政府规章之间具有同等效力。这类规章较多，如国家安全监管总局颁布的《安全生产违法行为行政处罚办法》、公安部颁布的《火灾事故调查规定》、卫生部颁布的《放射工作人员健康管理规定》等。

地方政府规章主要指由地方省级人民政府、省会所在地市和较大市人民政府制定颁布的有关安全生产工作的具体规定。地方政府规章一方面从属于法律和行政法规，不得与其相抵触；另一方面又从属于地方性法规，也不得和地方性法规相抵触。这类地方政府规章也很多，如《四川省小煤矿安全管理规定》等。

（7）安全生产标准。标准虽在我国法的渊源中没有这一层级，但它在安全生产工作中起着十分重要的作用，同样也是组成我国安全生产法律体系的重要组成部分。

根据《标准化法》的规定，标准有国家标准、行业标准、地方标准和企业标准。国家标准、行业标准又分为强制性标准和推荐性标准。保证人体健康和人身、财产安全的标准主要是指国家标准和行业标准，大部分是强制性标准。

国外都有技术法规，而我国没有技术法规的正式用语，且未将其纳入法律体系的范畴。有关技术性的规定主要通过标准来规范。根据 WTO/TBT 协议，我国有关强制性标准相当于国外的技术法规。正是基于标准的特殊作用，很多法规没有规定的有关技术性内容通过标准进行规范，同时在法律法规中明确了标准的法律地位。因此，从某种意义上讲，安全生产标准是重要的技术性法律规定。

2. "十二五"期间安全生产法律法规制修订情况

"十二五"期间安全生产法律法规制修订的法律共 10 项，主要包括：《安全生产法》《职业病防治法》《特种设备安全法》《煤炭法》《道路交通安全法》《劳动合同法》《社会保险法》《旅游法》《清洁生产法》《刑法修正案（八）》等。

"十二五"期间安全生产法律法规制修订的法规共 17 项，主要包括：《危险化学品安全管理条例》《石油天然气管道保护条例》《渔港水域交通安全管理条例》《水库大坝安全管理条例》《防汛条例》《核电厂核事故应急管理条例》《内河交通安全管理条例》《公路安全保护条例》《电力安全事故应急处置和调查处理条例》《校车安全管理条例》《女职工劳动保护特别规定》《机动车交通事故责任强制保险条例》《对外劳务合作管理条例》《国内水路运输管理条例》《铁路安全管理条例》《安全生产许可证条例》《民用爆炸物品安全管理条例》等。

"十二五"期间安全生产法律法规制修订的主要部门规章共 46 项，主要包括：《尾矿库安全监督管理规定》《小型露天采石场安全管理与监督检查规定》《特种设备作业人员监督管理办法》《实施〈中华人民共和国社会保险法〉若干规定》《社会保险基金先行支付暂行办法》《危险化学品重大危险源监督管理暂行规定》《危险化学品生产企业安全生产许可证实施办法》《〈生产安全事故报告和调查处理条例〉罚款处罚暂行规定》《煤矿安全规程》《危险化学品输送管道安全管理规定》《安全生产培训管理办法》《危险化学品建设项目安全监督管理办法》《工作场所职业卫生监督管理规定》《职业病危害项目申报办法》《用人单位职业健康监护监督管理办法》《建设项目职业卫生"三同时"监督管理暂行办法》《防暑降温措施管理办法》《安全生产监管监察部门信息公开办法》《危险化学品安全使用许可证实施办法》《煤矿安全培训规定》《煤矿矿长保护矿工生命安全七条规定》《危险化学品安全使用许可证实施办法》《工贸企业有限空间作业安全管理与监督暂行规定》《烟花爆竹企业保障生产安全十条规定》《化学品物理危险性鉴定与分类管理办法》《化工（危险化学品）企业保障生产安全十条规定》《烟花爆竹经营许可实施办法》《非煤矿山外包工程安全管理暂行办法》《食品生产企业安全生产监督管理暂行规定》《非煤矿山企业安全生产十条规定》《严防企业粉尘爆炸五条规定》《隧道施工安全九条规定》《有限空间安全作业五条规定》《企业安全生产风险公告六条规定》《生产经营单位安全培训规定》《海洋石油安全生产规定》等 11 件规章。

二、安全生产法制建设存在的问题

1. 缺乏统一综合性的职业安全卫生法

从社会管理角度看，职业安全与职业健康工作所服务的对象均为企业中的劳动者，涉及的事物均为劳动者作业过程中的事物，二者从属性上具有统一性。多数发达国家从立法上也是将职业安全和职业健康（职业卫生）列入同一部法律。而我国至今尚未颁布一部综合性的职业安全卫生法律。从我国安全生产法的立法历史也可以看出，在 1998 年前的立法思路即为将安全与卫生合并立法，但在 1998 年机构改革后，由于职业安全和职业卫生的管理职能分离，职业安全与职业卫生工作单独立法；表现为现行两部最重要的法律，即《中华人民共和国职业病防治法》和《中华人民共和国安全生产法》，将本属于同一约束对象的事务分别立法，严重影响了职业安全卫生工作的顺利高效开展。当前，安全生产和职业卫生现场监管等工作已统一划归安全生产监督管理部门，但由于上位法的不统一，安全评价和职业病危害评价等工作仍然独立进行和审查，给企业、监管部门带来的很多交叉和重复性工作。

2. 法律法规之间存在不协调、模糊不清的现象

法律法规不协调表现在下位法与上位法关于执法主体的规定上存在模糊不清的现象。部分法规立法调查研究不够，征求意见点少面窄，社会透明度低，公众参与少，导致部分立法质量不高，缺乏可操作性和实效性，基层安全监管监察部门难于执行。特别是对于矿山安全监察工作中的煤矿安全监察，在《矿山安全法》《煤矿安全监察条例》存在一些未明确界定的模糊范畴。

3. 部分法规规章不能适应安全监管执法的需要

部分法规规章缺乏必要的运行评估机制，制修订不及时，无法为安全生产监管监察工作提供有力支撑。由于受立法资源、立法机制等制约，现有法律法规中，有的已制定了十年以上至今未修订（如《矿山安全法》），已不能适应当前安全生产工作的需要，尤其是法律责任追究过轻，与当前经济社会发展水平不适应，不利于依法治安、重典治乱。

4. 法规规章可操作性差或解释的随意性较大

安全生产法律的某些条款缺乏行政法规、地方法规、政府规章支撑，可操作性差或解释的随意性较大。如作为企业安全生产基本保证的要求，必须建立健全安全生产制度，《安全生产法》第四条规定生产经营单位建立、健全安全生产责任制度，《矿山安全法》第三条规定企业建立、健全安全管理制度。那么，矿山企业、危险化学品企业或其他企业，建立了哪些安全生产制度，如何实施这些制度，才算是健全呢？目前还没有相关的法规、规章或标准。再如，矿山、危险化学品等建设项目在建设过程的安全"三同时"和安全评价问题，有关法规没有提出明确要求。

三、"十三五"时期推进安全生产立法的对策建议

1. 秉持保护从业人员安全与健康并重的立法理念

人的安全与健康是第一位的，发展经济的目的最终也是为了改善人民的生活质量，劳动者的生命安全与健康应当始终放在经济发展目标之上。一切职业安全卫生立法、执法都应以维护劳动者的职业安全卫生权益为最高目

标。因此，应改变目前职业安全卫生的立法精神侧重于"经济性"，缺乏"社会性"，偏向以安全生产，促进经济发展为主题的思路，树立"以人为本"的终极关怀理念，从保障劳动者人权的高度，确保其劳动过程中的安全与健康权益，实现《安全生产法》和《职业病防治法》的合并。在相关的法律政策的制定中，在职业安全卫生监察系统的设计中、在对企业职业安全卫生条件的治理整顿中、在对各种职业安全卫生责任制度的建立和完善中，都应强调和体现这一理念，使之成为职业安全卫生工作的核心与基础。

2. 完善《安全生产法》相关配套法规规章

一是推进《矿山安全法》《安全生产法实施条例》《安全生产应急管理条例》《注册安全工程师条例》《建设项目安全设施和职业卫生设施"三同时"条例》《尘肺病防治条例》等制修订，构建以《安全生产法》为核心的安全生产法律法规体系。二是制修订淘汰落后工艺设备、从业人员资格准入、应急管理、事故调查处理、劳动防护用品、企业外协用工安全管理等规章制度。

3. 加强其自身的法规符合性审查

建立安全生产法规规章和政策的运行评估机制及定期清理制度。一是制定安全生产法规运行评估制度，明确安全生产法律法规运行评估的价值理念、标准体系、评估方式、组织体系，对评估宗旨、评估原则、评估主体、评估标准、评估方法、评估结果使用和反馈等做出制度化的规定。二是构建科学合理的安全生产法规运行评估标准体系。采用价值分析评价模式、法教义学评价模式以及法社会学评价模式等方法，通过总结法规执行中共有的属性，归纳如安全生产法规执行的宗旨、原则和价值取向、共同行政行为、其他行政行为和专业管理制度等共性的内容和规则，拟定能够对安全生产法规的制定、执行、修正等环节评估内容进行定性或定量反映的单个指标，设计一套被普遍适用的安全生产法规运行评估标准体系。三是构建政府主导公众广泛参与的多元主体评估体系。发挥政府评估主体的主导作用，成立常设的法规运行评估领导协调机构，建立健全公民参与机制，充分利用大数据、云平台建立和完善信息发布收集反馈网络。四是加强法规运行评估结果的应用，对有关制度和政策进行定期清理，并及时向社会公布。五是按照政府"法无授权不可为"的原则，开展法规规章制定过程中的自身法规符合性审查。

4. 开展安全生产法规规章的先行试点

结合安全生产领域改革总体部署，在北京、吉林、上海、福建、湖北、广东、四川、宁夏等地全面深化安全生产领域改革试点的基础上，在安全生产责任体系及考核、安全生产管理体制、安全生产关键技术装备科研攻关和推广应用、应急救援体系建设、企业安全生产标准化建设、安全生产宣传教育培训、生产安全事故调查处理、应急评估和警示教育机制等方面制定相关法规制度，进行先行试点。

论《安全生产法》修订的几个问题

岳勇华❶

摘　要：2014 年 8 月 31 日，第十二届全国人大常委会第十次会议审议并表决通过了《全国人民代表大会常务委员会关于修改〈中华人民共和国安全生产法〉的决定》。这是现行安全生产法颁布十余年来所作的一次较为全面、重大的修改，是我国安全生产法制建设中具有里程碑意义的一件大事，对进一步防止和减少生产安全事故，保障人民群众生命安全必将发挥重要作用。本文就新修订《安全生产法》从强化安全生产工作摆位、进一步落实生产经营单位主体责任、改进完善监管、完善工作机制和强化安全生产责任追究等五个方面入手，深刻阐述了《安全生产法》的主要思路、突出重点和重大意义，深入浅出地剖析出五方面的思维逻辑，即强化摆位是大前提，落实生产经营单位责任是根本，强化政府监管是关键，完善工作机制是抓手，严格安全生产责任追究是保障。

关键词：安全生产法；摆位；责任；监管；机制；追究

《安全生产法》自 2002 年 11 月 1 日正式施行来，全国安全生产工作取得显著成效，安全生产呈现总体稳定、持续好转的发展态势。

一是事故总量连年下降。我国安全生产事故总量最高的年份是 2002 年，死亡人数接近 14 万人。从 2003～2015 年 12 年间，国内生产总值增长约 4 倍的情况，安全生产事故起数和死亡人数连续 13 年实现"双下降"，事故死亡人数从 2003 年的 13.7 万人，减少到 2008 年、2009 年、2010 年的 10 万人、9 万人、8 万人以下，2013 年继续下降到 6.9 万人，事故死亡人数与 2003 年相比减少了近一半。

二是重特大事故得到有效遏制。2003 年以来，在遏制重特大事故方面上了三个台阶。2003～2005 年，全国年均发生重特大事故 100 起以上；2008～2015年期间，年均发生重特大事故下降到 80 起以下（76 起）。

三是煤矿等重点行业领域安全状况显著改善。在煤矿安全形势最严峻的 2002 年，煤炭产量只有不到 14 亿吨，死亡人数却接近 7000 人。2013 年，

---

❶ ［作者简介］岳勇华，国家安全生产监督管理总局宣教中心业务主办。

煤炭产量达到 37 亿吨，死亡人数下降到 1067 人。金属非金属矿山、危险化学品、烟花爆竹、建筑施工、水上交通、农机渔船、消防、铁路、民航等行业领域安全状况持续好转。

四是安全发展水平明显提升。亿元 GDP 事故死亡率从 2003 年的 1.17%，下降到 2013 年的 0.124%，降幅近 90%；工矿商贸 10 万就业人员事故死亡率由 2003 年的 4.57，下降到 2013 年的 1.52，降幅超过 2/3；道路交通万车死亡率由 2003 年的 10.8，下降 2013 年的 2.3，降幅 78.7%；煤矿百万吨死亡率由 2003 年的 3.724，下降 2013 年的 0.288，降幅 92.2%。

安全生产工作是攻坚战、持久战，新时代的安全生产工作面临诸多新的时代挑战，但是肩负全社会对安全生产越来越高的期许，安全生产工作的开展必须迎难而上。党的十八大以来，新一届中央领导集体，高举"以人为本、生命至上"的旗帜，坚持把安全发展作为贯彻落实科学发展观的重要保障。十二届全国人大常委会第十次会议 31 日表决通过了全国人大常委会关于修改安全生产法的决定。国家主席习近平签署第 13 号主席令予以公布。这次新修订《安全生产法》，从强化安全生产工作摆位、进一步落实生产经营单位主体责任、改进完善监管、完善工作机制和强化安全生产责任追究等五个方面入手，着眼于安全生产的现实问题和发展要求，是我国安全生产领域影响深远的一件大事，是安全生产法制建设的又一里程碑，标志着我国安全生产工作进入一个新的阶段。

一、强化安全生产工作的摆位

开宗明义，新法总则就明确了立法目的是"为了加强安全生产工作，防止和减少生产安全事故，保障人民群众生命和财产安全，促进经济社会持续健康发展"。这表明，安全生产不仅仅体现经济领域的范畴，还包括促进社会管理的范畴，是社会管理的重要内容，将安全生产纳入国家治理体系和治理能力现代化建设中，是构建安全保障型社会的客观要求。安全生产工作以立法形式纳入经济社会发展进程，与国民经济和社会发展同步推进，与城乡一体化发展相融合。

1. 立法目的强化安全生产地位。

从立法定位、立法宗旨、立法理念上看，"安全生产工作应当以人为本，坚持安全发展"，充分体现了党中央近一年来关于安全生产工作一系列重要指示精神。以人为本，首先要以人的生命安全为本。当经济社会发展与安全生产发生矛盾时，如何处理和摆位？必须坚守发展决不能以牺牲人的生命为代价这条红线！党的十八大报告把"促进人的全面发展"纳入中国特色社会主义的科学内涵，而人的全面发展前提就是必须保证生命安全和身体健康。以人为本不仅仅是感情上尊重生命、更要是把保护生命放在高于一切的位置，也正是安全生产工作的价值追求。坚持安全发展不仅仅只是一句口号，而要把安全生产与转方式、调结构、促发展结合起来，适应更引导发展"安全生产新形势"，确保城市安全运行、企业安全生产、公众安全生活。

2. 安全生产方针进一步确立"安全第一"定位。

新法总结实践经验，第三条将旧法的八字方针"安全第一、预防为主"完善为安全生产工作十二字方针"安全第一、预防为主、综合治理"。这其中，"安全第一"是摆位，不能以牺牲人的生命、健康为代价换取发展和效益；"预防为主"是主体任务、工作重心，事故的发生往往是由于人的不安全行为、机械物质等不安全状态、管理缺陷、环境的不安全因素等诸多原因同时存在缺陷造成的，如果消除或避免其中任何一个因素中断事故连锁进程，就能避免事故发生；"综合治理"是根本途径，运用行政、经济、法治、科技等多种手段，调动社会、职工、舆论监督各个方面的作用。新修订《安全生产法》增加了"建立生产经营单位负责、职工参与、政府监管、行业自律和社会监督的机制"内容，进一步明确各方安全生产职责与定位，首次确定了经营单位负责、职工参与、政府监管、行业自律和社会监督的安全生产工作格局。

二、落实生产经营单位主体责任

新法总则部分就强调、细化了经营单位制度建设的义务。分则在落实生产经营单位主体责任七个方面具体表现如下。

一是明确生产经营单位的安全生产责任制的内容，规定生产经营单位应当建立相应的机制，加强对安全生产责任制落实情况的监督考核。

二是明确生产经营单位的安全生产管理机构以及安全生产管理人员履行的七项职责，即在第二章生产经营单位的安全生产保障，增加明确生产经营单位的安全生产管理机构以及安全生产管理人员履行的七项职责：组织或者参与拟订本单位安全生产规章制度、操作规程和生产安全事故应急救援预案；组织或者参与本单位安全生产教育和培训，如实记录安全生产教育和培训情况；督促落实本单位重大危险源的安全管理措施；组织或者参与本单位应急救援演练；检查本单位的安全生产状况，及时排查生产安全事故隐患，提出改进安全生产管理的建议；制止和纠正违章指挥、强令冒险作业、违反操作规程的行为；督促落实本单位安全生产整改措施。

三是明确和加重了生产经营单位相关责任人不履行职责的责任，明确了生产经营单位安全生产管理人员安全生产管理缺位的责任；加重了对生产经营单位的主要负责人安全生产管理缺位的责任，加重了对主要负责人在本单位发生生产安全事故时不立即组织抢救或者在事故调查处理期间擅离职守或者逃匿的处罚；实行行政处罚的双罚制度，既处罚企业，又处罚企业内的责任人，增大了对生产经营单位直接负责人罚款处罚的覆盖面。

四是明确相关生产经营行为的安全生产义务，包括明确委托规定的机构提供安全生产技术、管理服务，保证安全生产的责任仍然由本单位负责；明确承发包方的安全生产责任，要求生产经营单位对承包单位、承租单位的安全生产工作统一协调、管理，定期进行安全检查，发现问题的，应当及时督促整改，加大对未履行此管理义务的处罚。

五是严格安全生产机构和人员的配备和职责，增加了对经常发生事故的道路运输和金属冶炼企业设置安全生产管理机构或者配备专职安全生产管理人员的要求，进一步保障"制止和纠正违章指挥、强令冒险作业、违反操作规程的行为""督促落实本单位安全生产整改措施"等实际的发言权和适当的干预权，使安全生产管理机构和专兼职人员充分发挥作用。

六是对部分主体提出了新的行为或者能力要求。对金属冶炼建设项目和装卸危险物品的建设项目，要求进行安全评价和安全设施设计，并报审批；把涉及人身安全、危险系数较大的海洋石油开采特种设备和矿山井下特种设备也纳入需要特殊管理的设备的范围；扩大须安排专门人员进行现场安全管理危险作业的生产经营单位的覆盖面，扩大了须进行安评的生产经营单位覆盖面；与《劳动合同法》相衔接，特别规定劳务派遣人员享有与从业人员同等的安全生产权利和义务。

七是规定安全生产费用的提取和使用要求。明确所提取安全生产费用须专门用于改善安全生产条件的义务，在法律责任方面，加重了对不依法保证安全投入的处罚。

三、完善监管

新修订《安全生产法》严格落实管业务、管行业、管生产经营必须管安全，进一步明确了安全监管部门执法地位。主要表现在八个方面：一是规定了安全生产规划的监管制度，并在管理体制中，参照安委会的职责，要求国务院和地方各级人民政府建立健全协调机制；二是明确国务院和县级以上安监部门实施综合监督管理的职责，有关部门在各自职责范围内对有关行业、领域的安全生产工作实施监督管理的职责，并明确相应各主管单位行政处罚权限；三是为了保证监管的实效性，赋予必要强制措施，加大监管力度，扩大了负有安全生产监管职责的部门的查封或者扣押的权力；四是创造性地建立分类分级监管和年度监督检查计划制度，安全生产监督管理部门应当按照分类分级监督管理的要求，制订安全生产年度监督检查计划，并按照年度监督检查计划进行监督检查，发现事故隐患，应当及时处理；五是贯彻简政放权，授权有关主体包括省级政府制定相关细则、标准；六是在精简审批的基础上优化管理流程和方法，将部分行业、项目验收审批改为企业自主组织的验收活动，但要求安全生产监管部门加强对验收活动和验收结果的监督核查；七是引入了信用管理的模式；八是明确乡镇人民政府以及街道办事处、开发区管理机构安全生产职责。

四、完善工作机制

第一，建立事故预防和应急救援的制度。一是生产经营单位必须建立生产安全事故隐患排查治理制度，采取技术、管理措施及时发现并消除事故隐患，并向从业人员通报隐患排查治理情况的制度；二是政府有关部门要建立健全重大事故隐患治理督办制度，督促生产经营单位消除重大事故隐患；三是对未建立隐患排查治理制度、未采取有效措施消除事故隐患的行为，设定了严格的行政处罚。

第二，完善应急救援制度。一是明确国家建立应急救援基地和应急救援队伍，建立全国统一的应急救援信息系统；二是要求重点行业领域的经营单位承担相关应急职责；三是明确事故现场抢救的相关义务。

第三，建立安全生产标准化制度。新法在总则部分明确提出推进安全生产标准化工作，对强化安全生产基础建设，促进企业安全生产水平持续提升产生重大而深远的影响。

第四，推行注册安全工程师制度。为解决中小企业安全生产"无人管、不会管"问题，促进安全生产管理人员队伍朝着专业化、职业化方向发展，国家自 2004 年以来连续 10 年实施了全国注册安全工程师执业资格统一考试，21.8 万人取得了资格证书。截至 2013 年 12 月，已有近 15 万人注册并在生产经营单位和安全生产中介服务机构执业。新法确立了注册安全工程师制度，并从两个方面加以推进：一是危险物品的生产、储存单位以及矿山、金属冶炼单位应当有注册安全工程师从事安全生产管理工作，鼓励其他生产经营单位聘用注册安全工程师从事安全生产管理工作。二是建立注册安全工程师按专业分类管理制度，授权国务院有关部门制定具体实施办法。

第五，推进安全生产责任保险制度。新法总结近年来的试点经验，通过引入保险机制，促进安全生产，规定国家鼓励生产经营单位投保安全生产责任保险。

安全生产责任保险具有其他保险所不具备的特殊功能和优势：一是增加事故救援费用和第三人（事故单位从业人员以外的事故受害人）赔付的资

金来源，有助于减轻政府负担，维护社会稳定。目前有的地区还提供了一部分资金作为对事故死亡人员家属的补偿。二是有利于现行安全生产经济政策的完善和发展。2005年起实施的高危行业风险抵押金制度存在缴存标准高、占用资金大、缺乏激励作用等不足，目前湖南、上海等省市已经通过地方立法允许企业自愿选择责任保险或者风险抵押金，受到企业的广泛欢迎。三是通过保险费率浮动、引进保险公司参与企业安全管理，可以有效促进企业加强安全生产工作。

五、强化安全生产责任追究

第一，规定了事故行政处罚和终身行业禁入。一是将行政法规的规定上升为法律条文，按照两个责任主体、四个事故等级，设立了对生产经营单位及其主要负责人的八项罚款处罚明文。二是大幅提高对事故责任单位的罚款金额：一般事故罚款20万至50万元，较大事故50万至100万元，重大事故100万至500万元，特别重大事故500万至1000万元；特别重大事故中情节特别严重的，罚款1000万至2000万元。三是进一步明确主要负责人对重大、特别重大事故负有责任的，终身不得担任本行业生产经营单位的主要负责人。

第二，加大罚款处罚力度。结合各地区经济发展水平、企业规模等实际，新法维持罚款下限基本不变、将罚款上限提高了2~5倍，并且大多数罚则不再将限期整改作为前置条件。反映了"打非治违""重典治乱"的现实需要，强化了对安全生产违法行为的震慑力，也有利于降低执法成本、提高执法效能。

第三，建立了严重违法行为公告和通报制度。要求负有安全生产监督管理部门建立安全生产违法行为信息库，如实记录生产经营单位的违法行为信息；对违法行为情节严重的生产经营单位，应当向社会公告，并通报行业主管部门、投资主管部门、国土资源主管部门、证券监督管理部门和有关金融机构。

第四，事故调查更加规范、公正、严格。新安法对事故调查处理的原则作了修改，将第七十三条改为第八十三条，修改为："事故调查处理应当按照科学严谨、依法依规、实事求是、注重实效的原则，及时、准确地查清事故原因，查明事故性质和责任，总结事故教训，提出整改措施，并对事故责任者提出处理意见。事故调查报告应当依法及时向社会公布。事故调查和处理的具体办法由国务院制定。"

对于不落实的，该法还规定了相应的行政处罚和行政处分措施，将第九十一条改为第一百〇六条，修改为："生产经营单位的主要负责人在本单位发生生产安全事故时，不立即组织抢救或者在事故调查处理期间擅离职守或者逃匿的，给予降级、撤职的处分，并由安全生产监督管理部门处上一年年收入百分之六十至百分之一百的罚款；对逃匿的处十五日以下拘留；构成犯罪的，依照刑法有关规定追究刑事责任。"

推进企业主要负责人、实际控制人安全生产
——第一责任人责任落实的实践与思考

张红英❶

摘　要：根据企业规模特点，企业安全生产第一责任人是主要负责人或实际控人；企业主体责任的落实，关键在于主要负责人、实际控制人安全生产责任的落实；对此，应明确企业主要负责人或实际控制人是谁，才能有针对性地督促其落实安全生产责任；根据相关法律法规规定，对"主要负责人"进行界定，通过对企业主要负责人的地位、职责、法律责任等进行分析，提出在落实主体责任时存在的问题和对策建议。

关键词：主要负责人；主体；责任；落实

企业是安全生产的主体，落实安全生产责任是企业必须依法履行的法定职责。而企业安全生产主体责任落实的关键在于企业主要负责人、实际控制人安全生产责任的落实。

一、需要厘清的两个概念

1. 主要负责人的界定

主要负责人是安全生产制度的核心。《安全生产法》使用了"生产经营单位主要负责人"的用语，是在各种情况下都能使用的高度概括性的表述。作为生产经营单位的主要负责人需具备如下几个特点。

（1）必须是生产经营单位生产经营活动的主要决策人。必须享有本单位生产经营活动包括安全生产事项的最终决策权，全面领导生产经营活动，如厂长、经理等。不能独立行使决策权的，不是主要负责人，如生产经营重大事项应由董事会决策的，那么董事长就是主要负责人。

（2）必须是实际领导、指挥生产经营单位日常生产经营活动的决策人。在一般情况下，生产经营单位主要负责人是其法定代表人。但某些公司制企业特别是国内外一些特大集团公司的法定代表人，往往与其子公司的法定代表人（董事长）同为一人，他们不负责日常的生产经营活动和安全生产工

---

❶　作者简介：张红英，宁夏回族自治区安全生产监督管理局主任科员。

作，通常是在异地或者国外。在这种情况下，那些真正全面组织、领导生产经营活动和安全生产工作的决策人就不一定是董事长，而是总经理（厂长）或者被授权的其他人。还有一些不具备企业法人资格的生产经营单位不需要并且也不设法定代表人，这些单位的主要负责人就是其资产所有人或者生产经营负责人。

（3）必须是能够承担生产经营单位安全生产工作领导责任的决策人。当董事长或者总经理长期缺位（因生病、学习等情况不能主持全面领导工作）时，将由其授权或者委托的副职或者其他人主持生产经营单位的全面工作。如果在这种情况下发生安全生产违法行为或者生产安全事故需要追究责任时，将长期缺位的董事长或者总经理作为责任人既不合情理又难以执行，只能追究其授权或者委托主持全面工作的实际负责人的法律责任。

目前，关于"主要负责人"的界定主要有以下三种方式。

（1）实质特征描述型。如《宁夏回族自治区生产经营单位安全生产主体责任规定》（宁政发〔2010〕56号）第五十七条规定，"生产经营单位主要负责人，是指对本单位生产经营决策起决定作用的负责人"。

（2）分类列举型。通过分类并列举的方式对"主要负责人"进行界定，如云南省、辽宁省、梅州市。《云南省落实生产经营单位安全生产主体责任规定》第四十四条规定，"主要负责人：有限责任公司和股份有限公司主要负责人是指公司董事长和经理（总经理、首席执行官或其他实际履行经理职责的企业负责人）；非公司制的企业主要负责人是指企业的厂长、经理、矿长等；不具有法人资格的单位，是指其负责人；法定代表人与实际控制人不一致的，包括实际控制人。国家对特殊行业生产经营单位主要负责人另有规定的，从其规定"。

（3）实质特征描述加分类列举型。这种界定方式早在2002年国家安全监管总局和国家煤炭监察局联合下发的《关于生产经营单位主要负责人、安全生产管理人员及其他从业人员安全生产培训考核工作的意见》（安监管人字〔2002〕123号）中就已使用过。目前，江门市等采用了该种方式。《江门市促进企业落实安全生产主体责任的规定》第七十四条规定，"主要负责人：是指对本单位生产经营全面责任，有生产经营决策权的人员。有限责任公司和股份有限公司是指公司董事长和经理（总经理或其他实际履行经理职责的企业负责人）；非公司制的企业，主要负责人为企业的厂长、经理、矿长、投资人等；不具有法人资格的单位，是指其负责人；法定代表人与实际控制人不一致的，包括实际控制人。国家对特殊行业生产经营单位主要负责人另有规定的，从其规定"。

对比上述三种界定方式，显然，第三种方式更为清晰、直接，实际操作性更强。

2. 实际控制人的界定

实际控制人是源于公司法的一个概念。公司法第二百一十七条规定，实际控制人是指虽不是公司的股东，但通过投资关系、协议或者其他安排，能够实际支配公司行为的人。国家安全监管总局、多数省市的相关法规规章对实际控制人的界定均借鉴了公司法上述条款，即"实际控制人，是指通过投资关系、协议或者其他安排，不直接支配但是能够间接控制或者实际控制生产经营单位行为的人"。很明显，国家安全监管总局对实际控制人的界定并没有将公司股东排除在外，实质上扩大了实际控制人的外延。

通过投资关系控制公司，是指实际控制人通过投资的方式，包括对目标公司采取直接投资方式，或者通过多层的投资方式来直接或者间接地控制目标公司，如控制目标公司的控股股东来控制目标公司。通过协议来控制目标公司，如目标公司的生产经营活动必须有控制人提供的特许权利（包括工业产权、专业技术等）才能正常进行的；目标公司生产经营购进的原材料、零部件等（包括价格及交易条件等）是由实际控制人所供应并控制的；通过协议取得目标公司的控股股东的表决权等。通过其他安排来控制目标公司的手段比较复杂，如人事关系、亲属关系等。可见，实际控制人是一个功能性的概念，是一个从结果、从行为外观推导出的公司控制权的实际行使主体。谁持续性地主导公司重大事项决策，谁就是公司的实际控制人。

二、主要负责人、实际控制人的地位

1. 主要负责人的地位

《安全生产法》第五条规定，"生产经营单位的主要负责人对本单位的安全生产工作全面负责"。这就是要把主要负责人置于安全生产工作的中心地位，负有第一位的、主要的安全生产领导责任。企业的安全生产工作能否做好，关键在于主要负责人。

2. 实际控制人的地位

实际控制人因实际上指挥、控制着企业的生产、经营、安全、投资和人事任免等重大事项和重要事务，对企业重大决策起决定作用，可视为企业实质意义上的负责人。

近年来，相当一部分生产安全事故的发生，究其原因主要是企业安全生产主体责任落实不到位。而企业安全生产主体责任落实不到位（如安全投入、安全制度的建立和完善等）原因，是企业实际控制人的操控和干预，这在重特大煤矿事故中尤为明显。如一些矿主，既不当董事长，也不当矿长，但是幕后实际操控着企业的生产经营安全活动等重大事项，目的就是为了逃避法律责任。如果放任这些人的行为，那后果是不堪设想的。

为进一步落实企业的安全生产主体责任，加强安全，保障安全，在安全生产相关法律法规中引入"实际控制人"，并将其置于安全生产第一责任人地位成为必然和共识。目前，将实际控制人和主要负责人并列作为安全生产第一责任人已多见于相关的规章制度中，如《梅州市落实企业安全生产主体责任规定》《江门市促进企业落实安全生产主体责任的规定》均明确规定"企业的主要负责人或实际控制人是本单位安全生产的第一责任人，对落实本单位安全生产主体责任全面负责"。而在国务院、国家安全监管总局等的文件中，也不时出现诸如"强化法定代表人、实际控制人安全生产第一责任人的责任""企业主要负责人、实际控制人要切实承担安全生产第一责任人的责任"等表述。

三、主要负责人、实际控制人的安全生产基本职责

根据有权必有责、权责一致原则，为使安全生产责任具有可操作性，以及实施违法行为时追究责任提供法律依据，《安全生产法》明确规定主要负责人应负如下六项安全生产基本职责：建立、健全本单位安全生产责任制；组织制定本单位安全生产规章制度和操作规程；保证本单位安全生产投入的有效实施；督促、检查本单位的安全生产工作，及时消除生产安全事故隐患；组织制订并实施本单位的生产安全事故应急救援预案；及时、如实报告生产安全事故。

各省市结合具体实际情况，对主要负责人的安全生产基本职责，在上述六项基本职责的基础上进行了扩充、细化和完善，如《宁夏回族自治区生产经营单位安全生产主体责任规定》增加了"定期研究安全生产问题，向职工代表大会、股东大会报告安全生产情况"等，并对部分条款进行了完善，如"（三）保证本单位安全生产条件所需的资金投入"；《辽宁省企业安全生产主体责任规定》增加了"依法设置安全生产管理机构，配备安全生产管理人员、组织开展安全生产标准化建设"等条款。

四、主要负责人、实际控制人的法律责任

1.《安全生产法》对主要负责人法律责任的规定

为使主要负责人切实履行安全生产职责，《安全生产法》第八十条、第八十一条、第八十九条、第九十一条对主要负责人安全生产违法行为应负的法律责任做出明确规定。根据有责必究、有罪必罚的原则，如果主要负责人不履行法定义务，构成安全生产违法行为或发生生产安全事故的，他们不仅

要承担撤职、罚款等行政责任，触犯刑律的，还要依照刑法有关规定追究刑事责任，以及剥夺在一定时期内担任任何生产经营单位主要负责人的资格。

2. 对实际控制人法律责任的规定

对实际控制人的法律责任追究较早出现于《国务院关于预防煤矿生产安全事故的特别规定》（国务院令第 446 号）。《特别规定》第二条规定"煤矿企业是预防煤矿生产安全事故的责任主体。煤矿企业负责人（包括一些煤矿企业的实际控制人）对预防煤矿生产安全事故负主要责任"。换言之，实际控制人与煤矿企业负责人对预防煤矿生产安全事故同样负主要责任。

最高人民法院、最高人民检察院《关于办理危害矿山生产安全刑事案件具体应用法律若干问题的解释》（法释〔2007〕5 号）剑指矿山企业的"幕后隐身者"，特别明确了矿山的实际控制人在相关犯罪中的刑事责任。该司法解释明确，危害矿山生产安全的犯罪主体包括矿山的实际控制人。同时，还在具体条款中分别明确了矿山实际控制人的刑事责任，涉及刑法第一百三十四条、第一百三十五条、第一百三十九条之一等三个条文规定的"生产、作业重大安全事故罪""强令违章冒险作业重大安全事故罪""生产设施、条件重大安全事故罪""不报、谎报安全事故罪"四种犯罪。这样，发生重大伤亡事故或者造成其他严重后果的情况下，对实际控制人追究刑事责任有了明确的法律依据。

《国务院关于进一步加强企业安全生产工作的通知》（国发〔2010〕23 号）进一步加大了对事故企业主要负责人、实际控制人的责任追究力度。根据该文件，企业发生重大生产安全责任事故，追究事故企业主要负责人责任；触犯法律的，依法追究事故企业主要负责人或企业实际控制人的法律责任。发生特别重大事故，除追究企业主要负责人和实际控制人责任外，还要追究上级企业主要负责人的责任；触犯法律的，依法追究企业主要负责人、企业实际控制人和上级企业负责人的法律责任。对重大、特别重大生产安全责任事故负有主要责任的企业，其主要负责人终身不得担任本行业企业的矿长（厂长、经理）。

相较于《安全生产法》，上述文件加重了对发生事故企业主要责任人的处罚，严格了职业准入，对发生重大和特大重大事故的企业上述人员，剥夺了其终身担任本行业矿长（厂长、经理），且任何地区、部门和企业都不得违法任用。

3. 我区对实际控制人法律责任的规定

《宁夏回族自治区生产经营单位安全生产主体责任规定》（宁政发〔2010〕56 号）第七条规定：生产经营单位在改制、破产、收购、兼并、整合、重组等产权变动期间，产权的转让方和受让方要保持安全生产管理工作的连续性，并在转让协议中明确约定。

未签订安全生产管理协议或未约定安全生产管理事项发生生产安全事故的，由事故发生单位的实际控制人承担相应后果。

五、落实主要负责人、实际控制人安全生产第一责任人责任存在问题

落实安全生产主体责任是企业的法定职责和义务，是企业实现经济效益和可持续发展的基础和保障。落实企业安全生产主体责任是当前安全生产监管工作的重要课题，而落实企业主体责任核心在于落实企业主要负责人、实际控制人的法定职责。在落实企业主要负责人、实际控制人安全生产第一责任人的过程中，存在如下问题：

1. 主要负责人对其安全生产职责认识不到位

如前所述，《安全生产法》对主要负责人的安全生产职责规定了六项，但这六项是基本性、粗线条的规定，在实际操作中，每一项都可细化为其他很多项。在监察执法中发现，许多企业的主要负责人对其具体承担哪些安全生产职责说不清楚，仅仅是为了应付检查而请中介机构制定了一部分安全生产规章制度，而这些制度不仅脱离实际，缺乏针对性和可操作性，而且多数仅为写在纸上、挂在墙上，并没有深入主要负责人的思想意识中。

2. 对实际控制人的责任追究存在一定难度

原因有如下三点：一是从界定角度，鉴于实际控制人具有隐蔽性、多样性、复杂性等特点，且相关法律条文对实际控制人的概念解释，借鉴了公司法的规定，比较笼统和模糊，在界定的时候各部门把握的尺度、考虑的因素不一致，导致在确定哪些人为实际控制人具有一定的随意性。二是在较高位阶的法律法规中，目前尚未明确将"实际控制人"作为安全生产第一责任人进行规定，而是散见于国务院、国家安全监管总局以及各省市的一些规定中。三是对实际控制人的责任追究，集中体现在企业发生重特大事故时。但企业发生重特大事故的概率较低，偶然性较大，这也助长了实际控制人的侥幸心理，为了追求眼前、短期的企业利润，对企业安全重视不够，不愿意增加安全生产投入，甚至干扰安全生产。

六、落实企业主要负责人、实际控制人安全生产第一责任人责任的对策建议

1. 可进一步完善《宁夏回族自治区生产经营单位安全生产主体责任规定》

根据已经出台企业安全生产主体责任规定的辽宁、梅州、江门等一些省市，以及国务院、国家安全监管总局文件精神，可从如下几方面修订《宁夏回族自治区生产经营单位安全生产主体责任规定》，一是明确生产经营单位主要负责人、实际控制人在安全生产中的地位，即生产经营单位主要负责人、实际控制人是本单位安全生产的第一责任人，对落实本单位安全生产主体责任全面负责。二是对《宁夏回族自治区生产经营单位安全生产主体责任规定》赋予生产经营单位主要负责人的七项法定安全生产职责进行逐项细化和量化，从而使主要负责人、实际控制人落实生产经营单位安全生产主体责任有章可循。三是增加对生产经营单位主要负责人、实际控制人的监督管理规定，以及未履行安全生产主体责任的责任追究条款，包括行业准入、经济处罚、刑事责任等。四是完善"主要负责人"的定义，可采用实质特征描述加分类列举的方式，并明确将主要负责人的内涵扩大到实际控制人，使其更加清晰、更具有实际操作性和针对性。五是针对实际控制人具有复杂性、隐蔽性等特点，完善举报、奖励制度，鼓励生产经营单位职工和有关人员向安监部门举报实际控制人，并给予一定的奖励。

2. 加强对实际控制人是生产经营单位安全生产第一责任人以及相关责任追究的宣传力度

在监察执法中发现，许多实际控制人不懂安全、不重视安全、游离于安全生产之外、搞遥控指挥安全的问题尤为突出，这导致许多企业的主体责任始终落实不到位，造成管理松散，安全隐患多且无法及时消除，企业安全生产无法保证。

因此，明确实际控制人在生产经营单位安全生产中的地位责任，以及其应承担的法律责任，并通过日常监察执法、安全生产教育培训（依法培训合格，取得安全任职资格证书）、签订安全生产承诺书等途径，充分利用报纸期刊等平面媒体、网络等新兴媒体进行广泛宣传，使实际控制人对自己所负的安全生产职责以及应承担的法律责任有明确清晰的认识，深刻认识到非法违法生产不仅给企业员工生命安全带来严重威胁，而且影响到社会稳定，最终造成企毁人亡、人财两空的严重后果，从而更加重视安全、抓好安全。

第三部分
安全生产监管执法与责任研究

加强地方职业卫生监管的对策研究
——以陕西省商洛市为例

张 宁[❶]

摘 要：2011 年《职业病防治法》修改后，安全监管部门被赋予了工作场所职业卫生监管职能，肩负起保护广大劳动者身体健康权利的重任，而如何加强地方职业卫生监管工作更是当前的紧要任务。陕西省商洛市因 20 世纪 90 年代陈耳金矿职业病事件一时间成为舆论热点。本文主要是研究地方职业卫生监管工作对策，通过选取陕西省商洛市作为研究对象，对其职业卫生监管工作作出概述，分析当前地方职业卫生监管工作存在的问题及其原因。结合作者对职业卫生监管工作的调查分析，探索地方职业卫生监管工作的有效机制，有针对性地提出了督促企业落实职业病防治主体责任，开展重点行业领域专项整治，购买社会职业卫生技术服务，构建区域系统防治规划，加强职业卫生基础建设，强化监督执法等建议来改善当地职业卫生监管工作，希望能够进一步控制和减少职业病危害，保护劳动者的健康权益，也希望能为各地加强职业卫生监管工作提供一些有益的思路。

关键词：职业病；职业病防治法；政府监管；企业责任

一、前言

20 世纪 90 年代，全国兴起金矿开采热潮，陕西商洛民工纷纷加入淘金的队伍。但此时大部分金矿开采企业生产设施简陋，开采无序，个人职业防护装备缺乏，工人的生命安全健康受到严重威胁。曾在商洛市洛南县陈耳金矿打工的 80 多名民工，多年后陆续被诊断出患有尘肺病，这些民工将洛南县陈耳金矿告上法庭，此后产生了长达 10 多年的诉讼。现在这些患者在世的还有 60 名，年龄最大的 58 岁，最小 33 岁，平均年龄 33 岁，27 名患者先后已经离世。这起严重的职业病事件在许多媒体上进行了持续报道，商洛成为职业卫生工作的焦点。

安全生产监督管理部门作为工作场所职业卫生监管工作的主管部门，肩

---

❶ ［作者简介］张宁，国家安全生产监督管理总局职业健康司副主任科员。

负着监督用人单位执行国家职业病防治法律法规，保护劳动者身体健康的重任。特别是在经济快速发展，而法治尚未健全，企业职业病防治主体责任落实差的背景下，政府监管更显现出无可替代的作用。但是当前地方政府对职业卫生工作认识不够，职业卫生监管力量薄弱，监管能力不强，严重制约着政府职业卫生监管职能的发挥。因此如何进一步完善地方职业卫生监管，提高地方政府对职业卫生的监管能力，保护劳动者的健康权益是本文要解决的问题。

从政府角度看，加强地方职业卫生监管对策研究是政府行使职责的必然要求；是党和政府尊重人权的表现；有助于维护社会的稳定；也是社会伦理的要求；有利于促进我国社会和经济持续稳定健康发展。❶

从用人单位角度看，加强地方职业卫生监管对策研究有助于减少职业病带来的人力和财力损失；有助于提高企业生产效率和效益，提高企业竞争力。

从劳动者角度看，加强地方职业卫生监管对策研究有助于保护自身健康权益；提高工作安全感和舒适感，更有体面的工作。

国内学者对职业卫生监管的必要性，目前存在的主要问题，监管工作改进，职业卫生监管机构等方面开展了研究。张忠彬和孙庆云在《我国职业卫生监管工作现状分析》、罗天明在《职业卫生监管工作实践探讨》、张巍在《浅谈区域地方企业职业危害安全管理存在的问题和对策》、欧阳霞在《我国职业卫生存在的问题及应对措施》等文章中，论述了我国职业卫生监管中存在的问题，认为监管体制不顺❷、三方协商机制不健全、法规标准体系建设滞后与落实不力、职业卫生投入不足与特定经济发展阶段是造成我国当前职业卫生监管工作存在困难的主要原因；而要解决我国当前的职业卫生监管存在的问题，需要从理顺监管体制、健全运行机制入手，进一步加强职业卫生法规标准体系的建设，加大职业卫生投入并积极推进职业卫生技术服务的市场化，尤其要借鉴国外发达国家的成功做法，积极推进职业安全卫生的一体化管理。❸ 李朝林等在《我国职业卫生技术服务工作现状》中指出了职业卫生技术服务工作中存在的问题，提出了改进建议。

国外方面，虽然各国社会制度和经济发展水平不同，但立法的目的都是确保劳动者的安全和健康，提高劳动生产率，促进经济发展。目前，全世界

---

❶ 肖云龙，罗普录，余丹. 充分发挥职业病防治工作在公共卫生体系建设中的作用 [J]. 中华劳动卫生与职业病杂志，2005，23（4）：301-302.

❷ 张巍. 浅谈区域地方企业职业危害安全管理存在的问题和对策 [J]. 科技视界 2013（12）.

❸ 张忠彬，孙庆云. 我国职业卫生监管工作现状分析 [J]. 中国安全科学学报，2008（6）.

有 70 多个国家、地区和国际组织制定了有关职业卫生的法规。而在世界范围内，由于西方国家工业化起步较早，工业化程度较高。因此在职业危害的关注和研究上也位居世界前列。美国、英国、日本等国家按照法律规定成立"职业安全与卫生委员会""咨询委员会"。美国、澳大利亚、南非、日本、印度等国家的法律规定了职业安全与卫生的报告制度。在北欧的瑞典和芬兰，两个高福利、高税收的发达国家中，其职业危害与职业安全工作是一体化展开的。在实行工业现代化最早的英国，1974 年，颁布了《职业安全与健康法》，其现有的生产安全与健康的管理系统、制度和科研框架就是根据这个法律建立健全的，其政府方面归于职业安全与健康管理机构为安全与健康委员会和安全与健康执行局，也鼓励一些民间组织和中介机构在促进职业安全与健康中发挥积极的作用。

二、陕西省商洛市职业卫生监管工作现状

通过调研发现，商洛市安全生产监督管理部门虽然做了大量工作，改善了当地职业卫生工作情况。但是，商洛市的职业病危害形势依然严峻，地方安全生产监督管理局亟须进一步加强职业卫生监管工作。

1. 商洛市职业病危害情况

商洛市现有各类企业 3 734 家，通过职业病危害项目申报存在职业病危害因素的企业 319 家，从业人员 21 353 人，接触职业危害人数 5 779 人，占实际从业人数的 27.1%，存在职业病危害因素企业主要集中于矿山、化工、冶金、建材加工等行业领域。截至目前，各级职业病鉴定机构确诊职业病病人 636 人，主要是在外地务工人员。商洛市职业病危害情况呈现以下特点：

一是职业病报告病例总量大且呈上升趋势。据统计，商洛市职业病鉴定机构 2008 年确诊职业病病人 148 人，2009 年 148 人，2011 年 153 人，2012 年 160 人，2013 年 240 人，2014 年更是多达 438 人，占陕西省每年报告职业病病人数比重较大。由于部分企业职业健康体检率低，外出务工人员流动性大等原因，实际发病职业病例数要远高于以上报告的职业病例数。

二是职业病危害涉及行业领域广，接害人数多，新的职业病危害不断涌现。商洛市职业病危害分布在等 30 多个行业领域，其中一些行业领域职业病危害相当严重，如矿山开采与选矿、化工、建材等。根据现有职业危害申报系统数据初步测算，接触职业危害人数 5 779 人，占在岗职工的 27% 以上，其中 50% 以上是农民工。

三是多年积累的遗留问题没有得到有效解决。21 世纪初被曝光的商洛市陈耳金矿尘肺病事件中的矿工很多还在遭受着呼吸的折磨，虽然政府和社会给予其一定的救助，但是问题还是没有得到根本解决，尘肺病人及家庭仍

然承受着巨大的经济和心理负担。

2. 商洛市职业卫生监管情况

商洛市安全生产监督管理局认真贯彻落实《职业病防治法》及配套法律法规，深入开展职业卫生专项整治活动，认真落实国家和省局有关职业病防治各项政策措施，做了大量工作如下。

一是加强职业卫生宣传教育，利用职业病防治宣传周、安全生产月、"12·4"普法宣传日等有利时机，散发宣传资料，发挥电视、报纸的作用，大力宣传《职业病防治法》。组织各县区监管人员参加省局组织的职业卫生专题培训教育，每年组织矿山等企业负责人参加职业病防治专项培训。

二是结合当地实际，开展了金矿开采、水泥建材、石英砂加工等专项治理整顿活动，先后对26家金矿开采、5家水泥制造、1家石英砂加工企业进行了重点治理整顿，完善了其职业卫生责任制度和操作规程，职业卫生投入得到增加，落后的生产工艺和各类除尘、降尘措施得到了改造，取得了一定的治理效果。

三是督促企业做好职业卫生基础性工作，要求企业在醒目位置设置职业危害警示告知栏，公示职业危害种类、后果及应急防范措施；要求企业建立健全职业卫生管理机构；落实职业健康档案制度，把好岗前、岗中和离岗体检关。

四是加大职业卫生监管执法力度，下发文件明确规定市县区每年分别至少开展两次职业卫生专项执法活动。重点围绕建章立制、职业卫生培训、防护用品使用等方面，定期开展执法检查。将职业卫生执法计划列为年度考核指标，促进执法活动认真开展。

三、陕西省商洛市职业卫生监管工作中存在的问题

造成职业病危害形势严峻和职业健康监管困难的原因是多方面的。调研发现，主要存在以下几个方面的问题。

1. 企业职业卫生主体责任不落实

一是企业职业卫生法制意识不强，一些企业主要负责人，职业病危害防治意识淡薄，片面追求经济效益，长期忽视职工身体健康，调研中的山阳纵横矿业有限公司龙头沟金矿主要负责人缺乏基本的职业病防治知识，一问三不知，又如何能够领导企业做好职业卫生工作。多数企业未进行职业卫生"三同时"、未开展职业病危害因素检测评价、未按规定申报，企业职业卫生违法违规行为普遍。二是职业卫生规章制度不健全。多数企业没有设置或者指定职业卫生管理机构和职业卫生管理人员，职业卫生规章制度和岗位操

作规程不健全。三是职业病个体防护意识差，多数企业的职工缺少职业卫生基本常识和个体防护装备知识。调研中的山阳纵横矿业有限公司龙头沟金矿职业卫生培训缺乏针对性，未对职业病危害严重岗位的工人进行专门的职业卫生培训，工人无法对自身健康进行保护。四是职业卫生管理水平低，部分企业未给工人提供防护用品，未对工人进行健康体检。调研所到的陕西丰源钒业科技发展有限公司职业健康监护未采用国家要求的职业健康检查表，也没有明确的职业健康检查结论及相关处理意见，存在体检走过场、走形式行为。山阳纵横矿业有限公司龙头沟金矿职业健康检查率仅为26%，而且没有对职业健康检查发现的7名肺功能中度损伤和1名听力受损的人员妥善安置、定期组织复查。

2. 职业卫生监管工作基础薄弱

一是职业卫生工作全面履职仍需时日。商洛市地方职业卫生监管职能是2010年从卫生部门划转到安全生产监督管理部门，到目前为止接手时间较短，相对于传统的安全生产监管，职业卫生监管是一项跨专业的全新工作，具有很大的挑战性。二是职业卫生监管能力亟待提升。目前商洛市安全生产监督管理部门虽然已经承担职业卫生监管职能，但是市县两级监管机构不健全，由于缺少编制，职业卫生监管职能现在还是合并在应急救援科执行，人员兼职管理。加之缺乏相应的执法检查装备，到了检查现场也只能靠眼看鼻闻，执法工作开展有困难。三是现有职业卫生监管人员不能适应工作需要。由于职业卫生监管工作专业性、技术性强，现有的3个监管人员大多数没有从事过职业卫生工作，缺少相应的知识和业务能力，存在无从下手、无法下手的情况。四是职业卫生技术支撑能力较弱。当地现有的技术服务机构只有卫生部门的疾控中心，而疾控中心由于规模限制，缺少解决企业实际问题的工程技术人员，也缺少进行职业病危害因素检测的装备，加之是全额拨款事业单位，其工作积极性普遍不高。

3. 对职业病防治工作重视不够，认识不到位

一是地方政府认识不到位，没有把职业卫生工作纳入政府工作的议事日程，片面强调招商引资，随意降低准入门槛，导致大量职业病危害严重的项目仓促上马，严重威胁着劳动者的职业健康。二是有关部门认识不到位。以人员不足、影响发展、支撑能力缺乏等为借口，对职业卫生工作存在着不想管、不敢管、不会管的问题。三是企业认识不到位。一些企业尤其是企业主要负责人存在"重视经济利益，轻视职业病防治"问题，没有把职业病防治工作摆上重要位置，轻视、忽视甚至漠视劳动者的职业健康，以牺牲劳动者的职业健康来换取一时的经济效益。一些企业将职业病危害严重的项目

（岗位）层层转包、违规分包，一包了之，规避管理责任。四是部分劳动者认识不到位。一些企业在职业病危害严重的岗位大量使用农民工，这些人员文化程度低，对职业病危害的严重性缺乏基本认识，自我防护意识和依法维权意识薄弱。"前半生辛辛苦苦赚钱，后半生倾家荡产治病"成为很多务工者生活的真实写照。❶

四、完善我国地方职业卫生监管的建议

面对职业病危害严重的现状和职业病监管的诸多难题，商洛市在职业病防治和职业卫生监管上不可能一蹴而就，只有立足长远，突出重点，采取切实可行和针对性措施，才能有效预防职业病事件的发生，才能逐步实现职业病危害形势逐步好转，才能确保职业卫生监管职能履职到位。

1. 督促企业落实职业病防治主体责任

一是从重点人员入手。企业主要负责人的职业病防治意识和主体责任意识决定了企业职业病防治水平的高低，因此必须加大培训教育力度和监督执法力度，解决其职业病防治认识淡薄的问题。❷ 二是从源头把关入手。从一开始就把职业病危害因素控制在规定范围内，严格落实建设项目职业卫生"三同时"制度。三是从建章立制入手，督促企业建立职业病防治责任制，完善职业病危害项目申报制度、职业健康监护制度、职业卫生检测、监测制度等。❸

2. 深入开展重点行业领域职业病危害专项治理

按照"整治一个行业、淘汰一批落后产能、推动一批企业科技进步"的要求，继续深化职业病危害严重行业领域的专项整治。继续巩固和深化金矿开采、水泥生产和石英砂加工三个行业的粉尘治理成果。在国家确定的重点治理行业基础上，结合本地实际，再选择 1～2 个职业病危害严重的行业进行治理，循序渐进，逐步覆盖，消灭职业病危害重大隐患，防范职业病事件和群体性事件的发生。

3. 加强职业卫生基础工作

按照国家关于加强安全生产基础执法队伍建设的意见，合理配置内设机构和人员编制，逐步提高职业卫生监管人员比例。加大投入，为职业卫生监

---

❶ 乔庆梅. 中国转型期职业风险变化研究［J］. 中国人民大学学报，2010（3）.
❷ 黄震辉. 职业健康教育在职业病防治中的作用［J］. 中国保健营养（上旬刊），2013（11）：6713.
❸ 张峰. 别让职业病成为农民工杀手［J］. 安全与健康（上半月版）. 2011（1）.

管人员配备符合标准的执法装备。根据地方实际情况，制定本地区的职业病防治规划。培育当地职业卫生技术支撑机构，为职业卫生监管提供技术支持和智力支持。对工矿商贸行业领域职业病危害情况进行调查摸底工作，掌握职业病危害分布的基本情况。充分发挥新闻媒体的作用，组织开展《职业病防治法》宣传周。加强职业卫生培训，对职业病危害严重行业领域用人单位主要负责人、职业卫生管理人员、产生严重职业病危害岗位作业人员全部培训。

4. 强化职业卫生监督执法

强化日常监督检查，坚持检查与服务并重，推动企业落实职业病防治主体责任。强化专项执法，购买职业卫生技术服务，根据国家或当地对职业病危害严重的行业领域专项治理情况开展专项监督执法。强化建设项目职业卫生"三同时"监管，严格职业病防护设施竣工验收，确保职业病防护设施符合要求，并与主体工程同时投入生产和使用。❶ 加强建设项目施工过程中的职业卫生监管，落实建设单位、施工单位的职业病防治责任，控制和减少建设项目施工期职业病危害。对违法违规企业依法严厉查处，对存在重大隐患、不能保障职工职业健康的企业要采取措施。建立职业卫生违法违规企业黑名单制度，定期向社会发布。

职业卫生工作关系到人民的生命健康权益，是全面实现小康社会的重要保障。目前我国仍然处于社会主义初级阶段，职业病防治形势依然严峻，一方面由于对职业卫生监管工作的忽视，地方职业病防治法律法规、执法装备、人员无法得到有效保障；另一方面是作为职业病防治主体的用人单位不严格落实主体责任，职业病防治投入不足，工作场所不符合国家要求。2011 年新修改的《职业病防治法》明确了职业卫生监管工作监管职责分工，突出了用人单位职业病防治主体责任，严格了违法职业病防治法律处罚，为安全监管部门进一步做好职业卫生监管工作提供了有力保证。在此情形下，通过对陕西省商洛市职业卫生监管工作的分析，希望能够为地方进一步做好职业卫生监管工作提供一些思路，以更好地保护劳动者健康权益。

---

❶ 张斌，陈娅，徐敏 . 我国职业卫生面临的挑战与机遇［J］. 劳动保护，2012（12）：74 - 76.

安全生产领域行政执法渎职犯罪及预防

孙长春❶

摘　要： 近年来，我国稳步推进法治政府建设，行政机关和工作人员依法行政的法治理念明显增强。但包括安全生产监管在内的行政执法领域仍然存在着有法不依、执法不严、违法不究甚至以权压法、权钱交易、徇私枉法等突出问题。行政权力"异化""设租""寻租"以及"缺位""失位"现象比较普遍。一些负有安全生产监督管理职责部门的工作人员失职渎职，不履行或不正确履行工作职责，致使国家、社会和人民的利益遭受重大损失，依法被追究刑事责任或者受到党纪、政纪处分，应该切实加强对渎职犯罪的预防。

关键词： 安全生产；行政执法；渎职犯罪；预防

　　安全生产是经济社会健康、有序发展的基础和保证。现代安全经济学"三角形理论"认为：经济为两条边，安全是一条底边，没有安全生产的底边支撑，就构不成稳定发展的三角形。近年来，随着我国经济的高速发展，安全生产的重要性凸显，加强安全生产，保障人民群众生命和财产安全，促进经济社会持续健康发展，已成为全社会的共识。我们党和政府历来对安全生产行政执法工作高度重视。《中共中央关于全面深化改革若干重大问题的决定》提出："深化安全生产管理体制改革，建立隐患排查治理体系和安全预防控制体系，遏制重特大安全事故。"李克强总理在 2015 年政府工作报告中专门指出："加强安全生产工作，事故总量、重特大事故、重点行业事故持续下降。"❷ 在强调安全生产的同时，安全生产行政执法也暴露出很多问题，执法人员监管不到位、缺位现象比较明显。安全生产行政执法人员成为渎职犯罪的高发群体，一些安全生产行政执法人员特别是市、县（区）的安全生产行政执法人员，因为严重失职渎职等原因，被追究刑事责任。

一、安全生产行政执法概述

　　安全生产涉及方方面面，在落实生产经营单位主体责任的同时，更需要

---

❶ ［作者简介］孙长春，华东理工大学社会学博士后流动站科研人员，中国大唐集团公司巡视办公室负责人。

❷ 李克强在 2015 年 3 月 5 日在第十二届全国人民代表大会第三次会议上所作《政府工作报告》，参见中央政府网，http://www.gov.cn/guowuyuan/2015 - 03/16/content_ 2835101. htm。

负有安全生产监管责任的部门和机构充分发挥监管职责。

第一，安全生产行政执法基本架构。在组织体系方面，构建"政府统一领导，部门依法监管，企业全面负责，群众监督参与，社会广泛支持"大安全生产格局，建立从上到下的五级安全生产监管机构和"党政同责、一岗双责、齐抓共管"的安全生产责任体系。在立法方面，形成以《中华人民共和国安全生产法》（以下简称安全生产法）为主导，门类和层级较为完备的法律、法规集合体，安全生产法律责任制度遍布着行政机关的身影。❶ 在行政执法力量配备方面，重视加强基层安全执法力量配备，安全生产监管队伍不断壮大。❷

第二，安全生产监督管理部门界定。行政执法是行政权行使中最常见的表现方式，行政机关做出的行政行为具有公定力、拘束力和执行力。安全生产行政执法是指安全监管监察部门及其委托的行政执法机构，依法履行安全生产监督管理职责的活动。安全生产监督管理部门是一个比较宽泛的概念，根据我国安全生产法的规定，各级安全生产监督管理部门以及对有关行业、领域的安全生产工作实施监督管理的部门都属于负有安全生产监管责任的部门。❸

第三，安全生产行政执法的主要形式。包括日常监督检查、查处非法违法行为、行政许可、行政强制、调查处理事故、核查投诉举报，等等。❹ 执法检查是安全生产监督管理部门依法对生产经营单位履行安全生产法律法规义务的情况进行现场检查，并对违法行为进行纠正的具体行政行为。行政处罚是安全生产监督管理部门对有关组织和个人违反安全生产法律、法规、标准及规程的行为，依法给予一定数额的罚款的行为。行政许可是指安全生产

---

❶ 我国对安全生产法律责任的法律规定，除《中华人民共和国安全生产法》外，《生产安全事故报告和调查处理条例》《安全生产许可证条例》《建设工程安全生产管理条例》《国务院关于特大安全事故行政责任追究的规定》《危险化学品安全管理条例》《安全生产违法行为行政处罚办法》《工伤保险条例》等法律法规都有规定。

❷ 2015年4月2日，《国务院办公厅关于加强安全生产监管执法的通知》文件要求：2016年年底前，所有的市、县级人民政府要健全安全生产监管执法机构，落实监管责任。地方各级人民政府要结合实际，强化安全生产基层执法力量，对安全生产监管人员结构进行调整，3年内实现专业监管人员配比不低于在职人员的75%。各市、县级人民政府要通过探索实行派驻执法、跨区域执法、委托执法和政府购买服务等方式，加强和规范乡镇（街道）及各类经济开发区安全生产监管执法工作。

❸ 一般来说，负有安全生产监督管理职责的部门包括：国务院负责安全生产监督管理的部门，地方各级人民政府负责安全生产监督管理的部门。其他负有监督管理职责的有关部门包括：公安消防机构、交通部门、建筑行业部门、质量技术监督部门、工商行政管理部门，等等。

❹ 参见国家安全监管总局《关于进一步深化安全生产行政执法工作的意见》（安监总政法〔2012〕157号）。

监督管理部门根据公民、法人或者其他组织的申请，经依法审查，准予其从事特定生产、经营、建设活动的行为。行政强制措施是安全生产监督管理部门依法对有关企业和个人的人身和财产采取行政强制措施的行政行为。行政奖励是安全生产监督管理部门对在改善安全生产条件、防止生产安全事故等方面取得显著成绩的单位和个人给予一定奖励的行为。

二、安全生产行政执法人员渎职犯罪基本情况

渎职犯罪所造成的损失比贪污、受贿更为严重，国家机关工作人员渎职侵权犯罪已成为影响社会和谐的严重社会问题。据学者对 3 000 多起职务犯罪案件的分析：渎职案件平均个案案值为 500 万元，而贪污贿赂平均个案案值在 60 万元。在 526 件渎职案件中，造成死亡 548 人、重伤 344 人的严重后果。近年来，我国消防安全、交通运营、工矿商贸、重大公共基础设施建设等领域责任事故多发，从查处案件情况来看，绝大多数案件都伴随着安全生产行政执法人员的渎职犯罪问题。2007 年 5 月，最高人民检察院渎职侵权检察厅有关负责人在接受采访时指出"责任事故高发的最大原因和我们国家机关工作人员不负责任、渎职失职有很大的关系。比如负有安全监督管理的部门不负责任，不去认真地履行他的安全监督管理职责，他们没有认真、严格地去审批。由于他们的渎职和失职造成了一些非法开采比较严重，这些黑矿主和黑煤窑有很多就无视人的生命安全，一味追求暴利，这样就造成了一些事故的发生和人民生命财产受到了重大的损失"。❶

近年来，全国检察机关贯彻落实 2006 年国务院 493 号令以及最高人民检察院与监察部、安监总局联签的《关于加强行政机关与检察机关在重大责任事故调查处理中的联系和配合的暂行规定》，认真查办安全生产领域的渎职犯罪。2008～2013 年，检察机关共查办各类事故所涉渎职等职务犯罪案件 4 085 件 5 484 人。其中，2013 年 1 月至 11 月，全国检察机关立案侦查安全生产责任事故所涉渎职犯罪案件 668 件 1042 人。其中，最高人民检察院派员直接查办了吉林省吉煤集团通化矿业集团公司八宝煤业公司"3·29"瓦斯爆炸事故、山东保利民曝济南科技有限公司"5·20"爆炸事故、吉林宝源丰禽业公司"6·3"火灾事故、山东青岛"11·22"中石化东黄输油管道泄漏爆炸事故 4 起特别重大安全生产责任事故所涉渎职等职务犯罪案件。各地检察机关也查办了一批重大安全生产责任事故所涉渎职等职务犯

---

❶ http://news.xinhuanet.com/lianzheng/2007-05/23/content_6139922.htm.

罪案件。❶

2014 年，全国检察机关反渎职侵权部门共受理事故所涉渎职等职务犯罪案件线索 761 件，立案侦查 593 件 851 人。其中，建筑、煤矿、交通、非煤矿山、消防安全、化工生产、食品医药等 7 个行业的案件共有 449 件，占立案总数的 75.72%，事故所涉及渎职等职务犯罪案件主要集中在安全生产监管、煤炭行政主管、建筑、交通、公安、国土、党政机关等国家行政机关和行政执法部门，有 66.65% 的犯罪嫌疑人出自这些部门，其中科级及以下占比超过 95%，90% 的罪名集中在滥用职权和玩忽职守这两项上。

2015 年我国重特大事故、危化品和易燃易爆事故、交通运输领域事故以及电梯、旅游、游乐设施、人员密集场所等事故多发。特别是天津港"8·12"瑞海公司危险品仓库特别重大火灾爆炸等重大安全生产事故，再次暴露出安全生产领域存在突出问题、面临严峻形势。❷ 国务院安委会办公室《关于全国安全生产大检查进展情况的通报》指出：基层安全监管执法"不会管、不敢管、管不了"的问题亟待解决。一些基层政府和部门责任落实不到位、执法不严格，导致一些重大隐患、非法违法行为长期得不到整治。有的安全审批把关不严，造成一些项目安全"先天不足"。❸ 这也为安全生产行政执法埋下了渎职犯罪的隐患。

三、安全生产行政执法渎职犯罪类型

职务犯罪大致分为贪利性、渎职性和侵权性犯罪。根据我国宪法和刑法、刑事诉讼法的有关规定，检察机关管辖并直接立案侦查的职务犯罪案件

---

❶ 参见最高人民检察院网站 http：//www.spp.gov.cn/zdgz/201402/t20140222_67763.shtml。2014 年 1 月，国务院对山东省青岛市"11·22"中石化东黄输油管道泄漏爆炸特别重大事故调查处理报告作出批复，同意国务院事故调查组的调查处理结果，认定是一起特别重大责任事故；同意对事故有关责任单位和责任人的处理建议，对 48 名责任人分别给予纪律处分，对涉嫌犯罪的 15 名责任人移送司法机关依法追究法律责任。

❷ 截至 2015 年 8 月 28 日，该事故中，已有 10 人涉嫌玩忽职守罪被立案侦查，分别是：天津市交通运输委员会主任武岱（正厅级）；原天津市交通运输和港口管理局副局长李志刚（副厅级、已退休）；天津市交通运输委员会港口管理处处长冯刚；天津市安监局副局长高怀友（副厅级）；滨海新区安监局局长曹春波；滨海新区规划和国土资源管理局副局长朱立明；天津海关副关长兼新港海关关长王家鹏（副厅级）；天津港（集团）有限公司总裁郑庆跃（正厅级）；天津港（集团）有限公司总裁助理李洪峰（副厅级）；天津港（集团）有限公司安监部副部长郑树国；交通运输部水运局副巡视员王金文（副厅级）涉嫌滥用职权罪被立案侦查。参见 2015 年 8 月 28 日中国新闻网，http：//news.china.com.cn/live/2015-08/28/content_34104770.htm。

❸ 《国务院安委会办公室关于全国安全生产大检查进展情况的通报》（安委办〔2015〕20 号）http：//www.chinasafety.gov.cn/newpage/Contents/Channel_4976/2015/1021/259390/content_259390.htm。

涉及 54 个罪名：贪污贿赂 12 个罪名，渎职侵权 42 个罪名，其中，渎职类犯罪（即《刑法》第九章）35 个罪名、侵权类犯罪共 7 个罪名。渎职犯罪是国家机关工作人员玩忽职守、滥用职权、徇私舞弊以及利用职权侵犯公民人身权利和民主权利的犯罪，本质特征是有法不依、执法不严和滥用权力。根据犯罪的客体、客观方面、主观方面等特点，可以划分为玩忽职守类、滥用职权类和徇私舞弊类。

第一，玩忽职守犯罪。是指负有安全生产监督管理职责部门的工作人员在安全生产监督管理工作中，违反法律规定的权限和程序，不履行或者不正确履行法定义务，致使公共财产、国家和人民利益遭受重大损失的行为。构成玩忽职守罪应当承担刑事责任。客观方面，玩忽职守表现为不作为、不履行或者不正确履行、放弃履行职责，致使国家和人民的利益遭受到重大损失的行为。主观方面，通常表现为工作马虎草率，极端不负责任或者放弃职守等。❶

第二，滥用职权犯罪。是指负有安全生产监督管理职责部门的工作人员从事法律禁止的活动而触犯法律的行为。滥用职权在客观上表现为违反或者超越法律规定的权限和程序而使用手中的职权，致使公共财产、国家和人民利益遭受重大损失的行为。滥用职权的行为必须是行为人手中有权，并且滥用权力，与危害结果有直接的因果关系，如果行为人手中无权，或者虽然有权但行使权力与危害结果没有直接的因果关系，则不能构成滥用职权。在安全生产行政执法的具体实践中，常见的是不移交刑事案件罪。❷ 从主观方面看，安全生产行政执法人员滥用职权可以分为故意和过失滥用职权。故意滥用职权是指明知自己的行为违反或者超越法律规定的权限和程序而使用手中的职权，致使公共财产、国家和人民利益遭受重大损失的行为。主观方面是具有明显的故意。过失滥用职权是指应当知道而不知道自己的行为违反或者超越法律规定的权限和程序而使用手中的职权，致使公共财产、国家和人民利益遭受重大损失的行为。其主观方面是非故意或者过失。具体表现为安全生产行政执法人员对自身的职责不清楚，对执法的程序、适用法律及对生产经营单位采取的相应执法措施不完全掌握。

第三，徇私舞弊犯罪。是指安全生产行政执法人员利用职务之便为寻求

---

❶ 《刑法》第 397 条第 1 款规定：国家机关工作人员滥用职权或者玩忽职守，致使公共财产、国家和人民利益遭受重大损失的，处 3 年以下有期徒刑或者拘役；情节特别严重的，处 3 年以上 7 年以下有期徒刑。

❷ 《刑法》第 402 条规定：徇私舞弊不移交刑事案件罪，是指行政执法人员徇私情、私利，隐瞒情况，弄虚作假，对依法应当移交司法机关追究刑事责任的刑事案件，不移交司法机关处理，情节严重的行为。

个人利益或者亲友利益，致使公私财产、国家和人民利益遭受重大损失的行为。徇私舞弊行为在客观上表现为利用行为人手中的权力使其亲友或个人获得利益而损害国家、社会和人民的利益。出于侥幸以及逃避责任等原因，一些行政执法人员谎报、瞒报生产中存在的事故隐患及事故发生情况，造成上级单位不能及时准确地掌握生产情况，导致决策滞后，给国家和人民造成惨重损失，是一种严重的失职渎职行为。如，2008 年 7 月 14 日，河北省蔚县李家洼煤矿爆炸。矿难发生后，矿主买通记者与当地某些政府官员，瞒报事故达两个月之久。经举报，调查认定事故中有 35 人遇难。2008 年 9 月 8 日山西襄汾溃坝事故、河北三鹿奶粉事件等都出现过瞒报问题。❶

四、安全生产渎职犯罪刑事法网愈加严密

刑事责任是安全生产法律责任最严格的实现方式。目前世界各国普遍倾向于通过加大刑事责任的处罚力度来促进安全生产法律责任的严格化。近年来，我国司法机关加大了对安全生产渎职犯罪的查办和惩治力度。

第一，检察机关加大查办渎职犯罪案件力度。2013 年 7 月 6 日，最高人民检察院印发《关于严肃查处安全生产责任事故所涉渎职等职务犯罪案件依法保障和促进安全生产的通知》，提出：以违法生产、安全责任不落实，政府监管部门工作不到位、相关政府监管人员滥用职能、玩忽职守、贪赃枉法、徇私枉法、包庇纵容、工作失职渎职等为重点环节，突出查办十类案件。❷ 检察机关突出查办国家机关工作人员在危险化学品、天然气开发使用、石油输油管道等特种行业监管活动中，在交通建设、安全营运、监督管

---

❶　2007 年 4 月 9 日中华人民共和国国务院令第 493 号公布的《生产安全事故报告和调查处理条例》第三十九条的规定：有关地方人民政府、安全生产监督管理部门和负有安全生产监督管理职责的有关部门迟报、漏报、谎报或者瞒报事故的，对直接负责的主管人员和其他直接责任人员依法给予处分；构成犯罪的，依法追究刑事责任。

❷　十类案件是指：（1）国家机关工作人员在煤矿和非煤矿山开发、监督、管理等工作中失职渎职，导致安全责任事故发生的犯罪案件；（2）国家机关工作人员在安全营运管理、交通秩序维护等工作中失职渎职，导致交通事故发生的犯罪案件；（3）国家机关工作人员在工程建设领域特别是基础设施建设、道路交通建设等工作中失职渎职，导致各类建筑事故发生的犯罪案件；（4）国家机关工作人员在环境监管、卫生防疫、食品安全监管等工作中失职渎职的犯罪案件；（5）国家机关工作人员在土地、矿山资源管理、开发等工作中失职渎职，导致发生各类责任事故的犯罪案件；（6）国家机关工作人员在消防安全监督管理工作中失职渎职，导致火灾事故发生的犯罪案件；（7）国家机关工作人员在烟花爆竹、民爆物品、危险化学品监督管理工作中失职渎职，导致爆炸、危险化学品泄漏事故发生的犯罪案件；（8）相关政府监督管理部门人员与事故企业勾结，贪赃枉法、滥用职权，瞒报、谎报、不报事故的犯罪案件；（9）与事故发生相关联的贪污、受贿、行贿的犯罪案件；（10）在事故处理过程中，相关国家工作人员因贪赃枉法、徇私枉法，导致不移交犯罪线索、有案不立、有罪不究、以罚代法、重罪轻判等构成犯罪的案件。

理、交通秩序维护等工作中，在消防安全监督管理中，在煤矿和非煤矿山开发、监督、管理等工作中，在工程建设领域特别是基础设施建设、道路交通建设、桥梁建设等工作中，导致重大事故发生的犯罪案件，以及事故发生后，弄虚作假，不报、缓报、谎报或者授意、指使、强令他人不报、缓报、谎报事故情况，致使损失后果持续扩大或者抢救工作延误的案件。同时，检察机关将在查办重特大责任事故所涉职务犯罪案件的同时，采取有力措施介入一般责任事故的调查。❶

第二，审判机关从严惩处渎职犯罪。2012年1月10日，最高人民法院公布《关于进一步加强危害生产安全刑事案件审判工作的意见》，明确从严惩处生产安全事故背后的权钱交易和渎职犯罪。2015年9月16日，最高人民法院印发《关于充分发挥审判职能作用切实维护公共安全的若干意见》，提出既要重点惩治发生在危险化学品、民爆器材、烟花爆竹、电梯等重点行业领域企业以及港口、码头、人员密集场所等重点部位的危害安全生产犯罪，更要从严惩治发生在这些犯罪背后的国家机关工作人员贪污、贿赂和渎职犯罪。既要依法追究直接造成损害的从事生产、作业的责任人员，更要依法从严惩治对生产、作业负有组织、指挥或者管理职责的负责人、管理人、实际控制人、投资人。

第三，专门司法解释明晰渎职犯罪。渎职犯罪是较为特殊的一类犯罪，在具体认定和处理上具有不同于其他犯罪的复杂性。针对刑法规定的情节严重、情节特别严重、重大损失、特别重大损失等情形，除个别罪名之外，绝大多数罪名还没有通过司法解释规定具有可操作性的标准的问题，我国司法机关出台司法解释，严密刑事法网。2006年7月，最高人民检察院出台《关于渎职侵权犯罪案件立案标准的规定》的司法解释（高检发释字〔2006〕2号）。2012年最高人民法院、最高人民检察院联合出台《关于办理渎职刑事案件适用法律若干问题的解释（一）》（法释〔2012〕18号）。通过司法解释，将渎职犯罪刑事立案标准采取逐项列举的方式，使法条尽可能地予以明确化、具体化，便于司法实践中的操作和掌握。

第四，行政执法与刑事司法相衔接。为强化对行政执法的监督，有效解决行政执法领域有案不移、有案难移、以罚代刑的问题，中办、国办转发《关于加强行政执法与刑事司法衔接工作的意见》（中办发〔2011〕8号）。《国务院办公厅关于加强安全生产监管执法的通知》要求：加强与司法机关的工作协调。制定安全生产非法违法行为等涉嫌犯罪案件移送规定，明确移

---

❶ 《检察机关将全力查办责任事故所涉渎职等职务犯罪案件》，参见2014年4月26日《检察日报》，http：//newspaper.jcrb.com/html/2014-04/26/content_157791.htm。

送标准和程序，建立安全生产监管执法机构与公安机关和检察机关安全生产案情通报机制，加强相关部门间的执法协作，严厉查处打击各类违法犯罪行为。安全生产监督管理部门对逾期不履行安全生产行政决定的，要依法强制执行或者向人民法院申请强制执行，维护法律的权威性和约束力，切实保障公民生命安全和职业健康。❶

五、安全生产行政执法人员渎职犯罪预防

德国刑法学家李斯特提出："最好的社会政策就是最好的预防犯罪政策"，相对于犯罪后的制裁措施，事前预防体现了更高的价值目标。2013年3月8日，习近平总书记在参加十二届全国人大一次会议江苏代表团全体会议时指出："职务犯罪确实使我们损失很大"，"国家培养一个领导干部比培养一个飞行员的花费要多得多，而更多的还是我们倾注的精神和精力。但是，一着不慎毁于一旦"，"一定要做好预防职务犯罪工作"。习近平总书记对预防职务犯罪工作很重视，多次强调国家工作人员"决不能滥用职权，伸手必被捉"。2013年12月，中央印发了《建立健全惩治和预防腐败体系2013~2017年工作规划》，提出"推进预防腐败工作，加强理想信念教育，增强宗旨意识，使领导干部不想腐；加强体制机制创新和制度建设，强化监督管理，严肃纪律，使领导干部不能腐；坚持有腐必惩、有贪必肃，使领导干部不敢腐"。

第一，加强对权力的监督制约。权力掌握和分配资源，权力就是利益。权力作为一种社会关系，往往能给权力拥有者带来物质的或者精神的利益。权力扩张特性："人们追逐权力不仅仅是因为权力能够满足个人的利益、价值和社会观念，而且还有权力自身的缘故，因为精神的和物质的报酬存在于权力的所有和使用之中。"基于对权力滥用的警惕，哲学家罗素认为："信赖某个人或者某些人的美德是无济于事的"，他指出："世界是没有希望的，除非权力能被驯服。"安全生产监管部门掌握着一定的权力，往往会成为一些生产经营单位的公关和围猎的目标。因此，要强化对行政执法人员特别是一把手的监督制约。根据自身工作实际和业务特点，针对易发生渎职犯罪的环节，有针对性地制定和完善各项议事决策制度、工作制度以及责任追究制度等，从制度措施上堵塞各种漏洞。制度不执行就是一纸空文，只有得到严格遵循，成为公务活动和工作人员的行为规范，才能产生实际效果。执行制度，既要抓大又不能放"小"，应注重抓"早"抓"小"，发现苗头及时纠正，出现问题及时处理。高度重视对违反权力运行规律的查纠，针对暴露出

---

❶ 2015年4月2日，国办发〔2015〕20号文件。

来的违反制度案例，"动真碰硬"，做到发现一起查处一起，以确保制度的有效落实，切实提高制度的执行力，维护制度的刚性和威严。

第二，规范安全生产行政执法行为。针对执纪执法实践中发现或暴露的行政执法和队伍建设等方面存在的制度盲点、管理漏洞和机制缺陷，及时制定完善相关制度，以消除盲点、堵塞漏洞、完善机制，使各项工作做到有章可循，规范有序。要强化监管制度的建设和落实，规范行政许可、执法检查、责令整改、跟踪督查、行政处罚等工作程序，细化工作流程，以程序的完善保证监管效力。

第三，坚持惩办与预防犯罪相结合。现代刑罚理论"预防犯罪"正在取代"惩罚罪行"成为刑罚的首要目的，"预防的正义优于严厉惩罚的正义"正在成为普遍共识。减少和预防安全行政执法人员渎职犯罪发生，关键在于预防。要把承办渎职犯罪和日常警示教育结合起来。查办渎职犯罪是最好的预防政策，做到查办一件，教育一片，即对涉嫌渎职犯罪的行政执法人员，一经查处，要向全社会曝光，以达到震慑效果，有效预防和减少渎职违法犯罪的发生。要加强对安全生产行业领域职务犯罪对策研究，分析案件发生的原因，教育和引导行政执法人员"常存冰渊惴惴之心"，端正心态、控制欲望、守住底线、不越线。

重大安全事故行政给付的立法建议

焦晓菲❶

摘　要： 安全事故发生后，比如天津港爆炸案后，政府为了避免激化社会矛盾、迅速平息事态、维护社会稳定，常常以行政给付的方式进行善后处理。政府主动、及时、优厚的埋单对于受害人来说无疑是莫大的安慰与补偿，但是政府行政给付法律性质不明，缺乏法定的实施程序，甚至可能掩盖政府在生产安全事故中监管失职的责任。种种问题促使我们深入思考如何对重大安全事故后政府的行政给付行为及其程序进行立法规范。

关键词： 行政给付；重大安全事故；行政救助；行政赔偿

一、重大安全事故后行政给付的立法缺位

行政给付是指行政主体在特定情况下，依法向符合条件的申请人提供物质利益或赋予其与物质利益有关的权益的行为。狭义的行政给付是政府提供必需的生存条件、防范生活风险和社会共同生活条件的行政义务。广义的行政给付是政府满足公民社会权和其他公法受益权行政义务的总和。行政给付的特点是以行政相对人的申请为条件，行政给付的内容是赋予行政相对人以一定的物质帮助权益，行政给付的对象是处于某种特殊状态之下的行政相对人。重大安全事故后的行政给付，它是指在行政相对人遭受重大灾难等特殊状况之时，行政主体依照有关法律或者政策的规定，赋予行政相对人一定物质帮助权益的行政行为。安全事故发生后，受害方若选择诉讼等法定责任追究方式无疑会经过漫长曲折的维权之路。以财政资金为后盾的政府救助，政府以行政管理与服务职责的主体身份支付，对受害者来说无疑是最保险的救济方式。

但重大安全事故后的行政给付目前并没有明确的法律依据。国家财源来自纳税人，税收法定原则要求任何福利行政均应依法有据，且每一个纳税人

❶　[作者简介] 焦晓菲，女，北京人，硕士，1969 年 11 月生，华北科技学院人文社科学院法学系教师，主要从事国际经济法、国际私法的教学工作。

[基金项目] 中央高校基本科研业务费项目："安全生产法学创新团队"（编号 3142014015；3142015027）、"安责险"法律制度构建与适用研究（RW2013B02）的阶段性成果。

都有权利对行政给付行为进行监督。不能简单地把给付行政当作授益性行为而忽视其相应法定程序的建立。与重大安全事故救助相关的《突发事件应对法》中《应急处置与救援》一章，仅规定了政府启用应急救援物资、保障基本生活必需品的供应等内容，未提及货币型的给付义务。另一与重大安全事故善后相关的《安全生产法》，其第 74 条明确了"对安全生产的有关事项负有审查批准和监督职责的行政部门的责任，对有失职、渎职行为的，给予行政处分或依法追究刑事责任"，指明了安全生产事故中可能存在的行政违法行为的行政处分与刑事责任，却遗漏了行政赔偿责任。目前关于给付行政的法律规定仅限于抚恤金、社会保险金或最低生活保障费等项目。重大安全事故后的大量行政给付行为并无法律依据，而是依据各类政策性文件，甚至连政策性文件的依据都没有，仅仅以行政命令解决。由于给付行政立法的滞后，政府埋单行为虽然抚慰了受害群众，却侵犯了纳税人的相关权益，引发广大纳税人的质疑。

另外，在安全事故中后行政赔偿还存在诉讼体制的障碍。当生产安全事故包含政府监管失职及企业行为违规两方面违法问题时，受害者期盼在同一案件中查明事实并判决民事赔偿和行政赔偿，但在现有的行政诉讼和民事诉讼相互独立的体制下根本无法同时实现。所以，混杂民事赔偿责任与行政赔偿责任的许多生产安全事故，或者频频看到政府代替违规企业埋单的情况；或者宣布了政府的监管失职行为，却只见政府工作人员承担刑事责任，未见政府部门坦然承担行政赔偿义务。尽管受害者拿到了全部的赔偿金已不再关心谁是责任主体，但广大的纳税人不得不问政府究竟是为违规企业还是为自己的监管失职埋单？

二、安全事故中行政法律责任的构成

重大安全事故后启动行政给付的前提是行政法律责任的构成。依行政法律责任规范的结构，行政法律责任的构成须具备主体、行为、损害后果、因果关系等四大要件。在安全事故中，根据行政法律责任的构成，判断政府监管部门行政法律责任的成立，要看主体是否是享有法定的对事故企业进行监督管理的职责，看其是否有不履行或不正确履行法定职责的行为，看事故调查和相应的鉴定及评估机制评估的损害后果，另外还要看违法行政行为是否存在，以及上述行为与损害后果之间的因果关系。生产安全事故大多是由企业违规行为与政府部门监管失职行为共同过错所致。例如政府部门因渎职、玩忽职守或滥用职权等故意放宽监管标准、重收费轻监管或根本不管，企业也因监管缺失、监管松懈而铤而走险或放松警惕。所以在违法行为是否成立方面，须结合安全生产法律法规对生产企业的安全要求、政府监管部门对事故企业的日常监管制度、政府监管部门发现安全隐患后的做法等加以判断。在因果关系中，则要认定监管失职、渎职等行为是否必然造成或通常情况下会造成生产安全事故。一些轻微的监管缺失行为，如果通常不会因此而发生事故损害，则不能认定因果关系的成立。实际生活中，要判断安全事故中行政法律责任是否构成并不困难。对于重大安全事故，事故调查组通常会将事故发生的前因后果清清楚楚公之于众，据此往往可以顺利地完成行政法律责任的推理和认定。

另外，针对重大安全事故中行政侵权与民事侵权竞合的问题，可适用侵权责任法中共同侵权行为的规定。当政府存在失职、渎职等行为而对事故的发生构成一定原因力时，政府相关部门应与事故企业承担连带赔偿责任，按照违法行为原因的大小划定责任比例进行赔付。如政府在没有监管失职的情况下对重大安全事故中的受害者进行赔偿金的埋单，将对其他性质事故的受害者构成不公，违背行政的统一性与平等性原则。

三、重大安全事故后行政给付制度的价值理念

控制行政裁量权的需要决定了行政给付制度的必要性。重大安全事故发生后，在给付行政的过程中，政府游离于福利的给付者（援助人）和福利的受益人（贫穷的陌生人）之间，政府权力不但没有削弱，反而得以强化。面对行政给付过程中可能滥用的行政权力，约束和控制政府滥用福利管理权力非常必要。重大安全事故后给付行政的法律保留原则，要求通过立法确立公民的福利权利和政府的给付义务等问题，并通过正当行政程序约束给付行政中的裁量权，强化有关行政给付案件的司法审查，以司法权制衡行政裁量权。这种法律保留制度、辅之以司法审查的控制权力模式对行政权的规范已被证明是行之有效的。

尊严给付的价值观要求行政给付设置的必要性。从人性尊严的尊重与保护的角度来说，公民应享有具有人性尊严的生活的权利。作为行政给付相对人，受害人不仅有得到给付的权利，而且应该享有"公平对待的权利"和得到"有尊严的给付"的权利。重大事故后社会救助不是一种恩惠，但由于受救助者系无偿取得国家的帮助或给付，常常会感受到社会道德的否定评价从而挫伤其自尊。重大安全事故后的行政给付设计应把公民作为重大安全事故后救助权利主体，不能作为行政程序的客体，保证公民参与行政行为过程的权利，保障受助者对于给付标的的选择权、隐私权以及受助者的陈述权、申辩权等程序权利，维护被救助人的尊严。公平的给付和尊严的给付不仅可以实现安全事故受害人的社会权等实体性权利，而且可以达到支持相对人的内心精神的最终目的。

公平给付的宗旨要求行政给付法律制度的设立。重大安全事故后的行政给付涉及国民收入的再分配，因此攸关社会的公平正义，过度给付或给付不足均会损害公平正义。弱势群体应该得到救助已形成社会的共识。公平之给付在实体上就是要求，在发生重大安全事故后每位弱势者得到给付，应保尽保；在程序上则通过设置听证程序、给付相对人、利害关系人异议程序、监督程序等确保行政给付的平等性。

政府执政效能目标要求行政给付制度的设立。重大安全事故后，有安全生产监管职责的行政机关必然试图以最小单位的行政成本追求最佳的行政给付目标收益。有效率的行政给付不仅能够提高给付资金的使用效率，而且可以避免受救助者因给付的拖拉陷入更加不利的生活境地。重大安全事故后，行政给付的期限制度、简易给付制度、绩效评价等程序制度的建立是安监机关行政效能的制度保证。

四、规范重大安全事故行政给付的若干建议

为了避免行政给付损害纳税人的财产权、知情权和监督权，破坏行政法治秩序，针对当前政府行政给付中存在的法律问题和内在原因，以申请人为本位，以利益平衡为追求指向，积极寻找对策，兼顾尊严和公平，促进行政给付行为逐渐步入法治化轨道，是解决问题的应有之计。

1. 构建事故灾难的行政赔偿制度

尽快制定单行的《政府给付法》，并在《国家赔偿法》《突发事件应对法》《安全生产法》补充进安全事故政府给付的内容。《政府给付法》应该是政府给付的基本法，给付对象的权利保障法，给付机构的权力控制法，也是行政给付服务和监管的程序规则法。

通过立法，明确在重大安全事故中的应急处置与物资援助工作中，政府要承担应急救援物资的储备及发放的义务。应急储备物资包括应急期间需要的处置突发事件的专业应急物资、在突发事件发生后用于救济的基本生活物资及与人民生产生活息息相关的重要物资三大类。确保重大安全事故后上述三类应急储备物资都能准备充足，及时到位，有效地保护和抢救人的生命，最大限度地减少生命和财产损失，并且要明确不履行储备和发放义务的相关部门的行政责任。建议规定重大安全事故相关紧急救助物资的统筹协调、相互调剂原则，在全国范围内逐步形成规模适度、结构合理、运行高效的应急物资储备体系。当突发事件发生时，统一调配，资源共享，避免重复建设，节约资金。

通过立法，明确在重大安全事故应急处置中，政府要承担发放临时生活补助费的义务。建议发放的标准是以上一年度当地城镇居民人均可支配的年

收入为基数，除以 365 天，得出日平均收入，再乘以受灾人需要救助的期限天数，算出受灾人应该受领的临时生活费数额，然后进行精确的发放。必要时，可以明确规定一次性发放和多次发放临时生活费的条件，避免盲目为了维稳需要，超标准发放的情形。

通过立法，明确在重大安全事故后的重建与恢复制度。事故后期的恢复是应急计划中的一部分，每次事故灾难的情况都不一样，所以立法应明确重大安全事故后恢复工作中的监督和评估机制，保证对事故灾难的严重程度进行科学估计，包括对物质性的损害、社会经济以及对自然环境损害的估计。根据对损失的估计制订出受影响区域中关键构筑物、关键设施的恢复和重建计划，做好科学的重建计划。明确重大安全事故后的重建、恢复标准是当地同期同类建筑、设施的标准，对受灾人的财产损害应以民法的恢复原状原则确定赔偿标准，对居民的人身损害赔偿应以民法的合理补偿为原则。总之，把政府在救援中的每一种物资给付义务及货币给付义务及标准、发放方式均予以明确。

2. 事故灾难行政给付正当程序的内容构成

在重视设计行政给付实体性规范的同时，也应高度重视行政给付程序建设。重大安全事故后行政给付权力运行的不同阶段，可以划分为行政给付设定程序、行政给付实施程序和行政给付监督程序。其中行政给付实施程序是整个行政给付程序制度的重心之所在，包括申请、审查、批准、实施等环节。

（1）申请之前——信息提供义务

遭受重大安全事故打击后，经济困难和身心疲惫的行政相对人，很难自行摸清行政给付的相关法律、政策及相应程序。因此，行政机关在相对人申请前的阶段或之后的阶段都负有信息提供义务，以便于相对人随时知悉有关行政给付的内容、实体上的给付请求权、给付申请程序等信息，保障相对人自主决定是否提出行政给付申请的权利。行政机关不仅应当依据申请人的要求提供必要的咨询、特定的建议、必要的指导，而且应该主动、准确、完整地公开行政给付信息，主动公开就说明不是消极等待受保障者提出申请后才提供；准确、完整地公开就要求无论是受保障者是普遍性的或个别性的，均需精确、完备、易于理解的信息，而不能是错误的信息、过时、令人难以看懂的信息。

（2）申请阶段——申请给付主义为主

行政给付是指在个人因各种原因，通过自身努力仍无法获得基本生活资料的前提下有权获得的国家帮助。个人生活水准的保障当然应该首先由个人承担主要责任，国家给付责任位于辅助地位。所以，重大安全事故发生后，行政给付程序的启动一般应以申请给付主义为原则，职权给付主义为补充。重大安全事故后的申请给付主义有利于尊重相对人的自主决定权，相对人只有尽自己最大努力仍无法摆脱生活困局时，才可能诉诸行政给付来解围，这不仅有助于行政机关减少或降低需受助者信息收集的成本及失误，最重要的是把有限的给付资源配置给真正需要的受助人。不过，申请给付主义均不得妨碍相对人实体上的给付请求权的存在。作为补充的职权给付主义主要适用于紧急行政给付或相对人欠缺意思决定能力的情况。本着人道主义的立场，此时行政机关应依职权主动给付，解救受困者于危难之时，更好地体现了政府的服务性质。

（3）调查阶段——最低限度之合理必要原则

重大安全事故后的行政给付实施前一般需要做家计调查或收入审查。此种调查如果失度，往往构成成对申请人的隐私权、私生活自由、人格尊严等权利的威胁。以尊重相对人基本权利为底线，务必把行政调查等相关行为控制在最低限度之合理必要范围内为之。过分严苛的家计调查程序是许多国家早期社会救助制度的诟病，给受助人的身心造成了极大的压力，甚至羞辱，以致出现相对人宁肯放弃也不愿申请救助的现象。为了避免给行政给付的相对人造成人格和心理的伤害，充分尊重和保障相对人的人格尊严等权利，应当尽量坚持必要性原则和程序人道性原则进行调查程序的立法和实施。

（4）审查期间——书面主义、理由明示主义、听证或意见陈述

①合理期限与"视为不给付决定"。为了保障申请人能及时得到救助，特别是在紧急行政给付事由发生时，实现申请人基本生存权，规制散漫拖拉的行政歪风，行政机关应在合理期限内做出给付或不给付的决定，所以有必要在法律规定中明确规定行政机关对申请人资格的审查期间和决定期间。推定那些僭越合理的审查决定期间而不予答复行为，为行政机关不予给付决定，为申请人日后进行申诉、行政复议或行政诉讼创造条件，这就极大地敦促行政机关积极主动履行给付义务，有助于治愈行政不作为的痼疾。

②听证或意见陈述程序。重大安全事故发生后，行政给付决定过程是否公正与透明是各方强烈关注的焦点，为了预防事后争议的发生，避免暗箱操作，在行政机关做出不予给付的决定之前，或者在相对人给付条件发生变化，行政机关做出停发、减发或增发的时候，有必要设置意见陈述程序或听证程序，给申请人充分说话的机会。

③书面主义和说明理由。无论给付或不给付决定都应该放在阳光下公开，为确保行政给付决定的公正与透明，应以书面形式做出，并且说明理由，避免口头决定的随意性。尤其是不给付决定书中，不仅需要明确的法律根据，而且行政机关做出不予给付决定的逻辑论理过程及具体的理由均须载

明，从而让申请人心服口服，避免申请人被不正当对待的情形出现，保证申请人享有向主管机关提出咨询、申辩、批评和建议、举报和投诉的权利，也便于当事人就此提起行政复议和行政诉讼。

（5）给付发放阶段——职能分离原则、便民与监督原则

不仅行政给付决定的审核过程应该透明，行政给付的实施过程也应透明；决定机关当然可以自己给付，也可以委托其他机构或组织具体给付。但建议参考《行政处罚法》罚缴分离的模式，规定做出给付决定的机关独立于发放给付的机构，一则方便给付相对人领受；二则以两个独立机关相互监督的方式防止腐败并提高行政效率。

重大安全事故后的行政给付可以帮助受害方迅速恢复生产和生活，尽早摆脱灾难阴影，满足了人们对积极行政的心理需求。缺乏法定的条件与程序的行政给付是游离于法律管制之外的救济方式，容易侵犯纳税人的知情权，忽略受害公民个体意志和权利要求的差异性，背离尊严给付、透明给付、公平给付的救济原则。在重大安全事故应急法律机制中应明确政府应当在查明重大安全事故原因并厘清责任的基础上的救援、重建、赔偿等行政给付义务，并规定完善的申请、调查、审核、给付程序，贯彻申请给付原则、合理限度审查原则、职能分离发放原则，以阳光透明的行政给付程序保障重大安全事故后充满人性关怀精神的行政给付的公平、及时实现。

新安法实施后一些新问题的思考

詹瑜璞❶　尹少辉❷

习近平总书记近年来连续就安全生产工作做出重要指示。他说：要
"始终把人民生命安全放在首位，发展决不能以牺牲人的生命为代价，这必
须作为一条不可逾越的红线"。李克强总理也强调："安全生产是人命关天
的大事，是不能踩的'红线'。"这些指示为我们坚决贯彻安全生产法提供
了强大的动力支持。新安法实施一年来，全国各级安监部门严格执行新安
法，安全生产领域出现了一系列积极变化。但是，问题也不少。为便于今后
更好地执行新安法，我们把当前需要解决的问题和建议概括为六个方面，与
大家一起讨论，错误或不当之处请批评指正。

一、政府安监工作框架方面

1. 安监部门和其他部门的执法主体地位

新安法第 62 条规定：安全生产监督管理部门和其他负有安全生产监督
管理职责的部门依法开展安全生产行政执法工作，对生产经营单位执行有关
安全生产的法律、法规和国家标准或行业标准的情况进行监督检查。第 109
条规定：发生生产安全事故由安全生产监督管理部门依照规定处以罚款。这
两条规定的好处：一是安全生产执法主体扩大，不仅是安监部门，还包括行
管部门。二是在法律上进一步明确了安监部门作为执法部门的执法地位。三
是按照管行业必须管安全的要求，赋予负有安全生产监管职责的部门安全生
产行政执法权。四是事故执法主体只有安全生产监督管理部门，便于集中掌
握。为落实这两条规定，国办 20 号文件明确要求把安监部门（机构）作为
执法机构，但一些地方还没落实，给安监执法工作带来困难。

2. 行业部门安全监管职责

新安法第 9 条规定：国务院和县级以上地方各级人民政府有关部门依照

---

❶ ［作者简介］詹瑜璞，华北科技学院安全法学研究所所长、教授。
❷ ［作者简介］尹少辉，北京大唐燃料有限公司工程师。
［基金项目］中央高校基本科研业务费项目："安全生产法学创新团队"（编号 3142014015；
3142015027）、中央高校基本科研业务费资助项目《安全生产的刑事法保护研究》（编号：
3142014009）、"安责险"法律制度构建与适用研究（RW2013B02）的阶段性成果。

本法和其他有关法律、行政法规的规定，在各自的职责范围内对有关行业、领域的安全生产工作实施监督管理。其好处是：贯彻落实习近平总书记"三个必须"的重要指示，加强有关部门"行业、领域"的安全监管职责。但问题是：目前一些行业领域的上级部门监管和下级政府监管之间的条块监管关系还没有理顺；其他行业部门没有制定安全生产法的具体裁量标准，能否直接执行综合安监部门的自由裁量标准也成问题。

3. 安全监管人员监督检查职权和渎职责任追究

新安法第 62 条规定：安全生产监督管理部门和其他负有安全生产监督管理职责的部门依法开展安全生产行政执法工作，对生产经营单位执行有关安全生产的法律、法规和国家标准或者行业标准的情况进行监督检查。第 87 条规定：负有安全生产监督管理职责的部门的工作人员，在监督检查中发现重大事故隐患，不依法及时处理的，给予降级或者撤职的处分；构成犯罪，依照刑法有关规定追究刑事责任。但问题是：监督检查法定范围是否包括技术检查尚存异议，而且技术监督检查办法也没有改进。我们能否把监督检查职责分为权利性职责、义务性职责？这种探讨也很有必要性。

4. 乡、镇人民政府以及街道办事处、开发区管理机构等地方人民政府的派出机关的职责

新安法第 8 条第三款规定：乡、镇人民政府以及街道办事处、开发区管理机构等地方人民政府的派出机关应当按照职责，加强对本行政区域内生产经营单位安全生产状况的监督检查；协助上级人民政府有关部门依法履行安全生产监督管理职责。但问题：一是安监局、乡镇街道安监办中的事业编制人员的执法资格和委托执法问题不能解决，目前只能解决监督检查资格问题。二是法律上开发区、工业园区管理机构没有安监执法地位，只有监督检查和协助上级人民政府有关部门依法履行安全生产监督管理职责，其具体的安全管理机构设置、职责设置尚需明确。

二、安全生产监管执法方面

1. 安全生产违法行为信息库

新安法第 75 条规定：负有安全生产监督管理职责的部门应当建立安全生产违法行为信息库，如实记录生产经营单位的安全生产违法行为信息；对违法行为情节严重的生产经营单位，应当向社会公告，并通报行业、投资、国土资源主管部门，证券监督管理机构以及有关金融机构。其好处：一是为加强安全生产诚信建设提供依据；二是建立违法行为信息库，对促进生产经营单位诚信守法，防范安全事故具有重要意义。但这项措施在实施时一定要

注意对列入黑名单的单位进行权利限制时的合法性问题，不能过头。有关部门发现特殊监管措施有错误时，要及时改正。认定黑名单时要认真听取生产经营单位的申辩意见，事实、理由和证据成立的，应当采纳。目前这项制度还存在安全生产信用评级与黑名单认定脱离问题；有关个人的安全生产诚信制度和黑名单制度尚未建立；各地方规定的黑名单条件不同，实施中出现滥用等情况，有些地方黑名单条件过低。要注意不良记录到黑名单之间还有一段距离。

2. 停电停供民爆物品等强制措施

新安法第 67 条规定：负有安全生产监督管理职责的部门依法对存在重大事故隐患的生产经营单位做出停产停业、停止施工、停止使用相关设施或者设备的决定，生产经营单位拒不执行，有发生生产安全事故的现实危险的，在保证安全的前提下，经本部门主要负责人批准，负有安全生产监督管理职责的部门可以采取通知有关单位停止供电、停止供应民用爆炸物品等措施，强制生产经营单位履行决定。问题是如何操作以及应注意的事项尚待搞清楚，其中的"现实危险"等概念也有待定义。

3. 实行分类分级监管和制订执法计划

新安法第 59 条规定：安全生产监督管理部门应当按照分类分级监督管理的要求，制订安全生产年度监督检查计划，并按照年度监督检查计划进行监督检查，发现事故隐患，应当及时处理。目前存在的问题是：分级分类监管标准难定；年度监督检查计划也仅是一个工作方法，并不能减轻责任，关键时候检察院并不以此认定安监责任界限。

4. 危险物品查封扣押问题

新安法第 62 条规定：安全生产监督管理部门和其他负有安全生产监督管理职责的部门依法开展安全生产行政执法工作，对有根据认为不符合保障安全生产的国家标准或者行业标准的设施、设备、器材以及违法生产、储存、使用、经营、运输的危险物品予以查封或者扣押，对违法生产、储存、使用、经营危险物品的作业场所予以查封，并依法做出处理决定。目前，各地安监部门查封、扣押了大量危险化学品，但不能没收、变卖，因为法律没有规定这些处罚、处理措施。

三、生产经营单位安全生产工作方面

1. 推进安全生产标准化建设

新安法第 4 条规定：生产经营单位必须遵守本法和其他有关安全生产的法律、法规，加强安全生产管理，建立健全安全生产责任制和安全生产规章制度，改善安全生产条件，推进安全生产标准化建设，提高安全生产水平。问题：一是目前安全生产标准化建设不是义务性规定，缺乏强制性。二是安全生产标准化达标企业甚至安全文化先进企业需要扩大优待激励措施。三是职业卫生条件可以加进安全生产标准化体系中去。这里还要注意两点：一是标准化与标准不是一个概念。二是地方标准、企业标准概念可以在安全生产法实施条例中固定下来，并与国家标准、行业标准协调好关系。

2. 建设项目安全评价和"三同时"

新安法第 29 条规定："矿山、金属冶炼建设项目和用于生产、储存、装卸危险物品的建设项目，应当按照国家有关规定进行安全评价。"目前的问题是安全评价报告及其效果比较差。建议借鉴外国的企业安全评估制度，改造我们的安全评价制度。

新安法第 31 条规定：矿山、金属冶炼建设项目和用于生产、储存危险物品的建设项目竣工投入生产或者使用前，应当由建设单位负责组织对安全设施进行验收；验收合格后方可投入生产和使用。安全生产监督管理部门应当加强对建设单位验收活动和验收结果的监督核查。目前的问题是安监部门对建设项目验收活动、验收结果的监督核查方式方法和责任不明确，有待探讨。

3. 安全生产教育培训工作

新安法第 25 条规定：生产经营单位应当对从业人员进行安全生产教育培训，保证从业人员具备必要的安全生产知识，熟悉有关的安全生产规章制度和安全操作规程，掌握本岗位的安全操作技能，了解事故应急处理措施，知悉自身在安全生产方面的权利和义务。未经安全生产教育和培训合格的从业人员，不得上岗作业。问题：一是行政审批改革取消了培训机构的资质之后，人们对培训机构的条件产生疑虑。二是安全生产全员培训考试能否学习机动车驾驶证考试办法，不经培训就可以直接考试。三是不进行安全培训是否必然构成事故的间接原因，并对责任人进行刑事追究。四是一般从业人员培训合格证能否在本省范围或者全国范围同行业、同工种上通用。

4. 生产经营项目、场所发包租赁和劳务派遣

新安法第 46 条规定了生产经营项目、场所发包承包、出租承租制度。新安法第 25 条第二款、第 58 条规定了生产经营单位使用被派遣劳动者的劳务派遣制度。目前的问题：一是协议责任约定是否优先。二是没有约定时是否构成按份负连带行政责任还有待实践中探索。

5. 安全生产应急救援

（1）基地、队伍建设问题：一是民营企业应急救援队伍薄弱。二是企

业应急救援队伍保险、褒奖、有偿服务、专业化建设等问题没有很好解决。三是生产安全事故应急救援系统和安全生产预警系统建设没有跟上。

（2）应急预案编制和演练问题：一是应急救援预案没有与《突发事件应对法》衔接。二是定期演练是多长时间，没有明确。

（3）应急救援方式问题：一是生产安全事故的社会救援、救助、帮助没有跟上。二是生产安全事故抢救中的公民义务没有法律责任确保。

6. 事故隐患排查治理和重大危险源监控

问题：一是目前制订重大隐患判定标准难度较大，多领域尚无标准。二是企业、政府是否要建立重大危险源监控预警系统、实时监控重大危险源？各方对此尚存疑虑。

四、安全生产技术、管理社会服务和社会保障方面

1. 安全生产第三方监管

对安全生产进行社会性第三方监管，是国外通行做法。比如，在安全生产工作中引入技术管理服务机构、保险企业辅助管理，促进加强安全预防工作。我们也要建立社会第三方参与安全生产监管的工作机制。在这个机制中，政府购买服务，企业委托服务，社会技术、管理服务机构参与监督、管理。目前，我们做得还不够，主要问题是社会技术、管理服务机构如何参与安全生产监督管理？有待探讨。

2. 注册安全工程师制度

新安法第 24 条规定：危险物品的生产、储存单位以及矿山、金属冶炼单位应当有注册安全工程师从事安全生产管理工作。鼓励其他生产经营单位聘用注册安全工程师从事安全生产管理工作。问题：一是如何为注册安全工程师发挥作用找出路？二是注册安全工程师事务所应建立，要把设立条件、业务范围规定下来。三是安监干部具有注册安全工程师资格的，应与其职称、业务建设、待遇有一个衔接关系。这里还要指出，安监系统应有自己的技术职称序列，与公务员职务序列对应起来。

3. 推进安全生产责任保险

建立安全生产责任保险，好处：一是解决中小企业发生事故后，抢险救援费用和从业人员以外的第三者伤亡赔偿问题，减轻地方政府负担。二是有利于推进现行风险抵押金政策的完善和改进和发展。三是保险公司参与企业安全管理，通过保险费率浮动、促进企业加强安全生产工作。但存在不少问题：一是目前不是义务性规定。二是矿山、危化品、冶金等高危行业企业是优先发展安责险的重点，应该不应该、能不能强制推行？三是如果强制推行

安全生产责任险，要与保险主管部门制定保险办法，正确处理各方面利益关系，调动各方面积极性，主要是既要确保保险公司的利益，又不能让他们唯利是图。

五、几个概念和其他方面的新问题

1. 生产经营活动和生产经营单位

我们认为，生产经营活动既包括合法的生产经营建设活动，也包括非法违法的生产经营建设活动。生产经营单位是指存在雇佣关系或雇佣劳动关系（书面的、事实的）的、从事生产经营建设活动的基本单位。既包括企业法人，也包括不具有企业法人资格的、但存在雇佣关系或雇佣劳动关系（书面的、事实的）的非法人组织、个人合伙组织、个体工商户和自然人等。总之，凡是存在雇佣关系或雇佣劳动关系（书面的、事实的），一律可以按生产经营单位看待。

2. 生产安全事故

生产安全事故是指生产经营单位在生产经营活动以及与生产经营直接相关的活动中突然发生的、伤害人身安全（包括急性工业中毒）和健康或者损坏设备设施、物品造成其以及其他经济损失的偶然事件。但问题是有时候不容易区分与其他事故的概念界限。比如道路上发生的生产安全事故与交通肇事事故有时候就很难进行区分。

3. 生产经营单位主要负责人

生产经营单位主要负责人指有生产经营决策权的企业董事长或总经理等，有些企业为实际控制人、实际出资人。但存在一些问题：一是企业主要负责人是一人还是数人。二是总公司能否对子公司、分公司、控股公司的主要负责人以授权方式予以明确。三是企业分管负责人、部门负责人在事故调查处理中应否被给予罚款处罚，可否考虑在实施条例中做出补充规定。

4. 其他方面新问题

一是对住宅小区的"老旧电梯""吞人电梯"等安全隐患问题，要规定物业服务公司的安全责任。二是高速公路公司、批发市场等也要对有关安全事项负责任。

六、总的建议

一是尽快把《安全生产法实施条例》列入国务院立法计划，抓紧起草制定。二是继续完善安全生产法实施的配套规章，规范执法程序，细化操作方法，纠正执行偏差。三是加快地方法规规章的制、修订工作，着力解决安全生产工作中反映突出的地域性矛盾和问题。四是加强地级市安全生产立法，制定一个鼓励性、指导性文件。五是认真研究事故案例和安全生产行政处罚案例、司法案例，及时调整法律规定和技术标准及规程。

总之，我们一定要牢记习总书记指示精神，紧紧围绕安全生产法治建设这个中心，牢固树立安全发展理念，认真落实安全发展战略，加大力度，调动各方面积极性，完善各项制度措施，把安全生产法落到实处，进一步使安全生产稳定好转。

生产安全事故中故意与过失的界分厘定
——以平顶山"9·8"矿难案为标本

苏雄华[1]

摘　要： 正确区分犯罪故意与犯罪过失在生产安全事故的刑事归责中具有重要的意义。平顶山"9·8"矿难案在生产安全事故类犯罪中具有极强的标本意义，以其检视区分故意与过失的已有学说，均在实践中存在一定的适用缺陷，难以准确区分间接故意与过于自信的过失，亦无法全面评价该案中五名被告人的罪过类型。明晰生产安全事故类犯罪中故意与过失的界分需应以行为时为考察时点，厘清犯罪意识与犯罪意志的关系，结合行为人的认识状态与意志状态进行整体区分。

关键词： 生产安全事故；间接故意；过于自信的过失

根据《生产安全事故报告和调查处理条例》（国务院令第493号）的规定，生产安全事故是指生产经营单位在生产经营活动中发生的人身伤亡或者直接经济损失。我国生产作业领域事故频发，为了有效防止和减少生产安全事故，《安全生产法》26个法律责任条文中竟有14条规定了刑事责任。如何认定行为人的罪过类型是生产责任事故中正确刑事归责的关键，最高人民法院《关于进一步加强危害生产安全刑事案件审判工作的意见》（法发〔2011〕20号）也要求严格把握危害生产安全犯罪与以其他危险方法危害公共安全罪的界限。责任主义视阈下，犯罪故意与犯罪过失作为罪过的基本形式，在构成要素、内在结构和体系地位等方面彼此对应，又互相关联。刑法学界对故意与过失的界分聚讼纷纭，本文拟以平顶山"9·8"矿难案为标本，检视已有学说在该案处理中的效用，进而妥适划定二者的应有界分。

一、标本选取：首以故意论处的矿难案

2010年11月16日，平顶山市中级人民法院公开审理了平顶山"9·8"矿难案，该院审理查明：涉案新华四矿因处于技改阶段，没有安全生产许可

---

[1]　[作者简介] 苏雄华，男，四川大竹人，法学博士，江西理工大学文法学院副教授，硕士生导师。通信地址：江西省赣州市章贡区红旗大道86号江西理工大学文法学院，邮政编码：341000，联系电话：15387878889、15879745408，电子邮箱：15879745408@163.com。

证，且营业执照、煤炭生产许可证均已过期。2009 年 3 月 20 日，河南省安全生产领导小组下发文件，明确规定该矿为停工停产整改矿井。在长期技改和停工整改期间，被告人李新军（原矿长）、韩二军（原技术副矿长）、侯民（原安全副矿长）、邓树军（原生产副矿长）明知该矿属于煤与瓦斯突出矿井，存在瓦斯严重超标等重大安全隐患，不仅不采取措施消除隐患，反而为应对监管部门的瓦斯监控，多次要求瓦斯检查员确保瓦斯超标时瓦斯传感器不报警；指使检查员将井下瓦斯传感器传输线拔脱或置于风筒新鲜风流处，使其丧失预警防护功能；指使他人填写虚假瓦斯数据报告表，使真实数据不能被准确及时掌握，有意逃避监管，隐瞒重大安全隐患；并擅自开采煤层，以罚款相威胁，违规强令大批工人下井采煤。被告人袁应周（原矿长助理）明知井下瓦斯传感器位置不当，不能准确检测瓦斯数据，安全生产存在重大隐患，仍按照李、韩二人的安排，强行组织工人下井作业。2009 年 9 月 5 日，新华四矿发生冒顶。同年 9 月 8 日，侯民、袁应周等人在收到限期整改通知书的第二天仍强行组织 93 名矿工下井。由于井下因冒顶造成局部通风机停止运转，积聚大量高浓度瓦斯，而瓦斯传感器被破坏无法正常预警，煤电钻电缆短路产生高温火源引发瓦斯爆炸，致 76 人死亡、2 人重伤、4 人轻伤、9 人轻微伤。法院一审认定李新军、韩二军、侯民、邓树军犯以危险方法危害公共安全罪，袁应周犯强令违章冒险作业罪。一审宣判后，五名被告均提出上诉。2010 年 12 月 1 日，河南省高级人民法院对平顶山"9·8"矿难案二审公开宣判，终审裁定维持一审判决。❶

为了遏制频发的矿难，平顶山市在 2008 年年底投入使用了瓦斯监控三级联网系统。每个采面都安有瓦斯探头，一直连到矿上调度室、区县和市煤炭局，管理者可通过监控设施远程进行瓦斯监测分析、越界开采监督、瓦斯隐患监测和通风状态查询等。……探头有自动感应，超过一定限度就会自动断电。断电则意味着无法挖煤，这无疑触动了矿主们的命根，于是大大小小的矿井不约而同发明出一套逃避监管的办法。由此辩方认为，"矿长的'明知'并不是明知可能死人，而是明知自己违反了规章制度，认为不能对李新军等四名被告人以以危险方法危害公共安全罪论处"。❷

在以往的司法实践中，我国对矿难案件都是以重大责任事故罪或者重大劳动安全事故罪定罪。❸然而，平顶山"9·8"矿难案打破了这一定式思

---

❶ 何靖，陈海发. 平顶山 9·8 矿难案终审宣判［N］. 人民法院报，2012 - 12 - 02.

❷ 黄秀丽，林安镇. 平顶山市：重罪指控意在阻击矿难［J］.《安全与健康，2010（11）：22 ~ 23.

❸ 赵秉志. 略谈平顶山 9·8 矿难案的定罪量刑［N］. 人民法院报，2012 - 12 - 02.

维,该案在生产安全事故的刑事归责中具有极强的标本意义:首次将矿难以危险方法危害公共安全罪定罪处罚❶,且该案中既有间接故意的罪过形式,又有过于自信过失的罪过形式。同时,此案在学界争议极大,以本案为标本,能够有效明晰犯罪故意与犯罪过失的界分。

二、标本检视:诸种学说的效用分析

犯罪故意与犯罪过失的界分表现为间接故意与过于自信过失的区别,二者存在诸多的相同点,如认识方面都对行为的危害性质有所认识,在意志上都没有控制或支配自己的行为去追求危害结果的发生,都以危害结果以外的其他结果的发生作为行为的目标,在情感上都可能不愿意发生危害结果。学界为区分犯罪过失与犯罪故意,出现过认识说、希望说、动机说、盖然性说、容忍说、同意说、合一说、认真说、客观化说、否定说及综合说等诸种见解,本文将这些观点大致归纳为意志说、认识说、综合说与否定说等四种学说,以平顶山"9·8"矿难案为标本,具体分析各学说的实践效用。

1. 意志区分说:情绪化的危险标准

意志说将二者的区分标准限定在意志的内容上,"有认识之过失则因行为人对于构成犯罪之事实已有认知……是以其于'知'(即认识)的要件与故意犯并无不同,只在'欲'(即希望)的要件上,与故意犯之'有意'或'容认'不同,……故有认识之过失与故意之区别,完全在于行为人之'欲'的要件上"。❷ 由于意志说认为二者的意志态度不同,要在二者中进行区分,可以在二者中任意选一种意志态度作为区分的标准,于是出现了容认说与避免说的主张,但二者并非对立的关系,而是彼此补充、互相印证,可以统一于共同的区分过程。

相对而言,容认说由来已久,且流传甚广,几乎是刑法学界的通说。❸由于对危害结果持消极的容认态度就被认为是间接故意的意志态度,所以对此不容认的则是犯罪过失。至于容认的含义,常被解读为同意或认可危害结果发生,对其持听之任之的放任态度。然而,这只是简单地罗列各自的意志态度,并没有展开具体的区分。我国有学者立足于整体罪过的立场,认为"直接故意的意志因素是希望,与它对应的一极是'不希望',疏忽大意过

❶ 李丽静. 我国首次以危害公共安全罪判处 4 名事故煤矿矿长. 2011 – 11 – 16. http://news. xinhuanet. com/2010 – 11/16/c_ 12782367. htm。

❷ 廖正豪. 过失犯论 [M]. 三民书局,1993;123～124.

❸ 赵秉志. 过失犯罪的基础理论问题探讨 [M]. 高铭暄,赵秉志. 过失犯罪的基础理论. 法律出版社,2002;18.

失和轻信过失都符合'不希望'的特征，在希望和不希望之间，是听任、放任等摇摆不定的意志因素。"❶ 但"希望"与"不希望"之间是彼此对立的关系，不存在灰色的中间地带，在存在犯罪意识的前提下，行为人的意志要么是希望，要么是不希望，二者之间哪里还会有第三种情形存在的逻辑空间？在平顶山"9·8"矿难案中，李新军等人的目的无非是最大限度地攫取利益，发生矿难不仅得不偿失，还有牢狱之灾，其意志上显然是不希望发生矿难的，不可能在希望与不希望之间摇摆不定。樊崇义、陈兴良和张明楷等学者就本案出具的专家意见即以 76 人死亡这样严重的后果和矿主的利益是冲突的为由，认为被告人是出于过于自信和心存侥幸。❷ 但仅此并不能证成李新军等人主观上的犯罪过失。

"希望"本有两层含义，一是作为意志态度的"希望"，指行为人控制行为、实现行为目标的心理过程，二是作为情感态度的"希望"，指行为人对结果发生是否符合自己意愿的内心体验。犯罪过失与间接故意均没有犯罪的目的，所以在意志态度层面都是不希望，仅此无法对二者进行区分。就情感态度的层面而言，"不希望"应该包括"无所谓"与"希望不发生"两种情感态度。"容认"毕竟是行为人对可能发生的行为目标以外的危害结果所持的意志态度，一般表现为无所谓的态度，但有时候行为人也会希望这种危害结果不要发生，即容认也包括了希望危害结果不发生的情形，"一个人是否赞同自己考虑过的结果，是否无所谓地面对这种结果，或者甚至对这种结果的发生感到遗憾，对于量刑是很重要的，但是，对于故意的特征来说并没有影响。"❸ 由于过于自信的过失轻信自己能够避免危害结果的发生，所以是避免危害结果的意志态度，当然希望危害结果不要发生。据此，二者在情感态度上存在重合的情形，也就难以通过情感态度进行区分。

避免结果说则认为，过于自信过失的意志态度是避免结果发生，因此没有回避意志的就是间接故意，"行为人在实现某种目的时，也会认识到发生一定附随结果的可能性；如果不希望该附随结果的发生，就会变更手段。因此，如果行为人所实施的不是实现附随结果而是回避附随结果的受控制的行为，就缺乏故意的意志因素；反之，如果行为没有因回避附随结果而受到控制，则应认定为故意。要通过对实现结果的意思（实现意思）与回避结果的意思（回避意思）进行比较，看行为人实现了何种意思，来区分未必的

---

❶ 周光权. 论放任 [J]. 政法论坛, 2005 (5)：78.

❷ 黄秀丽, 林安镇. 平顶山市：重罪指控意在阻击矿难 [J]. 安全与健康, 2010 (11)：23.

❸ [德] 克劳斯·罗克辛. 德国刑法学总论（第 1 卷）[M]. 王世洲, 译. 法律出版社, 2005：296.

故意与有认识的过失。"❶ 这样就需要过于自信过失的行为人在客观上采取一定的防止措施，作为避免结果发生这种意志态度的凭借。在平顶山9·8矿难案中，有学者认为李新军等人多次要求瓦斯检查员确保瓦斯超标传感器不报警，指使检查员将井下瓦斯传感器传输线拔脱或置于风筒新鲜风流处，指使他人填写虚假瓦斯数据报告表，据此认定其主观上是放任的心态。❷ 但破坏瓦斯传感器是各个矿井为提高生产的惯用伎俩，李新军等人同时还派出瓦斯检查员下井检测瓦斯数据，也留有真实的瓦斯数据报表，甚至还指派矿长助理等管理人员陪同下井，案发后更是主动报告，积极抢救，李新军等人的回避意思表现得十分明显，但凭此无法认定其主观上是过于自信的过失。

在间接故意的场合，行为人也可能采取一定的防止措施，尽量阻止自己反对的可能发生的危害结果的出现，故仅凭客观上是否采取了一定的防止措施也难以对二者进行完整区分，甚至会陷入客观归罪的境地。事实上，即使客观上采取相同的防止措施，二者的主观认识可能也不相同，过于自信过失中行为人确信该措施足以避免危害结果的发生，而间接故意的行为人则知道这样的措施并不能有效防止危害结果的发生，所以，"在行为人自己不相信自己努力的结果而仍然继续行为之处，所使用的努力也不能排除故意。"❸ 这再次表明，仅以意志状态无法对二者进行准确的区分。

综上所述，意志态度须以认识内容为前提，在离开了认识内容的情形下，无论是以接受结果为标准，还是以避免结果为界限，都无法对过于自信过失与间接故意进行正确区分。而且，离开了认识的基础，所谓的希望、接受与避免不过是一种情绪的表达，难以为人所认识，亦难以为司法实践所运用，"这种意志因素，除了行为人自己的陈述之外，几乎没有其他方法加以认识，因此，将意志因素作为区分故意犯罪和过失犯罪的标准，是非常危险的，极有可能导致冤假错案。"❹ 强行以此为标准，容易造成司法认定的随意和公民自由的萎缩，所以，意志说其实是一个情绪化的危险标准。

2. 认识区分说：客观化的表象标准

犯罪意志以犯罪意识为前提，甚至在一定程度上决定于犯罪意识，认识说即以此为根据，从认识的角度对二者进行区分，认识到行为危害性质的是犯罪故意，对此无认识的则是犯罪过失，"有认识的是为犯罪故意，即明知

---

❶ 张明楷. 刑法学 ［M］. 法律出版社，2007：213.

❷ 赵秉志. 略谈平顶山9·8矿难案的定罪量刑 ［N］. 人民法院报，2012－12－02.

❸ ［德］克劳斯·罗克辛. 德国刑法学总论（第1卷）［M］. 王世洲，译. 法律出版社，2005：300.

❹ 黎宏. 刑法总论问题思考 ［M］. 中国人民大学出版社，2007：265～266.

则为故犯，无认识的是为犯罪过失，即不知则为误犯"❶。认识说在德国被称为想象理论或可能性理论，在第二次世界大战后由 Schröder 发展起来，认为认定故意不需要考虑意欲要素，故意与过失的区别在于有没有认识行为客体的具体危险：所有的过失都是无认识的过失，而认识到发生实害可能性的，即为间接故意。❷ 但过于自信过失对犯罪事实并非没有认识，在特定的阶段完全可能与间接故意的认识状态相同。对此不予注意，往往会把有所认识的过于自信过失纳入犯罪故意的范围之中。为了避免这样的缺陷，有学者提出在最终认识的层面考察行为人是否有认识即可对二者进行区分，"仅根据行为人对结果最终发生的可能性的认识存在与否就足以区分有认识的过失和间接故意"。❸ 在最终认识的层面上，单纯从认识的外观上的确可以对二者进行区分，但把意志因素排除在罪过之外，无法为刑事归责提供心理的存在基础：对具备正确认识的处罚为什么要重于错误认识？于是有学者提出，在认识基础上再考虑行为人反对动机，"如果从客观上能够判断识别的认识因素的角度出发，说犯罪故意是对犯罪事实有认识而竟然没有形成停止实施违法行为的反对动机，结果实施了违法行为以至受罚，而犯罪过失是因为应当对犯罪事实有认识而没有认识，以至实施了违法行为而受罚的话，那么，间接故意和过于自信的过失就能清楚地区别开来。"❹ 这里的反对动机即为不侵害权益的行为决意，这已经超越了认识的领域，属于意志范畴的要素了。在本案中，有学者认为李新军等人作为高级管理人员，对于新华四矿存在瓦斯超标重大隐患，随时可能发生爆炸等重大事故是明知的，即对于自己行为可能引起的结果是有预见的，尽管其主观上或许并没有希望煤矿出事、工人死亡的意思，但至少具有放任该结果发生的间接故意。❺ 被告人李新军、韩二军、侯民、邓树军当然知道可能发生瓦斯爆炸，袁应周也明知该矿井存在可能发生瓦斯爆炸的重大隐患，依据认识说应均构成以危险方法危害公共安全罪，但法院却对袁应周以强令违章冒险作业罪论处。由于过于自信的过失也曾经认识到了行为可能发生危害结果，此时也没有形成反对动机，后来也实行了违法行为以至受罚，故依然无法与间接故意区分开来。

还有学者将认识说发展为盖然性的观点，以行为人对行为危害性质的认识程度为标准，对二者进行区分，认为"只要现实存在的行为人心理事实具有不同的预见程度，就可以确定哪一个属于轻信过失，哪一个属于犯罪故

❶ 李居全. 论英国刑法学中的犯罪过失概念 [J]. 法学评论, 2007 (1): 127.

❷ 许玉秀. 主观与客观之间——主观理论与客观归责 [M]. 法律出版社, 2008: 78.

❸ 冯军. 刑事责任论 [M]. 法律出版社, 1996: 166.

❹ 黎宏. 刑法总论问题思考 [M]. 中国人民大学出版社, 2007: 266.

❺ 黎宏. 平顶山 9·8 矿难案判决的法理分析 [N]. 人民法院报, 2010-12-02.

意（特别是间接故意）"。❶ 如有人认为，本案中如果常规情况下判断"十有八九不会爆炸"，不料发生了爆炸，便是过于自信的过失；假如井下瓦斯含量已经严重超标，必须停工和采取相应措施，否则可能爆炸，这就是明知可能发生危害，便属于"间接故意"。❷ 但现实中要认定行为人的认识程度十分困难，即使能够认定，也不宜作为区分的标准，因为认识程度是以有认识为前提，盖然性说通过不同的认识程度对二者进行区分，忽视了过于自信过失在最终的阶段对原有认识内容的否定，二者的差异不是量的不同，而是质的差异。而且，在心理事实上，行为人的认识程度并不能决定行为人的意志态度，仅以其为区分的标准，结果只能将意志因素逐出罪过的范畴，也就会导致罪过归责依据的迷失。如果行为人对行为危害性质最终有认识，并据此实施了危害行为，无论其认识程度高低，都没有达致危害结果不会发生的结论，无法解释为行为人轻信能够避免危害结果的发生。所以，盖然性说的理由和结论均不妥当。

把认识说这种客观化的区分标准推向极致的是德国的 Puppe 教授，他认为，由于主观认识源于行为危险性质的程度，所以无须意志因素和认识因素，直接根据行为的客观危险程度就可以对二者进行区分，"客观危险程度高，行为人即能认识到有结果发生的高度可能性，如果客观危险程度低，行为人即难以认识到结果发生的可能性。如此一来，甚至可以纯粹依行为人是否采取了一般而言能够导致结果发生的行为，以决定行为人有无故意行为。"❸ 我国学者也提出类似的主张，认为只要在煤矿安全事故与管理者故意违规之间存在主要的因果关系，就应当推定相关责任人为故意犯罪，除非能够证明责任人为避免事故发生确实施行了客观有效的管理。❹ 这种观点实际上只是进一步将区分标准前置，直接以行为客观上具备危害性的程度推定行为人对其具备的认识程度，进而区分出故意与过失，但过于自信过失的认识本是一种错误的认识，即使行为的危险性很高，行为人也可能因为自己的认识缺陷轻信能够避免，依此将其以故意论处，也就扩张了犯罪故意的范围；相反，即使行为的客观危害性程度较低，只要行为人对此有正确的认识，在实施行为导致了危害结果的情况下，也不可能是犯罪过失。

因此，认识说只是一个表面的客观化标准，忽视了罪过形式中实质的意志要素，也就使犯罪故意失去了刑事归责的基础，在认识内容的前提下，就

❶　刘宪权，杨兴培．刑法学专论［M］．北京大学出版社，2004：180.
❷　黄秀丽，林安镇．平顶山市：重罪指控意在阻击矿难［J］．安全与健康，2010（11）23.
❸　许玉秀．主观与客观之间——主观理论与客观归责法律出版社［M］．2008：126.
❹　张克文，齐文远．责任事故犯罪中故意的推定［J］．法学，2013（4）：142.

应该也必须进一步考虑行为人的意志要素。认识的内容只是意志态度存在的前提，并不决定意志的具体内容，仅凭认识因素难以对二者做出正确的区分，往往会把有认识过失视为间接故意，更不能提供处罚故意为原则、处罚过失为例外的合理依据。而且，根据允许的危险理论，只要是法律允许的危险，在发生危害结果的情况下，即使曾经有所预见，但又确信不会发生的，也不承担过失的刑事责任，而按照认识说则要对其以间接故意论处，果真如此，则"人类活动不免停滞难前。要求国家刑罚权应当节制的种种主张，都将成为梦幻泡影"❶。

3. 区分否定说：无奈的合一标准

由于过于自信与间接故意对行为的危害性质都有所认识，而意志上的态度难以在现实中具体区分，于是有学者反思并否定这种区分的必要性和可能性，并主张对二者做合一的评价。德国学者 Hall 早在 1954 年即鼓吹以轻率取代间接故意和有认识过失，主要理由是：第一，二者的区分完全是虚构、拟制的问题；第二，过失是一种轻度的故意；第三，其他法域不区分故意、过失；第四，既未遂、正犯和帮助犯可以不被分别对待；第五，高度的有认识过失应当作故意处罚。❷ 但是这五大理由实难成立，二者各有自己的认识、意志因素，是客观存在的心理状态，并非虚幻的存在；故意、过失本有质的区分，不能将对故意的处罚扩展到过失的领域；其他法域不涉及刑罚惩罚，可以对二者不做区分，意大利刑法即使不区分轻罪和违法行为的故意、过失，但在重罪的情形下则必须区分故意与过失；❸ 刑法中犯罪停止形态、共犯形态与罪过形态有本质的不同，不区分的做法不能简单类比；认识的程度高低本就难以认定，在没有正确认识的犯罪过失情况下处理会更加复杂。在 Hall 之后，Weigend、Schünemann 及 Eser 也主张此说，增加的理由是二者区分困难和借鉴英美法系的 recklessness。❹ 但 recklessness 并非所谓的包括间接故意和过于自信过失的合一形态，在英国是间接故意，在美国是有认识

---

❶ 林东茂. 刑法综览 [M]. 中国人民大学出版社，2009：141 页。

❷ 许玉秀. 主观与客观之间——主观理论与客观归责 [M]. 法律出版社，2008：86~87.

❸ [意] 杜里奥·帕多瓦尼. 意大利刑法学原理 [M]. 陈忠林：译评. 中国人民大学出版社，2004：195.

❹ 许玉秀. 主观与客观之间——主观理论与客观归责 [M]. 法律出版社，2008：87~88.

过失。❶ 至于区分的困难是因为没有找到恰当的区分方法。

我国亦有学者以模糊论为基础,提出所谓复合罪过的形式,否定对二者进行区分的必要性,认为复合罪过形式中的认识因素一般表现为已经认识或预见到自己的行为具有发生危害结果的可能性;其意志因素一般表现为既不希望或追求已预见到的危害结果的发生,又没有为预防该结果之发生而积极采取有效的防范措施,并且危害结果的实际发生往往不合乎行为人的主观意愿。❷ 本案发生后,有学者主张应以重典强力震慑无视职工生命安全的煤矿生产乱象,建议完善生产安全事故的刑事立法,将强令违章冒险作业罪规定为包括故意的情形,并将法定刑提高到死刑。❸ 但模糊论是针对界限模糊、无法区分的事物而言的,过于自信过失与间接故意彼此有质的差别,也能够区分,模糊论于此并没有适用的余地。从所谓复合罪过的概念分析,该学者没有区分认识的阶段性与终局性状态,以致迷失了二者的界分,轻率地提出合一的主张。如果只是具备阶段性的认识,在最终意义上又否定了曾经的认识,即使客观上还来不及采取防止措施,也是过于自信的过失;相反,如果最终是肯定的认识,即使客观上采取了一定的防止措施,情感上不希望危害结果发生,也是间接故意。

过失与故意的概念,向来彼此排斥、不可共存,因为在作为存在基础的认识内容上,二者最终的认识状态是"有"与"无"的关系,只有在不存在故意的情形下,才有讨论过失的余地。从心理结构上分析,一个人在最终的认识上不可能既认为行为有危害性质,又确信没有危害性质;在意志上既不可能无论如何都要实施危害行为,又决定排除行为的危害性质实施没有危害的行为。即使采取合一说,在量刑的阶段也必须对二者作出区分,以实现

---

❶ 英国刑法中的犯罪主观心态依次分为:intention(故意),reckless(轻率),negligence(过失);recklessness 有两种形态,一是由 Cunningham 案确立的主观轻率,强调行为人有意识地冒不合理和不公正之险,目前是主流标准,二是 Caldwell 案确立的客观轻率,如果危险在客观上是明显的,即构成轻率,后者实则是一种推定的轻率(如果被告人能够证明自己行为时存在认为自己行为是合理、正当的认识错误就不会构成轻率),故 recklessness 相当于我国的间接故意。美国的《模范刑法典》将犯罪的主观心态规定为蓄意(Purpose)、明知(Knowledge)、轻率(Recklessness)和疏忽(Negligence),轻率(recklessness)往往又被称为有意疏忽(advertent negligence;willful negligence;supine negligence),指行为人对行为的危险虽"有意识",但最后是"无视"(disregard),即否定了这一危险,当属于我国的过于自信的过失。

❷ 杨书文. 复合罪过形式论纲 [M]. 中国法制出版社,2004:115. 关于复合罪过的概念还有另一种含义:基于一个犯罪目的产生的数种罪过的犯罪形态,只按其中的一个罪过定罪的情形(具体参见姜伟.《罪过形式论》[M]. 北京大学出版社,2008:323 页),本文中的复合罪过不包括此种情形.

❸ 秦中忠,周英锐. 平顶山"9·8 矿难"终审判决的标本意义 [J]. 天津市工会管理干部学院学报,2011(1):29.

刑罚的个别化，困难依旧存在，需要面对的问题终究无法逃避。况且，复合罪过理论认为，没有规定为过失的分责罪名也存在过于自信过失的情形，这与刑法第15条第2款的规定不符，也就违背了罪刑法定的基本原则。果真将过于自信过失与间接故意合一地评价，面临的更大困难是：同属犯罪故意的直接故意与同属犯罪过失的疏忽大意过失又是否构成复合罪过的犯罪？如何论处才能维护犯罪故意和犯罪过失各自的统一性？

4. 综合说：机械的杂糅标准

既然犯罪意识是犯罪意志的前提，特定情形下还决定了犯罪意志的形式，而犯罪意志体现了刑事归责的依据，二者并非对立的关系，"人们过高地估计了在客观要素和主观要素之间，理智要素和意愿要素之间争论的意义。当所有相互斗争的理论在具体结论方面的差别都不大时，这就不是偶然的"❶，因此，转变单一的区分思路，从认识和意志两个方面对二者进行整体区分应是恰当之选。我国学者也大多从认识因素和意志因素两个方面对二者进行区分，认为"只有从认识因素和意志因素两方面才足以说明过失和故意应受责难的根据和程度。在心理层面上，区分过失和故意时应同时考虑认识因素和意志因素，并认为过失在认识特征上表现为不注意，在意志特征上表现为不希望、排斥危害结果发生的意志态度，只是该意志须借助于不注意来把握"❷。但"不注意"只是行为人没有正确认识的原因，该主张并没有指出过于自信过失的特殊认识状态，不利于二者的正确区分。整体而非简单地杂糅各种观点对二者进行区分，需要结合认识因素与意志因素两个方面的内容，一体地建立合理的区分标准。就具体的分析路径而言，有的从实存的进路去区分，有的从假定的角度去甄别。

就实存的分析进路而言，认为在认识因素方面，二者存在认识程度（抽象可能性与现实可能性）、清晰程度（是否支配结果的发生）和认识内容（是否认识到阻止结果发生的因素）存在差别，❸ 这显然是在阶段性的认识上对二者的认识状态进行区分，而这一阶段的认识是难以做清晰区别的，彼此呈现一种交混的关系，不存在固定的类型化联系。在认识因素方面，应该在最终认识的层面上进行分析，此时才是"有"与"无"的对立、排斥关系，界限明显，易于认定，也体现了过于自信过失的认识状态的本质。在

❶ ［德］克劳斯·罗克辛. 德国刑法学总论（第1卷）［M］. 王世洲，译. 法律出版社，2005：307.

❷ 刘志伟，聂立泽. 业务过失犯罪比较研究［M］. 法律出版社，2004：12.

❸ 韩忠义. 论间接故意犯罪与过于自信过失犯罪的区别［M］. 赵长青. 新世纪刑法新观念研究. 人民法院出版社，2001：122~124.

意志因素方面，论者认为主要是看行为人是否自觉容认或主动避免危害结果的发生，但又认为要以客观上是否采取了防止措施来具体认定。❶ 就本案而言，有学者认为李新军等4名被告人明知该矿属于煤与瓦斯突出矿井，存在瓦斯超标等重大安全隐患，但为追求暴利，不仅不采取措施消除安全隐患以避免危害结果发生，反而采取要求瓦斯检查员在瓦斯超标时不准报警、破坏瓦斯监测安全设施等手段，使井下瓦斯数据不能被及时准确监测，并违反技改矿规定，无视多次被限令整改的通知，实施了强令工人超员下井作业、填写虚假瓦斯报告表逃避监管等行为，客观上使危害后果的发生成为必然，其主观上具有放任危害结果发生的故意。❷ 但该学者的观点并不能解释为何另一被告人袁应周由以危险方法危害公共安全罪改为强令违章冒险作业罪。这种抛开认识因素去认定意志因素的做法并不可取，即使行为人客观上采取了防止措施，如果行为人知道并不足以防止危害结果的发生，依然是间接故意的放任态度；反之，即使行为人来不及实施防止措施，但行为人本打算实施防止措施彻底避免危害结果的发生，应是过于自信的过失。意志因素的区分，应该以认识因素为前提，在最终有认识的认识状态下，行为人即使没有以此为目的，但只要依然实施行为，就明显背叛了法律，只能是间接故意的放任态度；在最终没有认识的状态下，行为人轻信自己的防止措施会奏效，依然忠诚于法律，所以是避免发生的意志状态。

另一个区分进路是德国学者 Frank 创立的弗兰克公式：如果行为人在行为开始的时候就知道危害结果一定会出现，放弃行为实施的就是过失，仍然继续实施行为的就是故意。❸ 据此，本案李新军等人如果一开始就知道一定会发生如此巨大的矿难，从其案后主动报告并积极抢救的表现观之，应该会放弃强令工人下矿的行为，也就不存在犯罪故意了。然而，已经发生的生产安全事故无法假设，生产安全事故必然发生的假定忽略了行为人在可能发生情形下的真实意志态度；虽然要求行为人表述在行为时的意志态度，但是在生产安全事故发生以后，再给行为人一次重新选择的机会，行为人显然要受到事后情绪的影响；就方法论而言，仅靠行为人的事后表述决定罪过的形式，几乎是不可靠也是不应该的，在实践中必然造成重口供的不利局面。所以，弗兰克公式无法区分生产安全事故中的过于自信过失与间接故意，是一

---

❶ 宣炳昭，黄志正. 犯罪构成与刑事责任——刑法学研究综述［M］. 中国政法大学出版社，1993：235～236.

❷ 何靖. 判决体现了实体和证据相结合的价值——访中国人民大学法学院教授黄京平［N］. 人民法院报，2012－12－02.

❸ ［德］克劳斯·罗克辛. 德国刑法学总论（第1卷）［M］. 王世洲，译. 法律出版社，2005：301.

个无法适用的假定标准。

三、整体性区分标准之提倡

笔者认为，在生产安全事故中要有效地区分犯罪故意与犯罪过失，应抛弃假定的分析进路，从实存的分析进路出发，在最终的认识阶段上，结合行为人行为时的认识状态与意志状态整体地予以考察。

1. 应在行为时考察行为人的认识状态

行为是一个受意识支配或应当受意识支配的过程，这个过程在时间的维度上存在着一个客观的时段，自有其起点与终点。由于认识状态是以行为人存在相应的认识能力为基础的，而责任与能力同时存在是责任主义的基本内涵，所以罪过也应该与行为同时存在，"行为前或行为后的心理态度只能帮助说明行为时的罪过"❶。而且，也只有在行为的过程中考察行为人的认识状态，才能为阻止法益侵害提供现实的可能性，事前的心理难以考察，事后的心理又于事无补，只有行为时的心理才能为刑罚处罚提供合理的根据，进而实现刑罚预防犯罪的目的。因此，"就犯罪行为而言，如果说对行为人的心理因素的考虑应有所变化的话，这个变化也是应更多地考虑行为时的心理因素，而不是相反。"❷

就故意犯而言，必须在实行行为的过程中考察认识状态，因为这时的认识状态才为其行为决意提供了基础，并进而支配实行行为，造成法益侵害，"单纯的意思决定并不违反刑事义务，只有在意思决定具有实行行为的性质，即意思决定中包含着发生结果的现实的具体的危险性时，才发生违反刑事义务的问题，也正是在这时才要考虑对其归责的问题"❸，也只有此时才具有期待行为人在认识到行为的危害性后，要产生反对法益侵害的行为决意。因此，对故意犯而言，考察行为人的认识状态，必须以行为时为考察的时点，因为事前行为人并没有对法益造成直接的危险，而事后的认识状态又没有为支配行为人行为过程的犯罪意志提供前提条件。

在过失犯的场合，也应当在过失行为的实行过程中考察行为人是否正确预见了行为的危害性质，即使在行为前行为人曾经有过预见，但在行为时忘记了曾有的认识或因轻信某一情状否定了原有的认识，都已转变为没有认识到行为的危害性质的状态，"刑法上所重视的正是在实施行为时行为人的主

---

❶ 张明楷. 论疏忽大意的过失 [J]. 法律学习与研究，1989 (1): 48.

❷ [美] 罗林·M. 珀金斯. 犯罪意图的理论基础 [M]. 孙潇洁，刘仁文，译. [美] 格卢克，等. 刑法学精粹. 法律出版社，2005: 39.

❸ 冯军: 刑事责任论 [M]. 法律出版社，1996: 150~151.

观认知状态，行为人非实施行为时的主观认知状态只能从一定程度上作为认定行为人实施行为时的主观认知状态的判断资料。"❶　因此，通说所谓的有认识过失，即过于自信的过失，只是在行为前对行为的危害性质有所认识而已，这种认识的状态并没有持续到行为过程中。同样，行为人在过失行为实施完毕以后，回首发生的法益侵害，对行为的危害性质产生了认识，即使表现出了无所谓或天遂人愿的情绪，也不能认为行为人在行为时对行为危害性质是放任或希望的态度，不能以故意犯论处。所以，我们不能凭据行为人事后的态度来替代行为时的无认识状态，更不能借此确定行为人罪过的有无和类型，虽然这可能也反映了行为人的人格缺陷、主观恶性和改造难易程度。

2. 应结合认识因素与意志因素进行整体区分

认识是意志的前提，意志是支配行为的关键。行为人只有在正确认识状态的情形下才能产生符合规范的行为决意，并在行为过程中执行这一决意，以避免法益侵害的发生。每一个负有避免法益侵害义务的人，都应当正确认识行为的危害性质，产生避免法益侵害的行为决意。对犯罪行为的罪过而言，犯罪意志以存在犯罪意识为前提，并支配着犯罪行为的实施过程。要正确区分间接故意与过于自信过失，必须同时结合行为人在行为时的认识因素与意志因素。

在认识因素方面，要从最终认识的层面——行为时的认识状态区别间接故意与过于自信过失的认识状态，即行为人最终是否认识到了行为的危害性质？间接故意的行为人对行为的危害性质持明知的状态，也许行为人对危害结果发生的可能性大小有认识上的误差，但在是否发生危害结果这一点上并无错误认识。过于自信的认识虽然曾经认识到了行为的危害性质，但这只是曾经的阶段性认识，行为人最终基于某种条件的考量或通过采取一定的防止措施，轻易地相信能够避免法益侵害的实现，故过于自信过失的意识状态是行为人对行为危害性质的附条件的否定认识。因此，过于自信的认识与间接故意的明知不是同一性质的认识，前者最终是确信危害结果不会发生的错误认识，后者则是明知行为可能发生危害结果的正确认识。但行为人对行为违反相关制度的认识不能等同于对行为可能发生危害结果的认识，这些制度虽然旨在避免这些危害结果的发生，但毕竟前置于刑法保护的法益之前，故危险驾驶罪的罪过形式是故意，但交通肇事罪的罪过形式是过失。在生产安全事故类犯罪中，行为人对违反生产安全法规和相关制度往往是明知

---

❶　冯军. 刑事责任论 [M]. 法律出版社，1996：161.

的，但不能将这种前客体的认识等同于对危害公共安全的认识，如果行为人最终基于某种因素相信不会侵害公共安全，在认识状态上依然是没有正确认识。

但是，过于自信过失的认识状态需达到相信的程度，即行为人最终确信行为不会发生危害结果，尽管这种确信是错误的。如果行为人认识到行为有危害性质后，只是依据自己控制能力之外的某种偶然因素（如运气），又心存侥幸地认为危害结果可能不会发生，这种情形是间接故意的认识状态。因为阻止结果发生的因素既然在行为人控制能力之外，当然存在无法阻止结果发生的情况，行为人主观上无法全部否定结果可能发生的结论，也就存在对行为危害性质的明知，"知而犯之"，自应是犯罪故意的一种情形。

就本案而言，被告人李新军、韩二军、侯民、邓树军等四人属于该矿的决策层，组织违规采矿、破坏瓦斯监控三级联网系统，尤其是在矿井冒顶造成局部通风机停止运转、积聚大量高浓度瓦斯的情况下，主观上已经明知强令下井可能发生严重的生产安全事故，尽管也指派了瓦斯监测人员和管理人员下井，但这并不是防止事故发生的有效措施，仅此其主观上不可能相信不会发生生产安全事故，只是侥幸希望平安无事，故李新军等四人主观上存在间接故意的认识状态。而袁应周虽然也曾明知强令下井可能发生严重事故，但他并非决策层人员，只是根据按照李、韩二人的安排行事，有理由相信决策层为防止事故的发生会采取有效的防止措施，同时也无证据证明他指使他人破坏瓦斯传感系统，故其主观上是过于自信的认识状态。

在意志因素方面，由于认识状态的不同，间接故意与过于自信过失在意志状态上也有区别。间接故意在行为人对行为的危害性质有认识的前提下，没有阻止或者没有有效阻止危害结果的发生，而是为了其他目的实施这种行为，最终导致了危害结果的发生，说明行为人对危害结果的发生持放任的漠视态度，反映了行为人背叛法律的意志缺陷，对其归责的依据在于行为人对自己行为引起的危害结果不加阻止。而过于自信过失的行为人在最终否定了行为危害性质后才实施危害行为，其轻信的依据往往是阻止危害结果发生的主客观因素或自己准备附加实施的防止措施，故其主观上应当是避免结果发生的意志态度，这体现了行为人对法律的忠诚，故对其归责的依据不是其避免结果发生的意志状态，而是因为其没有充分发挥自己的注意能力，没有坚持曾经正确的认识，最终没有形成能够有效避免法益侵害的意志状态。

在本案中，被告人李新军等四人明知矿井积聚了大量高浓度瓦斯随时可能发生爆炸的情况下，没有采取有效的防止措施，为了获取最大利益，依然强令工人下井采矿，以致发生了此次矿难事故，其意志上表现为对明知可能发生的生产安全事故不加阻止，是间接故意的意志状态。尽管事故发生后主动报告、积极抢救，也只能说明行为人在情感上不希望危害结果的发生，反映了其人身危险性的高低，但并不能改变其听之任之的意志态度。而袁应周在认识到强令下井可能发生严重事故后，又轻易相信决策层为防止事故的发生会采取有效的防止措施，最终认为强令下井不会发生严重事故，对其归责的依据是没有坚持曾经的正确认识，进而没有放弃强令下井的行为。

煤矿安全监察行政执法尽职免责的思考

刘志勇❶

摘　要：本文通过对煤矿安全监察执法有关程序环节的分析，从合理编制监察计划、科学制订检查方案、严格遵守执法程序、规范自由裁量行为、切实做到闭合执法五个方面，总结了煤矿安全监察执法尽职免责应当达到的基本要求；分析了由于客观原因，煤矿安全监察员无法做出正确行政行为时应当免于追责的情形和煤矿安全监察员在监察执法过程可能被追究失职渎职责任的几种情形；最后提出了对煤矿安全监察机构准确定位，加强对相关安全生产法律、法规进一步修订完善的对策建议。

关键词：煤矿安全；行政执法；尽职免责；思考

根据《国务院办公厅关于完善煤矿安全监察体制的意见》（国办发〔2004〕79 号文件）精神，目前我国实行"国家监察、地方监管、企业负责"的煤矿安全生产工作格局。作为承担"国家监察"职责的各省级煤矿安全监察局及其监察分局，受监察员编制数量的限制，不可能对辖区内数量众多的煤矿企业实行全方位、无缝隙的日常安全监察。在当前经济社会发展状况不平衡、相当部分煤矿生产力水平不高、监察执法力量不足的情况下，煤矿安全监察行政执法工作如何做到认真履行自身职责，避免在煤矿发生生产安全事故时应对"不去失职、去了渎职"的问责尴尬局面，是煤矿安全监察机构必须认真对待的严肃问题。

一、煤矿安全监察执法尽职免责应当达到的基本要求

根据《安全生产监管监察职责和行政执法责任追究的暂行规定》（国家安全监管总局令第 24 号）、《国家安全监管总局关于进一步深化安全生产行政执法工作的意见》（安监总政法〔2012〕157 号）有关文件精神，我们认为，要做到煤矿安全监察执法尽职免责，应当达到以下的基本要求。

第一，合理编制监察计划。编制监察计划，就是要根据辖区内不同煤矿的灾害严重程度、安全生产状况，结合煤监机构的监察人员数量和监察能

---

❶　[作者简介] 刘志勇，山西煤矿安全监察局政策法规处主任科员。

力，合理确定本年度"三项监察"的对象、时间、矿次及主要内容，解决监察执法去哪些矿、什么时间去、去几次和检查什么内容等关键问题。监察计划编制好后，还要报上一级煤矿安全监察机构批准方可实施，并根据年度总计划，逐月制订月度监察计划。监察计划一经批准，必须认真执行，因特殊情况需要做出重大调整或者变更的，要及时报上级煤监机构批准，并按批准后的计划执行。

第二，科学制订检查方案。现场检查方案是指在实施"三项监察"前，分析以往的监察信息和掌握的拟监察煤矿的安全生产现状，有针对性地对拟监察煤矿制定监察执法工作内容和程序。科学制订检查方案，就是要依据监察计划，根据煤矿基本情况、生产布局、灾害特点和上次监察执法发现的主要安全生产隐患及整改情况、历年安全事故等情况，分析其存在的安全生产薄弱环节，提出本次监察执法需要解决的主要问题，确定本次监察执法要现场检查的文件资料、地面要害场所、井下行走路线及主要硐室、采掘工作面等具体检查内容。现场检查方案必须做到一矿一方案，由主办监察员在现场监察前编制，报主管领导批准同意后生效实施，并在检查结束后随"三项监察"执法文书一同归档保存。

第三，严格遵守执法程序。严格遵守行政执法程序是煤矿安全监察行政执法行为合法有效的前提。煤监机构在对煤矿企业实施煤矿安全监察时，必须有两名以上煤矿安全监察员参加，并主动出示执法证件、说明执法来意、告知相关事项。在监察执法过程中，要按照现场检查方案，采取表格检查法等方式，逐项记录检查情况。严格有关证据的采集和保存，重视收集书证、物证、视听资料等实物证据，不能单靠对煤矿企业有关负责人的调查取证笔录等证人证言就作出行政处罚的决定，证据形式和取得方式要符合行政处罚法、行政诉讼法和有关司法解释规定。检查结束后，要根据检查情况，依法制作执法文书，注明违法行为及认定依据，告知被检查煤矿整改要求和复查期限。拟对煤矿企业作出行政处罚时，必须查明其违法的事实及行为，告知其作出行政处罚决定的事实、理由及依据，并认真听取其陈述与申辩。对拟实施的行政处罚煤矿企业要求听证时，应当依其申请在规定期限内组织听证，指定由非本案调查人员主持，并依据听证结果作出行政处罚决定。

第四，规范自由裁量行为。对煤矿企业作出行政处罚决定时，要根据煤监机构内部做出行政处罚决定的权限对自由裁量权的行使进行专门审查，建立完善行政裁量基准制度，既要对违法行为的认定和定性进行审查，又要对煤矿企业实施行政处罚的种类、经济处罚的额度进行审查，按照平等原则、比例原则的要求，确保大致相同的违法行为适用法律大体一致。推进严格公正处罚，推广监察执法"查、罚"分离制度，查问题与实施行政处罚由不同的监察人员来完成，有效避免执人情法、关系法、面子法的情况。

第五，切实做到闭合执法。煤矿安全监察执法的关键在落实，对煤矿企业实施监察执法后，煤监机构应当加强对安全监察执法指令落实情况的复查，督促煤矿企业认真进行整改，落实"编制监察计划—确定检查矿井—制订检查方案—实施现场检查—处理处罚—跟踪督办—结案归档"的闭合执法工作机制，尽最大努力实现煤矿安全监察的目的。实现闭合执法，要根据煤矿安全监察的执法文书的内容，区分不同情况采取相应措施。

对因煤监机构人员少，任务重，不能自行组织复查的，可移交县级以上人民政府煤矿安全监管部门或有关国有煤矿集团公司组织复查，并及时将相应的执法文书抄送该部门或企业，由相关人员背书签字，在整改期满后及时督促复查，由受移交单位组织复查后将复查情况报煤监机构备案。

对监察执法中发现煤矿存在危及职工生命安全的重大隐患，要责令煤矿立即撤出作业人员，并通报县级以上地方人民政府及其煤矿安全监管部门采取相应的措施。

对在监察执法中遇到的存在重大隐患需要停产整顿、大额处罚的重大问题，要认真进行研究，提出针对性、操作性强的整改措施，并及时通报县级以上地方人民政府及其煤矿安全监管部门，并按照《国务院关于预防煤矿生产安全事故的特别规定》（国务院令第446号）第十一条规定，由煤矿制订整改方案，地方煤矿安全监管部门负责组织验收签字，并报煤监机构审核，报县级以上地方人民政府批准后，按程序恢复，确保整改措施落实到位，重大问题得到切实解决。

对拒不执行监察执法指令和对已做出的行政罚款决定逾期未执行的煤矿，要提请人民法院强制执行，同时通报县级以上地方人民政府及其煤矿安全监管部门派人盯守。

对存在重大安全生产隐患且在现有技术条件下难以有效防治的煤矿，要提请县级以上人民政府组织专家论证，并做出是否关闭的决定。

发现煤矿有关违法行为涉嫌犯罪的，要依据《行政执法机关移送涉嫌犯罪案件的规定》（国务院令第310号），向公安机关移送涉嫌犯罪案件，依法立案查处。

二、确定不可抗拒因素的免责情形

由于客观原因致使煤矿安全监察员无法做出正确行政行为的，也应当免于追责，包括以下几种情形。

第一，被监察单位提供虚假信息，仅靠监察人员自身无法辨知的；

第二，中介机构或相关其他部门提供虚假信息，仅靠监察人员自身无法

辨知的;

第三,不能预见、不能避免并不能克服的不可抗力致使行政执法行为违法、不当或者未履行法定职责的;

第四,违法、不当的行政执法行为情节轻微并及时纠正,没有造成不良后果或者不良后果被及时消除的。

三、煤矿安全监察执法过程中不能免责情形分析

煤矿安全监察员在监察执法过程中有下列行为之一,在发生煤矿安全事故后,有可能被追究失职渎职责任:

第一,根据监察执法计划被列为监察对象,但未按计划的时间、内容进行监察,或未按计划要求进行监察,也未对监察计划及时进行调整或变更的;

第二,不认真履行工作职责,未按照现场检查方案进行,应该检查的地点而未进行检查,应该查阅的资料没有查阅,导致应该发现的问题而未发现或者发现问题未在执法文书上提出,并做出现场处理或行政处罚决定,造成发生事故的;

第三,发现煤矿非法违法行为或重大安全生产隐患后,制作下达行政执法文书不恰当或适用法律条款不当的,未按法律法规规章的规定处理导致发生事故的;

第四,对煤矿进行监察执法后,对发现问题移交地方监管部门或有关国有煤矿集团公司复查后未督促落实整改结果,造成煤矿事故的;

第五,每季度审查企业上报的重大隐患排查治理报告不细,对上报的重大隐患未引起重视、未采取相应措施的;

第六,发现证照不全、未依法批准、验收的煤矿,擅自从事生产活动或接到举报后不依法予以处理的;对不符合法定安全生产条件的煤矿予以批准或验收通过、发放安全生产许可证的;

第七,未遵照执行自由裁量有关规定,擅自改变行政处罚种类和幅度,造成处罚结果显失公正的;

第八,在行政处罚案件处理中违反法定程序,采用证据不充分、不准确,造成处理不当的。

四、强化煤矿安全监察执法尽职免责的几点建议

当前,随着"国家监察、地方监管、企业负责"的煤矿安全生产工作格局的形成,国家监察与地方监管存在职能交叉、职责不清的倾向,两个部门都在管理煤矿安全,双方适用法律基本相同,往往造成对煤矿企业重复执

法、重复处罚的情形，煤监机构职责不明确、对煤矿非法违法行为遏制手段有限是导致煤矿安全监察员难以尽职的主要原因。我们认为，要使煤矿安全监察员做到依法履职、尽职免责，需对部分安全生产法律、法规进一步修订完善，对煤矿安全监察机构准确定位，才能达到依法履职、尽职免责的效果。

第一，建议在《矿山安全法》修订中明确矿山企业领导干部现场带班制度，规定不同类型矿山企业的安全生产基本条件，明确所有矿山企业必须建立井下安全避险"六大系统"。

第二，修订《煤矿安全监察条例》，一是明确煤矿安全国家监察与地方监管的职权划分及法律适用原则；二是明确煤矿安全监察机构对地方政府煤矿安全监督管理工作负有监督检查职能，并确定监督检查的主要内容、方式方法；三是删除第四十八条中"应当发现而没有发现煤矿事故隐患或者影响煤矿安全的违法行为"等不确定、不具体的表述，对煤矿安全监察人员滥用职权、玩忽职守、徇私舞弊等失职、渎职行为界定应当明确、具体。

第三，修订《煤矿安全监察行政处罚办法》，明确煤矿安全监察现场处理决定和行政处罚决定的种类及适用范围；明确不同灾害类型、生产工艺、井型规模矿井安全监察的主要内容和监察定额及矿次，制定煤监机构监察能力的计算办法，为合理编制"三项监察"执法计划提供科学依据。

第四，建议在煤矿监察机构建立法律顾问制度，为煤监机构在行政执法过程中出现的法律问题、执法纠纷提供咨询，减少决策失误。

第四部分
中外安全生产法比较研究

欧盟高危行业职业安全与健康
行政审批研究及其启示

刘文革　代海军　杨　琦❶

摘　要：本文通过研究欧盟及主要成员国职业安全与健康行政审批情况，从行政审批理念、实施机构、具体审批事项等方面分析欧盟及主要成员国英国、德国职业安全与健康行政审批制度，结合中国安全生产领域行政审批实际，进行异同点对比分析。进而总结借鉴欧盟职业安全健康行政审批经验，针对我国安全生产行政审批改革和制度建设提出学习借鉴欧盟国家职业安全健康行政许可的理念、进一步调整优化行政审批事项、加强事中事后监管、加快修订相关法律法规等建议。

关键词：欧盟；职业安全与健康；行政审批

一、引言

职业安全与健康行政审批，是安全监管部门实施监管的重要抓手，广泛存在于矿山、建筑、危险物品、烟花爆竹等多个行业领域，在促进安全生产和职业健康方面发挥了不可替代的重要作用。欧盟国家职业安全与健康工作历史悠久，职业安全与健康法规体系健全，职业安全与健康状况良好，这与欧盟国家实施强有力的监管密不可分。欧盟主要成员国如英国、德国等国家建立了各具特色的监管体制机制，采取的安全准入、分级分类监管等模式在实践中发挥了重要作用，尤其对一些高风险行业实施严格的安全与健康审批，并加强监督检查，从源头上杜绝了各类隐患的发生。

当前，我国安全生产领域正在推进行政审批制度改革。在这一过程中，有必要分析借鉴欧盟国家的经验，对比分析二者异同，结合中国安全生产行业领域实际情况，提出具有前瞻性和方向性的行政审批制度改革意见建议。

❶　[作者简介] 刘文革，教授级高级工程师，国家安全监管总局信息研究院（煤炭信息研究院）副院长。代海军，国家安全监管总局信息研究院（煤炭信息研究院）安全生产法律研究所副所长。杨琦，国家安全监管总局信息研究院（煤炭信息研究院）安全生产法律研究所研究实习员。

二、欧盟及主要成员国职业安全与健康行政审批情况

根据《欧盟运行条约》第 288 条（原《欧共体条约》第 249 条）规定，欧盟的主要法律文书有三种形式：条例，指令和决定。❶ 三者具有平等的法律位阶。欧盟职业安全健康框架指令及其延伸指令是欧盟职业安全健康的重要法律依据。各成员国均有义务将其转化为国内法加以贯彻执行❷。欧盟职业安全与健康领域奉行雇主责任制，一切责任归于雇主。目前在欧盟层面没有针对成员国人员、企业直接设立的职业安全健康行政审批事项。

1. 英国行政审批情况

（1）职业安全健康行政审批定义

2003 年原英国安全健康委员会（HSC）在《安全健康行政审批制度政策声明》❸ 中阐述了安全健康审批的定义，即指某项特定生产活动的开始或者持续，需要获得安全健康监管主体的同意、许可证、结论信函，或者安全报告被其认可或批准。按照上述定义，英国实施的安全健康行政审批主要有两种方式：一是依据具体的行政法规的规定程序，对符合条件的责任主体（企业、雇主或个人）发放许可证、资格证书、结论信函等书面凭证，如生产或储存爆炸品的企业须向 HSE 提交书面申请材料，经 HSE 审查，向企业颁发许可证。二是责任主体（企业或雇主）编写安全报告，经 HSE 认可或批准。

（2）主要的审批事项及设定的核心法律

英国没有统一的成文法律规定安全健康方面的行政审批，对于存在或者可能存在重大危害和需要监管的行业，有关部门制定相关的法规制度，并在适当的时候采取必要的手段进行许可。各行业的行政审批由各行业专门法规进行规范，详见表 1。

---

❶ THE TREATY ON THE FUNCTIONING OF THE EUROPEAN UNION Article 288（1）To exercise the Union's competences, the institutions shall adopt regulations, directives, decisions, recommendations and opinions.

❷ https：//osha. europa. eu/en/legislation/directives/the – osh – framework – directive/1.

❸ HSC POLICY STATEMENT ON PERMISSIONING, 参见 http：//www. hse. gov. uk/aboutus/strategiesandplans/hscplans/businessplans/0304/plan0304 – 06. htm#P508_ 31709.

表1　英国职业安全健康行政审批设定表

范围	核心法律法规
核设施	Nuclear Installations Act 1965 （《1965 年核设施法》）
铁路	The Railways（Safety Case）Regulations 2000 （《2000 年铁路安全条例》）
海上设施	The Offshore Installations（Safety Case）Regulations 2005 （《2005 年海上设施安全条例》）
陆上主要危险源	Control of Major Accident Hazards（COMAH）Regulations 1999 （《1999 年重大危险源控制条例》）
转基因生物	The Genetically Modified Organisms（Contained Use）Regulations 2000（GMO（CU））（《2000 年转基因生物（含使用）条例》）
天然气储运	The Pipelines Safety Regulations 1996（PSR）（《1996 年管道安全条例》）Gas Safety（Management）Regulations 1996 （《1996 年气体安全管理条例》）
石棉	The Control of Asbestos Regulations 2006 （《2006 年石棉控制条例》）
爆炸物制造和存储	Control of Explosive Regulations 1991（COER）（《1991 年爆炸物品控制条例》）
石油存储	Petroleum（Consolidation）Act 1928 （《1928 年石油综合法》）

　　HSE 主要负责矿山、核设施、海上设施、陆上重大危险源、转基因生物、石棉作业、爆炸物制造和存储、汽油储存、民用燃气、杀虫剂、气体输送、冒险活动以及化学品注册与授权等共计 13 项安全健康行政审批工作❶。以上许可的目的、调整范围、实施主体（部门）、实施方式如表2❷ 所示。

---

❶　http：//www. hse. gov. uk/aboutus/index. htm。
❷　国家安全监管总局课题研究组. 中英安全与健康主要法律法规对比研究［J］. 2012（12）.

表2 英国职业安全健康许可项目表

许可名称	目的	调整范围	实施主体	实施方式	核心法规
1. 煤矿从业人员资格证书	确保煤矿从事规定岗位的工作人员掌握必备的专业技能	煤矿的专业人员，涉及矿长、机械工程师、机修技师、电气工程师、电气技师、矿山测绘员、副矿长、爆破工等	HSE	发放资格证书	《1993年矿山安全健康管理条例》
2. 核设施安全许可证	保证核设施安全管理体系和安全案例文档符合法规要求，确保核设施的安全	核设施	HSE的核管理办公室（ONR）	发放许可证（license）	《1965年核设施法》
3. 海上设施安全报告批准	在海上设施运行前，确保其设计合理、合规，预防和控制风险的措施得当	海上的生产和非生产设施（装置）	HSE	审查并批准安全报告（safety case）	《2005年海上设施（安全报告）条例》
4. 陆上重大危险源	在新设施建设或投产前，确保其建立完善的管理机制，对存在的风险进行了充分的辨识，对事故进行了预防，编制了现场应急预案	物质数量大于高限值的高危险性设施	HSE	审查高危险性设施安全报告（safety report），并做出同意或禁止的决定	《1999年重大事故危险控制条例》

许可名称	目的	调整范围	实施主体	实施方式	核心法规
5. 转基因生物相关的工作告知	确保基因工程微生物对人类健康和环境带来风险可控	从事转基因生物相关工作的单位和个人	HSE	审查提交的工作告知	《2000 转基因生物（包括使用）法规》（GMO（CU））
6. 爆炸品生产与储存许可证	确保爆炸品生产和储存的安全	爆炸品生产和储存	生产和大量储存（2 吨以上）HSE 爆炸品监察司；少量储存（2 吨以下）HSE 爆炸品监察司，或当地主管部门或警察局申请登记	发放许可证（license）	《2005 年爆炸品生产和储存条例》
7. 石棉作业许可证	确保作业场所中的石棉风险得到充分控制，工人健康得到恰当的保护。	雇佣工人从事石棉有关工作的雇主，包括有限公司和合伙企业等	HSE 授权石棉许可处（ALU）	根据申请许可的目的不同，发放正式、监督或辅助许可证（license）	《2012 石棉控制条例》

许可名称	目的	调整范围	实施主体	实施方式	核心法规
8. 化学品注册和授权	注册：充分掌握化学品的危害特性，确保正常生产和使用时的风险可控。授权：严格监管高风险物质的生产和使用，确保该类物质在使用中产生的风险能被充分控制或其经济效益大于风险性，促使企业技术革新，逐步减少该类物质的生产和使用	产量/进口量大于1吨的化学品，根据吨位的不同进行不同复杂程度的注册；对于列入REACH法规附件14的物质（每年更新一次，目前有14种），必须通过授权才能生产和使用	批准机构：欧洲化学品管理局（ECHA）；英国执法机构：HSE	注册：发放注册号授权：在欧盟官方公报上公布授权编号和决定理由	化学品注册、评估、授权和限制的法规（简称REACH法规）
9. 杀虫剂授权	加强对欧盟范围内生物杀虫剂市场的管理，并提高对环境和人类的保护力度	用于杀虫剂的活性物质必须经过批准才可以生产和上市；杀虫剂产品必须通过授权才可以生产和上市	活性物质的批准机构：ECHA；杀虫剂的授权：机构HSE（仅在英国境内上市），ECHA（可在整个欧盟境内上市）	活性物质：批准；杀虫剂：授权号	2001生物杀灭剂法规；欧盟生物杀灭剂法规（EU）No. 528/2012（2013年9月1日起实施）
10. 气体输送	预防工业气体引发重大工业事故	工业气体输送应经过安全许可审批后实施	HSE	审查企业提交的安全报告	《1998年气体安全条例》

续　表

许可名称	目的	调整范围	实施主体	实施方式	核心法规
11. 民用燃气	预防民用燃气引发重大工业事故	民用燃气储存、输送、使用应当经过许可后实施	HSE	审查企业提交的安全报告	《1998年气体安全条例》
12. 汽油储存	防止汽油库储存设施发生重大工业事故	汽油储存应当经过安全审查	HSE	审查企业提交的安全报告	《1999年重大事故危险控制条例》
13. 冒险活动	预防野外冒险活动发生伤害	进行野外冒险活动应当经过许可	HSE	发放野外冒险活动许可证	《1995年活动中心（青年人安全）法》

安全健康领域的基本法——《1974年职业安全健康法》虽然没有对需要进行安全健康行政审批的行为或活动做出明确规定，但是在第44条❶对有关行政审批的上诉做出了规定：任何人认为其权利受到法定许可证颁发当局决定的侵害，可以向国务大臣进行上诉。这些决定包括拒绝颁发许可证、变更许可证或吊销许可证等。《1974年安全与健康许可诉讼（听证程序）规则》（*The Health and Safety Licensing Appeals*（*Hearings Procedure*）*Rules*，1974）为英国安全生产行政审批提供了司法保障。

2. 德国行政审批情况

（1）行政审批的概念及设置

在德国，法律往往对公共利益或者第三者可能造成重大危害的社会经济活动设置行政审批程序。有关的社会经济活动只有在得到主管的行政机构的预先同意以后才能开展。❷ 德国在社会经济活动过程中不同的阶段可以设置行政审批。设置审批的标准是以是否可能对公共利益或第三者造成严重的危害为准。

---

❶ HEALTH AND SAFETY AT WORK etc. Act 1974 Section 44：Appeals in connection with licensing provisions in the relevant statutory provisions.

❷ 王维达，朱芒. 德国、日本行政许可研究 [J]. 政府法制研究，2000（8）.

（2）行政审批的程序

德国行政审批分一般程序和分段审批程序。根据德国行政程序法第十条规定，在德国行政许可程序原则上采用非要式程序。但是，并非是指做出行政许可决定时没有程序规则要遵守（德国程序法第十一条）。许可通知书也有特定的形式（德国行政程序法第三十七条第二款），在实践中几乎都用书面形式。

对重要的审批，特别是对几乎所有的大型设备的许可，有关法律都规定在颁发许可以前，要经过特定的，详细规范的程序。这种程序在计划确定和一些许可中，如联邦排放控制法，原子能管理法，航空法中特别典型。

（3）职业安全健康行政审批

德国没有统一的成文法律规定职业安全健康方面的行政审批，德国更强调综合性风险预防，有关职业安全健康的要求往往与环境保护合并规定。主要的审批事项涉及以下三个领域。

①矿山领域

矿山领域的职业安全与健康行政审批法律依据主要是《联邦采矿法》（*The Federal Mining Act*）。

②非矿山领域

在非矿山领域的职业安全与健康行政审批，如危险化学品相关行政审批，建设施工项目相关的行政审批，法律依据主要是《联邦排放控制法》（*Federal Immission Control Act*）。德国《联邦排放控制法》是预防空气污染、噪声、振动等相关现象对环境造成有害影响的法案，其中包括了职业安全与卫生的行政审批相关的规定❶。根据德国《联邦排放控制法》的规定，德国非矿山领域的职业安全与健康行政审批事项同环境保护、水资源保护、土壤保护、噪声防治、道路交通管理、土地使用保护规划等事项共同审批，不另行单独实施。具体实施审批的部门在不同的州有不同的设置。

③职业人员领域

德国《职业安全法》（*German Occupational Safety Act*（*AsiG*））对职业病医师（occupational physicians）和职业安全工程师（safety engineers）等职业安全卫生专业人士做出了规定。德国《职业安全法》是德国对欧盟职业安全健康框架指令第七条的具体执行。

三、中欧高危行业职业安全健康行政审批对比分析及启示

目前我国安全生产行政审批主要涉及企业证照类（5项）、"三同时"

---

❶ FEDERAL IMMISSION CONTROL ACT – BimSchG：Section1 Purpose of the Act.

审查类（4 项）、中介机构资质类（3 项）、人员资格类（2 项）共 14 项，与欧盟对比分析来看，主要有以下相同点和区别之处。

1. 相同点

（1）在高危行业设置职业安全与健康行政审批事项

中国和欧盟成员国在矿山、危险化学品等高危行业均设置了职业安全与健康相关的行政审批事项。例如，英国在铁路、海上设施、陆上主要危险源、天然气储运、石棉、爆炸物制造和存储等高风险行业均实施行政审批。

（2）具体行政审批事项有明确的法律法规依据

行政审批直接关系行政相对人权益，中国和欧盟成员国政府对行政审批的设置要求严格，具体的行政审批事项均必须有明确的法律法规依据。

（3）由专门的监管机构或授权机构负责实施

无论是中国还是欧盟成员国，具体的行政审批事项均由专门的监管机构或授权机构负责实施。例如，在英国，生产和存储 2 吨以上爆炸物品，由 HSE 爆炸物品监督处进行审批；在德国，矿山安全健康计划由各州的采矿主管机构负责审批。

（4）有严格的审批程序

欧盟成员国及中国对职业安全健康审批事项，均规定了严格的审批程序。如英国海上设施安全报告许可规定，海上设施分为生产设施安全报告和非生产设施安全报告，报告的内容和时间要求是不同的。一般情况下，新建生产设施的作业者应准备一份报告并提交给 HSE；如果将要搬迁到新地点（无论是否在相关海域外），生产设施的作业者还要提交一份之前关于搬迁的特别报告，并将该报告提交给 HSE；此外，对重大事故危害识别、重大隐患评估、相应控制措施等都进行了规定，相关申请人必须对此作详细的说明，否则难以获得 HSE 的许可。

（5）审批相关信息公开

欧盟成员国将职业安全健康行政审批事项，通过政府网站等渠道予以公开，被许可人可以方便了解到审批的具体流程、需要提交的材料以及时间、费用等相关内容，这一点与我国情况类似。

（6）推行集中审批

德国各州分别设立专门机构办理行政审批事项受理，这种做法类似于我国目前各地推进的集中审批，方便了许可相对人。

2. 主要区别

（1）职业安全与健康监管理念不同

欧盟及其成员国对职业安全健康监管更关注风险评估和预防，更强调雇主的责任。比如，欧盟框架指令规定，雇主必须进行关于职业安全健康的风险评估，必须决定哪些职业安全健康措施需要执行。❶ 德国《劳动保护法》规定，雇主有义务采取各种措施，保护雇员的安全和身体健康。反观中国，一些地方和部门重事前审批轻事后监管。

（2）行政审批观念不同

英国和德国职业安全健康审批收取数额不等的费用，强调许可活动是监管主体为具体对象提供的特定服务，应由具体被许可人而非公共财政负担。这点与我国目前强调的许可是公共服务因而不收费观念明显不同。

（3）审批部门的职责分工不同

英国职业安全健康采取分级分类监管的原则，HSE 主要负责高风险的行业，但对审批而言，地方政府及相关部门也有参与。英国 HSE 爆炸物品监管处与地方政府、消防服务部门和警察局在爆炸物执法方面相互配合工作。HSE 负责对爆炸物的生产加工，超过两吨的爆炸物储存，以及运输等进行许可监督，而地方政府、消防服务部门和警察局负责对存储两吨以下的拥有者进行许可和监管。

虽然我国对矿山以及危险化学品生产、储存建设项目的安全设施设计审查，也按照规模等因素实施分级监管。但是，对于许可证而言，分级监管原则体现不足，审批权过多集中在省一级。实践中，省级承担的审批任务过重，耗费了过多人力及时间成本，不利于各省局集中精力对全省的安全生产进行整体谋划布局。而从行政审批相对人角度来看，各个企业、中介机构多集中于各个区县，将行政审批权下放，不仅能够优化安全生产领域上下级权责关系，更便于行政相对人办理相关事项，提高办事效率。

（4）行政审批事项具体设置不同

欧盟成员国欧盟国家注重安全、健康、环境一体化审批，在具体环节上注重审批的连续性、整体性。比如，德国《联邦排放控制法》中将涉及职业健康卫生的事项与环境保护等审批事项一并规定，一体实施审批；英国核站点许可的评估环节必须参加能源和气候变化部核责任保险，石棉作业许可对健康的重视等。

中国安全生产行政审批和职业卫生行政审批采取分别规定，分别实施的模式，二者有部分重叠。目前，建设项目安全生产"三同时"和职业卫生"三同时"由安全监管部门不同机构组织实施，企业在具体操作中，要对此两种审批事项分别准备相关材料，分别报批，不仅增加了企业的负担，也加大了安监部门的行政成本，降低了办事效率。

---

❶ EUROPEAN FRAMEWORK DIRECTIVE 89/391/EEC：Article6 General obligations on employers.

（5）行政审批的程序设置环节不同

欧盟国家如英国核设施的一个许可，涵盖核站点从设立到关闭的整个生命周期。而我国目前对同一事项不同环节设定审批，矿山等高危行业还应单独取得安全生产许可证，不仅程序上较为烦琐，且前后提供的材料还有许多重合之处。

（6）针对中介机构的行政审批事项设置不同

英国和德国没有对中介机构的许可，中介机构不在政府职业安全健康审批事项之列，本身属于社会组织自律管理范畴，更强调市场的作用，中介机构只接受政府的必要性监管。目前，我国安全生产和职业健康行政审批中仍保留不少对于中介机构的资质许可。

（7）审查的具体形式不同

欧盟国家对职业安全健康的许可，以形式审查为主。以英国海上设施许可为例。英国海上生产设施相关的作业者（operator）以及和非生产设施相关的所有者（owner），在从事生产或作业前，必须按照《2005 年英国海上设施（安全报告）法》要求，编制足够详尽的安全报告。如果满足法律要求，HSE 一般会予以批准。与欧盟不同，中国许多职业安全健康行政审批项目，安全监管监察部门都组织实质审查。❶

（8）审批责任不同

欧盟及其成员国强调雇主责任。例如，英国职业安全健康许可实行企业主体责任原则，负责履行许可职责的政府部门及其工作人员对企业职业安全健康并不承担责任。行政审批制度对责任人生产运营中的健康安全计划并不提供担保，企业健康与安全只能依赖于责任人本身。我国安全生产和职业健康行政许可实行"谁发证、谁负责"或"谁签字、谁负责"的原则，负责履行许可职责的政府部门及其工作人员对企业安全生产和职业健康承担相应责任。

3. 启示及建议

借鉴欧盟职业安全健康许可经验，结合我国安全生产、职业健康行政许可实际，提出以下建议。

（1）学习借鉴欧盟国家职业安全健康行政许可的理念

"企业主体责任"是欧盟国家职业健康安全许可的重要理念，学习这一理念并转化为实际行动。

一是要在日常安全监管监察工作中逐步转变我国行政许可由政府管理承

---

❶　SAFETY CASES，参见 http：//www. hse. gov. uk/offshore/safetycases. htm.

担主要责任（谁审查、谁负责，谁签字、谁负责）的理念，确立安全生产和职业健康行政许可"企业主体责任"原则，把管理风险的法律责任移交到风险制造者，安全监管监察部门要强化对企业落实安全生产和职业健康主体责任的监管监察，督促企业加强安全生产和职业健康工作，真正体现企业是安全生产和职业健康的"唯一责任主体"。

二是慎用行政许可，突出行政许可的政府最高管理手段的优势，重点对社会公众高度关注的行业领域和风险进行管理，继续强化"以人为本"的理念，打造对安全生产和健康风险控制的最后防线。通过规定企业风险控制的目标而不是风险控制详细的标准和具体的要求，督促企业持续改进安全生产和职业健康工作。

（2）进一步调整优化行政审批事项

借鉴欧盟国家许可的经验，同时结合我国行政审批制度改革的实际需要，坚持在现有法制体制框架下，调整、合并相关许可项目，进一步简化审批程序，具体建议是：

一是对高风险行业实施严格许可。行政审批制度改革并不意味着完全取消许可，欧盟国家对存在重大风险，一般管制措施不足应对的事项亦通过许可的形式加强监管。这一点尤其值得我国在行政审批改革中学习和借鉴。建议结合我国安全生产的实际状况，对矿山、危险化学品、烟花爆竹的生产、经营、储存等具有高度危险性的相关事项，加强严格准入和审批程序。近期发生的天津港"8·12"瑞海公司危险化学品仓库火灾爆炸事故，再次给强化安全监管敲响了警钟。对此类高度危险性的事项，建议实施严格审批。同时，对风险性较小的事项，建议逐步减少和缩小实施行政许可的范围，重点加强日常监督检查。

二是尊重安全与健康内在相关、密不可分的特点，对矿山和用于生产、储存危险物品的建设项目领域的安全生产"三同时"许可与职业卫生"三同时"许可有机结合，实行一体化管理，统一申报，联合审查，统一发证，降低企业成本，节省行政资源。

三是取消部分人员资格和机构资质认可事项。借鉴德国经验，取消部分领域特种作业人员的强制资质认证，由行业协会负责认证，将资质认证仅作为从业人员能力的证明，由雇主对操作人员是否能够胜任特种作业进行判断，雇主决定具体雇佣的人员，同时雇主对相关的安全负责。同时，建议逐步取消中介机构资质审批。针对目前我国部分中介机构收取企业费用后，提供的报告不真实客观的实际，建议通过政府购买服务的形式，由政府向中介机构付费，并通过市场手段实现优胜劣汰。

（3）加强事中、事后监管

一是加强和改进日常监管。根据新《安全生产法》以及行政审批改革后取消、下放行政审批权的实际情况，结合推行分级分类监管，科学制定执法计划，重点对取消下放后的事项进行有计划的监督检查。同时，加大暗查抽查力度，通过"四不两直"等检查方式，严格督促生产经营单位落实安全生产主体责任。

二是强化诚信体系建设，建立失信联合惩戒制度。围绕落实《国务院安全生产委员会关于加强企业安全生产诚信体系建设的指导意见》（安委〔2014〕8号），对行政审批改革后取消、下放的事项，建立安全生产承诺制度、安全生产不良信用记录制度、安全生产诚信"黑名单"、安全生产诚信评价和管理制度以及安全生产诚信报告和执法信息公示制度，并通过构建完备的企业安全生产诚信大数据系统，加强动态管理，实施失信惩戒。

三是培育和规范社会组织，推动行业自律。注重培育安全生产、职业卫生相关社会组织，引导社会组织提供相关公共服务；鼓励注册安全工程师事务所、安全生产技术服务机构等专业服务机构发挥其所具有的专门知识和专业技能对生产经营单位进行监督；通过配合国家社会组织管理制度改革以及出台相关配套政策，逐步消除社会组织行政化；通过政府购买服务、专家服务平台建设以及其他技术性服务项目的开展，培育安全生产社会组织的发展。

（4）加快修订相关法律法规

鉴于目前安全生产和职业健康行政许可事项的设立和实施都有明确的法律法规规定，根据依法行政原理，在上位法未得到及时修订或废止前，安全生产和职业健康行政许可制度改革比较受限。建议加强法律法规实施情况的研究，从长远着手，应修订完善《安全生产许可证条例》等法律法规，从源头上解决许可项目多、交叉重叠、多头许可等问题。"十三五"期间，建议全国人大考虑整合《安全生产法》《矿山安全法》和《职业病防治法》的相关内容，或制定一部统一的《职业安全健康法》，真正与国际接轨。

英国职业安全卫生劳资合作法律路径研究

秦凯丽❶

摘 要： 英国职业安全卫生劳资合作是建立在《罗本斯报告》和1974年《职业安全卫生法》基础之上的，劳资双方进行合作的法律路径主要有：安全管理、安全代表、安全委员会和集体谈判制度。其中，法律对安全管理和集体谈判的规定很少，属于自治的范畴。法律对安全代表和安全委员会制度规范较多，安全代表和安全委员会制度也是职业安全卫生劳资合作最重要的路径。此四种劳资合作法律路径相互配合、互成体系共同规范英国职业安全卫生。

关键词： 职业安全卫生；安全管理；安全代表；安全委员会；集体谈判

一、英国职业安全卫生劳资合作法律路径回顾

英国是资本发展最早的国家，市场经济更奉行"自由主义"，反映在劳动力市场方面，表现为有关劳动关系的事项完全依靠劳方、劳方组织和资方、雇主联合会完全独立解决，法律避免干涉，以尊重英国劳资关系中自愿主义传统①，这种劳资关系调整模式在欧洲国家独树一帜。尽管如此，英国在职业安全卫生方面却制定了成文法以规范工作场所的职业安全与健康。

在1974年之前，英国的工作场所健康和安全没有综合的法律规范。有关健康和安全的法律规定都不成体系，且不能涵盖所有产业。这些法律规范主要是关于工厂、办公室、商店、矿业、建筑和铁路方面的，对于公共领域

---

❶ ［作者简介］秦凯丽，中国矿业大学文法学院安全法方向2013级硕士研究生。

① 多诺万勋爵领导的"工会与雇主联合会皇家委员会"对自愿主义给出了一个简明扼要的描述和辩护，"自愿主义是我国劳资关系体系中一个独特的方面，即国家不参与在私营企业中进行的集体谈判过程。政府留给劳资双方达成协议的自由。政府对雇员罢工的权利或是雇主闭厂的权利会实行一些限制，但却是非常少的限制。集体谈判的劳资双方几乎不把谈判看作具有强制性的法律合同，而仅将其视作名义上的约束力。法律完全超出了其本身的做法，规定雇主联合会和工会之间的谈判将不具有直接强制效应，这种避免介入的态度已经影响了一种信念，即认为，从长远观点看，在解决雇主和工人之间有关工资和工作条件所引起的纠纷时，最好尽可能少地运用法律干涉"（Donovan, 1968：10）。［荷］鲁塞弗尔达特［荷］菲瑟主编. 佘云霞等译. 欧洲劳资关系：传统与转变［M］. 2000：51.

和新科学技术领域并没有规定。其中最为重要的法律主要是《学徒健康与道德法》（1802）和《工厂与工场法》（1878）。《学徒健康与道德法》被视为职业安全卫生劳动关系法律制度的开端。在该法之中，制定了针对工厂的健康的强制规范，并设立工厂视察员确保该制度的实施。《工厂与工场法》进一步规定了安全卫生条件，授权工厂视察员监督制度的实施和改进。

1972 的《罗本斯报告》是英国职业安全卫生劳资合作的基础，基于"创造危险的人也是最佳治理危险的人"（those that create risk are best placed to manage it）的观点，主张制定有效的"自治模式"（Self – regulatory Approach）的法律规范。《罗本斯报告》认为英国职业安全卫生法律有三个缺陷，即"法律过多，效果适得其反"（the first of these was that there was too much law which had become counter – productive because of its sheer mass）、"现存法律存在一定程度的结构缺陷、规定了太多过时的和即将过时的条款"（the existing law was intrinsically unsatisfactory to the extent of being badly structured, too detailed and littered with obsolete or obsolescent provisions）以及"行政、司法分散化使得协调、修改和更新法律规定极为困难"（the fragmentation of administrative jurisdictions which made the task of harmonizing、servicing and up – dating the various statutory provisions extremely difficult.）。在此基础上，《罗本斯报告》认为过于细致的、单一的法律应当被废除、行政系统应当简化，职业安全卫生法律规定应当是职业安全卫生法律保护要达到的目标的法律，应以"目标"为导向，法律规定的"目标"（Goal – based）用规程和指南具体落实。企业雇主层面要制定一份安全方针，并设定机构和具体的方案去实施该方针。

1974 年《职业安全与卫生法》（HASAW）（该法分别于 1974 年 10 月 1日、1975 年 1 月 1 日、1975 年 4 月 1 日分三批公布全部条款）就是以罗本斯报告的主张为内容的。该法颁布的目的在于建立一个以"目标导向"的职业安全卫生治理模式，强调法律的合理和可行性原则，基于磋商和参与的"自治"主张，设立安全代表、安全委员会和监察员等制度共同解决职业安全卫生问题。在该法律颁布之后，英国于 1977 年颁布了《安全代表和安全委员会条例》具体明确安全代表和安全委员会在职业健康和安全方面的具体职权，明确了各个责任方在职业安全健康方面的权利义务。在职业安全卫生法律和条例实施的过程中，英国健康和安全委员会（Health and Safety Commissin）发布《实践法典》（*Codes of Practice*）对安全代表和安全委员会的设立及其职权进行具体的指导。而《工作健康与安全管理条例》（1992）更是具体规范了雇主和雇员、雇员代表在职业安全卫生合作方面的权利义务。可以说，英国在职业安全方面的法律模式在世界上是独树一帜的，在职业安全卫生法律保护方面的规范是全面的，但是仅有上述的法律、条例和指南并不完美。

在英国劳资双方的"自治模式"之下，职业安全卫生的治理最终靠雇主、安全代表和工会共同合作。可以说，职业安全卫生实施的最为关键的环节是雇主与工会、安全代表制度的具体操作。英国的工会较多且相互独立，在企业内部存在多个工会的现象也是普遍的，雇主倘若与安全代表进行职业安全卫生方面的咨询、协商，必须确定与之协商的工会，以此确定代表该工会会员的安全代表。也就是说，雇主仅和与其承认的工会、承认的安全代表进行职业安全卫生合作，非该工会会员的雇员并不包括于此，这就出现了非承认的雇员组织、没有加入工会的雇员并不在职业安全卫生劳资合作的覆盖范围之内。直到1996年，英国颁布的《健康与安全（与雇员磋商）条例》才将职业安全卫生劳资合作的适用对象扩展到没有被《安全代表和安全委员会条例》（1977）指任的工会安全代表覆盖的雇员当中。在此条例中，雇主有权且只能选择直接与雇员磋商或者与选举出的雇员代表磋商雇员的安全问题。并于1997年《安全代表和安全委员会规则》进一步规范了职业安全卫生劳资合作。

到此，英国职业安全卫生劳资合作才真正地落实到实处。根据1996年安全卫生委员会实施的HSCER，所有的雇主都必须与雇员进行对话，对话的方式有且仅有两种：直接与雇员对话；通过选出的安全代表进行对话。英国职业安全卫生法律路径本身就是建立在合作基础上的，《工作安全与卫生法》（1974）从宏观上建立了劳资双方协商和参与的框架，具有基础性作用。此后，无论是条例、规则和指令都是该框架的具体落实。历经40年的实践表明，合作仍旧是确保英国的职业安全卫生最安全、最健康的关键。

基于以上制度，英国开展职业安全卫生自治模式的法律路径基本上有两种——雇主与雇员之间，雇主与工会之间的联合自治。此外，还存在另外一种方式——职业安全卫生劳资合作仅存在于管理之中。

二、英国职业安全卫生劳资合作法律路径的内容

1. 一项原则："自治"（Self‐regulation）

英国职业安全卫生劳资合作法律路径主要建立在"自治模式"基础之上。根据《罗本斯报告》，所谓的"自治"就是雇主是有能力的和负责任的，能吸纳所有的利益相关方的参与，尤其是雇员的参与，以识别存在的危险，并在法律和标准的框架内选择、实施、监测预防措施。尤其在工厂（工场）一级，自治意味着各方进行自愿管理，包括雇员之间以及雇主和雇员之间，自治模式发挥有效作用的关键是共同合作（co‐operation）。

同时，自治也包括目标的设定，该标准不是根据外部组织设定的而自我执行，而是涉及自身的"有目的创设、维护职业安全卫生标准使得其适应该组织活动的风险"。自治模式必须以法律规定的框架为前提，以法律为前提，并且职业安全卫生目标的设定必须是合理可行的。

2. 安全管理（management）

安全管理的理念是基于相互信任，目的在于创造、维护一个有凝聚力的工作环境，其关键之处在于管理者与雇员分享"权利"。在《健康与安全（与雇员磋商）条例》（1996）the Health and Safety（Consulation with Employees）Regulations 1996 颁布之前，安全管理存在于以下情况：雇员不愿意参加工会或者即使参加工会但是不支持安全代表的作为；工作场所没有成立工会和任命的安全代表。

安全管理是雇主与雇员直接在安全事务上进行合作。在单纯的由雇主决定的安全管理中，职业安全卫生管理的理念对雇员有十分重要的意义。雇主的管理注重职业安全卫生管理，能将其不擅长或者管理不效益之处与雇员咨询、协商，职业安全卫生劳资合作在一定程度上也发挥作用。另一方面来说，在法律不能规制的地方，单纯依靠雇主方的职业安全卫生管理容易存在这样一种情况：雇主对职业安全卫生管理不重视或者不积极应对，导致职业安全卫生保护滞后于危险应达到的标准，这是不容忽视的问题。

职业安全卫生管理必须与雇员进行咨询、协商，必须在《健康与安全（与雇员磋商）条例》（1996）的规定之下进行。该条例认为，在职业安全卫生管理之中，雇主必须与雇员直接磋商或与其选出的安全代表磋商，或者是两者的综合。雇主进行职业安全卫生管理直接与雇员个人磋商，在小企业是可行的，但是在大企业与选出安全代表进行磋商就更为科学。但是在小范围内，雇主可以不通过工人代表而与雇员就安全问题直接进行合作，是有效的，且广泛存在的，实践中最主要的方式是团队盘点、态度调查、质量圈、新闻导报和团队协作。

3. 安全代表（Safety Representative）

安全代表是英国职业安全卫生劳资合作最重要的法律路径。根据英国的法律，只有安全代表才能被授权调查安全事故、检查工作中存在的潜在危险和危害、检查工作场所以及要求雇主建立安全委员会。英国目前存在：被企业认可的工会选举任命的安全代表和未被认可工会及安全代表覆盖的员工选出的安全代表。前者根据 1977 年《安全代表和安全委员会条例》选任，后者根据 1996 年《健康与安全（与雇员磋商）条例》行使职权。

安全代表（Union - appointed representatives & Employee - elected health and safety representatives）是联系雇主、工会和雇员的纽带，职业安全卫生信息的获取、传达，职业安全卫生设施的改进、工作条件的改善、职业安全卫生劳动标准的制定都需要安全代表与雇主具体咨询、协商。无论是《安全代表和安全委员会条例》（1977）还是《健康与安全（与雇员磋商）条例》（1996），安全代表的一般职权是：关注所代表的雇员受工作场所潜在的危害和危险影响可能性（take up concerns with you about potential hazards and dangerous events in the workplace that may affect the employees they represent）；处理影响所代表雇员的健康、安全和福利的一般事项（take up general matters affecting the health, safety and welfare of the employees they represent）；以及代表雇员接受安全健康监察员的咨询（represent employees when consulted by health and safety inspectors）。具体而言，安全代表的职权主要是以下内容：

安全代表首先行使的是"代表"的职权，在该职权之下，必须定期与其代表的雇员分享、沟通职业安全健康方面的信息。调查和解决所代表的雇员反映的关系安全、健康和福利方面的问题。针对所代表的雇员普遍关心的问题给出实践建议。

其次，安全代表在职业安全卫生劳资合作中的另一个职权是参加培训。参加培训即使安全代表的权利，也是义务。通过培训掌握最新的科学的技术和信息是安全代表进行劳资合作必不可少的资格，拒绝参加培训的安全代表要接受法律的惩罚。

再次，建立与当地政府或者健康安全执行局的检查员的联系制度（Contact with Health and Safety Inspectors from HSE or Local Authority）是安全代表的在职业安全卫生劳资合作方面的所必不可少的职权。该职权的内容有：安全代表在职业安全卫生检察员参观、调查的过程中代表雇员接受咨询；与检察员沟通工作中遇到的职业安全卫生问题和信息；向安全检察员反映工作条件；将检查员行使职权的必要信息通知给所代表的雇员。

这里值得注意的是，1977年《安全代表和安全委员会条例》规定：安全代表可以调查安全事故以及工作场所可能存在的潜在危险和危害，调查所代表的雇员反映的工作场所安全健康的问题并向雇员公布调查结果。

很显然，被企业认可的工会选出的安全代表比非工会会员选出的安全代表的职权更大。但是，也存在企业可以同意根据1996年《健康与安全（与雇员磋商）条例》选出的安全代表更多的职权。

4. 安全健康委员会（Health and Safety committee）

安全健康委员会是英国职业安全卫生劳资合作的另一法律途径。根据《安全代表和安全委员会规则》（1997）规定，工会可以指定安全代表以代表工人与雇主协商有关工作安全卫生问题。雇主就工作场所安全与健康有关事项必须定期向经由合法选出的安全代表或安全委员会咨询。法律规定有两名或以上的安全代表要求雇主建立安全健康委员会，雇主就必须根据法律在安全代表提出之后的三个月之内成立。同时，法律还规定雇主可以主动建立安全卫生委员会，其情形主要有两种：存在三个以上由不同雇员选出的安全代表；雇主既要向工会任命的安全代表进行磋商，也要向雇员选出安全代表进行磋商。建立安全卫生委员会就职业安全卫生问题进行协商是雇主追求效率的选择。

安全健康委员会的组成人员根据公司、工厂的发展的不同而有所不同，一般包括雇主代表、雇员代表（分三种情况：完全是雇员选出的安全代表；完全是工会选举任命的安全代表；两种安全代表都有），此外根据公司安全卫生协商的层次、条件等具体情况，还包括其他利益相关方代表，如承包商，以及具有特殊技能相关方，如公司的医生、职业安全健康方面的学者和专家。

安全健康委员会在组织目标、组成人员、会议安排和会议内容结果公布等方面规定基本的规则和程序以规范自身职权。职业安全卫生委员会职权包括但不限于法律规定的内容，必要的情况下允许增加关系安全卫生的其他非规定性问题。法律规定的主要内容有：统计职业事故和职业病数据（statistics on accident records, ill health, sickness absence）、调查事故原因和后续行动（accident investigations and subsequent action）、检查工作场所的执行部门、管理和雇佣职业安全卫生代表（inspections of the workplace by enforcing authorities, management or employee health and safety representatives）、评估风险（risk assessments）、安全卫生培训（health and safety training）、紧急处理程序（emergency procedures）以及工作场所的变化对雇员安全、卫生和福利的影响（changes in the workplace affecting the health, safety and welfare of employees）。在职业安全卫生事故发生之后，安全委员会要本着"避免再次发生"的原则行使其权利，具体说来主要由以下四个方面：公正看待职业安全卫生事件（look at the facts in an impartial way）、考虑采用的预防措施（consider what precautions might be taken）、建议合适的行动方式（recommend appropriate actions）以及监控职业安全卫生干预措施的实施（monitor progress with implementing the health and safety interventions）。

总之，安全健康委员会并非由法律强制组建的，而是完全由雇员和雇主决定。雇主可以决定建立安全健康委员会，定期向其咨询安全健康事项；两名及以上的安全代表也可以要求雇主建立安全健康委员会。安全委员会有管理和任命安全代表的权利，安全代表行使的职业安全卫生合作更为直接，安全委员会的职权行使涵盖更广。

5. 集体谈判（Collective bargaining）

集体谈判是职业安全卫生劳资合作的法律路径，但是英国在职业安全卫生法律并没有明确规定采用集体谈判的路径进行职业安全卫生劳资合作。英国的集体谈判制度是世界上独树一帜的制度。英国法律很少对集体谈判规定强制性的权利义务和程序，基本上是"放任"其发展，认为法律应当避免干涉，将集体谈判完全归入劳资双方的"自治"范畴，且经过集体谈判达成的集体协议没有强制性效力。1972年、1999年的英国《劳资关系法》及其《劳资关系法实施细则》对集体谈判进行了规范，其条文基本上是授权性法律规范。英国集体谈判的模式并没有更大的改变，仍旧属于"自治"范畴的制度。在雇主默认和同意的情形下，集体协议作为习惯和惯例应用于个人合同。英国集体谈判也将职业安全卫生问题作为其基本的谈判内容，是职业安全卫生劳资合作的重要法律路径。

英国并没有对"集体谈判"这一概念进行准确的定义，主要是因为英国集体谈判层次、范围和方式多属于自治活动，表现形态各有特点。总的来说主要包括谈判过程和签订集体协议。《劳资关系法》（1972）第72条规定，"集体谈判可以在各个级别上进行，从一个产业部门或其一部分，到机构内部。一组雇员也可进行集体谈判。同一雇员小组就不同的问题可以在不同的级别上进行谈判。"随着"劳资民主"运动的发展，20世纪70年代《罗本斯报告》和《职业安全与卫生法》（1974）颁布实行之后将集体谈判的事项范围扩展到健康和安全方面。经历过20世纪80年代集体谈判的衰退，20世纪90年代的英国集体谈判更加注重企业层面的谈判，企业层面的集体谈判是通过"谈判单位"来进行的，即规定的若干小组或雇员，具体负责的是工会管事。在职业安全卫生方面的集体谈判和安全代表是分不开的。尤其是《职业安全卫生法》（1974）和《安全代表和安全委员会条例》（1977）规定雇主只能和"承认的工会代表"进行协商，在此情况之下工会管事被选为安全代表与雇主进行集体谈判。

与咨询、磋商不同的是，集体谈判要达成集体协议，集体协议本事是劳资双方合作达成的合作契约。集体协议的法律地位在英国也有不同的情形❶，集体协议通常不是工会和雇主或雇主协会之间有法律强制力的合同，也不是有普遍效力的法律规范。集体谈判达成的职业安全卫生集体协议，必须经过明示或默示同意才能作为雇佣条件或者雇佣条款作用于个人劳动合同，在职业安全卫生方面发挥作用。

三、英国职业安全卫生劳资合作法律路径评述

《罗本斯报告》和1974年《职业安全卫生法》以"目标导向"和"自治模式"为基础，构建了英国职业安全卫生劳资合作的基本框架。安全代表和安全委员会是职业安全卫生劳资合作中最重要的法律路径，并在1996年《健康与安全（与雇员磋商）条例》颁布之后形成了完整的体系。英国职业安全卫生劳资合作法律路径主要有：安全管理、安全代表、安全委员会和集体谈判四种方式。

英国的职业安全卫生劳资合作的建立不是一蹴而就的，其经历了漫长的40年。任何制度的构建都是一国社会、经济、政治、文化发展的结果，英国工会的力量是庞大的，有代表其利益的政党——工党，文化上尊崇"自由主义"，尊重个人权利，并且构建"自治模式"之前，政府对职业安全卫生的强监管收效甚微。法律对安全管理和集体谈判的规范程度很低，安全管理和集体谈判的程序和事项完全由劳资双方自由决定。英国法律并没有规范集体谈判的程序、职权和效力，集体谈判完全由劳资双方自由决定，劳资关系法等相关法律对其的规定仅是"授权性"的，谈判达成的协议完全由雇主和劳动者个人决定是否适用。安全管理并非法律规定的雇主义务，法律对安全管理的合作方式并没有具体规定，实践中主要表现为质量圈、团队盘点、建议方案等。

与英国40年前相似的是，我国现阶段并没有统一的职业安全卫生法且规定职业安全卫生的法律庞杂，我国职业安全卫生方面奉行"强监管"的体制，我国安全事故发生率和职业病发病率一直居高不下，一方面是企业的

---

❶ 英国规范集体协议的法律主要分为三部分。第一，符合1992年《工会与劳工关系巩固法案》第187条的定义，且制定与1971年12月1日之前以及1974年7月31日之后的集体协议。这类协议被推定为双方未打算让其成为有法律约束力的合同，除非协议具备以下条件：（a）以书面形式制作；（b）其中一项条款（明示）声明双方打算让协议成为有法律约束力的合同。第二，有些集体协议是在1979年《劳资关系法》生效期间达成的（即1971年12月1日至1974年7月31日），这些协议被当然地认为具有作为有效合同的意向，除非协议明确做出了相反的规定。事实上，这短时期订立的大多数协议都生命本协议的当事人不具有让其具有有效合同的强制力。第三，有些协议不符合上文对"集体协议"的定义。即不发挥雇佣条款或条件的作用。［英］史蒂芬·哈迪著．陈融译．英国劳动法与劳资关系［M］．北京：商务印书馆，2012：330～332。

责任意识不强，另一方面是劳动者在劳动过程的参与性差。英国的《职业安全卫生法》可以作为我国立法的一个借鉴。

1972 年《罗本斯报告》对英国产业中的工人健康安全问题和法律规制进行调研，并在此基础上提出"自治模式"。1974 年《职业安全卫生法》以《罗本斯报告》为指导，该法的颁布构建了职业安全卫生劳资参与的框架，此后无论是成文法，还是习惯、惯例，职业安全卫生劳资合作路径的构建和完善一直以此为根本渊源。我国职业安全卫生立法应当立足于实际，将实际调研得到的基本情况与立法理念相结合，整合职业安全卫生现状，构建适合本国法律制度保障职业安全卫生权利。

英国的工会是职业安全卫生合作的关键，1996 年之前法律仅规定被企业承认的工会所选出任命的安全代表可以参与职业安全卫生合作，对于没有参加工会或者参加没有被企业承认的工会的雇员没有法律依据，参与职业安全卫生合作，而仅能依靠安全管理。工会成员能够代表该组织中的成员做出决定，工会的安全代表能够根据工会的授权强有力地维护职工的合法权益，法律将职业安全卫生合作依托于工会是可行的且有保障的。我国的工会是一个整体上严密的组织，无论其职权是否完整、作用大小，工会都是我国职工维权的保障之一，相关权利的落实也要依靠工会的实施。根据我国《工会法》的规定，工会工作人员和负责人由工会会员选举产生，工会工作人员和负责人代表选举的会员行使权利，向其代表的会员负责。我国工会具有法律上的保障，将职业安全卫生劳资合作具体落实到工会制度的构建和完善上是切实可行的。

英国的工会组织是分散的，对于没有参加工会的那部分职工以及参加了非企业认可的工会，由 1996 年《健康与安全（与雇员磋商）条例》具体规范其职业安全卫生劳资合作。在我国构建职业安全卫生法律的过程中，应当正视没有被法律纳入保护中的那部分，尤其是我国正处于经济社会发展的转型期。英国《健康与安全（与雇员磋商）条例》在法律层面上承认了企业中存在不同的安全代表，将所有的雇员都纳入安全代表、安全委员会法律路径的保护之中，即被企业承认的工会所选出任命的安全代表和经没有参加工会，或者参加没有被企业承认的工会的雇员选出的安全代表，两者在安全事务上的职权基本上相同，不同之处在于前者的职权更大一些，能检查工作场所、调查安全事故等。我国是一元工会国家，现实中只能存在工会成员和非工会成员两种情况，但无论是工会的成员还是非成员，都应当是职业安全卫生保护的对象。我国人口众多，劳动力市场复杂，无论是编制在岗工、合同工、农民工还是一般工人，法律规范职业安全卫生合作的时候，都应当考虑多样化的现实国情，多样化的国情决定了立法的难度，但是，正是因为复杂，所以才需要立法给予规范，因此，我国在职业安全卫生劳资合作的过程中，除依托工会保护这一基本路径之外，对于非工会成员也应制定明确的法律规定予以规范指导。

当然，英国的职业安全卫生劳资合作制度只是立足于英国经济社会的实际，我国不可不加考量就进行法律移植。况且，英国职业安全卫生劳资合作的法律路径构建的时代背景并不等同于现在的中国。随着时代的发展、经济的发展，不同的产业关系需要不同的组织模式给予保障，英国的"自治模式"本身能否经受 21 世纪知识经济带来的变化仍旧需要时间检验，即使这一模式在世界范围内创造独树一帜的法律效果和社会效果。

两岸工人职业安全卫生权利比较研究

李明霞❶

摘　要： 运用比较分析的方法对两岸工人的职业安全卫生权利进行研究，包括对工人的职业安全卫生受训权、知情权、参与权、拒绝危险作业权、紧急避险权、救济权等进行比较，认为两岸应当在职业安全卫生法律中对工人的相关权利相互借鉴。如大陆可以借鉴我国台湾地区法律扩大违法行为信息库的公开范围、转变限制紧急停工权的思路、在职业安全和职业卫生领域对工人统一救济、充分发挥劳工团体维护工人权利的作用。如我国台湾地区可借鉴大陆从雇主和工人两方面明确职业安全卫生受训权、拓展工人知情权的实现方式等。

关键词： 安全生产；职业安全卫生；工人权利

工人的职业安全卫生权利，是指工人享有或者应该享有的不受工作场所危险因素和有害因素的侵害以及遭受侵害后获得及时充分救济，从而使其职业安全和健康获得保障的权利。工人的职业安全卫生权利是对工人人身和财产安全的基本保护，职业安全卫生权利的权利主体是工人及受到影响的相关人员，职业安全卫生权利的义务主体是雇主和国家。职业安全卫生权利是劳动权的子权利，而劳动权是人类历史进入资本主义社会以后才产生的，其发展与工人争取人权的活动密切相关；劳动权是人权的基础部分；没有劳动权，人权是不完备的。因而对两岸工人职业安全卫生权利进行研究对保障工人基本人权，保障工人人身和财产权利具有重要意义。有学者将工人的职业安全健康权及其派生权利划分为：避险权、拒绝违章指挥权、知情权、参与权（包括咨询制度、通报制度、会商制度、共决制度、利益分享制度等）。还有学者将工人的职业安全卫生权利划分为：知情权、建议权、拒绝权和紧急情况下的停止作业权、撤离权、监督权和检举控告权、工伤保险权、获得民事赔偿权。本文通过梳理大陆《劳动法》《安全生产法》《职业病防治法》和我国台湾地区《职业安全卫生法》，认为工人的职业安全卫生权利主要有：受训权、知情权、参与权、拒绝危险作业权和紧急避险权、救济权、

---

❶ 作者简介：李明霞（1991－　），女（汉族），四川泸县人，中国矿业大学文学与法政学院经济法 13 级硕士研究生，主要从事职业安全卫生法律研究，邮箱：ZS13090003@ cumt. edu. cn。

恶劣环境减时权、健康监护权、工作和居住环境权、获得劳动防护用品权、合同解除权❶、合同存续权❷等。下文就其中的前五项重要权利进行比较研究。

一、工人职业安全卫生受训权

职业教育和职业培训是开发人力资源、提高劳动者素质以促进生产力发展的一个重要手段，对于劳动者充分实现劳动权，更好地实现劳动报酬权，获得更为充分的劳动安全卫生保护区都具有更为显著的意义。在职业安全卫生方面的受训权是指工人所享有的带薪接受职业安全卫生教育培训的权利，其义务主体为企业和政府。工人的职业安全卫生受训权的内容应当包括对工人进行安全意识教育、安全技能教育和安全知识教育，包括生产经营单位有关的安全知识、规章制度、操作规程、操作技能和紧急情况的应急救援措施等。其中教育的方式又分为三种，即三级教育❸、经常性教育、特种作业的安全教育等。工人的职业安全卫生受训权是工人其他各项权利的基础，只有知悉了所在单位、所在岗位的安全知识和技能等才能充分运用参与权、建议权、紧急停工权、救济权等与工人人身安全直接相关的重要权利。

比较两岸职业安全卫生法律，《安全生产法》《职业病防治法》《职业安全卫生法》均对工人的职业安全卫生受训权进行了详细规定。其中《安全生产法》新修改后不仅规定了生产经营单位应当对从业人员进行安全生产教育和培训，还规定了其对被派遣劳动者、中等职业学校、高等学校实习学生的教育和培训义务。为保障工人职业安全卫生权利的实现，《安全生产法》除从生产经营单位的义务角度外，还从生产经营单位主要负责人职责（第十八条）、生产经营单位的安全生产管理机构以及安全生产管理人员职责（第二十二条）、生产经营单位的违法责任承担等角度进行了规范。此外，对于工人的职业安全卫生受训权基于从业人员的义务的角度也进行了规定。《职业病防治法》从三方面规定了工人的职业安全卫生受训权，其一是

---

❶　《劳动合同法》第三十八条　用人单位有下列情形之一的，工人可以解除劳动合同：（一）未按照劳动合同约定提供劳动保护或者劳动条件的；（三）未依法为工人缴纳社会保险费的；用人单位以暴力、威胁或者非法限制人身自由的手段强迫工人劳动的，或者用人单位违章指挥、强令冒险作业危及工人人身安全的，工人可以立即解除劳动合同，不需事先告知用人单位。

❷　《劳动合同法》第四十二条　工人有下列情形之一的，用人单位不得依照本法第四十条、第四十一条的规定解除劳动合同：（一）从事接触职业病危害作业的工人未进行离岗前职业健康检查，或者疑似职业病病人在诊断或者医学观察期间的；（二）在本单位患职业病或者因工负伤并被确认丧失或者部分丧失劳动能力的；（三）患病或者非因工负伤，在规定的医疗期内的；（四）女职工在孕期、产期、哺乳期的。

❸　三级教育是企业安全生产教育的主要方式，包括入厂教育、车间教育以及岗位教育。

从国家层面规定政府应当加强对职业病防治的宣传教育；其二是从用人单位层面规定其应当对劳动者进行岗前、在岗的职业卫生培训；其三是从劳动者权利和义务两个方面规定了其获得职业卫生教育和培训的权利。而为了对工人的职业卫生权利进行保障，《职业病防治法》规定了工会组织应当督促并协助用人单位开展职业卫生宣传教育和培训，并且在法律责任一章对用人单位违反教育卫生义务，侵犯工人职业安全卫生受训权的违法责任进行了规制。我国台湾地区《职业安全卫生法》对工人的职业安全卫生受训权是从国家义务、雇主义务和劳工义务三方面进行规制，并在第四十五条对雇主违反此规定的法律责任承担进行了规范。其《职业安全卫生法施行细则》第四十条规定了雇主在履行倡导法律法规及有关安全卫生规定时，可以采用教育、公告、分发印刷品、集会报告、电子邮件、因特网或其他促使劳工周知的方式进行。而且为了保障受工作场所负责人指挥或监督从事劳动人员的权利如派遣人员、志工、职业训练机构学员等的权利，《职业安全卫生法》第五十一条规定了其比照事业单位劳工适用法律的规定，即通过扩展法律的适用范围，保障了派遣人员、志工等的各项职业安全卫生权利，当然包括受训权。

鉴于工人的职业安全卫生受训权是其他权利的基础，是工人行使其他职业安全卫生权利的知识和技能前提，应当从工人权利的角度在法律中予以明确。对此，大陆《职业病防治法》已经进行了改进，而《安全生产法》和我国台湾地区《职业安全卫生法》仅从雇主义务和工人义务的角度进行规范，没有突出职业安全卫生受训权的权利属性，应当予以改进。工人职业安全卫生受训权的义务主体应当是雇主和国家，《职业病防治法》和《职业安全卫生法》都从国家层面规定了政府提升工人职业安全卫生知识的义务，而《安全生产法》将此义务仅分配给生产经营单位存在不足。在对工人职业安全卫生受训权的保障方面，大陆《安全生产法》从用人单位违法责任、工会权利、安全生产管理人员和生产经营单位主要负责人职责等多角度进行了保障，而我国台湾地区《职业安全卫生法》仅从雇主违法的角度对其进行保障，而劳工代表只能通过参与雇主工作规则的制定间接维护工人的职业安全卫生受训权，并未充分发挥劳工代表制度的作用，建议其应当从多角度对工人的职业安全卫生受训权进行保障。

二、工人职业安全卫生知情权

学者曹艳春认为，劳动者相对于用人单位来讲，无论是在财力上还是现今市场来看都是弱者，弱者的权利最容易被侵犯，所以，应当尽最大可能地保护弱者，给予劳动者较多的知情权，以便实现其劳动权。知情权是工人进行维权的必备基础，具有十分重要的地位。同时，工人的职业安全卫生知情权与受训权既有联系又有区别，一方面工人的知情权通过受训权及其他方式得到实现；另一方面，工人受训的目的之一是获得有关工作场所和岗位的职业安全卫生知识，属于工人知情权的一部分。不过有学者通过比较美国《职业安全卫生法》认为我国现行职业安全卫生知情权的缺陷明显在于我国法律并没有明确规定用人单位对劳动者进行教育培训时，要告知劳动者知情权所指向的内容。一般而言，工人的职业安全卫生知情权是指工人有权了解其作业场所和工作岗位存在的危险因素、防范措施和事故应急措施等。也有学者将其归纳为"劳动者对整个劳动过程中存在及可能存在的危及其自身生理、心理健康的各种因素，以及用人单位为保障其以身心安全健康为前提的工作环境而在技术、设备、组织制度和教育等方面所采取的相应措施完整全面知悉的权利"。下文对三法中关于工人职业安全卫生知情权的规定进行梳理。

比较两岸关于工人职业安全卫生知情权的内容可以发现，首先，大陆《安全生产法》《职业病防治法》分别从雇主义务、政府义务、劳动者权利三个方面对工人的职业安全卫生知情权进行了规范，而我国台湾地区《职业安全卫生法》主要从雇主义务和政府公开义务两个方面进行了规定。其次，大陆工人职业安全卫生知情权的实现包括通过劳动合同、通知公告栏、违法行为信息库、官方统计分析数据等方式，知情权的内容涵盖工作场所和岗位存在的危险因素、防治措施及事故应急措施、生产经营单位的违法行为信息、安全事故信息、职业病危害因素监测结果等。而我国台湾地区《职业安全卫生法》仅规定了工人在化学品安全资料表、环境监测计划及结果、化学物质评估等方面的少量知情权。比较而言大陆工人职业安全卫生的知情权规定较我国台湾地区相对完善。最后，为保障工人职业安全卫生知情权的顺利实现，三法都对雇主违反公开公告义务的法律责任进行了规范。不同之处在于大陆《安全生产法》将企业违法信息公告列在安全生产的监督管理一章，作为安全生产监督管理机构的监管措施之一用以保障工人的职业安全卫生知情权。而我国台湾地区《职业安全卫生法》将公开发生职业灾害、职业病等违法行为的雇主名称、负责人姓名规定在罚则一章，作为雇主违法行为的法律责任承担方式，其重点在于使雇主承担名誉罚。相对于台湾地区而言，大陆生产经营单位违法行为信息库的建立更具意义。一方面，它是工人实现职业安全卫生知情权的方式之一，是社会对于企业安全生产违法行为进行监督的基础。另一方面，违法行为信息库制度化的设计能够长期延续，反映企业、地区、全国的生产安全现状及变化，对于进一步开展安全生产工作具有重要意义。而我国台湾地区将公开雇主、主要负责人信息作为惩罚方式的一种，不具有连续性、全局性，对工人知情权的保障也缺乏体系性。因而，在保障工人的职业安全卫生知情权方面，台湾地区应当对大陆工人权利的多重权利保障规范、多途径权利实现、多样化权利范围、制度性违法信息库设计等方面进行借鉴。不过大陆《安全生产法》规定的生产经营单位违法信息公布仅包括安全生产违法行为信息，而用人单位违反有关《职业病防治法》造成工人职业病的后果并不在其公布范围，因而与雇主信息公布的范围相比相对狭隘，仅包括了职业安全方面的违法信息，对于职业卫生方面的信息不属于信息库的公开范围，对此应当予以改善。此外，《安全生产法》规定对违法行为情节严重的生产经营单位才向社会进行公告，而对于企业的一般违法信息记录在信息库中，工人能否自由进入进行查阅有待规范。而我国台湾地区《职业安全卫生法》对于雇主、主要负责人等的信息公布除雇主违反职业灾害内容统计上报、对申诉工人进行不利处分的违法行为外，其他罚则中违法行为全部进行公布。由于劳动者的知情权应认定为劳动权的保障权，即劳动权通过知情权得以实现，知情权是劳动权实现的前提和保障。劳动者只有在获知相关信息的前提下才有可能去实现劳动权，劳动者的知情权是劳动权得以实现的必要手段和保障，没有劳动者的知情权，劳动权的实现也就失去了保障。鉴于工人职业安全卫生知情权的重要性，大陆立法应当向知情权制度设计的精细化方向发展，同时借鉴我国台湾将违法信息公开的范围从职业安全拓展到职业卫生，将企业的"严重违法行为"明确化、扩大化，切实保障工人的职业安全卫生知情权。

三、工人职业安全卫生参与权

从人力资本理论的角度来看，科学技术的进步和人力资源在生产经营活动中所占的地位越来越重要，甚至有学者认为随着科学技术飞速发展，人力尤其是知识智力等生产要素杂生产中的地位已经超过了物力，这为工人参与企业生产经营事务管理提供了经济学基础。早在《魏玛宪法》第一百六十五条中就规定了："职工与企业家具有同等之权利，得共同参加企业经济之全面发展，并规划劳动之条件，与其应得之工资报酬……"为平衡劳资力量，使工人在与雇主的博弈中维护自身合法权益，当前的立法纷纷赋予工人参与雇主各项生产经营事务的权利。从劳动法角度来看，职工参与权是劳动者享有的通过参与公司民主决策，通过民主管理和民主监督来促进公司发展，保障其权益的权利。从职业安全卫生立法的角度来看，所谓安全生产决策参与权，是指工人和工会参与本单位的安全生产各项政策、制度和决定的制定的权利。其中，工会的参与权包括两个层次的参与，即参与国家和社会事务的管理和参与企业、事业单位的管理。在倡导劳资合作的背景下，工人职业安全卫生的参与权对化解劳资矛盾，保障工人职业安全卫生各项权利，保障企业生产经营工作的正常有序进行具有重要作用。法律赋予工人的职业安全卫生参与权有多种形式，包括参与安全生产规章制度的制定、参与民主管理等。下文就三法中对工人职业安全卫生参与权的规定进行梳理。

　　比较两岸关于工人职业安全卫生参与权的规定可以发现，大陆工人的职业安全卫生参与权利内容包括对安全生产工作、职业病防治工作提出建议、参与民主管理和民主监督、参与制定或者修改有关安全生产、职业病的规章制度、参与本单位操作规程、事故应急救援预案的拟定、参与事故调查处理等。大陆工人的职业安全卫生参与途径主要有三方面，一是从业人员直接对安全生产工作、职业病防治工作提出建议；二是工会依法参加安全生产工作的民主管理民主监督、参与事故调查等；三是通过企业的安全生产管理机构和人员参与安全生产规章制度等的制定。此外，对于相关学者担心的被派遣劳动者行使民主参与权利问题，最新的《安全生产法》也对其进行了回应，规定被派遣的劳动者也享有从业人员的相关权利，从法律上弥补了这一漏洞。因而大陆的工人职业安全卫生参与权规定比较完善。而相关研究表明，积极行使参与权有利于识别问题和提出解决方案。我国台湾地区《职业安全卫生法》中对工人的职业安全卫生参与权内容的规定主要有参与制定工作守则、对国家职业安全卫生政策提供建议、参与事故调查等。其参与方式主要是通过劳工代表实现其权利。就参与程度进行比较可以发现，大陆职业安全卫生立法对于工人参与权的规定多为"听取工会意见""对……提出建议"，而是否采纳相关意见和建议的决定权仍然在雇主手中。可以看出工人个人参与的力量是弱小的，而由于当前工会维权还存在许多制约因素如在形式上职工队伍变化大、工会组建率有待提高，在角色上工会组织在维权中的特殊地位以及工会干部的多重身份客观存在，在现实中法律权威缺乏、问题解决困难，因而我国工人通过工会组织参与安全生产事务的机制尚未形成。通过这一制度对大陆工人的职业安全卫生参与权进行了强化，将工人的职业安全卫生参与权从被动性权利向主动性权利转化。而我国台湾地区职业安全卫生立法规定的劳工参与机制，包括工会、团体协商、劳资会议、劳工安全卫生工作守则及劳工安全卫生组织等五种制度。在国家政策制定的程序中，虽然大陆现行《工会法》对工会参与管理国家事务、管理经济和文化事业等大政方针上的参与权，但在职业安全卫生方面，工会如何通过在国家立法层面保障工人参与权，相关的职业安全卫生立法并无制度性设计。因此，大陆应当借鉴我国台湾地区立法，充分发挥三方协商机制的作用，通过制度设计使工人通过多种途径参与到职业安全卫生政策的制定过程中来，在立法层面实现自己的参与权，从而维护自身合法权益。

四、工人职业安全卫生拒绝危险作业权、紧急避险权

赋予工人职业安全卫生拒绝权和紧急停工权是对工人生命健康的重要保障。由于劳动关系存在从属性，即劳动者的人身—劳动力，在用人单位的指挥、监督下为雇主从事劳动，劳动者在劳动过程中，其义务履行具有与雇主行为的密切不可分割性，其从属性可分为人格上的从属性、经济上的从属性。为了实现工人与雇主在法律上和在现实中的对等，职业安全卫生法律在进行制度设计时必须遵从劳动法的倾斜性原则，贯彻对工人生命财产安全的全面保护。要从法律上赋予工人在面对工人单位违法违规违章指挥的拒绝权，要在法律上赋予工人面对紧急情况时保护自身生命利益舍弃雇主财产利益的紧急停工权。一般而言，拒绝危险作业权是指在劳动过程中，雇主滥用指挥权违法安全法律法规、操作规程或技术规范，或存在明显的现实危险时，工人有权拒绝作业。紧急避险权是职业安全卫生权利的首要派生权利，即当可能的危险转化为现实威胁时，职业人或劳动者有权自主脱离险境，以求避险，确保自身安全，无须对其掌握或管控的生产资料等财产承担保护的义务，对其最终的损失也损害也不承担任何责任。鉴于拒绝危险作业权和紧急避险权之间的紧密联系，即这两项权利实际上是工人拒绝权的在作业前和作业中的行使，虽然行使时间不同，但实质都是为对抗雇主指挥权而赋予工人维护自身职业安全健康的拒绝权。下文就两岸关于工人职业安全卫生拒绝危险作业权和紧急避险权的规定进行梳理。

比较两岸关于工人拒绝危险作业权和紧急避险权的规定可以发现，大陆《安全生产法》和《职业病防治法》分别规定了工人在职业安全和职业卫生方面有权拒绝违章指挥和强令冒险作业，并分别规定了雇主不得因此对工人采取解除劳动合同、降低工资福利待遇等不利措施。此外还从工会层面规定了工会发现上述情况有权提出解决建议，有权向雇主建议组织工人撤离危险现场，雇主应当及时研究答复、立即做出处理。即在职业安全和职业卫生领域，大陆分别从劳动者权利、工会权利、雇主义务三方面规定和保障了工人的拒绝危险作业权。而台湾地区最新修订的《职业安全卫生法》却没有对工人如此重要的权利做出规范，实为遗憾，建议其借鉴大陆职业安全卫生立法，修订相关法条，明确规范工人的拒绝危险作业权，完善工人的职业安全卫生权利。另外，就紧急避险权的规定而言，大陆《安全生产法》分别从工人有权停止作业或撤离、雇主不得做出不利决定、工会有权建议撤离三个方面进行了规定。《职业病防治法》仅从工会和用人单位两个层面对其做出了规定，并未明确工人享有职业卫生方面的紧急避险权，这应当是我国职业卫生立法的缺憾之一。我国台湾地区《职业安全卫生法》则分别从雇主和

劳工两方面对工人的紧急避险权做出了规定。虽然罗马法谚有云：凡行使权利者，无论对于何人皆非不法。但权利的行使也应当受到限制，而如何对工人的紧急避险权进行限制，两岸立法的方向并不相同。《安全生产法》规定从业人员在行使紧急避险权时"有权停止作业""采取可能的应急措施后撤离"，即工人在发现直接危及自身人身安全的紧急情况下，仅仅是有权停止作业而不能立即撤离，如果立即撤离则必须采取可能的应急措施，而"可能的应急措施"并无明确界定，很容易理解为对雇主的生产资料予以保护，这对工人权利的行使造成了不恰当的限制和困惑。当紧急情况出现的时候，工人需要考虑进行应急是否可能，如何保护雇主财产，这课以了工人难以判断和危险的义务，也为雇主事后追究责任创造了空间。而我国台湾地区为了明确法律规定，方便工人行使去权利，公布了《劳动检查第二十八条所定劳工有立即发生危险之虞认定标准》此外，大陆虽然有雇主不得因此采取不利措施的法律规定，但是雇主主张工人并未采取"可能的应急措施"即撤离作业场所则另当别论。因此如果需要对工人的紧急停工权进行限制可以参照台湾地区《职业安全卫生法》中的规定。我国台湾地区法律中对工人紧急停工权的限制角度在于"不危及其他工作者安全情形下"可停止作业退避至安全场所，即对于工人为维护自身安全权利的限制仅限于不得危及其他工作者的安全，而非从保护雇主生产资料的角度进行限制。当工人的生命健康权遭遇其他人员的生命健康权时，可以对工人的紧急避险权进行适当限制，但是当工人的生命健康权遭遇的是雇主的财产安全时，法律特别是职业安全卫生立法应当毫不犹豫保护工人的人身权，这符合劳动立法"倾斜立法"的主旨，也是因为生命健康权在权利位阶上优于用人单位的经营管理权或劳动力使用权。此外，《安全生产法》仅规定了雇主不得因工人形势紧急避险权做出不利决定的义务，而没有规定雇主在紧急情况下，主动停止作业，并使工人退避至安全场所。虽然工人本身享有紧急停工权，但是对于紧急情况的判断受到工作环境、职业安全卫生知识、危险信息收集等多方面的影响。在此情况下，处于知识和信息匮乏的工人一方，是否有足够的判断能力界定危险的紧急情况存在疏漏，而雇主一方不仅在劳动过程中掌握全局性的信息而且拥有众多专业人员，对于判断危险情况比工人存在先天上的优势。因此，在工人无法判断危险的部分情况下，如果不规定雇主履行紧急停工义务，这将存在道德风险，逐利性的企业将在工人人身健康权的风险与财产损失的风险之间作出判断。将工人的生命健康和生产资料放上价值天平，一旦天平向生产资料一方倾斜，如两名工人的性命和价值千万的生产资料，按照现行赔偿标准，很可能出现道德风险。因此，借鉴我国台湾地区职业安全卫生立法，从雇主层面对其履行紧急避险义务，全面保障工人紧急停工权，具有重要意义。

五、工人职业安全卫生救济权

劳动者在劳动过程中作为权利主体，享有其生命健康不受非法侵害的权利，对其劳动过程中身体健康遭受不法侵害当然可以向侵权人提出损害赔偿请求或是提出工伤保险申请。工人的职业安全卫生救济权是其保护自身合法安全卫生权益或在合法权益受到侵害时获得补救的最后一道屏障，可分为紧急救济权和事后求偿权，后者又可分为工伤救济权、民事求偿权、民政福利权和其他保险权。有学者认为工会甚至相比于工业场所危害的预防更关心获得工人事后补偿，可见事后求偿权利的重要程度。而紧急救济权是指在劳动过程中发生生产安全事故或职业病危害事故时，雇主应当立即采取应急救援和控制措施予以抢救。工伤救济权是工人有权要求雇主依法参加工伤保险，工人发生工伤事故时，有权享有工伤保险，工人的这种权利是由国家《宪法》和《劳动法》给予根本保障的。职业安全卫生民事求偿权是工人因职业安全卫生条件遭受职业病或安全事故时，除依法享有工伤保险外，有权按照民事法律向雇主提出赔偿要求。职业安全卫生民政福利权是收到职业伤害的工人在特殊情况下既无法享受工伤保险又无法获得雇主赔偿的情况下，有权向政府申请医疗救助和生活等方面的救助。下文就两岸职业安全卫生法律中关于工人职业安全卫生救济权的规定进行梳理。

1. 我国台湾地区《职业安全法》缺乏政府紧急救济规定

两岸职业安全卫生法律都对工人的职业安全卫生紧急救济权作出了明确规定，要求雇主在发生职业灾害时采取必要的急救和控制措施。大陆职业安全卫生法律还分别规定了安全生产监督管理部门接到雇主关于生产安全事故或急性职业病危害事故时组织调查抢救并采取控制措施。而我国台湾地区《职业安全卫生法》仅规定了劳动检查机构在接到相关报告后，就工作场所发生死亡或重伤的灾害派员检查。即相对于工人的职业安全卫生紧急救济权而言，其义务主体的范围在两岸的法律规定中不同，大陆规定了雇主和安全生产监督管理部门的救助义务，而台湾地区仅规定了雇主的救济义务，相关部门仅履行检查义务。毫无疑问，我国台湾地区对工人紧急救济权的保障是不完善的，应当借鉴大陆职业安全卫生法律的规定，不仅规定雇主的救济义务，也应当规定政府的救援义务。因为政府相对于雇主拥有更强大的救援力量，能够充分调动人力物力对事故中的工人进行救援，对保障工人的生命健康权具有更完善的救济体系。

2. 大陆工人事故后仅享有三重不完善救济权利

总结大陆《安全生产法》和《职业病防治法》，对于工人发生生产安全事故受到损害或罹受职业病可享有的救济主要是工伤救济权、民事求偿权，而对于职业病病人还享有民事福利权。此外为了防止雇主事故后经济能力削弱，无法赔偿工人损失，《安全生产法》还规定了生产经营单位投保安全生产责任保险，保障其在事故后能够履行赔偿责任，及时给予工人赔偿，保障工人或其亲属获得赔偿的权利。理论上来讲，大陆工人的事故后救济权利应该比较完善。但是仔细分析可以发现职业安全和职业卫生的救济权利并不协调对等，《安全生产法》中缺乏对工人难以获得工伤保险救济和民事救济情况下的福利权，即工人在生产安全事故中受到损害，此时雇主既未为其参加工伤保险，又由于事故无法承担民事赔偿责任，虽然《安全生产法》规定工人可以要求人法院采取强制措施，可以要求生产安全事故的责任人继续履行赔偿义务等。但这仅限于对于雇主主管故意不予赔偿的情形，而雇主客观不能予以赔偿的情况，《安全生产法》并未规定政府的救济义务。而《职业病防治法》的规定相对完善，其不仅规定了工人遭受职业病的工伤保险权、民事求偿权，扣除出工伤保险待遇的种类，职业病工人还可主张精神抚慰金、被扶养人生活费、必要的营养费以及护理费的差额等。还规定了民事福利权，保障了职业病人在特殊情况下基本生活水平满足。不过大陆在职业卫生救济体系中缺乏的是责任保险的规定，仅在生产安全领域鼓励雇主投保安全生产责任保险，而在工人罹患职业病需要雇主进行赔偿的情况并不在安全生产责任保险的合同范围内。❶ 则仅靠政府的民事福利救济是否能够在满足职业病人基本生活水平后保障其职业恢复、保障其民事权利的实现尚待考证。而且就工伤保险救济权而言，有研究认为工伤保险使雇主通过较低的成本从无限责任中抽离出来，事实上并没有提高对工人安全的保护，甚至可能在制度实施的前十年下降。总体来看，大陆工人事故后职业安全的救济权有工伤保险权、民事求偿权、非强制的安全生产责任保险保障，职业卫生方面的救济权有工伤保险权、民事求偿权、民事福利权。根据上文分析，其分别

---

❶ 在安全生产责任保险期间内，被保险人的工作人员在中华人民共和国境内因下列情形导致伤残或死亡，依照中华人民共和国法律应由被保险人承担的经济赔偿责任，保险人按照合同的约定负责赔偿：

（一）工作时间在工作场所内，因工作原因受到安全生产事故伤害；

（二）工作时间前后在工作场所内，从事与履行其工作职责有关的预备性或者收尾性工作受到安全生产事故伤害；

（三）在工作时间和工作场所内，因履行工作职责受到暴力等意外伤害；

（四）因工外出期间，由于工作原因受到伤害或者发生事故下落不明；

（五）在上下班途中，受到交通及意外事故伤害；

（六）在工作时间和工作岗位，突发疾病死亡或者在48小时之内经抢救无效死亡；

（七）根据法律、行政法规规定应当认定为安全生产事故的其他情形。

享有的三重权利救济并不完善，职业安全和职业卫生领域的工人事后救济权应当进行衔接。

3. 我国台湾地区从业人员享有权利救济的四种权利

比较我国台湾地区职业安全立法，首先其在职业安全卫生领域统一进行救济，工人遭遇职业灾害后可以获得工伤救济权、民事求偿权、民政福利权、普通事故保险救济权等四项权利。其次，大陆安全生产责任保险实质上是保障工人的民事求偿权，而且还是非强制性的，其对于工人的救济权利保障作用并不明显。我国台湾地区职业安全卫生立法规定了工人职业灾害医疗期间终止劳动契约并退保者，劳工团体或劳工保险局委托的有关团体具有投保责任，应当让赋予继续参加劳工保险普通事故保险的权利。即课以劳工团体或劳工保险局委托的有关团体在工人遭受职业灾害，而雇主和工伤保险都无法救济的情况下，使工人享有普通事故保险的相关权利对其进行救济。这一规定使得台湾地区工人遭受职业灾害后的救济体系有四种，工人享有救济权利的义务主体扩大到了工伤保险机构、雇主、政府、劳工团体。大陆可借鉴其完善的权利救济体系，完善职业安全方面的民政救济权，完善职业安全卫生方面的事故责任保险，推广事故责任保险和商业保险的适用范围，进一步保障工人遭受事故后职业病的救济权利。此外，我国台湾地区工人的救济权的权利主体范围扩大到技术生，《劳动基准法》第六十九条规定"本法第七章灾害补偿及其它劳工保险等有关规定，于技术生准用之。技术生灾害补偿所采薪资计算之标准，不得低于基本工资。"而大陆人社部在《关于执行〈工伤保险条例〉若干问题的意见（征求意见稿）》中认为大中专学生在工作单位实习期间遭遇的事故伤害不属于工伤。则对于享受职业安全卫生救济权的权利主体范围，大陆应当借鉴我国台湾地区扩大至实习生等，以全面保障受到职业伤害的群体获得合理救济。此外，我国台湾地区劳工立法还从退休金的角度保障工人的职业灾害救济权利，其《劳动基准法》第五十五条规定："强制退休之劳工，其心神丧失或身体残废系因执行职务所致者，依前款规定加给百分之二十劳工退休金。"即除专门针对工作者职业卫生救济的四种权利外，我国台湾地区立法从其他方面也考虑到了工作者受到的伤害，并注意予以补救。

六、结论

就工人的职业安全卫生受训权而言，大陆《安全生产法》应当借鉴中国台湾法律，不仅规定雇主对工人的职业安全卫生受训权承担义务，还应从国家层面规定政府提升工人职业安全卫生知识的义务。而台湾地区应当借鉴大陆《职业病防治法》，不仅明确雇主教育劳工的义务，还应当明确规定工作者享有受训权。而且应当充分发挥劳工代表制度，借鉴大陆经验，对工人职业安全卫生受训权予以多重保障。

就工人的职业安全卫生知情权而言，大陆违法行为信息库的公开范围应当借鉴我国台湾地区雇主、主要负责人信息公布制度，不仅限于当前对安全生产违法情节严重的生产经营单位进行公布，还应当对违反职业卫生立法的行为进行公布，对一般的违法行为信息予以记录，公开接受公众查阅。台湾地区应当借鉴大陆立法对工人职业安全卫生知情权的三重保障：雇主义务、政府义务、劳动者权利，在职业卫生立法中明确劳工的知情权。此外还应当借鉴大陆立法拓展工人知情权的实现方式和范围如通过劳工合同、违法行为信息库等方式实现工人对工作场所和岗位危险因素、防范措施等的知情权。

就工人的职业安全卫生参与权而言，大陆应当借鉴我国台湾地区立法规定工人实质上的参与权而非仅限于"提出建议、听取意见"。应当明确工会和工人参与拟定有关安全生产规章制度的权利，在职业安全卫生方面明确工会通过参与国家层面的政策研究保障工人参与权，充分发挥三方协商机制的作用，在制度层面保障工人的职业安全卫生参与权。国外一项针对工人参与工作场所伤害管理的研究表明，劳工参与和劳资合作在发展和实施工作场所伤害管理和职业康复方面具有重要意义。

就工人的职业安全卫生拒绝危险作业权、紧急避险权而言，大陆对工人紧急停工权的限制应当转变思路，其限制条件只能是生命权而非财产权，即应当从"采取可能的应急措施"对雇主的财产负责的权利行使限制转变为"不危及其他工作者安全"对其他工人的生命权负责的权利行使限制。我国台湾地区应当借鉴大陆立法对工人的拒绝危险作业权予以明确规定，完善工人的职业安全卫生权利体系。

就工人的职业安全卫生救济权而言，大陆应当完善现有的三重权利救济体系，理顺法律与司法解释之间的矛盾，在职业安全和职业卫生领域统一共享雇主和政府的救济。应当借鉴我国台湾地区立法发挥劳工团体等社会力量的作用，在工人受到职业灾害时予以帮助。应当借鉴我国台湾地区立法将救济权的权利主体范围扩大到在工作单位实习的学生，对遭受职业灾害的群体予以全面保障。我国台湾地区应当借鉴大陆立法对政府在职业安全卫生灾害时采取急救和控制措施的义务，而非仅限于检查义务。

中加职业健康与安全法律制度
比较及对我国的启示

吴志云❶

摘　要：我国的安全生产形势依然严峻。加拿大在职业健康与安全领域建立起内部责任体系，由此在法律责任的分担与追究上建立起不同于中国的一整套法律制度，取得了较好的效果。我国在相应方面的规定与加拿大存在较大差异，反思这些具体差异，借鉴加拿大的具体做法，对我国现行的职业健康与安全法律制度进行探索性的思考，以期建立起更加合理、有效的职业健康与安全法律制度，实现安全生产形势的根本好转。

关键词：加拿大；职业健康与安全；内部责任体系

改革开放后，中国工业化进程飞速发展，随着工业化不断深入，我国的职业健康与安全问题也变得很严峻。2002 年全国的安全事故起数是 107 万起，2014 年全国是 29 万起，下降率是 70% 多，其中重特大事故 2002 年是 128 起，2014 年是 42 起，下降的幅度也很大。2002 年安全事故中的死亡人数是 14 万人，2014 年是 6.6 万人。❷ 可以看出，这些年来，我国的安全生产形势是在不断好转的，我国所采取的各项措施是有成效的，中国的职业健康与安全问题是已经引起人们的广泛重视并不断得到改善。但在看到这些成绩时，仍然不可回避的就是现在的安全生产形势依然严峻，重特大事故还时有发生。总体安全生产事故数量（29 万）还是比较大。职业安全卫生问题是工业化所带来的社会经济问题，是对劳动关系领域中劳动者基本人权的保护问题。因此，职业健康与安全问题已经成为我国当前亟待解决的社会问题之一。

---

❶　［作者简介］吴志云，（1978 -　）女，华北科技学院讲师，主要从事刑事法学、职业安全与卫生领域研究。

　　［基金项目］华北科技学院科技基金项目：中加职业健康与安全法律责任制度比较研究（项目编号：3142014052）、中央高校基本科研业务费项目："安全生产法学创新团队"（编号 3142014015；3142015027）、中央高校基本科研业务费资助项目《安全生产的刑事法保护研究》（编号：3142014009）、"安责险"法律制度构建与适用研究（RW2013B02）的阶段性成果。

❷　杨栋梁. 2014 年安全事故 29 万起 死亡人数 6.6 万人 ［N/oL］. 中国新闻网，2015 - 03 - 10. http：//www. chinanews. com/gn/2015/03 - 10/7117361. shtml。

加拿大在工业化国家中的职业安全卫生问题解决得很好，目前平均每天因安全事故死亡 3 人。❶ 加拿大的职业安全卫生法律制度是统一的，同属劳动关系法律制度的重要组成部分，特别是其相关法律制度的有效实施，值得研究学习。加拿大在漫长的工业化过程中，逐步形成并完善了以各个省为主体的职业健康与安全管理机制，其核心理念和重点与国际劳工组织的指导思想与标准保持一致。从加拿大各省职业健康与安全的立法与执法基本特征中可以看出，加拿大职业健康与安全体系不光反映了其国家政体的现状，还体现了其以人为本、企业为主和强调内部责任的特点。通过对比中加两国在职业健康与安全方面法律制度的不同，可以更清楚地看到我国的问题所在，从而更好地完善我国的职业健康与安全法。

一、加拿大背景介绍

加拿大是联邦制国家，实行联邦、省、地区和市三级政府制度。全国共划分为 10 个省和 3 个地区。各省和各地区政府都具有相对独立的立法权和行政管辖权。加拿大三级政府在职业安全与健康方面的职责和作用各有侧重。联邦政府的职责是负责制定劳动保障、工作条件、职业卫生和安全等方面的法规，约占加拿大全部劳动立法的 10%；省政府则负责制定最低工资、工伤补偿、休假、加班等劳工标准方面的法规约占全部劳动立法的 90%；市政府则侧重对弱势群体提供就业帮助和社会保护援助。可以说，省政府的规定构成了加拿大职业健康与安全法律制度的主体。

二、中加职业健康与安全法律制度的主要差异

我国的职业健康与安全领域的法律制度主要体现在《安全生产法》和《职业病防治法》这两部部门法当中，而提到安全生产，在我国一般都涵盖了职业安全与职业健康两部分内容。加拿大的职业健康与安全法律制度是规定在一部法律之内的，其法律制度是统一的。目前在国内主张将职业安全与职业健康两个领域合并为一部法律管辖的呼声也日益高涨。中加两国在职业健康与安全领域的法律制度的差异最根本之处在于根本理念不同，在此基础上形成了在责任的具体分配及责任承担方式上的显著差异。

1. 根本理念不同

由于加拿大属于联邦制国家，因而其职业健康与安全法规的细节以及实施法律的方式，在不同管辖区之间有所不同。但是，在加拿大的所有管辖区

❶ 加拿大官员谈中国安全生产发展，载《中国安全生产报》2008 年 11 月 20 日。

内，许多基本元素都是相似的，究其根本，在于全加拿大范围内职业健康与安全法规的根本理念是相同的，即内部责任体系。

所谓内部责任体系（Internal Responsibility System，IRS），是指工作场所的每一个人都对职业健康与安全负有责任。它的出发点在于强调工作场所的所有人—包括雇员和雇主—都应该为其自身和同事的安全负责。因此，其运行模式为雇主负责决定保障职业健康与安全所需的具体步骤，雇主们根据他们各自的工作场所的特点"自由"地实施适当的措施和控制程序，以确保全体雇员的健康与安全，而法律和法规并不强制规定具体的实施步骤。通过这样一种内部责任体系，加拿大的职业健康与安全法规建立起一种雇员和雇主的合作关系，以确保工作场所不受安全和疾病影响。内部责任体系的建立，对于明确责任分担，倡导自力更生，寻求实现职业健康与安全的最佳方法具有重要作用，对于营造安全文化、促进企业自觉的遵纪守法更是具有重要意义。

作为立法理念的内部责任体系，在企业实践中的具体体现就是职业健康与安全委员会的建立。在加拿大法律法规中，职业健康与安全委员会（英文缩写为 JHSC）有几个不同的名称，如工业健康与安全委员会、联合工作场所健康与安全委员会、职业健康委员会、工作场所安全与健康委员会或健康与安全委员会等。职业健康与安全委员会是一个将内部责任体系付诸实践的论坛。该委员会由劳工代表和管理层代表组成，法律一般均规定委员会中的管理层成员人数不得超过劳工成员，他们定期召开会议，处理健康与安全问题。该委员会由雇主负责建立，它的存在，为雇主和雇员之间的良好沟通提供了可能。它能够将雇员对具体任务实际深入的了解和雇主对公司政策和程序的更全面的看法结合在一起，并且能够促进所有职工之间的协作，共同解决健康与安全问题。对于雇员数少于某个规定人数的较小公司，法律一般要求至少设置一名职业健康与安全代表。

职业健康与安全委员会的工作内容包括：（1）参与编制并执行用于保护雇员安全与健康的计划；（2）处理雇员有关安全与健康的投诉与建议；（3）确保维护和监督对伤害和工作危险源的记录；（4）对危险源报告进行监督和跟踪，并推荐需采取的措施；（5）制订并推进用于改善雇员培训和教育的计划；（6）参与所有有关安全与健康的询问和调查；（7）向职业和技术专家咨询；（8）参与解决拒绝工作及停工等问题；（9）向管理层提供有关事故预防及安全计划活动的建议；（10）监督安全计划和程序的有效性。职业健康与安全委员会的作用主要体现在以下六方面：（1）作为咨询机构；（2）鉴别危险并获取相关信息；（3）提出改正措施；（4）协助解决拒绝工作案例；（5）参与事故调查以及工作场所检查；（6）向管理层提出解决健康与安全方面问题的行动建议。

我国的《安全生产法》和《职业病防治法》都没有明确指出其立法理念，但是从其具体规定中可以看出，我国的职业健康与安全法不仅强调内部责任，同时更注重外部责任。不仅工作场所的所有人对于保障职业健康与安全负有责任，工作场所之外的人——政府监管部门，如果未能积极履行职责，监管不力，因而导致安全生产责任事故或者重大职业病，也要承担法律责任。这一点也可以反映在我国目前根据新的安全生产形势提出的新的安全生产方针上，即"安全第一，预防为主，综合治理"。其中"综合治理"就是一种新的安全管理模式，它不区分内部、外部，只要与职业健康与安全相关，所有相关方都有义务，一旦发生事故，所有相关方都要承担责任。正是由于职业健康与安全领域立法的根本理念不同，因而在具体法律责任的分配上呈现出较大的分歧，由此导致法律责任追究制度也有很大差异。

2. 法律责任的具体分配不同

在内部责任体系这一根本理念的指引下，加拿大职业健康与安全法首先清晰划定了政府和雇主之间的责任分担，即保障职业健康与安全是雇主的责任，一旦发生职业健康与安全事故，完全由雇主承担责任；政府负责监督、指引以及帮助雇主来保障职业健康与安全，若有事故发生，政府不需要承担任何责任。其次，明确了生产企业内部的责任分担问题，即雇主和雇员都对职业健康与安全负有责任，因而法律明确规定了其相应的权利与义务。

具体来说，政府在职业健康与安全方面的基本责任包括：（1）实施职业健康与安全法规；（2）检查工作场所；（3）传播信息；（4）促进培训、教育和研究；（5）解决职业健康与安全方面的争议。一旦发生具体的安全生产事故，对此政府是没有任何责任的，很少见政府官员因为安全生产事故而承担法律责任，也就是说，政府不为职业健康与安全负责。

作为内部责任体系的重要一方——雇员，在加拿大的职业健康与安全法律制度中，权利和责任有着明确的规定。具体来说，雇员责任包括以下方面：（1）有责任在工作中遵守职业健康与安全法令和法规；（2）有责任按雇主要求使用个人防护设备、装备和衣物；（3）有责任报告工作场所的危害物和危险；（4）有责任按照雇主规定的方式进行工作并且使用指定的安全设备。同时，雇员享有三项基本权利：（1）知情权，即对于工作场所的实际和潜在的危险有知情权或被告知权；（2）参与权，即有权利通过职业健康与安全委员会参与工作场所健康与安全活动，或者当选为健康与安全工人代表；（3）拒绝工作权，即有权利拒绝不安全的工作。

专门负责职业健康与安全的经理或主管人员代表雇主行使职权，他的责任在于确保工人使用规定的防护设备装置；告知工人潜在的和实际的危害；

采取在该环境中一切合理的保护工人的预防措施。在加拿大的职业健康与安全法律制度中，雇主承担最主要的法律责任，因此对他的责任规定内容最多。具体来说，雇主必须建立和维持职业健康与安全委员会，或者让工人们选择至少一个职业健康与安全代表；第二，采取一切合理必要预防措施以确保工作场所的安全；第三，培训雇员，使其了解潜在的危险，知晓怎样安全使用、处理、储存和处置危害物质以及怎样处理紧急情况；第四，提供个人防护设备并且确保工人知道怎样安全而恰当地使用防护设备；第五，立即向主管职业健康与安全的政府部门报告所有重大伤害情况；第六，任命能胜任的主管人员，设立绩效标准，确保始终保持安全工作条件。

我国的职业健康与安全法对于责任的分担主要体现在其规定的具体法律制度上，以《安全生产法》为例，共有六项法律制度详细规定了从政府、生产经营单位、企业负责人到从业人员的具体权利与义务，具体来说包括：(1) 安全生产监督管理制度。这项制度主要包括安全生产监督管理体制、各级人民政府和安全生产监管理部门以及其他有关部门各自的安全监督管理职责、安全监督检查人员职责、社会基层组织和新闻媒体进行安全生产监督的权利和义务等；(2) 生产经营单位安全保障制度。这项制度主要包括生产经营单位的安全生产条件、安全管理机构及其人员配置、安全投入、从业人员安全资质、安全条件论证和安全评价、建设工程"三同时"、安全设施的设计审查和竣工验收、安全技术装备管理、生产经营场所安全管理、社会工伤保险等；(3) 生产经营单位负责人安全表任制度。这项制度主要包括生产经营单位主要负责人和其他负责人、安全生产管理人员的资质及其在安全生产工作中的主要职责；(4) 从业人员安全生产权利义务制度。主要包括生产经营单位的从业人员在生产经营活动中的基本权利和义务，以及应当承担的法律责任；(5) 安全中介服务制度。这项制度主要包括从事安全评价、评估、检测、检验、咨询服务等工作的安全中介机构和安全专业技术人员的法律地位、任务和责任；(6) 事故应急和处理制度。这项制度主要包括事故应急预案的制定、事故应急体系的建立、事故报告、调查处理的原则、事故责任和程序、事故责任的追究、事故信息发布等。

总的来说，我国职业健康安全法对于各相关方权利义务的规定较为具体、细致，所涉及的责任人员十分广泛。但实际上由于生产经营单位种类繁多，过于细致的规定反而容易"挂一漏万"，适用性不强，也限制了企业积极主动性的发挥。而加拿大在这方面的规定则较为原则、宏观，具体的保障职业健康与安全的实施方案交由内部责任体系下的各相关方自行决定，有助于企业根据自身特点，制订合适的方案。此外，我国职业健康与安全法对于各项雇员权利的规定执行力较差，司法实践中真正贯彻实施缺乏一套行之有效的制度保障。加拿大的职业健康与安全法只规定了三项雇员权利，但其执行力较强。例如，对于其中对雇员利害关系最大的"拒绝工作权"规定了一整套详细的运行机制，法律规定如果雇员认为工作环境对他/她自身或者对其同事不安全，可以拒绝工作。如果雇员觉得需要拒绝工作，那么雇员必须要向主管人员报告他/她拒绝工作，，并说明为什么他/她认为工作环境是不安全的。随后，雇员、主管人员和一名职业健康与安全委员成员或者雇员代表要进行调查，如果各方一致同意问题已经得到解决，雇员应返回工作岗位；如果问题没有得到解决，应该通知政府健康与安全督察员，由督察员进行调查并做出书面决定。

3. 法律责任追究制度不同

加拿大职业健康与安全法的基本立法理念为内部责任体系，强调"内部责任"，因而其责任主体就不包括处于工作场所之外的"政府"，因而不存在政府责任，即政府监管不当并因此承担法律责任的问题。法律明确规定雇主有责任保护雇员的健康与安全。一般来说，法律的贯彻执行由各辖区的政府健康与安全主管部门的督察员负责。具体处罚方式包括警告、训诫、罚款、监禁等。在某些严重的案例中，根据《加拿大刑法》第217.1节，警方或者公诉人也可以提出控告。雇主和那些直接负责采取合理措施保护雇员和公众安全的人员负有保障职业健康与安全的法律责任，如果该责任被"肆意地"或者轻率鲁莽地忽视，并造成人员伤害或死亡的，那么该组织或者个人有可能被控过失犯罪。

对于被指控违反职业健康与安全法规的人，加拿大的职业健康与安全法规定了"尽职尽责（Due Diligence）"原则作为其法律辩护理由之一。所谓"尽职尽责"，是指在特定情况之下一个正常人应该进行的合理的判断、关注、审慎、决定和活动。在职业健康与安全领域，"尽职尽责"意指在特定情况下，雇主要采取一切合理的预防措施，从而预防工作场所的伤亡事故。为做到尽职尽责，雇主必须制订计划，识别可能的工作场所危害，并采取恰当的改正措施，来防止由于这些危害而产生的事故或者伤害。在受到控告的情况下，被告，也就是雇主，如果能证明他采取了尽职尽责的行为，就可能证明他无罪。换句话说，被告必须要能够证明在特定情况之下，已经采取了所有合理的预防措施来保护雇员的健康与安全。

此外，加拿大实行强制工伤保险制度，雇主根据其工伤记录向工人赔偿委员会（workers'compensation boards，WCBs）为工人缴纳保险。此种保险为无过失保险，无论雇主有无过失，工人都可以得到保险赔付，而作为交换，工人不能起诉雇主，因此在加拿大，雇主在职业健康与安全领域不会涉及民事责任的承担。

我国的职业健康与安全法在法律责任追究制度中，涉及的责任主体十分全面，具体来说包括政府及其主管部门、政府公务员，生产经营单位，单位负责人及直接责任人员，劳动者，中介机构，可以说，所有的相关方在我国都是责任承担主体，都可能承担相应的法律责任。

我国职业健康与安全法规定的具体的法律责任形式，包括三种——民事责任、行政责任、刑事责任。其中民事责任这种形式，体现在《安全生产法》第50条和《职业病防治法》第59条之中，这两条法律明确规定："从业人员除依法享受工伤保险以外，若依照有关民事法律尚有获得赔偿的权利的，有权向本单位提出赔偿要求。"

现行职业健康与安全法的法律责任的追究以行政责任为主，其中又以行政处罚中的罚款占据绝大多数。《安全生产法》针对安全生产违法行为设定的行政处罚，共有责令改正、责令限期改正、责令停产停业整顿、责令停止建设、责令停止使用、罚款、没收违法所得、吊销证照、关闭、行政拘留等十几种。总的来看，我国职业安全卫生法的行政责任主要可以分为两大类，即行政主体的行政责任和行政相对人行政责任。其中行政主体的行政责任，主要指的是作为行政管理方的行政机关及其公务员在不履行职务时应当承担的行政责任，在职业安全卫生法中，主要规定了负有安全生产监督管理职能的工作人员的行政责任和地方政府的政府责任。这一部分责任，在加拿大是完全没有规定的，政府不需要承担任何责任。行政相对人的行政责任在职业安全卫生法中主要体现为中介机构、生产经营单位及其负责人的行政责任，同时也包括少量的从业人员的准行政责任。

应承担刑事责任的违反职业安全卫生法的具体行为主要体现在《安全生产法》第85条、第87~89条、第91条、第92条、第93条、第94条、第97条、第100条、第101条、第102条和《职业病防治法》第79条和81条，由于刑事责任的最终确定及追究必须依照我国现行《刑法》的规定进行，因而这些违反职业安全卫生法的行为必须同时符合刑法关于犯罪构成的规定，目前我国现行刑法中涉及职业安全卫生犯罪行为的罪名主要包括以下9个：重大劳动安全事故罪、危险物品肇事罪、消防责任事故罪、重大责任事故罪、不报、谎报安全事故罪、滥用职权罪、玩忽职守罪、提供虚假证明文件罪、出具证明文件重大失实罪。与加拿大相比，我国职业健康与安全法中的刑事责任较重，适用范围更广，而加拿大职业健康与安全法刑事责任的追究只适用于极其严重的情况，司法实践中并不多见。

三、加拿大的职业健康与安全法律制度对中国的启示

我国的安全生产形势一直很严峻，十几年来，我国的安全生产形势不能

说完全没有好转，应该说是取得了重大的进步，但大型安全事故的发生仍然不鲜见。党和国家高度重视劳动者的人身安全，对安全事故的预防与对事故责任人的惩治不可谓不强，往往一个重大安全生产事故发生，被追究责任的人员上至政府高官、下至普通一线操作工，人数重大，责任形式多样，从民事责任、行政责任到刑事责任可谓无所不包，不能说力度不大，不能说政府没有下决心治理，例如上海市静安区胶州路公寓大楼"11.15"特别重大火灾事故，对 54 名事故责任人做出严肃处理，其中 26 名责任人被移送司法机关依法追究刑事责任，28 人受到党纪、政纪处分，❶包括企业人员 7 名，国家工作人员 21 名，其中省（部）级干部 1 人，厅（局）级干部 6 人，县（处）级干部 6 人，处以下干部 8 人。在这样的下大力气治理之下，中国的安全生产形势仍然不能说是让人满意的，更不要说相比职业安全来讲，形势更为严峻的还未引起人们足够重视的职业健康问题。职业安全问题由于其涉及安全生产，往往表现为突发性的安全生产事故，损失大，容易引起人们的相当关注，而对于职业健康问题，由于其涉及个别人，其损害后果又是渐进式的、累积式的体现，往往不引人关注，只有个别的严重个案才进入人们的视野，比如"开胸验肺"事件。❷所以中国整体的职业健康与安全形势不可谓不严峻，需要走的路仍然很长。那我们不得不思考，为什么我们这么重视安全生产，为什么形势依然严峻，依然不能让我们满意呢？考察加拿大的相关做法，反思我国的法律实践，笔者以为加拿大的以下几方面做法对我国的职业健康与安全法律实践有很大的启示。

1. 建立内部责任体系

加拿大的内部责任体系强调工作场所的每一个人都要为自身的健康与安全负责任，认为解决职业健康与安全问题的关键在于每个利益相关人。反思我国的《安全生产法》和《职业病防治法》，我们可以看出我们也强调工作场所的人——企业和劳动者的责任，但同时我们规定了很多详细的、丰富的外部监管责任，主要是政府责任，督促其整改，强调对企业行为的监督检查。一旦安全生产事故发生，我们一定会怪到政府的监管不力上。表明上看起来，我国这样的做法应该是更先进的，更有助于预防安全生产事故发生，但实际上并不是这样。责任和权利是相对的，我们规定了很多政府责任，从另一方面来看，相应地，政府也有广泛的权利（权力）去管理企业的安全

❶ 《上海静安区高楼大火案一审宣判》，新浪网，http://news.sina.com.cn/c/2011-08-02/151222921047.shtml。

❷ 河南开胸验肺农民工张海超获赔 60 余万元，新浪网，http://news.sina.com.cn/s/2009-09-16/220418665133.shtml。

生产工作。而这些在加拿大是不被强调的。由于企业和企业之间是千差万别的，具体需要采用什么样的措施才能最大程度的预防安全生产事故的发生也是不能一概而论的，由政府这样一个外部的管理者按照预先设定的标准去检查、管理众多企业，往往并不能取得理想的效果，反而压抑了企业的主观能动性。如果能够最大程度的激发责任主体内在的主观能动性，由其能动的根据具体情况采用恰当的措施来保障安全生产，相信可以取得事半功倍的效果，而这就要强化企业在职业健康与安全领域的完全责任，建立起内部责任体系。

2. 确立企业的主体地位，弱化政府责任

与建立内部责任体系相适应，在职业健康与安全领域，就应该确立企业，即生产单位的主体地位，弱化政府在该领域的权利与义务。这是因为，首先，企业对于确保本企业的职业健康与安全的具体措施及所应当采取的措施是最有发言权的。一个企业就是相关生产领域的专家，企业是真正的生产者，是确保职业健康与安全的主体。马克思主义哲学告诉我们"内因是主要原因，外因是次要原因，外因要通过内因才能起作用"。企业在具体领域具体行业应该采取什么样的措施来保障职业健康与安全方面，知识最丰富。政府由于其角色定位所决定，它必然考虑问题是从全局出发的，不可能关注到所有的企业类型、企业实体，因此它所提出的措施只能是涉及普遍问题、一般问题，不可能包罗万象。而且采用列举法规定企业应当做的事，只会"挂一漏万"，永远都有没规定到的措施，因为现实生活是不断发展的。其次，确立企业的主体地位，能保障措施的执行力。一旦措施是由企业自己制定的，企业将来要为自己的行为承担责任，因此它便会积极主动地执行相关措施，不再是被动地依靠政府的监督管理。因此，企业比政府更适合来保障职业健康与安全。

3. 改变责任承担形式

我国现行职业健康与安全领域的违法行为有三种责任形式：民事责任、行政责任和刑事责任。而在加拿大，无行政责任，取消民事责任，强化工伤保险，刑事责任的追究极少，仅以特例的形式存在。在我国，政府的行政责任承担很多，这种做法笔者认为是值得商榷的。首先，从合理性上来说，政府及其领导人、正值负责人等这些行政干部往往不具有相关的专业知识，在如何预防安全生产事故发生上有赖于生产经营单位的配合。对于安全生产事故的发生，相关直接责任人员，包括从业人员，尤其是生产经营单位才是最主要的责任主体，对其课以法律责任才是合理的，才会收到良好的预防效果。其次，从公正性上来说，让政府官员承担相应的领导责任，对其降级、撤职等做法，有类似政治运动之嫌，做做表面文章，只为堵住悠悠众民之口，消弭民怨，这对政府的公务员来说是不公正的。因而，与弱化政府责任相适应，就应该取消职业健康与安全法律制度中政府行政责任这一部分。刑事责任部分则应严格按照刑法典的规定追究刑事责任，不要在职业安全与卫生法中任意规定刑事责任。我国仍存在民事责任，其本意是作为工伤保险制度的补充而存在，以更好地维护劳动者合法权益。但实际上，民事责任的追究往往费时费力，劳动者很少有时间、金钱与精力去追究雇主的相应责任。笔者认为，在这一点上，如果能更加全面地推行强制工伤保险制度，提高该制度的运行效率，切实方便劳动者获得赔偿，那这种作为补充的民事责任的追究也就意义不大。为了增加企业的积极性，我们也可以考虑设立在加拿大通行的工伤保险奖励制度❶，从而更有利于保障劳动者的职业健康与安全权利。

4. 加强中介组织的作用

加拿大职业健康与安全领域的中介组织是很多很专业的，我国的好多政府职能在加拿大都是由中介组织承担的。由于加拿大实行内部责任体系，企业负责对员工的培训。企业往往根据自身的实际情况，选取不同的中介组织来帮助自己实现工作场所的健康与安全。中介组织相较于政府，更加中立与专业，企业也可以有更多的选择权。若是弱化了相应的政府职能，原本由政府承担的这部分职能就应交由中介组织，因此大力发展中介组织应该说是我国职业健康与安全领域的发展方向之一。

总之，中加两国在职业健康与安全领域由于根本理念的巨大差异，导致具体的法律执行制度、责任制度都存在明显的不同。深入地研究加拿大在职业健康与安全领域的具体做法，对于完善我国的职业健康与安全的法律制度，切实保障劳动者的人身安全与健康，开创安全生产的新局面具有重大的借鉴意义。

---

❶　与保险原则相一致，几乎在加拿大所有的省、地区以及联邦的立法中，均有一些条款对那些工伤事故和职业病发生相对较少的企业进行奖励，降低缴费率标准，而对那些具有不良记录的企业给予惩罚。

韩国安全生产法制及其借鉴意义

金 哲❶

摘 要：韩国的安全生产法是广义的安全生产法，它不仅包括预防生产安全事故法，还包括劳动者的职业健康。《产业安全保健法》是韩国安全生产法的基本法，该法由韩国国会制定，其实施细则为以总统令的方式制定的《产业安全保健法施行令》，其部门规章为由劳动部制定的《产业安全保健法施行规则》和《关于产业安全保健基准的规则》。韩国在法治体系以及政府责任以及罚则等方面的规定对我国具有一定的启示和借鉴意义。

关键词：安全生产法；产业安全保健法；韩国法

一、韩国安全生产现状及其法制概况

韩国安全生产政府主管机构为雇佣劳动部（Ministry of Employment and Labor，简称"劳动部"），另外韩国通过立法，1987 年 12 月专门设立了韩国产业安全保健工团（The Korea Occupational Safety and Health Agency，简称"安全工团"），该机构是韩国政府为综合系统地实施安全生产功能的事业性机构。根据安全工团的统计，近年韩国安全生产事故的数据如下（韩国安全生产事故现状表）。

分类	2010 年	2011 年	2012 年	2013 年	2014 年
事故死亡人数	1114 人	1129 人	1134 人	1090 人	992 人
10 万人就业人员生产安全事故死亡率	7. 8‰	7. 9‰	7. 3‰	7. 1‰	5. 8‰

相比主要发达国家 10 万人就业人员生产安全事故死亡率（简称"10 万人事故死亡率"一般在38‰以内（例如，2012 年日本为 2.0、德国为 1.7；

---

❶ ［作者简介］金哲，中国政法大学国际法学院副教授，法学博士，zhekim@sina. com。

美国为 3.5），韩国的生产安全现状不容乐观。因此，2015 年 3 月 6 日安全工团发表了"2019 年进入 10 万人事故死亡率3‰时代"为目标的战略蓝图并提出了 12 大战略课题：（1）安全生产脆弱领域事故预防的体系化；（2）从业人员健康的保护与提高以及作业环境的改善；（3）事故预防系统的先进化；（4）自律安全保健管理能力的培养；（5）高危群体作业场预防活动法律基础的强化；（6）作业场安全设施改善支援的扩大；（7）全民安全文化的先进化；（8）优质安全保健教育的普及；（9）构建安全保健合作体制的强化；（10）有效的政策支援及研究开发；（11）绩效经营体制的构筑；（12）从业人员专业能力的强化以及组织文化的活性化。❶

由于各国统计计算方式、产业分布、安全事故的认定范围各异，所以简单比较各国的 10 万人事故死亡率并不科学严谨，但是大体上该指标能够反映一国的安全生产水平，从这一点来看，韩国相比德国、日本等安全生进国家，其水平还有一定差距。而且据韩国劳动部预测，❷ 由于产业结构及雇佣环境的变化等，随着外国劳工、高龄、女性等生产事故脆弱阶层从业人员的增加以及大企业对小规模工程的发包等诱发安全生产事故的原因仍然持续增加。但是，如下 10 万人事故死亡率（年/％）的趋势显示。❸

分类	2006 年	2007 年	2008 年	2009 年	2010 年	2011 年	2012 年	2013 年	2014 年
10 万人事故死亡率（％）	－10.3	－5.2	－4.4	－5.7	－4.9	1.3	－7.6	－2.7	－18.3

除 2011 年比上一年度小幅（1.3％）增加以外，10 万人事故死亡率在从 2006 年到 2014 年持续下降，如果韩国安全工团发表的 12 大战略课题切实得到实施，以及韩国劳动部采取对生产事故多发领域的有效预防措施、各预防机构之间的合作治理、预防技术的进一步提高以及生产事故预防法制的完善，"2019 年进入 10 万人事故死亡率3‰时代"为目标的战略蓝图并非不可能实现。

韩国的安全生产法是广义的安全生产法，它不仅包括预防生产安全事故

❶ 韩国安全工团 2015 年 3 月 7 日报道资料：《10 万人事故死亡率达到发达国家水平，宣布战略蓝图》。

❷ http：//www. index. go. kr/potal/main/EachDtlPageDetail. do？ idx_ cd = 1514，2015 年 8 月 21 日访问。

❸ 同上书。

法，还包括劳动者的职业健康法。《产业安全保健法》（1981 年 12 月 31 日制定，1982 年 7 月 1 日实施，2013 年 6 月 12 日最新部分修订❶）是韩国安全生产法的基本法，该法由韩国国会制定，其实施细则为以总统令的方式制定的《产业安全保健法施行令》，其部门规章为由劳动部制定的《产业安全保健法施行规则》和《关于产业安全保健基准的规则》。关于保护从业人员的职业健康方面，韩国还单独制定了粉尘作业有关的特定的职业病防治法，即《关于预防尘肺与保护尘肺从业人员等的法律》及其施行令、施行规则。另外，与我国不同，韩国设立新的机构，须立法规定其"三定方案"（职责、内设机构、人员编制），所以前面提到的韩国产业安全公团有关的法规有《韩国产业安全保健公团法》及其《韩国产安全保健公团法施行令》。

我国党的十八大提出，到 2020 年要全面建成小康社会，国内生产总值（GDP）要比 2010 年翻一番，人均收入翻一番。与全面建成小康社会相匹配的，还有多项经济社会发展指标，安全生产状况根本好转，就是其中很重要的一条。主要是指亿元 GDP 事故死亡率、工矿商贸 10 万就业人员事故死亡率、煤矿百万吨死亡率、道路交通万车死亡率 4 项相对指标，要达到甚至超过中等发达国家。假如生产安全事故仍然多发易发，群死群伤事故接连不断，那就不能说全面建成了小康社会。❷ 在这种背景之下，韩国的若干法治建设经验对我国有一定的启示和借鉴意义。

二、法制体系及其借鉴意义

《产业安全保健法》作为保障安全生产与职业健康的基本法律，该法包括第 1 章总则、第 2 章安全保健管理体系、第 3 章安全保健管理规定、第 4 章有害危险预防措施、第 5 章从业人员的保健管理、第 6 章监督与命令、第 7 章安全生产指导师及职业健康指导师、第 8 章补则（安全生产事故预防设施、安全生产名誉监督官、预防事故的资金保障、安全事故预防活动的促进、保密条款、听证会及处理基准、备案、权限等的授权与委托、收费条款）、第 9 章罚则共 72 个条文以及附则（施行日、部分条款的适用时间及过渡措施等）条款。由于《产业安全保健法》是保障安全生产与职业健康的基本法，因此具体事项无法在一部法律事无巨细地规定。据笔者统计，该法共 75 处提及有些具体事项由总统令（即施行令）具体规定，145 处提及

---

❶ 韩国修订法律一般分三类："全面修订""部分修订"以及"他法修订"。其中，"他法修订"是指由于其他法律的修订而联动修订法律术语、机构名称等形式上的修订，对其法规本身没有实质性的修订，对于一部法规来讲，"他法修订"较为频繁。

❷ 杨元元.〈安全生产法〉修改背景、总体思路、修法历程［J］. 现代职业安全，2015（1）：64.

有些具体事项由劳动部令（即施行规则）具体规定。韩国国会制定《产业安全保健法》之后，具体内容授权总统制定施行令来规定，而操作规程则授权劳动部制定施行规则来规定。这样，通过"法律—施行令—施行规则"的一体化立法体系，"一对一、层层授权、层层细化"。无论是安全生产责任主体还是主管部门易于掌握法规内容，易于实现立法宗旨。而且由于下位法的规定内容是由上位法明确限定其范围，所以下位法历经数次修改，也很难超越上位法的立法宗旨。

　　反观我国，关于安全生产的部门规章，国家安全监管总局令已有 70 多部，❶ 尽管针对一部人大法律或（和）国务院行政法规，应对的实施规章多部是我国中央各部委的普遍现象。但是，这种做法容易诱发一些问题，例如部门规章的规定超越其依据的法律的立法目的或授权、部门规章之间重复规定或交叉条款相互冲突、部令众多使企业无所适从等问题。另外，人大常委制定的法律与国务院制定的实施条例也存在上述问题，比如，国务院起草的《安全生产法实施条例》（2015 年 5 月 15 日讨论稿）的第 1 条立法目的就增加了"保障人民群众的……健康权益"，而《安全生产法》立法目的未提及"健康权益"。《安全生产法》第一条第二句、第三句"防止和减少生产安全事故，保障人民群众生命和财产安全"沿用了原先的规定。就保护法益而言，未能将预防和控制职业危害，保护劳动者职业健康纳入立法目的，致使劳动者职业安全卫生权继续处于残缺的状态。❷ 在《安全生产法》为修改立法目的的前提之下，其实施条例任意扩大立法目的外延不符合我国的宪法规定和《立法法》，而且，"健康权益"的权利主体为"人民群众"，而该主体是否包括劳动者也值得进一步探讨。既然此次新法"修改"的原则是保持现行《安全生产法》的框架不变，在内容上进行补充、完善，部分条款保持适度超前，能满足今后十年左右安全生产工作的需要。❸ 那么，当今劳动者的健康权益仍然应当由劳动主管部门负责。还有，实施条例讨论稿第"第二章生产经营单位的安全生产保障"第十四条规定："生产经营单位应当具备安全生产法及有关法律、行政法规和国家标准或者行业标准规定的安全生产条件；不具备安全生产条件的，不得从事生产经营活动。"这几乎照抄了《安全生产法》第十七条的规定，这种重复规定完全没有必要。

---

❶ 武喜乐. 施行新安法亟须解决的问题［N］. 中国安全生产报，2015 – 03 – 28.

❷ 刘超捷，李明霞. 新〈安全生产法〉立法目的评析［J］. 学海，2014（5）：184～185.

❸ 杨元元.〈安全生产法〉修改背景、总体思路、修法历程［J］. 现代职业安全，2015（1）：66.

三、政府责任及其借鉴意义

《产业安全保健法》"第一章总则"的第 4 条、第 5 条、第 6 条分别规定了政府、企业、劳动者应尽的责任和义务。其中，劳动者的义务为遵守相关法规及企业等的相关措施。企业的义务共三项：（1）遵守法规；（2）提供舒适作业环境及改善工作条件；（3）给劳动者提供安全生产及保健的信息。相比劳动者和企业的义务，政府应尽的责任多达 10 项。

《产业安全保健法》第 4 条第 1 款规定："政府为了实现第 1 条目的，应当诚实履行下列各项责任：（1）产业安全、保健政策的制定、执行、调整及控制；（2）对作业场的预防事故的支援及指导；（3）有害或危险的机械、器具、设备及防护装置、保护工具等的安全性评价及改善；（4）对有害或危险的机械、器具、设备及物品等的安全、保健上的措施标准的制定及指导、监督；（5）确立项目的自律安全、保健经营体制的支援；（6）提高安全、保健的宣传、教育及无事故运动等安全文化的推进；（7）安全、保健的技术研究、开发及设施的设置、运营；（8）产业事故相关调查及统计的实施、管理；（9）对安全、保健相关团体等的支援及指导、监督；（10）其他劳动者的安全、健康的保护、增进。"该条第 2 款还规定：政府为了有效履行第一款各项的事项，应当制定实施政策，认为必要的时候，可以向根据《韩国产业安全保健工团法》的成立的韩国产业安全保健工团及其他相关团体及研究机关行政上、财政上的支援。

《产业安全保健法》第 4 条表明，韩国政府的安全生产方面的责任不仅包括监督和管理责任，还包括对安全生产的支援与指导，而且后者在政府应尽的责任中占据相当重要的位置，这种管理与支持并重的定位在现代社会具有积极意义。由于安全生产不仅是企业问题，更是整个社会的问题，一旦发生重大的安全事故，不仅对企业人员的生命和财产造成严重的损失，也对公众的生命与财产造成严重的威胁，甚至可能引发社会动荡，这就意味着不能一味地让企业单方面承担安全生产义务，还应当强调整个社会支持安全生产，包括生产技术的提高和资金方面的大力支持。

我国的《安全生产法》第一条第一句将旧法"加强安全生产监督管理"修改为"加强安全生产工作"，表现了立法者对《安全生产法》总体定位上的重新认识。政府的"安全生产工作"不仅包括监督和管理，还应当包括对安全生产领域的指导和支持。但是，在具体的条款中关于"指导和支持"责任方面的规定少之又少，而且整体法律体系上也看不出对"指导和支持"责任的强调。现在很多方面强调改变政府职能而服务于社会，而安全生产恰恰是事关整个社会的重大问题，国家应当更加明确的强调资金和技术方面支持企业的安全生产。"安全投入到位、安全培训到位、基础管理到位"不能单方面推给企业承担。

四、罚则及其借鉴意义

《产业安全保健法》第九章专门规定了罚则。根据第 66 条之 2 规定，违反预防措施或保健措施，致使劳动者死亡的，处以 7 年以下的有期徒刑或 1 亿韩元。该条款为整个第九章里最严厉的处罚规定。第 71 条（双罚规定）规定："法人代表或法人或个人的代理人、受雇人、其他从业员实施属于该法人或个人的业务有关的第 66 条之、第 67 条、第 67 条之 2 或从第 68 条到第 70 条❶之一的违反行为，除了处罚该行为人以外，还处罚该法人或个人相应条文的罚金刑。但是，法人或个人为了防止该违反行为而对相关业务履行了谨慎注意义务和监督的除外。"韩国在安全生产方面，根据违法情节的轻重及性质的不同，从财产刑的角度来看，处罚金的额度为相当于人民币26 500 元至 530 000 元。相比我国《安全生产法》的行政罚款相比，处罚力度明显低于我国。

《安全生产法》第六章共 24 个条文（第 87 条至第 111 条）详细规定了法律责任。关于对生产企业的法律责任方面，第 109 条规定："发生生产安全事故，对负有责任的生产经营单位除要求其依法承担相应的赔偿等责任外，由安全生产监督管理部门依照下列规定处以罚款：（一）发生一般事故的，处二十万元以上五十万元以下的罚款；（二）发生较大事故的，处五十万元以上一百万元以下的罚款；（三）发生重大事故的，处一百万元以上五百万元以下的罚款；（四）发生特别重大事故的，处五百万元以上一千万元以下的罚款；情节特别严重的，处一千万元以上二千万元以下的罚款。"关于对生产企业主要负责人的法律责任方面，第 92 条规定："生产经营单位的主要负责人未履行本法规定的安全生产管理职责，导致发生生产安全事故的，由安全生产监督管理部门依照下列规定处以罚款：（一）发生一般事故的，处上一年年收入百分之三十的罚款；（二）发生较大事故的，处上一年年收入百分之四十的罚款；（三）发生重大事故的，处上一年年收入百分之六十的罚款；（四）发生特别重大事故的，处上一年年收入百分之八十的罚款。"

---

❶ 《产业安全保健法》第 67 条主要规定：违反预防措施或保健措施但是未导致劳动者死亡的，处 5 年以下有期徒刑或 5000 万韩元以下的罚金；第 67 条之 2 主要规定：违反设备等租赁、安全认证、制造等的许可规定的，处 3 年以下有期徒刑或 2000 万韩元以下的罚金；第 68 条主要规定：破坏重大事故发生现场者等，处 1 年以下有期徒刑或 1000 万韩元以下的罚金；第 69 条和第 70 条主要规定：违反承包项目安全保健措施等，处 1000 万韩元以下或 500 万韩元以下的罚金。

我们评价新《安全生产法》的时候，往往认为加大对安全生产违法行为的责任追究力度为新法的亮点之一。笔者认为，治理安全生产方面有一误区就是处罚力度越高越好。但是，治理安全生产方面不宜过于严苛，一般情况下，一家企业一旦发生安全事故，造成企业财产损失，并且赔偿从业人员伤亡以及周边第三方的人员伤亡和财产以后，企业大伤元气，如果再加上惩罚性的巨额罚款，很可能导致这家企业的破产，人为推动企业破产，引发资源浪费以及大量失业等负面问题。这种注重处罚力度的强化，恐难有利于实现"促进经济社会持续健康发展"的立法目的。反而对违反安全生产法导致严重后果的主要负责人以及直接责任人员的限制人身自由的刑罚方面应当更加严厉一些。我国《刑法》第 134 条第 1 款规定："在生产、作业中违反有关安全管理的规定，因而发生重大伤亡事故或者造成其他严重后果的，处 3 年以下有期徒刑或者拘役；情节特别恶劣的，处 3 年以上 7 年以下有期徒刑。"这种处罚力度与韩国的处罚力度相同，鉴于我国整体的刑罚严厉程度普遍高于韩国且防治安全生产事故还未达到世界先进水平的背景之下，适当强化限制人身自由的处罚力度还是有必要的。

加强和改进危险化学品领域及
烟花爆竹行业安全生产工作

陆 旭❶

摘 要：本文对新修订《安全生产法》在危险化学品领域和烟花爆竹行业等高危领域和行业的安全生产工作一些特殊要求，做了全面梳理和分析。并结合作者多年的实际工作经验，就如何完善对贯彻落实新《安全生产法》进一步加强和改进危险化学品领域及烟花爆竹行业安全生产工作，从依法督促企业落实安全生产主体责任、推动地方各级政府落实监管责任、落实"三个必须"、加强人才培养工作、深化"打非治违"和整顿关闭工作等5个方面给出了具体建议。

关键词：安全生产法；危险化学品；烟花爆竹；安全生产

新修订的《安全生产法》将于2014年12月1日实施，这是全国安全生产工作中具有里程碑意义的大事，必将对包括危险化学品领域和烟花爆竹行业在内的高危领域和行业的安全生产工作带来深远影响。危险化学品领域和烟花爆竹行业作为典型的高危领域和行业，在新《安全生产法》中除要和其他行业领域的一样遵守一些共性规定外，还要符合一些特殊要求。下面，本人结合多年的工作实践对贯彻落实新《安全生产法》进一步加强和改进危险化学品领域及烟花爆竹行业安全生产工作，谈两点认识。

一、《安全生产法》关于高危领域和行业的特殊要求

1. 明确一个概念

新《安全生产法》第一百一十二条规定："危险物品，是指易燃易爆物品、危险化学品、放射性物品等能够危及人身安全和财产安全的物品。"全国人大常委会法制工作委员会和国家安全监管总局编写的《安全生产法》释义明确将烟花爆竹归为易爆物品。因此，新《安全生产法》第二十一条、第二十三条、第二十四条、第二十九条、第三十条、第三十一条、第三十四条第三十六条、第三十九条、第六十二条、第七十九条、第九十四条、第九十五条、第九十六条、第九十七条、第九十八条第一百〇二条和第一百一十

---

❶ ［作者简介］陆旭，国家安全监督管理总局监管三司综合处处长。

二条对危险物品的规定均适用于危险化学品和烟花爆竹。

2. 把握一个数量

新《安全生产法》第一百一十二条规定："重大危险源，是指长期地或者临时地生产、搬运、使用或者储存危险物品，且危险物品的数量等于或者超过临界量的单元（包括场所和设施）。"因此，重大危险源涵盖了长期地或者临时地生产、搬运、使用、储存危险化学品或烟花爆竹且其数量等于或者超过临界量的单元（包括场所和设施）。有重大危险源的危险化学品或烟花爆竹生产经营单位必须按照新《安全生产法》第三十七条对重大危险源登记建档，进行定期检测、评估、监控，并制定应急预案，告知从业人员和相关人员在紧急情况下应当采取的应急措施；将本单位重大危险源及有关安全措施、应急措施报有关地方人民政府安全生产监督管理部门和有关部门备案。否则安全监管部门将依据《安全生产法》第九十八条对其进行处罚。

3. 注意两类机构的设置或两类人员的配备

新《安全生产法》第二十一条规定："危险物品的生产、经营、储存单位，应当设置安全生产管理机构或者配备专职安全生产管理人员。"第七十九条规定："危险物品的生产、经营、储存单位应当建立应急救援组织；生产经营规模较小的，可以不建立应急救援组织，但应当指定兼职的应急救援人员。"因此，危险化学品或烟花爆竹生产、经营、储存单位应按上述要求设置2类机构或配备2类人员。

4. 严格建设项目"三同时"监督

新《安全生产法》第二十九条至第三十条对"用于生产、储存、装卸危险物品的建设项目三同时"提出了明确要求。因此，对于危险化学品或烟花爆竹生产、储存建设项目，一是要按照国家有关规定进行安全评价；二是其安全设施设计应当按照国家有关规定报经有关部门审查；三是建设项目的施工单位必须按照批准的安全设施设计施工，并对安全设施的工程质量负责；四是建设项目竣工投入生产或者使用前，应当由建设单位负责组织对安全设施进行验收；验收合格后，方可投入生产和使用；五是安全生产监督管理部门应当加强对建设单位验收活动和验收结果的监督核查。对违反上述规定的，安全监管部门将依据《安全生产法》第九十五条对其进行处罚。

5. 注意四个特殊要求

一是新《安全生产法》第三十四条规定："生产经营单位使用的危险物品的容器、运输工具，必须按照国家有关规定，由专业生产单位生产，并经具有专业资质的检测、检验机构检测、检验合格，取得安全使用证或者安全标志，方可投入使用。"二是新《安全生产法》第三十六条规定："生产、经营、运输、储存、使用危险物品或者处置废弃危险物品的，由有关主管部门依照有关法律、法规的规定和国家标准或者行业标准审批并实施监督管理。"三是新《安全生产法》第三十九条规定："生产、经营、储存、使用危险物品的车间、商店、仓库不得与员工宿舍在同一座建筑物内，并应当与员工宿舍保持安全距离。"四是新《安全生产法》第六十二条规定："安全生产监督管理部门和其他负有安全生产监督管理职责的部门可依法对违法生产、储存、使用、经营、运输的危险物品予以查封或者扣押，对违法生产、储存、使用、经营危险物品的作业场所予以查封，并依法作出处理决定。"

二、贯彻落实新《安全生产法》，抓好以下几项工作

1. 加快有关部门规章制定，依法督促企业落实安全生产主体责任

为贯彻落实新《安全生产法》，安全监管总局监管三司已根据新《安全生产法》，着手制定《危险化学品企业安全监督管理规定》（已进入法审阶段）和《烟花爆竹企业安全监督管理规定》（起草阶段），系统地对危险化学品或烟花爆竹企业的安全生产条件、制度体系建设、过程安全管理、劳务派遣用工监管、园区管理、执法人员的保障、管理人员任职条件等方面做出明确要求。尤其是，要根据新《安全生产法》所规定的企业安全生产主体责任，对主要负责人职责、分管安全负责人职责和任职条件、机构设置及人员配备等进行细化；在制度体系建设方面，提出了安全生产责任制、带班值班制度、机构及人员配备、安全投入保障制度、风险评价、安全作业管理、承包商管理制度等28项制度；在管理要求方面，对设计管理、"两重点一重大"管理、租赁及废弃处置等方面提出了明确要求。使企业依法落实主体责任时更具可考核性，使安全监管部门进行执法监督时更具可操作性。

2. 大力推动地方各级政府落实监管责任，促进安全发展

按照新《安全生产法》第八条"县级以上地方各级人民政府应当根据国民经济和社会发展规划制定安全生产规划，并组织实施。安全生产规划应当与城乡规划相衔接"有关要求，以落实《国务院安委会办公室关于进一步加强化工园区安全管理的指导意见》（安委办〔2012〕37号）为突破口，推动地方各级人民政府制定化工行业发展规划，确定出专门的区域发展化工产业，并将园区规划纳入当地城乡发展规划。并针对各地化工园区的安全监管体制不顺、监管人员配备不足、事故隐患集中、事故多发等突出问题，督促化工园区管理机构等地方人民政府的派出机关按照职责，加强对本行政区

域内生产经营单位安全生产状况的监督检查，促进各地安全发展。

3. 继续发挥 2 个部际联席会议平台作用，落实"三个必须"

按照安全生产"管行业必须管安全、管业务必须管安全、管生产经营必须管安全"的要求，新《安全生产法》是规定国务院和县级以上地方人民政府应当建立健全安全生产工作协调机制，及时协调、解决安全生产监督管理中的重大问题。危险化学品和烟花爆竹作为典型的高危领域和行业，由于其安全监管职能涉及部门较多，经国务院批准已较早成立了危险化学品安全生产部际联席会议和烟花爆竹安全生产部际联席会议。在多年的实践中，及时协调和解决了危险化学品领域和烟花爆竹行业安全生产监督管理中的重大问题。下一步，将继续发挥 2 个部际联席会议平台作用，进一步厘清在危险化学品领域和烟花爆竹行业内，安全生产监督管理部门综合监督管理与有关部门在各自职责范围内对有关"行业、领域"的安全生产工作实施监督管理的界限；推动安全监管部门和其他负有安全生产监督管理职责的部门作为行政执法部门，依法开展安全生产行政执法工作，对生产经营单位执行法律、法规、国家标准或者行业标准的情况进行监督检查。

4. 借新《安全生产法》之力，推动人才培养工作

新《安全生产法》第二十三条规定："危险物品的生产、储存单位的安全生产管理人员的任免，应当告知主管的负有安全生产监督管理职责的部门。"第二十四条规定："危险物品的生产、经营、储存单位的主要负责人和安全生产管理人员，应当由主管的负有安全生产监督管理职责的部门对其安全生产知识和管理能力考核合格。危险物品的生产、储存单位应当有注册安全工程师从事安全生产管理工作。"这些规定，都赋予了安全监管部门更多的知情权和把关权，促使企业尽可能地选择合适的人才到安全管理岗位。下一步，要进一步推动各地落实国家安全监管总局和教育部联合印发了《关于加强化工安全人才培养工作的指导意见》（教高〔2014〕4 号）有关要求，加快化工高级管理技术人员和操作工人的培养，保障专业人才供应，扭转我国高素质化工安全人才短缺局面。

5. "重典治乱"，深化"打非治违"和整顿关闭工作

新《安全生产法》加大了对安全生产违法行为的责任追究力度，反映了"打非治违""重典治乱"的现实需要，强化了对安全生产违法行为的震慑力，有利于降低执法成本、提高执法效能。当前，危险化学品企业无证生产经营、未批先建和烟花爆竹行业的一证多厂、转包分包、"三超一改"、冒牌生产、边施工边生产等严重违法违规现象以及非法生产经营行为依然突出，导致事故时有发生。要借贯彻落实新《安全生产法》为契机，持续深

入推进危险化学品和烟花爆竹"打非治违"和整顿关闭工作。对非法生产经营危险化学品和烟花爆竹行为，要持续保持高压态势从严打击，行政和刑事等多重处罚形式相结合，依法严惩危险化学品和烟花爆竹领域的犯罪行为，关闭一批不符合安全生产条件的危险化学品和烟花爆竹生产企业，提高危险化学品领域和烟花爆竹行业本质安全水平。